Der Traum vom freien Vaterland

NEAL ASCHERSON

DER TRAUM VOM

FREIEN

VATERLAND

POLENS GESCHICHTE BIS HEUTE

aus dem Englischen von Uta Haas

CIP-Titelaufnahme der Deutschen Bibliothek
Ascherson, Neal:
Der Traum vom freien Vaterland: Geschichte Polens bis
heute / Neal Ascherson. Aus d. Engl. von Uta Haas. –
1. Aufl. – Köln: vgs, 1987
Einheitssacht.: Struggles for Poland <dt.>
ISBN 3–8025–2176–5

Titel der englischen Originalausgabe:
„Struggles for Poland"
Text von Neal Ascherson

© Neal Ascherson und DNA „Poland" Ltd., 1987
Erstausgabe (England) 1987

Lizenzausgabe mit freundlicher Genehmigung
der Michael Josephs Ltd., 27 Wrights Lane,
Kensington, London W 8

© vgs verlagsgesellschaft, Köln 1987
1. Auflage 1987

Die Fernsehserie „Der Traum vom freien Vaterland"
ist eine Produktion der DNA „Poland" Ltd. (Ltg. Martin
Smith) für Channel 4 (London) und WNET/New York in
Zusammenarbeit mit dem Norddeutschen Rundfunk, Hamburg

Gesamtherstellung westermann druck GmbH, Braunschweig
Printed in Germany

ISBN 3-8025-2176-5

Inhalt

Danksagung

Die Autoren und der Herausgeber danken den nachfolgend genannten Personen und Institutionen für die Überlassung von Fotografien und anderer Materialien für das vorliegende Buch:

Archiwum Dokumentacji Mechanicznej, Seiten 66, 73; BBC Hulton Picture Library, 30 (unten), 37, 53, 54, 55 (oben und unten), 140, 143, 145; Bundesarchiv Koblenz, 95, 96, 110; Bundesbildstelle, Bonn, 180; Frau Ciolkosz, 11; DNA 'Poland' Ltd. 163; Express Newspapers plc, 117; Franklin D. Roosevelt Library, USA, 128; Joanna Helander, 152; Illustrated London News, 43, 57; Imperial War Museum, 32, 125, 126; Independent Polish Agency, Lund, 224 (unten), 226; Józef-Pilsudski-Institut, UK, 47, 64, 82 (unten); Julien Bryan Collection, 88; Mary Evans Picture Library, 30 (oben); Edward Mier-Jedrzejowicz, 199; The Photosource, 85; Pilsudski Institute of America, 69; Polish Images, 182, 192, 195 (oben und unten); Polish Institute und Sikorski Museum, 116, 120, 124; Polnische Bibliothek, Posk, 123; Oxford University Press, 4 (Karte auf Seite 4 entnommen aus God's Playground Vol. 2, Norman Davies, © Norman Davies, 1981, hrsg. von Oxford University Press); Studium Polski Podziemnej, 105, 134 (unten); Museum Warschau, 21; Michael Yardley, 211; Yivo Institute for Jewish Research, New York, 146.

Vor allem gilt der Dank des Autors dem Fernsehteam der David Naden Association, das die Fernsehserie „Der Traum vom freien Vaterland" produzierte und das uns mit Fachwissen und Ratschlägen unterstützte, besonders Martin Smith, ausführender Produzent und treibende Kraft bei diesem Projekt, sowie Boleslaw Sulik, Dai Vaughan, Annie Dodds, Wanda Kościa, Maria Polachowska, Shelagh Brady, James Barker, Raye Farr, Paul Robinson und Angus MacQueen, dem Team des Sikorski-Instituts, und Jan Ciechanowski, der das Manuskript geprüft hat.

Kurze Chronologie

1764 Wahl Stanislaw August Poniatowskis zum – letzten – König Polens.

1768 Konföderation von Bar (Podolien): Aufstand des polnischen Adels gegen russische Einflußnahme.

1772 1. polnische Teilung.

1791 „Verfassung vom 3. Mai“.

1793 2. polnische Teilung.

1794 Polnischer Aufstand unter Tadeusz Kościuszko.

1795 3. polnische Teilung. Polen verschwindet von der Landkarte.

1807–1813 „Großherzogtum Warschau“, eine Schöpfung Napoleons.

1830–31 Novemberrevolution: Krieg mit Rußland und die „Große Emigration“ nach der Niederlage Polens.

1846 Bauernaufstand in Galizien: Etwa 500 Herrenhäuser werden eingeäschert und zwischen 1000 und 2000 Adlige ermordet.

1848 Versuch eines polnischen Aufstands im preußisch besetzten Teil Polens.

1863–64 Der „Januar-Aufstand“ gegen Rußland endet mit einer totalen Niederlage Polens.

1864 Aufhebung der Leibeigenschaft im russisch besetzten Teil Polens.

1867 Geburt Józef Pilsudskis.

1905 Revolution in Rußland. Volksaufstand im russisch besetzten Teil Polens.

1914 Ausbruch des Ersten Weltkrieges. Józef Pilsudski führt die polnische Armee gegen Rußland.

1918 (11. November) Errichtung eines unabhängigen polnischen Staates.

1919–1921 Polnisch-russischer Krieg. Im August 1920 siegt Pilsudskis Armee in der Schlacht um Warschau.

1921 Vertrag von Riga zwischen Polen und Rußland.

1926 Pilsudski übernimmt nach einem Staatsstreich im Mai die Regierung.

1934 Nichtangriffspakt mit Deutschland.

1935 Tod Pilsudskis.

1939 (23. August) Deutsch-sowjetischer Vertrag.
(1. September) Deutschland marschiert in Polen ein.
(17. September) Rußland marschiert ebenfalls ein.
Das Land wird zwischen Deutschland und Rußland aufgeteilt.

1941 Hitler greift die UdSSR an. Bündnis zwischen der polnischen Exilregierung in London und der UdSSR.

1943 Entdeckung der Massengräber von Katyń führt zum Bruch Polens mit der UdSSR. Aufstand im Warschauer Ghetto.

1944 (August bis Oktober) Warschauer Aufstand.

1945 Der Westen anerkennt die von Rußland unterstützte „Regierung der Nationalen Einheit“ in Polen.

1948 Gründung der „Polnischen Vereinigten Arbeiterpartei“ (Polska Zjednoczona Partia Robotnicza – PZPR).
Polen wird ein Einparteienstaat. Wladyslaw Gomulka verliert den Parteivorsitz. Beginn der stalinistischen Ära.

1956   (Juni) Arbeiterstreik in Posen (Poznań).
        (Oktober) Gomulka übernimmt wieder die Regierungsgeschäfte als
        1. Sekretär des ZK. Abkehr vom Stalinismus.
1968   „März-Ereignisse": Studentenunruhen in Warschau und anderen Städten.
1970   (Dezember) Vertrag von Warschau: Anerkennung der Oder-Neiße-Linie
        durch Deutschland.
        (Dezember) Unruhen und Streiks in den polnischen Ostseehäfen. Ablö-
        sung Gomulkas durch Edward Gierek.
1976   Unruhen in Radom, Ursus (Warschau) und anderen Städten.
1978   Wahl Kardinals Karol Wojtyla von Krakau zum Papst (Johannes Paul II.).
1979   Erster Besuch des Papstes in Polen.
1980   (August) Streiks in den Ostseehäfen führen zur Gründung von Streik-
        komitees in Danzig, Stettin (Szczecin) usw. Gründung der freien Gewerk-
        schaft „Solidarität" (Solidarnosc).
1981   Eklat von Bromberg (Bydgoszcz) im März.
        (13. Dezember) General Wojciech Jaruzelski verhängt das Kriegsrecht über
        Polen, verbietet die „Solidarität" und läßt Tausende von Gewerkschaftlern
        verhaften.
1983   2. Papstbesuch. Ende des Ausnahmezustands und Amnestie.
1984   (Oktober) Ermordung Pater Popieluszkos.
1986   2. Amnestie für politische Häftlinge.

Einleitung

„Die Handlung dieses Stückes spielt in Polen – also eigentlich nirgendwo." Dies schrieb der französische Schüler Alfred Jarry vor 90 Jahren. Sein Theaterstück – „König Ubu" –, mit dem er sich über einen seiner Lehrer lustig machen wollte, hat ihn berühmt gemacht und – kurioserweise – viele Jahre später das absurde Theater Polens inspiriert. Aber die von ihm aufgeworfene Frage – wo liegt eigentlich Polen? – hat durch die gesamte Geschichte hindurch die Gemüter der Polen und ihrer europäischen Nachbarn beschäftigt und verwirrt.

Als Jarry sein Stück schrieb, lag Polen in der Tat „nirgendwo". Aber viele Jahrhunderte lang war es ein großes und mächtiges Reich gewesen, bevor es 1795 – aufgeteilt zwischen Rußland, Preußen und Österreich – von der Landkarte verschwand.

1918 erlebte Polen seine Auferstehung: Die drei Teilungsmächte hatten durch Krieg und Revolution ihre Macht eingebüßt. Aber die Frage nach dem „Wo?", dem Verlauf der polnischen Grenzen, blieb ein Problem, das zu internationalen Diskussionen, Kriegen und viel Blutvergießen führte.

1939 wurde Polen noch einmal für sechs schlimme Jahre zu einem „Nirgendwo": besetzt und aufgeteilt zwischen Nazi-Deutschland und Sowjetrußland. Im Zweiten Weltkrieg, der durch Hitlers Angriff auf Polen ausgelöst worden war, verwandten Churchill, Stalin und Roosevelt mehr Zeit auf Beratungen über die Frage, „wo" ein zukünftiges Polen seinen Platz finden solle, als auf irgendein anderes Problem. Schließlich verlegten sie die Grenzen Vorkriegs-Polens um über 300 Kilometer nach Westen und gaben dem Land seine heutige Form.

Während des Krieges hatten Diplomaten und Generäle einiges über Polen gelernt. Aber der Durchschnittsbürger, besonders im Westen, wußte, abgesehen von der tragischen Geschichte und dem fortwährenden, heldenhaften Kampf um seine Freiheit, wenig über Polen. Als während des Krieges polnische Truppen in Schottland stationiert waren, hielten viele Bewohner sie für eine Art Russen und wunderten sich über ihre wütenden Reaktionen, wenn sie sie als solche ansprachen (umgekehrt meinten die Polen, die Schotten seien Engländer und wunderten sich ebenfalls, wenn diese genauso wütend reagierten ...).

Nach dem Krieg wußte man ein klein wenig mehr voneinander. Das Land war inzwischen kommunistisch geworden, und im Westen, besonders in England, lebten eine Menge Polen, die lieber im Exil blieben, als nach Hause zurückzukehren. Auch die Nachrichten brachten mit der Zeit immer mehr über Polen: dem unberechenbarsten und unruhigsten Satelliten im sowjetischen „Empire". Dennoch hatten nur wenige eine Vorstellung davon, wie es in diesem Land „hinter dem Eisernen Vorhang" – irgendwo zwischen Deutschland und Rußland – wirklich aussah.

Dies änderte sich 1980, dem Jahr der „Solidarität", als Polen sein so lange verschlossenes Tor zum Westen – in erster Linie auf dem Wege über das Fernsehen – aufstieß und wieder an die Öffentlichkeit trat. Zwei Jahre lang sah die Welt eine Folge unglaublicher Bilder: Szenen eines Volksaufstandes wie nirgends sonst in der modernen Geschichte; aber es waren auch Bilder einer Nation, die unüberhörbar ihre volle Mitgliedschaft in der Gemeinschaft der Europäer forderte. Aus einer latenten Sympathie wurde leidenschaftliche Anteilnahme am Schicksal Polens, und damit erwachte eine Neugier, die bisher nicht ausreichend befriedigt worden ist.

Mit dem neuen Wissen kam aber auch die Erkenntnis, daß diese Nation, die das Recht für sich in Anspruch nahm, gleichberechtigtes Mitglied der internationalen Gemeinschaft zu sein, gleichwohl Besonderheiten hatte. Mehr als jede andere europäische Nation fühlt sich Polen seiner historischen Vergangenheit verbunden. Geschichtliche Tradition spielt eine ganz wichtige Rolle und wird, sei es in Form klassischer polnischer Literatur, historischer Überlieferung oder alter Volksbräuche, bewußt zur Gestaltung der Gegenwart herangezogen. Was heute geschieht, hat es mit Sicherheit früher bereits gegeben. Neu sind nur die Akteure – das Stück ist uralt.

Der Exilrusse Alexander Herzen, der im 19. Jahrhundert in London lebte, war sich dieses einmaligen Eingebundenseins der Polen in ihre Geschichte sehr bewußt. Wann immer er versuchte, eine gemeinsame Front zwischen polnischen und russischen Revolutionären gegen ihren gemeinsamen Feind, den Zaren, aufzubauen, stand dieses Geschichtsverständnis der Polen wie ein Schatten zwischen ihnen.

Herzen schrieb: „Die Polen fanden ihre Vorbilder in der Vergangenheit. Sie strebten dorthin zurück, wo man sie gewaltsam von ihrer Tradition abgeschnitten hatte, denn allein dort sahen sie den Ansatzpunkt für einen Neubeginn. Sie besaßen eine Fülle ‚heiliger Kühe‘, während wir keine Vergangenheit hatten."

Herzen glaubte, daß der polnische Nationalismus, da er ständig zurückschaue, ewig konservativ, ja reaktionär sein werde. Aber damit machte er es sich zu einfach. Prof. R. F. Leslie hat darauf hingewiesen, daß jeder Freiheitskampf der Polen zugleich eine erneute Auseinandersetzung darüber beinhaltete, welche Gesellschaftsschicht in dem – dann – freien Polen die führende Rolle spielen würde (vgl.: The History of Poland Since 1863, Cambridge, 1980 S. 3). Unter den „heiligen Kühen" waren viele radikaldemokratische Ideen: In Polen treten revolutionäre Projekte häufig in archaischem Gewand auf. Eine der Hauptströmungen des Unabhängigkeitskampfes in den ersten Jahrzehnten unseres Jahrhunderts verfolgte rein sozialistische Ziele und wurde weitgehend von der industriellen Arbeiterschaft getragen, während ihre Anführer zugleich den anachronistischen Plan verfolgten, die alte polnisch-litauische Föderation wieder zum Leben zu erwecken. „Solidarität", die sich nur zögernd als „sozialistisch" bezeichnete und eng mit der katholischen Kirche zusammenarbeitete, wollte erreichen, daß die Kontrolle über die Produktion von den Arbeitern selbst ausgeübt wurde, was orthodoxen Kommunisten übertrieben extrem vorkommen mußte.

Die polnische Geschichte ist nicht nur eine Aneinanderreihung von Tragödien. Sie ist ungewöhnlich und oft sehr beunruhigend. In den polnischen Erfahrungen der letzten beiden Jahrhunderte spiegelt sich, wie durch ein Fernrohr betrachtet, die gesamte europäische Geschichte wider. Das Ende des Ersten Weltkrieges war für beide Seiten gleichermaßen bitter. Der Sieg war zu teuer erkauft worden, als daß die Siegermächte sich darüber hätten freuen können. Der große Gewinner aber war Polen, das nach mehr als einem Jahrhundert, in dem das Land von der europäischen Landkarte verschwunden war, die jubelnd begrüßte Unabhängigkeit zurückgewann. Umgekehrt brachte der siegreiche Abschluß des Zweiten Weltkrieges für viele Polen – deren Nation vom ersten bis zum letzten Tag der Koalition gegen Hitler angehört hatte – in Wahrheit eine Niederlage: den nahtlosen Übergang von einer Form der Unterdrückung in die nächste. Gerade weil sie getreu ihres alten polnischen Wahlspruchs an allen Kriegsfronten „für eure wie für unsere Freiheit" gekämpft haben, leben Exilpolen und ihre Nachkommen heute verstreut in fast allen Ländern Westeuropas und der Neuen Welt. Keine andere Nation hat in diesem Jahrhundert so viel ertragen und so wenig gewonnen.

Polnische Geschichte weist noch eine weitere Besonderheit auf: die ungewöhnliche Art, mit abstrakten Ideen und politischen „Ismen" umzugehen. In den meisten Ländern gleicht eine Ideologie einer Wolke, die friedlich für kurze Zeit über der Landschaft steht und dann davonzieht. In Polen entladen sich solche Wolken immer in Hagelschauern, Regen oder Schnee; die Auswirkungen solcher Ideen sind stets greifbar, sichtbar und häufig absurd. Bismarcks Kulturkampf gegen die katholische Kirche manifestierte sich als eine Tracht Prügel, die man polnischen Schülern verabreichte, nur weil sie ihre Muttersprache sprachen. „Romantizismus" steht gleichermaßen für bewaffnete Männer im Wald wie für Kettensträflinge im Schnee. „Kommunismus" kann als Wort auf einem Zaun gepinselt stehen, hinter dem abgestellte Maschinen, deren Räder gestohlen wurden, zu Schrott verrosten. „Solidarität" ist der Name einer Gewerkschaft.

Wenn sich die Polen für eine Idee entzünden, dann sind ihre Auswirkungen auf das Leben der einzelnen Menschen weit einschneidender als in den meisten anderen Ländern.

„Die polnische Frage" hat die gesamte europäische Politik bis heute häufig erschwert und zeitweise sogar diktiert. England und Frankreich traten 1939 zugunsten Polens in den Krieg ein; der Anti-Hitler-Pakt mit Stalin wäre fast an der Diskussion über die Zukunft Polens gescheitert; die neue polnische Westgrenze entlang der Oder-Neiße-Linie nach 1945 wurde zu einem der schwierigsten Probleme des Kalten Krieges und paralysierte die westdeutsche Außenpolitik für 20 Jahre. Das heutige Polen – bei weitem die größte, selbstbewußteste und am wenigsten einzuschüchternde Nation innerhalb des Ostblocks – hat den Charakter eines rauchenden Vulkans angenommen: ruhig nach seinem letzten Ausbruch 1980, aber jederzeit zu einer erneuten Eruption fähig, die die gesamten Ost-West-Beziehungen sprengen könnte.

Dieses Buch wurde geschrieben, um die Fernsehserie „Der Traum vom freien Vaterland" zu begleiten, die Fernsehserie über polnische Geschichte im 20. Jahrhundert, eine Koproduktion zwischen Channel 4 in England, WNET in den Vereinigten Staaten und dem Norddeutschen Rundfunk. Ich habe bei den Vorbereitungen der Serie als Berater mitgewirkt und in meinem Buch auch das viele Stunden umfassende Filmmaterial an Interviews mit Zeugen dieser Zeit – ihren Hauptdarstellern und Opfern mit verarbeitet. Serie und Buch stehen dennoch selbständig nebeneinander. Mit meinem Beitrag hoffe ich denjenigen, deren Interesse durch die Fernsehserie geweckt wurde, etwas mehr Hintergrundwissen zu vermitteln und vielleicht den Leser zu ermutigen, sich zusätzlich Nachrichten und Bildmaterial im Fernsehen anzuschauen, um so Eindrücke zu gewinnen, die Gedrucktes nicht vermitteln kann.

Das 20. Jahrhundert ist noch nicht abgeschlossen. In seinen ersten 18 Jahren gab es keinen polnischen Staat, und nur wenige Staatsmänner – und noch weniger Polen glaubten, daß die Wiederherstellung eines selbständigen Polen bevorstehe oder auch nur wahrscheinlich sei. Um 1900 entfernte sich Europa von der Idee der Kleinstaaterei. Der Trend ging zu großen, zentralisierten Staatsbildungen. Es sah ganz so aus, als ob die polnische Frage unter diesen Voraussetzungen kaum noch eine Chance hatte. Aber der Erste Weltkrieg, der die gesamte alte europäische Ordnung aufbrach und alle angestellten Berechnungen über den Haufen warf, eröffnete plötzlich die Möglichkeit, Polen neu zu schaffen.

Improvisierend und oft unter chaotischen Umständen schuf sich Polen in immer wieder aufflackernden Grenzkriegen aus den Trümmern dreier zusammengebrochener Reiche sein eigenes Territorium. Dann erst begann das lange Ringen um eine dauerhafte Gemeinschaft und die Festigung der staatlichen Unabhängigkeit innerhalb gesicherter Grenzen. Es ist dies die Geschichte ständiger Katastrophen, ungebrochenen Mutes, verzweifelter Kämpfe und Aufstände, einer Reihe sehr selbstbewußter Regierungschefs von Pilsudski bis Gomulka, spektakulärer Zerstörungen und des Wiederaufbaus.

Trotz allem ist Polen – auch wenn es manchmal so scheinen könnte – kein Land, für das jeder Hoffnungsschimmer gleich wieder in einer Tragödie endet. Aus dem richtigen Blickwinkel betrachtet, ist diese Nation, die so viele Staatsmänner auszulöschen versucht haben, nach Überwindung harter Rückschläge auf ihrem Weg zu Gerechtigkeit und wirklicher Unabhängigkeit ein gutes Stück vorangekommen, und es geht weiter aufwärts. Die Geschichte Polens ist eine Geschichte der Hoffnung gegen alle Widerstände.

1. Kapitel

Aufstieg und Untergang Polens: 966–1900

Polkość: Der Glanz Polens

„Polen ist ein sehr ungewöhnliches Land, in dem ich mich immer sofort zu Hause fühle." So der französische Regisseur Claude Lanzmann, der lange Zeit auf dem abgelegenen Land gefilmt hat. Viele Besucher teilen diese Meinung, wenn sie ein Land wieder verlassen, das ihnen trotz aller Begeisterung für die Polen bizarr, ja exotisch vorkommt, sowohl was seine Vergangenheit wie seine Gegenwart anbelangt.

Aber worin liegt dieses „Anderssein"? Man sollte die Einzigartigkeit Polens nicht überbetonen. Das würde destruktiv wirken, weil es die Nation in einem Zerrspiegel zeigte, dies würde letztlich in die Irre führen. In ganz wesentlichen Punkten hat Polen, einer der ersten europäischen Staaten, stets viel „normaler" reagiert als seine jüngeren Nachbarn.

Seine Geschichte zeigt dies sehr deutlich. Jahrhundertelang war Polen ein aufgeschlossenes, tolerantes Land, dessen Bevölkerung sich aus den verschiedensten Volksgruppen und Religionsgemeinschaften zusammensetzte. Die Macht seiner Könige wurde durch Verfassung und Gesetz begrenzt, wichtige politische Fragen wurden ausdiskutiert und durch Abstimmung entschieden. Dann entwickelten sich an seinen Flanken die sehr viel primitiveren Staaten Preußen, ein Militärkönigtum, das von seinen Untertanen unbedingten Gehorsam verlangte, und Rußland mit seiner traditionellen, hoffnungslosen Servilität vor gottgegebenen Tyrannen. Zwischen diesen beiden Nachbarn versuchte sich das aufgeklärte und fortschrittliche Polen zu halten – das in vielem Westeuropa ähnlich war, aber schließlich scheitern mußte.

Der moderne polnische Schriftsteller Kasimierz Brandys teilt die Welt ein in Nationen, die sämtlich irgendeine „Leiche im Schrank haben (einschließlich Deutschland und Rußland), und solchen, wie Frankreich und Polen, die keine Leichen zu verbergen haben". Als ein Besucher bemerkte, Polen sei ein „erstaunliches" Land, wies er ihn zurecht: „Es ist ein absolut normales Land zwischen zwei unnormalen Nachbarn." So habe es in Polen drei Jahrhunderte lang, vom Zeitalter der Renaissance bis zu den polnischen Teilungen, die den Staat schließlich auslöschten, keine großen Aufstände gegeben. Polen habe sich als ein stabiler Staat erwiesen „in einer Zeit, in der das übrige Europa

1

von Bauernkriegen zermürbt wurde, die Inquisition ihren Schrecken verbreitete, und Erbfolge-, Religions- sowie der Hundertjährige und der Dreißigjährige Krieg stattfanden. Wer weiß, vielleicht war das gesamte Europa krank und nur Polen eine Ausnahme?"

Deshalb fühlt sich ein Besucher, der – wie der Regisseur Claude Lanzmann – mit den Polen ins Gespräch kommt, hier sofort heimisch. Alle Diskussionen über Politik und die Welt sind geistreich, fundiert und spekulativ – genau wie in Paris oder Rom. Dagegen herrscht in Rußland – sieht man von einer relativ kleinen Elite ab – geistiger Provinzialismus. Selbst die moderne Bundesrepublik Deutschland ist im Vergleich zu Polen introvertiert und neigt zur „Nabelschau".

Polens Geschichte ist uns deshalb fremd und neu, weil das Land, nachdem es 1795 von der Landkarte verschwunden war, auch aus unserem Bewußtsein gelöscht wurde. Und natürlich zwang die durch die Teilung entstandene Situation die Polen zu Verhaltensweisen und Gedankengängen, die aus dem Rahmen fielen. Der große patriotische Aufstand im 19. Jahrhundert und die fast religiöse Form ihres Nationalismus mußten auf glücklichere Nationen unnatürlich und verwirrend wirken.

Diese – falschen – Eindrücke und die sich daraus ergebende Unsicherheit gegenüber Polen lassen sich durch entsprechende Aufklärung aus der Welt schaffen. Bevor man aber ein Buch über polnische Geschichte liest, sollten ein paar historische Grundfragen geklärt werden.

Wo liegt Polen? Auf den kürzesten Nenner gebracht: zu verschiedener Zeit an verschiedenen Orten. Die Polen als ethnische Gruppe sind Westslawen, sprechen eine slawische Sprache, die mit dem Russischen in groben Zügen verwandt ist, wie etwa

Eine polnische Landschaft. Noch immer bebaut eine jede Familie ihren eigenen kleinen Acker.

Polnische Bauern, die ihre Lebens- und Arbeitsgewohnheiten nur langsam ändern. Als Katholiken und Patrioten leben sie nach dem jahrhundertealten Motto: „Wir bestellen das Land und verteidigen es."

das Holländische mit dem Deutschen. Ihr Siedlungsgebiet erstreckte sich zeitweise über die flache, ursprünglich bewaldete Ebene Nordeuropas zwischen der Oder im Westen und den Pripetsümpfen im Osten, den Karpaten im Süden und der Ostsee im Norden. Die Hauptschlagader des Landes ist die Weichsel. Von den Karpaten kommend berührt sie Krakau (Kraków) im Süden, Warschau (Warszawa) in der Mitte und fließt bei Danzig (Gdańsk) in die Ostsee. Polen ist ein flaches Land und besitzt im Osten ausgedehnte Wälder, wo noch heute Bären, Elche, Wölfe und Bisons leben. Beide Fakten sind politisch wichtig. Infolge seiner Lage zwischen Europa und Rußland und dadurch, daß es in der Ost-West-Achse keine „natürlichen" Grenzen besaß, wurde es zum ständigen Durchzugsgebiet für Invasoren aus Ost und West. Was seine Wälder angeht, so haben sie Generationen von Widerstandskämpfern Schutz geboten – erst unlängst den Mitgliedern des Widerstands gegen die deutsche Besetzung. Die polnische Erde ist fruchtbar. Nur im Osten und Nordosten wird der Boden karg und sandig und manchmal von Sümpfen und Seenketten unterbrochen. Polen verfügt über reiche Bodenschätze. Schon in frühester Zeit waren die Salzlager in der Nähe Krakaus eine Quelle für Handel und Wohlstand. Bernstein von der Ostseeküste wurde nach ganz Europa exportiert. In neuerer Zeit wurden in Oberschlesien ausgiebige Kohlevorkommen entdeckt; seit kurzem werden im Süden Schwefel, Kupfer und Braunkohle gefördert. Dagegen muß Polen Eisenerz und Öl importieren, obgleich eines der ältesten Ölfelder Europas in Ostgalizien liegt – einem ehemaligen Teil Polens, den die Sowjetunion 1945 annektiert hat.

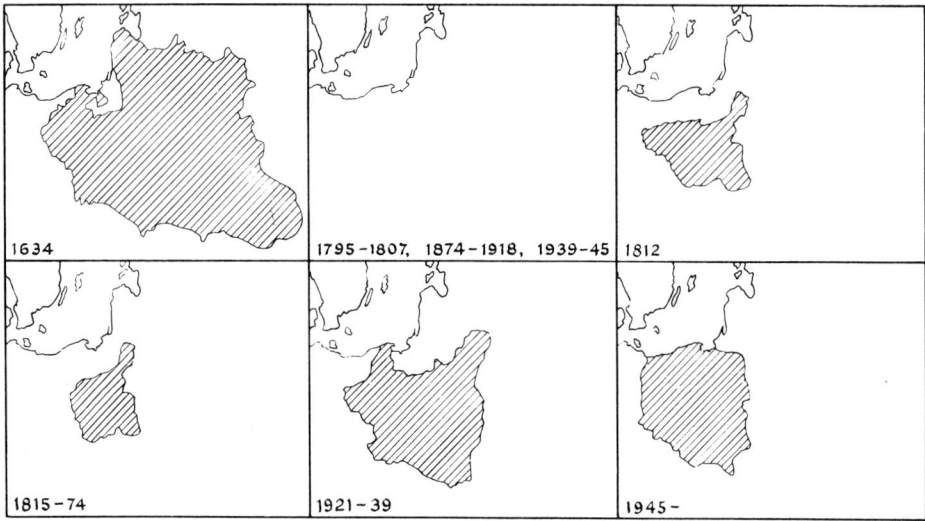

Polens wechselnde Grenzen seit 1634.

Das Klima pendelt, nach europäischen Maßstäben, zwischen Extremen: eisiger Kälte und Schnee im Winter und enormer Hitze im Sommer, besonders im Juni. Diese Extreme begünstigen Naturkatastrophen: Dürre, Überschwemmungen und Frosteinbrüche, die im Frühjahr häufig die Knospen vernichten. Auch dies ist politisch von Bedeutung: eine exakte Vorausberechnung des Ernteertrages ist in Polen nicht möglich, und dem Überfluß des einen Jahres kann eine Hungersnot im nächsten folgen. Polen ist meines Erachtens das einzige Land in Europa, in dem es noch ein Wort – przednówek – für die unsichere Zeit im Frühjahr gibt, wenn man die letzten Vorräte des Vorjahres verzehrt und auf eine gute neue Ernte hofft.

Polens Grenzen haben sich im Verlauf seiner Geschichte permanent geändert. Zeitweilig war es ein riesiges Reich, das sich fast vom Schwarzen Meer bis zur Ostsee erstreckte. Zu anderen Zeiten war es ein winziger Binnenstaat, und für lange Zeit völlig von der Landkarte verschwunden. Gegenwärtig, nachdem die Alliierten 1945 beschlossen haben, seine Grenzen weiter nach Westen zu verschieben, befindet sich Polen wieder ungefähr dort, wo es vor 1000 Jahren unter der Herrschaft der Piasten seinen Anfang nahm. Dieses ständige Hin und Her hat Bismarck, den überragenden preußischen Staatsmann des 19. Jahrhunderts, veranlaßt, Polen als einen „saisonbedingten Staat" abzutun, als eine Art Sandbank, die je nach Fluthöhe größer oder kleiner wird.

Wer sind die Polen? Staat und Nation sind für die Polen nicht dasselbe. Hier irrte Bismarck. Und hier liegt auch die Ursache, warum der Westen – wo sich beides häufig deckte – Schwierigkeiten hat, die Polen zu begreifen. Die Polen trennen beide Begriffe sehr genau. Eine „Nation" ist für sie eine Gruppe von Menschen mit derselben kulturellen oder rassischen Identität, wobei meist beides zusammenfällt. So kann in einem polnischen Paß unter Staatsangehörigkeit: „polnisch" stehen und unter Nationalität: „ukrainisch" (oder „jüdisch" oder „deutsch"). Der „Staat" bildet dagegen die politische Klammer, die die verschiedenen „Nationalitäten" unter einer gemeinsamen Regierung

4

vereint. Ein Staat kann seine Grenzen verändern oder auch völlig ausgelöscht werden. Eine Nation bleibt bestehen, auch wenn die einzelnen Mitglieder in alle Welt zerstreut werden, es sei denn, sie werden, wie die europäischen Juden unter Hitler, physisch ausgerottet.

Polen war fast während seiner gesamten Geschichte ein Vielvölkerstaat. Bis ins 19. Jahrhundert bedeutete: „ich bin ein Pole" = „ich bin Untertan der polnischen Krone" und nicht = „ich bin ein polnisch sprechender Slawe der polnischen Rasse".

Der volle Titel Polens lautete bis zu seiner endgültigen Zerschlagung im Jahre 1795: „Polnische Union zwischen dem Königreich Polen und dem Großfürstentum Litauen". Dieser Staat herrschte nicht nur über Menschen, die wir heute als „ethnische Polen" bezeichnen würden, also polnisch sprechende, fast ausschließlich katholische Slawen, sondern auch über Litauer, Juden, Deutsche, Ukrainer, Weißrussen, Tataren und sogar einige Schotten. Es waren Katholiken, Juden, Calvinisten, Lutheraner, Moslems, Griechisch-Orthodoxe und Unierte (eine orthodoxe Sekte, die den Papst als Oberhaupt anerkennt).

Inzwischen hat sich das Bild gewandelt. Heute besteht fast die gesamte Bevölkerung aus slawischen Polen, die polnisch sprechen und von denen die meisten der katholischen Kirche angehören. So ist das neue, 1945 entstandene Polen zum ersten Mal ein Staat mit – im wesentlichen – nur einer Nation. Wenige kleine nationale Minderheiten sind geblieben. Aber: fast alle polnischen Juden wurden von den Nazis ermordet, die Deutschen vertrieben, und Litauer, Ukrainer und Weißrussen verschwanden hinter der neuen Westgrenze der Sowjetunion. Nur ein paar tausend von ihnen blieben innerhalb der polnischen Grenzen. Die Frage: „Wer sind die Polen?" kann heute ziemlich einfach beantwortet werden.

Die polnischen Teilungen sind in ihrer Einzigartigkeit die wichtigsten Einschnitte in der Geschichte Polens überhaupt und haben die Einstellung der modernen Polen gegenüber ihrer Umwelt entscheidend geprägt.

Im späten 18. Jahrhundert, nach einem mehr als 800jährigen Bestehen, wurde der polnische Staat gewaltsam von der europäischen Landkarte getilgt. Seine drei Nachbarn teilten das Gebiet unter sich auf. Dieser Vorgang ist in der europäischen Geschichte einmalig. Eine entfernte Ähnlichkeit hierzu weisen nur die teilweise Einverleibung Irlands durch die Engländer, die spanische Eroberung Kataloniens und die Annexion Böhmens durch die Habsburger auf.

Polen wurde dreimal geteilt, wobei es jedesmal kleiner wurde, bis es bei der letzten Teilung völlig verschwand. Danach gab es bis 1918 kein unabhängiges Polen. Lediglich unter Napoleon bestand von 1807 bis 1813 ein sogenanntes „Großherzogtum Warschau". Damit war Polen während des gesamten 19. Jahrhunderts, dem Zeitalter der industriellen Revolution und der größten wissenschaftlichen und geistigen Umwälzungen, die in der Geschichte der Menschheit je stattgefunden haben, nicht existent. Die Polen lebten im Russischen Reich, in Preußen (später im Deutschen Reich) und im Habsburgerreich, dem späteren Österreich-Ungarn.

Erst 1918 gewann Polen seine Selbständigkeit zurück. Die Zeit der Teilungen war daher im Bewußtsein der Polen noch sehr lebendig, als das Land 1939 erneut, diesmal zwischen Deutschland und der Sowjetunion, aufgeteilt wurde, mit der Begründung, der polnische Staat sei eine „Mißgeburt", die endgültig beseitigt werden müsse. Nach Hitlers Überfall auf die Sowjetunion, 1941, kamen dann alle Polen unter deutsche Verwaltung. Diese „vierte Teilung" übertraf, obgleich sie weniger als sechs Jahre dauerte, an Grausamkeit jede ihrer Vorgängerinnen und kostete weit mehr Menschenleben. Hitler zerstörte nicht nur den Staat, sondern hätte – wenn er nicht geschlagen worden wäre – auch die polnische Nation vernichtet, mit denselben Methoden des Massenmordes, wie er sie auf die Juden anwandte. Während der Teilungen kam es im besetzten Polen zu vier großen Volksaufständen und zahlreichen kleineren Verschwörungen. In gewisser Weise war der Warschauer Aufstand von 1944 gegen die Deutschen der fünfte. Alle diese Erhebungen endeten nach heldenhaftem Kampf mit einer Niederlage. Aber die Polen wurden dadurch nur noch zu erfahreneren Verschwörern und entwickelten eine bleibende Respektlosigkeit gegenüber jeglicher Autorität.

Besonders Rußland und Preußen versuchten mit allen Mitteln, die polnische Kultur und Sprache wie den katholischen Glauben im Land zu unterdrücken. Als Antwort darauf entwickelten die Polen einen äußerst starken, bis zur Selbstaufopferung gehenden romantischen Nationalismus, wie man ihn sonst nirgends auf der Welt findet. Seine extremste Form – der „Messianismus" – ging soweit, Polen mit dem wiederauferstandenen Christus zu vergleichen, der in ihrer Nation zum zweiten Mal gekreuzigt werde, um danach noch einmal wiedergeboren zu werden und die Welt zu erlösen.

Das geteilte Polen, 1815–1918.

Während des 19. Jahrhunderts begann sich der Begriff „Pole" nach und nach zu wandeln. Die Teilungsmächte spielten – nach dem Prinzip „Teile und herrsche!" – geschickt die Autonomiebestrebungen der einzelnen Nationalitäten gegen die Herrschaft der Slawen und katholischen Polen aus. Das Ergebnis war, daß das alte Ideal eines polnischen Vielvölkerstaates zugrunde ging, als die ethnischen Polen erst einmal anfingen, die anderen Rassen, besonders die Ukrainer und Juden, zu verdächtigen, mit den Besatzungsmächten gemeinsame Sache zu machen und sich wenig um die Wiedererlangung der Unabhängigkeit Polens zu kümmern. Die ethnischen, katholischen Polen begannen sich als die einzig „echten Polen" zu begreifen und ihre rassischen und religiösen Vorurteile gegen die anderen Gruppen zu intensivieren. Am Ende des Jahrhunderts vertrat der konservative polnische Nationalismus einen harten Antisemitismus.

Während der Zeit der Teilungen, besonders nach dem Novemberaufstand von 1830, ging eine große Anzahl polnischer Politiker, Militärs und die kulturelle Elite ins Ausland. Die meisten nach Paris, wo sie zum Sprachrohr ihrer unterdrückten Nation in der Welt wurden. Von Paris und London aus wurde der Widerstand geplant und organisiert, und in Frankreich wurden die schönsten Werke der klassischen polnischen Literatur geschrieben. Im Ersten Weltkrieg gelang es polnischen Exilanten in Frankreich und der Schweiz von England, Frankreich und den USA die Zusicherung zu erhalten, daß sie nach ihrem Sieg wieder ein unabhängiges Polen schaffen würden. Im Zweiten Weltkrieg knüpften die Polen an diese Tradition an, indem sie Exilregierungen zunächst in Paris und später in London errichteten.

Im späten 19. Jahrhundert setzte dann eine enorme Emigration an landwirtschaftlichen Arbeitern ein. Zahlreiche verarmte Bauern suchten ein besseres Auskommen in Nordamerika bzw. den Kohlebergwerken Frankreichs, Belgiens und Deutschlands.

Diese beiden, so unterschiedlichen Auswanderergruppen waren die Väter „Polonias", des Gedankens, daß Polen nicht nur an der Weichsel lag, sondern überall auf der Erde, wo immer sich polnische Gemeinschaften zusammengefunden hatten. Hier gibt es in der ganzen Welt nur eine einzige Parallele: die weltweite Diaspora der Juden und ihre Idee – und spätere Verwirklichung – des Staates Israel. Die Zeit der Teilung hinterließ bei den Polen zornige, manchmal auch recht gemischte Gefühle gegenüber dem restlichen Europa. Daß sie Russen und Deutsche hassen gelernt hatten, war nur natürlich. Aber selbst hier gab es Unterschiede. Mit Preußen und Deutschen, die bei den Polen als unmenschlich und gefühllos galten, Kontakte wieder aufzunehmen, fiel schwer. Die polnische Haltung gegenüber Rußland war widersprüchlich. Einerseits verachtete man den russischen „Barbarismus", andererseits war man von Rußlands Größe und Macht fasziniert. Man haßte die russischen Lehrer, die die polnischen Schüler bestraften, wenn sie in der Klasse polnisch sprachen. Doch bestand eine echte Zuneigung, ja fast ein Gefühl der Verwandtschaft zur einfachen Bevölkerung wegen ihrer Offenherzigkeit und Großzügigkeit. Dieses Hin- und Hergerissensein ist geblieben.

Während der Zeit der Teilung hatten die Polen in Frankreich ihren treuesten Verbündeten. Dies hatte einen historischen Hintergrund: Die französischen und polnischen Herrscherhäuser waren durch Heirat verwandt, französisch war die Umgangssprache der polnischen Aristokratie gewesen, und Polen hatte viele Ideen der Aufklärung und der Französischen Revolution von 1789 übernommen. Später setzte auch Napoleon sich für die polnische Frage ein (zu seinem eigenen Verderben), und fast während des gesamten 19. Jahrhunderts wurden polnische Exilanten von den französischen Regierungen nicht nur willkommen geheißen, sondern auch lautstark in ihrer Forderung nach Wiederherstellung polnischer Unabhängigkeit unterstützt.

Aber bei diesen Worten blieb es auch. Die Jahre vergingen, und als das 20. Jahrhundert begann, betrachteten die Polen inzwischen nicht nur Frankreich, sondern auch die USA und England mit zwiespältigen Gefühlen. Einerseits waren es „freie" Länder – besonders Frankreich –, in denen sich die Polen zu Hause fühlten. Gleichzeitig aber mußten sie erkennen, daß diese ihnen wenig mehr als Sympathie und Beifall zu spenden bereit waren. Während sich die Polen dem „christlichen Westen" zugehörig fühlten, dachte der Westen darüber anders – und würde Polen um des lieben Friedens willen sogar fallen lassen. Die Folge war, daß die polnische Einstellung gegenüber dem Westen den bis heute bestehenden charakteristischen Zwiespalt annahm: sehnsüchtige Zuneigung gepaart mit zynischem Mißtrauen. Das Ende des Zweiten Weltkrieges, das bei den meisten Polen das Gefühl zurückließ, sie seien von ihren westlichen Verbündeten verraten und im Stich gelassen worden, verstärkte dieses Trauma.

Nach fast zweihundert Jahren ununterbrochener Verfolgung übt die katholische Kirche in Polen heute einen größeren Einfluß auf die Bevölkerung aus als in irgendeinem anderen Land der Welt. Gut drei Viertel der Bevölkerung, darunter viele Mitglieder der Polnischen Vereinigten Arbeiterpartei (der Kommunisten-PPR), bekennen sich zum katholischen Glauben. Das Verhalten der Kirche selbst ist ungewöhnlich. Soweit es um Abtreibung und Geburtenregelung geht, vertritt sie einen erzkonservativen Standpunkt, gibt sich im übrigen aber sehr volksnah. Sie ist äußerst patriotisch eingestellt und engagiert sich „politisch", indem sie sich das Recht nimmt, als Sprecher für die Meinung des Volkes zu allen möglichen Fragen, von den Arbeitsbedingungen in den Fabriken bis zu den Lehrplänen der Universitäten aufzutreten.

Dies ist eine Folge der polnischen Teilungen, besonders der „vierten", der Besetzung durch die Nazis. Nach 1795 wurde die katholische Kirche zur hauptsächlichen Bewahrerin und Verteidigerin polnischer Kultur, Sprache und Eigenart. Die „Schwarze Madonna", eine Ikone der Jungfrau Maria, die in Polens größtem Heiligtum, dem Kloster von Tschenstochau (Czestochowa) aufbewahrt wird, wurde mit ihrem traurigen, narbigen Gesicht zum Symbol polnischer Leiden und Hoffnung. Zahlreiche Priester und einige Bischöfe nahmen an den patriotischen Verschwörungen und Erhebungen des 19. Jahrhunderts teil. Wie in Irland unter den Engländern verschmolzen katholischer Glaube und Unabhängigkeitskampf und wurden im Bewußtsein der Bevölkerung zu einer untrennbaren Einheit. Während sich viele einfache Priester immer als „Soldaten in schwarzer Uniform" sahen, war dies bei den Bischöfen zunächst nicht der Fall. Bei der ersten Volkserhebung 1794 hängten die Aufständischen in Warschau zwei Bischöfe als Verräter, und der Primas beging Selbstmord. Damals verurteilte der Vatikan sogar alle Anstrengungen, Polens Unabhängigkeit wiederherzustellen, und unterstützte die russischen Zaren, obgleich diese die katholische Kirche in den von ihnen besetzten polni-

---

Die Schwarze Madonna von Tschenstochau, Polen heiligste Ikone. Die Narben auf ihrer Wange sollen ihr von hussistischen Ketzern zugefügt worden sein.

schen Gebieten systematisch verfolgten. Exemplarisch war das Schicksal von Pater Sciegenny, eines Priesters, der die Bauern ermutigte, sich dem Zaren zu widersetzen. Als daraufhin der Zar in Rom protestierte, entzog der Papst Pater Sciegenny das Priesteramt und erlaubte, daß man ihn ins Gefängnis warf. Nicht viel anders verhielt sich der Vatikan im Zweiten Weltkrieg, als Papst Pius XII. die Polen dadurch schockierte, daß er sich weigerte, die Besetzung durch die Nazis in scharfer Form zu verdammen, obgleich mehr als 3000 Priester, Mönche und Nonnen ermordet wurden. Heute, mit einem Polen als Papst, sind die Beziehungen zwischen dem Vatikan und der Kirche Polens sehr innig. Das ist früher nie so gewesen.

Schließlich gaben die Teilungen dem polnischen Nationalismus seine spezielle, mystische Note. Der „Messianismus", die Idee, Polen sei das Reich Christi, ist bereits erwähnt worden. Parallel dazu entstand die Überzeugung von der Heiligkeit einer Nation, die Papst Johannes Paul II. noch heute vertritt. Polnische Katholiken glauben daran, daß Gott den Menschen in den Mittelpunkt dreier konzentrischer Kreise gestellt habe: den eigenen, die Familie und die Nation. Jeder Herrscher, der die Freiheit einer Nation unterdrückt, verletzt die Gesetze Gottes, ebenso wie ein Herrscher, der die Rechte und Freiheiten einer einzelnen Frau oder eines Mannes antastet. Dies ist der Grund dafür, warum der polnische Papst die Erde einer jeden Nation küßt, die er besucht, und warum die Polen ihren Kampf für Freiheit und Unabhängigkeit nicht nur als eine politische Angelegenheit, sondern gleichzeitig als einen moralischen Kreuzzug verstehen.

Königreich, Union, Teilung

Am 21. Februar 1900 drang die russische Polizei in eine Wohnung im 1. Stockwerk der Wschodina-Straße in der Industriestadt Lódź ein. Sie fand zwei Dinge, die sie seit Jahren in allen Winkeln des von ihnen besetzten Teils Polens, ja sogar in der Hauptstadt St. Petersburg gesucht hatte. Das eine war eine kleine, liebevoll gepflegte englische Druckerpresse, auf der die Untergrundzeitung „Robotnik" („Arbeiter") hergestellt wurde. Das Blatt hatte die Forderungen der Polnischen Sozialistischen Partei (PPS), ihren Ruf nach nationaler Erhebung und sozialer Gerechtigkeit zu Zehntausenden im russischen Reich lebenden Polen und ihren Brüdern jenseits der Grenzen getragen.

Außerdem konnten sie einen jungen Mann mit Schnurrbart und wütenden grauen Augen verhaften, Józef Pilsudski. Mit 33 Jahren war er bereits einer der „Senioren" der Polnischen Sozialistischen Partei (PPS), ein verwegener und erfahrener Verschwörer, der fünf Jahre in Sibirien in der Verbannung gelebt hatte. Pilsudski ist als einer der „bedeutendsten Führer der polnischen Revolutionsgeschichte" beschrieben worden. Er war eine mitreißende Persönlichkeit, zum Anführer geboren, und geradezu ein professionelles Genie bei der geduldigen, exakten und oft mitleidlosen Arbeit der Untergrundbewegung.

Die erste Nummer des „Robotnik" (Arbeiter), eine Untergrund-Zeitung, die von Pilsudski herausgegeben wurde. Diese Ausgabe (Juni 1894) trägt in der Überschrift die Parole von Karl Marx: „Proletarier aller Länder, vereinigt Euch!"

Warszawa. Czerwiec 1894 r. Nr. 1.

Proletaryusze wszystkich krajów, łączcie się!

ROBOTNIK

ORGAN POLSKIEJ PARTYI SOCYALISTYCZNEJ

Towarzysze, upraszamy Was o rozpowszechnianie „Robotnika".

OD REDAKCYI.

Pierwszy numer „Robotnika"

18 Jahre später sollte Pilsudski die Verantwortung für sein Vaterland übernehmen und die erste unabhängige Regierung bilden. In der Zwischenzeit hatte er sich noch durch zwei weitere Talente einen Namen gemacht: als Truppenkommandant im Krieg und als ein bemerkenswert begabter und lebendiger Schriftsteller. Nur eines fehlte ihm, und das wurde jetzt deutlich: Pilsudski, der sein Leben lang gebieterisch und autoritär den Widerstand gegen die Tyrannei organisiert und Krieg geführt hatte, fand niemals ein Verhältnis zur Demokratie. Er war kein Schlichter.

Pilsudski stammte von einem Gut in Litauen. Er war der Sohn eines polnischen Grafen, dessen Familie das Land seit Jahrhunderten besessen hatte. Er wurde 1867 geboren, vier Jahre nach der Niederwerfung des letzten polnischen Aufstandes, der im Januar 1863 begonnen hatte. Er wuchs in einem Land auf, das hilflos der Rache der Russen ausgeliefert war, die auf den Januar-Aufstand folgte: Hinrichtungen, Folter, Verhaftungen, Deportationen nach Sibirien, Enteignungen, Unterdrückung der polnischen Kultur und Sprache sowie Verfolgung der katholischen Kirche. In der Schule wurde Pilsudski von russischen Lehrern unterrichtet, die ihn als Polen verhöhnten und wie einen Fremden im eigenen Land behandelten. Józef Pilsudski entwickelte einen Haß und eine Furcht gegenüber den Russen, die er nie wieder ablegte. Der polnische Adel Litauens zeigte wenig Kompromißbereitschaft bei der Adaption fremder Gesetze, wie sie in zahlreichen anderen Gebieten der geteilten Nation in den Jahren nach 1863 stattfand. Die Adligen blieben der alten Tradition romantischer Verschwörungen treu, die auf einen neuerlichen bewaffneten Aufstand zur Befreiung Polens abzielte.

Trotz seiner feindseligen Einstellung zu Rußland war Pilsudski ein Kind des russischen Reiches, dessen Lebensbedingungen weitgehend seine politische Entwicklung geprägt haben. Traditionelles Gedankengut des polnischen Adels kam hinzu. Und schließlich die Tatsache, daß er in einem mit Gewalt regierten, autokratischen Staat aufwuchs, in dem es keine Möglichkeit gab, irgend etwas durch offene politische Aktionen zu verändern – und auch nie gegeben hatte. Jeder Regimegegner war automatisch zum Revolutionär verurteilt. Es ist richtig, daß zwischen Pilsudski und seinem Zeitgenossen Lenin gewisse Parallelen bestanden. Beide entstammten dem niederen Adel. Beide wurden durch ihre Brüder in das Komplott zur Ermordung des Zaren Alexander III. im Jahre 1887 verwickelt. Lenins Bruder wurde gehängt, Bronislaw Pilsudski zu 15 Jahren Gefängnis verurteilt. Beide Politiker lebten jahrelang in Sibirien in der Verbannung: Józef Pilsudski wegen seiner „Teilnahme" am Komplott im Jahre 1887; Lenins Verurteilung erfolgte rund sieben Jahre später. Beide entwickelten ihren politischen Stil aus der verzweifelten Notwendigkeit zur Revolution. Beide waren Sozialisten. Aber während Lenins Marxismus sich den jeweiligen ideologischen Notwendigkeiten anpaßte und damit einem permanenten, tiefgreifenden Wandel unterworfen war, kann man Pilsudski als einen „Sozialisten aus Überzeugung" bezeichnen.

Pilsudski beschäftigte sich eingehend mit sozialistischer Literatur. Während seines Aufenthalts in Sibirien las er „Das Kapital" von Anfang bis zu Ende. Aber was ihn an dem Buch faszinierte, war eher der Kampfstil der Sozialisten als die Klassenanalyse. Die nationale Befreiung stand für ihn immer an erster Stelle. Der Sozialismus nach russischem Muster war für ihn schlicht die professionellste und erbarmungsloseste Form der Verschwörung gegen das Zarentum.

In der Vergangenheit bestand das Hauptproblem eines jeden polnischen Aufstands darin, die Masse der Landbevölkerung zu mobilisieren und der Führung von Männern zu unterstellen, die in der Regel aus Kreisen der Landbesitzer kamen. Am Ende des 19. Jahrhunderts war Polen im wesentlichen ein Agrarstaat und weit weniger industrialisiert als die meisten westeuropäischen Länder. Dennoch hatte sich in vielen polnischen Städten bereits eine Arbeiterklasse entwickelt, die brutal ausgebeutet wurde und reif für eine Erhebung war. Dieses Proletariat konnte mit Hilfe eines sozialistischen Programms für die polnische Frage gewonnen werden. Für Pilsudski und viele seiner Zeitgenossen bedeutete die Befreiung von fremder Unterdrückung zugleich die Befreiung von aufgezwungener Armut und hilfloser Ausbeutung. Die soziale und die nationale Frage bedingten einander: die eine war nicht ohne die andere zu lösen. Diese Überzeugung steht hinter Pilsudskis Worten, „ein polnischer Sozialismus müsse die Unabhängigkeit des Landes zum Ziel haben, denn die Freiheit sei die unverzichtbare Voraussetzung für den Sieg des Sozialismus in Polen".

An jenem Februartag 1900 stand Pilsudski in seiner Wohnung in Lódź, sah zu, wie die Polizei seine Druckerpresse entfernte und wartete darauf, daß man ihn ins Gefängnis werfen und vielleicht umbringen würde. Ein paar Tage später äußerte sich der Vernehmungsbeamte zufrieden, daß man seine Zeitung nun endlich mundtot gemacht habe. „Wissen Sie, Hauptmann", erwiderte Pilsudski, „ich bin ganz sicher, daß die nächste Nummer des ‚Robotnik' gerade in diesem Moment gedruckt wird." Und er hatte recht; wenngleich sie in London ediert wurde und à conto der Tatsache, daß sie über mehrere Grenzen geschmuggelt werden mußte, diesmal verspätet erschien.

„Wie die Zoologen berichten, kam es zu Beginn des 20. Jahrhunderts in der Gegend von Wilna zu einem Krieg zwischen den eingeborenen Ratten und einem Volk, das von der oberen Wolga her eindrang, sich seinen Weg durch unsere guten alten Ratten nagte und ihr Land besetzte. Es war ein heiliger Krieg, der unter der Erdoberfläche geführt wurde, der unter den Fußbodenbrettern tobte, und die Leute, die darüber hinweggingen, merkten nichts davon." (Aus: Stanislaw Mackiewicz, Klucz do Pilsudskiego, London 1943, S. 68.)

Mit diesen Worten beschrieb der Schriftsteller und Historiker Stanislaw Mackiewicz jene Phase von Pilsudskis Untergrundkampf, der 1900 mit seiner Festnahme endete. Auch Pilsudski selbst bezeichnete diese Zeit als „Wühlarbeit" oder „Rattentätigkeit". Als die Polizei ihn schnappte, konnte er stolz darauf sein, daß er aus eigener Kraft eine Zeitung auf die Beine gestellt hatte, die eine weit höhere Auflage erreichte als jedes andere revolutionäre Blatt im gesamten russischen Reich. Und dennoch hätte ein uneingeweihter Betrachter der Zustände im geteilten Polen des Jahres 1900 Pilsudskis Vertrauen in die Zukunft kaum geteilt. Denn den einfachen Leuten auf der Straße waren er und seine Arbeit unbekannt, obgleich sie spürten, daß sich irgend etwas im verborgenen tat.

Die Situation zur Jahrhundertwende war recht verworren. Polen hatte seine Unabhängigkeit gut 100 Jahre zuvor verloren und war noch immer zwischen Rußland, Österreich-Ungarn und dem Deutschen Reich, das das Erbe Preußens angetreten hatte, geteilt. Jetzt plötzlich schwand die tiefe Entmutigung, die die Polen nach der Niederschlagung des Januar-Aufstandes 1863 zunächst befallen hatte. Damals hatte sich die nüchterne Doktrin eingebürgert, daß wahrer Patriotismus darin bestehe, einen direkten

Konflikt mit den Besatzern zu vermeiden. Statt dessen müsse man sich bemühen, die wirtschaftliche und kulturelle Stärke der Nation durch harte Arbeit, landwirtschaftliche Verbesserungen und soziale Organisation auszubauen. Dieses vorsichtige Stillhalten war ganz plötzlich nicht mehr gefragt. Politische Parteien waren entstanden, von denen einige unter den relativ toleranten Bedingungen im österreichisch besetzten Teil ganz offen die Arbeit aufnahmen, während andere in den Untergrund gingen. Eine höhere Schulbildung konnte – manchmal noch im geheimen – selbst im russisch besetzten Teil wieder erworben werden. Im preußischen Teil setzten sich die Bauern ziemlich erfolgreich gegen den Versuch einer deutschen Kolonisation zur Wehr. Der wirtschaftliche Zusammenbruch am Ende des Jahrhunderts, der in Rußland das Ausmaß einer ernsten Wirtschaftskrise annahm, führte allerorten zu Bankrotten und Arbeitslosigkeit und zerstörte jede Grundlage für eine geduldige, konstruktive Arbeit. Die neue Generation, die die verheerenden Konsequenzen von 1863 nicht mehr am eigenen Leib erfahren hatte, wollte nicht länger stillhalten.

Aber jetzt, da der polnische Nationalismus wieder auflebte, boten die Bedingungen in Europa kaum eine Möglichkeit für eine Restauration Polens. In mancher Hinsicht sah es so aus, als sei die allgemeine Stimmung umgeschlagen und die Polen hätten ihre historische Chance verpaßt.

In der ersten Hälfte des 19. Jahrhunderts war die Wiederherstellung der polnischen Freiheit das wichtigste Anliegen des europäischen Liberalismus. Die Revolutionen jener Zeit waren „nationale" Erhebungen zur Befreiung des Menschen von der „internationalen" Liga reaktionärer Päpste, Kaiser und Könige. Vor allem Frankreich hatte die polnische Frage stets unterstützt und polnischen Emigranten nach dem gescheiterten Aufstand von 1830/31 eine neue Heimat geboten. Man hatte ihnen sogar eine ihrer jeweiligen Stellung angemessene Staatspension gezahlt. Selbst in Deutschland entdeckte die junge revolutionäre Generation ihr Herz für die Polen, in denen sie die tapfersten Kämpfer im Ringen um nationale Freiheiten und eine konstitutionelle Regierung sah. Aber nach der Revolutionswelle von 1848, als Exilpolen auf den Barrikaden von Frankreich, Italien und Deutschland, in Prag, Wien und sogar bei dem gewaltigen Volksaufstand in Ungarn mitgekämpft hatten, veränderte sich langsam das Klima. Die Flut von 1848 konnte die Regierungssysteme in Österreich und Preußen nicht hinwegschwemmen und berührte Rußland überhaupt nicht. Die Deutschen, 1848 mit der Realität konfrontiert, daß die Unabhängigkeit Polens den teilweisen Verlust Preußens bedeuten würde, entzogen ihnen ihre Sympathie.

Um 1900 mußte eine „realistische" Einschätzung der polnischen Chancen jeden entmutigen. Preußen war zum mächtigsten Staat innerhalb des Deutschen Reiches aufgestiegen. Rußland hatte mit seiner Industrialisierung begonnen, was mit einer verstärkten Zentralisierung des Machtapparates und noch mehr Repressalien in den besetzten Ländern Hand in Hand ging. Aus dem alten Habsburgerreich war 1867 die Doppel-Monarchie Österreich-Ungarn geworden. Die Bemühungen Galiziens (des von Österreich besetzten Teils Polens), einen den Ungarn ähnlichen autonomen Status zu erlangen, waren gescheitert.

In Europa schien der Trend neuerdings in Richtung weniger großer Nationen zu gehen, in eine neue Zukunft, in der die Freiheitsbestrebungen kleiner, unterdrückter

Nationen anachronistisch erschienen. Beide Großmächte, Deutschland wie Rußland, verfolgten die Politik, alles was noch an polnischer Kultur und politischer Identität vorhanden war, auszumerzen. Moderne Streitkräfte und die Durchschlagskraft ihrer Waffen sowie ihre sehr viel größere Mobilität aufgrund des aus militärischen Gründen verstärkten Eisenbahnbaus verminderten die Chancen einer Volkserhebung nach altem Muster beträchtlich.

Sogar in Polen selbst gab es Anzeichen dafür, daß die Bereitschaft zu Gewaltmaßnahmen nachließ. Der industrielle Kapitalismus, der sich besonders im russisch besetzten Teil Polens rasch entwickelte, schuf sich seine Absatzmärkte in allen drei Besatzungszonen und legte dort auch sein Geld an. Selbst da, wo die Unternehmen den Polen gehörten, war das Interesse an einem behutsamen Wandel und Reformen größer als an einem gewaltsamen Umsturz.

Auch der Sozialismus eröffnete neue Wege. Pilsudski und die PPS standen mit ihrer Meinung, daß nationale Befreiung und Emanzipation der Arbeiterklasse eine untrennbare Einheit bildeten, allein da. In Rußland und Deutschland dachten und handelten die meisten Marxisten politisch international und schürten den Unmut der Untertanen in den multinationalen Großreichen für ihr eigentliches Ziel: eine weltumspannende proletarische Revolution, die die unterschiedlichen Nationalitäten aufheben würde. Die älteste sozialistische Bewegung in Polen, „Proletarjat", war international ausgerichtet gewesen und hatte eng mit den russischen Revolutionären zusammengearbeitet, bevor sie 1884 zerschlagen und ihre Anführer gehängt oder eingekerkert wurden. Einer ihrer Sprecher hatte seinerzeit verkündet: „Nieder mit Patriotismus und Reaktion! Lang lebe die internationale sozialistische Revolution!" Dieselbe Grundhaltung zur polnischen Freiheitsbewegung vertrat noch stärker akzentuiert die 1893, im gleichen Jahr wie die PPS gegründete Sozialdemokratische Partei Polens (SDKP).

Schließlich wurde die Idee des Nationalismus als solche für die polnischen Patrioten zu einem Problem. Am Ende des 19. Jahrhunderts begannen die Ukrainer, die im Osten des ehemals freien Polens lebten, eine eigene politische Identität für sich zu fordern. Selbstverständlich versuchten die Besatzungsmächte diese Bestrebung durch eine „Teile-und-herrsche"-Politik zu unterdrücken. Die polnischen Gutsbesitzer in Galizien, einer Region mit ukrainischer Bevölkerungsmehrheit, wurden durch diese Entwicklung alarmiert und zugleich in der Auffassung bestärkt, daß die polnischen Interessen am besten durch eine loyale und verbindliche Politik gegenüber der österreichisch-ungarischen Krone geschützt würden. Es entstand ein Teufelskreis. Die Identität der Polen stand jetzt von oben wie von unten unter Druck: von oben durch die Assimilierungspolitik der Teilungsmächte und von unten durch die Freiheitsbestrebungen jener, die die Polen von früher her als ihre „Untertanen" betrachteten – z. B. die Ukrainer – und die dies auch eines Tages wieder werden sollten. Je inständiger der polnische Adel Österreich daher um Schutz gegen die Ukrainer ersuchte, um so abhängiger wurden die Polen von der Existenz des Österreichischen Reiches.

Aber was wollten die polnischen Patrioten nun eigentlich restauriert wissen? Die Antwort war nicht einfach. Das alte Polen war keine Insel gewesen, sondern ein Vielvölkerstaat ohne natürliche Grenzen außer der Ostsee im Norden und den Karpaten im Süden. In den 800 Jahren seines Bestehens, das mit der dritten Teilung im Jahre 1795 endete, waren seine Grenzen mehrfach in Ost-West-Richtung auf der Landkarte hin und her geschoben worden. Die Forderung, „Polen zu restaurieren", warf die Frage auf: „Welches Polen und wie sollte es sich zusammensetzen?"

Besonders zwei Dinge haben die polnische Geschichte entscheidend geprägt: das eine war sein Verhältnis zu Litauen, dem riesigen, primitiveren Großherzogtum im Nordosten, das erst Ende des 14. Jahrhunderts christlich wurde. Das zweite war die außerordentlich starke Stellung des polnischen Adels, der im späten Mittelalter zur herrschenden Klasse aufstieg und die Entstehung einer absoluten Monarchie verhinderte.

Der polnische Staat wurde im Jahre 966 gegründet. Im 10. Jahrhundert wurden im gesamten östlichen Europa Völkerstämme seßhaft und errichteten relativ gefestigte Königreiche. Eine dieser Gruppen, die Polanen, ließen sich in „Großpolen" (dem Gebiet um Posen [Poznań]) nieder und dehnten unter König Mieszko I. ihre Einflußsphäre bis zum Mündungsgebiet der Weichsel in die Ostsee aus, etwa bis dorthin, wo heute Danzig (Gdańsk) liegt. Mieszkos Übertritt zum Christentum westlicher Prägung im Jahre 966 gilt als das Gründungsdatum des polnischen Staates. Die durch ihn begründete Dynastie der Piasten herrschte bis 1138.

Nach dieser Periode, etwa im 13. Jahrhundert, begann Polen unter den Invasionen und Übergriffen fremder Völker zu leiden, denen die Nation seither ständig ausgesetzt war. Zweimal überschwemmten mongolische Heere das Land von Osten her, verwüsteten es, und vernichteten das polnische Heer, das sich ihnen entgegenzustellen versuchte. Gegen Ende des Jahrhunderts eroberten die Deutschordensritter Ostpreußen, ein Gebiet, das damals von heidnischen Balten besiedelt war und außerhalb des polnischen Einflußbereiches lag. Das Ganze war Teil einer von Deutschland ausgehenden Kolonisierung des Ostens. Polen profitierte davon in vieler Hinsicht, denn in ihrem Gefolge kamen auch Handwerker und Gelehrte ins Land. Außerdem wurden neue Städte und Dörfer nach deutschem Recht gegründet. Aber die Deutschordensritter benahmen sich alles andere als friedlich, und so kam es an der Ostseeküste zwischen ihnen und den Polen bald zu Konflikten. Unterdessen entwickelte Polen weiterhin eine bemerkenswert multinationale Struktur, besonders in den Städten. Dieser Trend verstärkte sich unter der genialen Regierung Kazimierz des Großen (1333–1370) noch. Kazimierz gab Polen die ersten geschriebenen Gesetze, baute Krakau zu einer prächtigen Hauptstadt aus und nahm – eine folgenschwere Entscheidung – Tausende von Juden in sein Land auf, die als Flüchtlinge aus dem Rheinland kamen.

Im 14. Jahrhundert ging das Königreich Polen mit dem Großherzogtum Litauen eine historische Verbindung ein, welche Polen in seiner Gesamtheit und zukünftigen Entwicklung prägte. Die Union begann im Jahre 1385, als Jagiello von Litauen, Herrscher der letzten heidnischen Nation in Europa, die 11 Jahre alte polnische Prinzessin Jadwiga in Krakau heiratete. Drei Tage zuvor war er zum Christentum übergetreten und hatte den römisch-katholischen Glauben zur litauischen Staatsreligion erklärt. 14 Tage später wurde er zum König von Polen gekrönt.

In groben Umrissen durchlief die polnisch-litauische Union die gleichen Stationen wie die Union zwischen England und Schottland einige Jahrhunderte später. Sie begann als Verbindung zweier autonomer Nationen unter einem gemeinsamen Herrscher: Jagiello und seine Nachfolger waren sowohl Könige in Polen wie Großherzöge von Litauen, während die beiden Länder politisch zunächst selbständig blieben. Dann, nach 200 Jahren des Nebeneinanders, wurden im Vertrag von Lublin, 1569, Polen und das Großherzogtum Litauen zu einem „Großreich" mit einem gemeinsamen Parlament, dem Sejm, vereinigt. Die polnisch-litauische Union bestand anschließend mehr als 200 Jahre und vereinigte in sich die nach Herkunft und Sprache unterschiedlichsten Rassen. Nach der Union von Lublin wurde der litauische Adel – ursprünglich eine Kriegerkaste, die einen ostslawischen Dialekt sprach, aber über eine baltisch sprechende Bevölkerung herrschte – nach und nach durch Immigration und Heirat mit Polen „polonisiert", bis im späten 18. Jahrhundert die besitzende und herrschende Adelsschicht in Litauen „plus polonais que les polonais" war und die Hauptvertreter des romanischen polnischen Patriotismus stellte.

Die Jagellonen regierten Polen bis kurz nach der Union von Lublin. Besonders am Anfang hatten sie schwere Jahre zu bestehen. Es galt dem Angriff der fanatischen und aggressiven Deutschordensritter standzuhalten.

In der Entscheidungsschlacht bei Tannenberg (Grunwald) im Jahre 1410 wurde der Orden von der vereinigten polnisch-litauischen Armee vernichtend geschlagen. Endgültig besiegt war der Deutschorden jedoch erst mehr als 50 Jahre später, nach dem zweiten Frieden von Thorn (Toruń). Aber der Sieg bei Grunwald gab den Polen die Möglichkeit, die Kontrolle über die Ostseeküste um Danzig herum zu erringen. Durch einen unvorhersehbaren Glücksfall war damit der gesamte Flußlauf der Weichsel von den fruchtbaren Ebenen Zentral- und Südpolens bis zum Hafen von Danzig wieder in polnischer Hand. Und zwar gerade zu einem Zeitpunkt, als sich infolge einer Bevölkerungsexplosion in Nordeuropa jene Länder nach neuen Quellen zur Deckung ihres erhöhten Getreidebedarfs umsahen. Über den „Weichsel-Getreide-Handel" trug Polen wesentlich zum wirtschaftlichen Aufschwung Westeuropas während der Renaissance bei, ebenso wie der Weizen der nordamerikanischen Prärie drei Jahrhunderte später zur Industriellen Revolution.

Das Reich der Jagellonen expandierte. Der Höhepunkt war nach 1490 erreicht, als für kurze Zeit durch Heirat nicht nur Polen und Litauen, sondern auch die Königreiche von Ungarn und Böhmen unter der Krone der Jagellonen vereinigt wurden. Damit waren sie die Herrscher in fast ganz Mittel- und Osteuropa. Nur das Herzogtum Moskau im fernen Osten blieb außerhalb ihres Machtbereiches und begann seinerseits die Territorien zu vereinen, die später das moderne Rußland bilden sollten.

Mit dem Sieg über den Deutschen Orden, der die Jagellonen-Könige so mächtig hatte werden lassen, setzte ein Prozeß ein, ihre Macht nach innen zu beschränken. Der polnische Adel suchte in jeder Weise, seine Rechte gegenüber der Krone zu erweitern. Schon vor dem zweiten Frieden von Thorn (1466) hatten Adel und König einen Vertrag geschlossen, worin dieser dem König seine militärische Unterstützung im Krieg zusagte und ihm als Gegenleistung einige Privilegien gewährt wurden, u. a. die Einrichtung provinzialer Landtage und eines nationalen Parlaments. Dies war die Geburtsstunde des Sejm und die Grundlage für die Entstehung einer „Adelsdemokratie", die die Macht der Krone stark eingrenzen sollte. Es war aber auch der Beginn einer schicksalhaften gesellschaftlichen Spaltung, indem der Adel in der folgenden Zeit eine so selbstbewußte und mächtige Stellung erlangte, daß er sich selbst mit der „Nation" identifizierte. Der Adel –

vom Großgrundbesitzer bis hinunter zum kleinen Junker, der nur ein Fleckchen Erde besaß, nicht nur Polen, sondern auch Litauer, Deutsche und selbst eine Reihe Juden – war die „Nation", während die Bürger in den Städten und die Landbevölkerung lediglich „Untertanen" waren.

Dies wurde damals nicht so empörend empfunden, wie es klingt. In den meisten europäischen Ländern kannte man eine Klasseneinteilung in Adel, Kirche, Bürger, Nichtbürger usw. Und es gab „unter dem Strich" überall die große Masse der Armen, die keinem „Stand" angehörten und politisch nicht einmal zur „Nation" gerechnet wurden, obgleich sie häufig den weitaus größten Teil der Bevölkerung ausmachten. Der polnische Adel setzte diese Grenze nun so hoch herauf, daß er außer seiner eigenen Kaste schließlich alle anderen von der „Nation" ausschloß.

Diese „Macht des Adels" hatte ihre Vor- und Nachteile. Einerseits machte sie das „Großreich" zu einer primitiven, eingeschränkten Demokratie, in der kein König jeweils die absolute Macht erringen konnte – im Gegensatz zu den grausamen, autokratischen Systemen, die schon bald an Polens Grenzen entstanden: Preußen und Rußland. Der Adel, vielleicht 10 % der Bevölkerung, genoß seine „goldene Freiheit", indem er einen lebhaften, großzügigen, oft ausgelassenen und dem Alkohol nicht abgeneigten Lebensstil entwickelte. Ihre stolze Spontaneität und ihr empfindliches Freiheitsgefühl hat den Charakter der Polen bis in unsere Tage geprägt. Auf der anderen Seite war das Großreich nur schwer zu regieren, und – was gefährlicher war – seine Regierungsform machte es nahezu unmöglich, sich veränderten Bedingungen anzupassen.

Das 16. Jahrhundert war Polens „goldenes Zeitalter". In dieser Zeit weitete der Adel seine Vorrechte beständig aus. Dazu gehörten Immunität gegenüber dem Gesetz, absolute Glaubensfreiheit und – seit 1496 – ein Monopol auf den Grundbesitz; sämtliche Bürger mußten damals ihr Land verkaufen. Der Adel erlangte auf diese Weise immer mehr Macht über die Bauern, die langsam in die Stellung von Leibeigenen herabgedrückt wurden, denen es verboten war, das Land zu verlassen.

Hier bestand ein entscheidender Unterschied in der geschichtlichen Entwicklung zwischen Ost- und Westeuropa. Im Westen waren Sklaverei und Leibeigenschaft mit Ausgang des Mittelalters überall verschwunden und durch bezahlte Arbeit abgelöst, was zum Teil auf den Arbeitskräftemangel infolge der großen Epidemien zurückging. Dagegen wurden sie in Mittel- und Osteuropa – und zwar nicht nur in Polen, sondern im gesamten Gebiet zwischen dem Osten Deutschlands und Rußland, von der Ostsee bis Ungarn – zur gleichen Zeit immer üblicher und hielten sich hier bis ins 19. Jahrhundert. Der Grund für diese Entwicklung scheint das wachsende Monopol politischer Macht in den Händen des Adels gewesen zu sein, das durch den steigenden Reichtum der Großgrundbesitzer infolge des Getreideexports in den Westen noch verstärkt wurde.

1505 rang der Adel der Krone das „Nihil Novi"-Gesetz („Nichts Neues") ab, das besagte, daß neue Steuern oder Gesetze nur mit Zustimmung beider Kammern des Sejm beschlossen werden durften. Als 1573 der letzte Jagellone starb, sicherte sich der Adel das Recht, den König zu wählen – nicht etwa durch seine Vertreter im Sejm, sondern durch eine sämtliche Mitglieder umfassende, oft chaotische Adelsversammlung in Warschau.

Im 16. Jahrhundert wurde der gesamte polnische Adel – nicht nur die großen Landbesitzer – dadurch reich, daß Roggen und Weizen von ihren Gütern auf Flößen die Weichsel hinunter transportiert und in Danzig an deutsche, holländische und schottische Händler verkauft wurden. Aber dieser wirtschaftliche Aufschwung betraf zunächst nur die Landwirtschaft. Die Entwicklung in den Städten und die Bildung einer bürgerlichen Mittelschicht, die in West- und Nordeuropa rapide voranschritt, kümmerte in Polen noch vor sich hin. Besonders in kleineren Städten diktierten die ansässigen Gutsbesitzer Handel und Preise; Leibeigenschaft bedeutete für einen Bauern, daß es ihm nahezu unmöglich war, den Hof zu verlassen, um Arbeit in der Stadt zu finden oder Handel und Gewerbe nachzugehen. Der Handel befand sich fast völlig in der Hand von Juden, Deutschen und Schotten. Einiges von dem neuen Reichtum blieb in den Städten. Die größeren, wie Krakau oder Thorn, ließen herrliche Gebäude errichten und wurden zu Zentren für Handwerk, Kunst und Wissenschaft. Aber anders als im Westen bildete sich in Polen dennoch keine einheitliche Mittelschicht, die dem Landadel seine wirtschaftliche und politische Stellung hätte streitig machen können.

Im 16. Jahrhundert griff die Reformation auch auf Polen über – im wesentlichen von Böhmen aus. Heute ist der weitaus größte Teil der Polen quer durch alle Bevölkerungsschichten streng katholisch, und das Bekenntnis zum römisch-katholischen Glauben – wie die Loyalität gegenüber dem Papst – gilt allgemein als integrierter Bestandteil polnischen Patriotismus. Dies war nicht immer so. Etwa 40 % der Gesamtbevölkerung, von denen die meisten in Litauen lebten, gehörten ohnehin der orthodoxen Kirche an. Die Masse der polnischen Bauern wurde durch die Reformation nicht berührt. Sie blieben ihrem alten katholischen Glauben treu. Aber in den Städten gewann das Luthertum zahlreiche Anhänger, besonders unter den Deutschen. Ein Teil des Adels bekannte sich zum Calvinismus; wahrscheinlich eher, um die Jurisdiktion der katholischen Kirche zu unterlaufen und einzuschränken, als aus leidenschaftlicher Überzeugung.

Religiöse Kriege, wie sie Deutschland und den Westen heimsuchten, gab es in Polen dagegen nicht. 1573 erklärte die Konföderation von Warschau ausdrücklich: „Wir, die wir in religiösen Fragen nicht übereinstimmen, werden untereinander Frieden halten." Im Vergleich zu den meisten anderen europäischen Staaten verhielt sich das Großreich enorm tolerant. Natürlich kam es in den Städten dennoch zu Zusammenstößen zwischen Protestanten und Katholiken, was den Historiker Norman Davies veranlaßte, Polen als ein Land zu bezeichnen, in dem „Toleranz und Duldung verschiedene Dinge waren". Aber selbst die Gegenreformation, die die Mehrheit der Bevölkerung mit der Zeit zu einer starken und verinnerlichten Form des katholischen Glaubens zurückführte, löste keine religiösen Verfolgungen aus, noch schuf sie ein Märtyrertum. Während der Hexenverfolgung jedoch, die ihren abstoßenden Höhepunkt im frühen 18. Jahrhundert erreichte, starben zehntausende unschuldiger Frauen auf dem Holzstoß. Aber der Protestantismus, der nicht stark genug war, um sich gegen den missionarischen Eifer der Jesuiten zu behaupten, verschwand fast ohne Blutvergießen. Der protestantische Adel hatte das Interesse an einer Reformation verloren, nachdem er mit der Konföderationsakte von Warschau seine Ziele erreicht hatte.

Das 17. Jahrhundert brachte den Krieg ins Land. Zwar hatte der 30jährige Krieg, der ganz Mitteleuropa verwüstet hatte, Polen nur am Rande berührt, aber die Polen waren wiederholt in das Großfürstentum Moskau eingefallen. 1648 kam es in der Ukraine zu einem gewaltigen Kosakenaufstand unter der Führung ihres Hetmans Chmielnicki, dessen Truppen, wohin sie kamen, ein Massaker unter Juden und Protestanten anrichteten.

1655 fand die für Polen katastrophale schwedische Invasion statt, die in die Geschichte als „Sintflut" eingegangen ist und in deren Verlauf fast ganz Polen erobert und verwüstet wurde. Die Schweden verließen das Land erst wieder nach dem Frieden von Oliwa, im Jahre 1660. Es folgte eine Wiederaufnahme des Krieges gegen Rußland; und im Jahre 1672 wurde Polen das erste Opfer des letzten und größten türkischen Ansturms auf das Herz Europas.

1683 gewann König Jan Sobieski von Polen die Schlacht um Wien und beendete damit endgültig die türkische Gefahr für das katholische Europa. Sobieski war 1674 wegen seiner überragenden Fähigkeiten als Feldherr zum König gewählt worden. Fast 10 Jahre lang kämpfte er an der Spitze des großpolnischen Heeres gegen die Türken. Am Ende, als die türkische Armee Wien belagerte, führte er die vereinigten polnischen und österreichischen Truppen zu einem totalen und legendären Sieg. Im Gedächtnis des polnischen Volkes ist Jan Sobieski, ein grober, derber Mann, der seinen Ruhm mit Selbstverständlichkeit trug und mit seinen Untergebenen in einer für einen König recht ungewöhnlichen direkten und einfachen Art verkehrte, als Retter des christlichen Abendlandes unsterblich geworden. Er verdient diese Ehre. Andererseits ist nicht zu leugnen, daß Sobieski durch seinen Triumph bei Wien zugleich die einzige militärische Macht vernichtete, die den Aufstieg Rußlands zu einem Weltreich vielleicht hätte aufhalten können.

Für das polnische Großreich begann danach eine Zeit des Verfalls. Weitere Kriege zu Beginn des 18. Jahrhunderts zeigten, daß die Verluste der letzten 50 Jahre noch nicht wieder ausgeglichen waren. Das politische System verfiel. Die „Adelsdemokratie" wurde immer mehr zum Machtinstrument weniger großer Familien, die untereinander erbittert um die Vorherrschaft stritten und immer häufiger bereit waren, sich zur Durchsetzung ihrer Ziele mit ausländischen Mächten zu verbünden.

Der Sejm hatte das „Liberum Veto" verabschiedet, wonach sämtliche Beschlüsse einstimmig gefaßt werden mußten, und damit jedem einzelnen Abgeordneten ermöglicht, mit dem Ruf „nie pozwalam" („ich stimme nicht zu"), den Sejm lahmzulegen. Diese klare Einladung zur Korruption wurde von Außenseitern eifrig genutzt; besonders Rußland trat gern als Garant der „Adelsdemokratie" auf, die das polnische Großreich so willkommen kraftlos machte.

Das 18. Jahrhundert gehört zu den Zeitabschnitten der polnischen Geschichte, die stets heftig diskutiert worden sind. Für die einen war es eine Zeit der Schmach, in der der Adel das polnische Großreich wissentlich in Anarchie verfallen ließ und es aus blindem Egoismus und Habgier in eine fatale Abhängigkeit von seinen feindlichen Nachbarn brachte. Die anderen vertreten die Meinung, im Grunde sei Polen das Opfer seiner Tugenden geworden. Allein England habe zu jener Zeit eine besser funktionierende demokratische, konstitutionelle Monarchie entwickelt. Polen-Litauen sei in mancher Hinsicht toleranter als England gewesen. Diese „Schwäche" sei von seinen Nachbarn,

König Jan Sobieski (1674–96), der 1683 die Türken vor Wien schlug und zum Retter des christlichen Abendlandes wurde. Im Hintergrund erkennt man einen Teil des Schlachtfeldes und den Turm des Stephansdomes über der Stadt Wien.

Rußland und Preußen, beides absolutistisch regierte Staaten und politisch wie kulturell weit weniger entwickelt, zum Nachteil Polens ausgenutzt worden.

Die alte Redensart „nierzadem Polska stoi" – in etwa: das Wesentlichste an Polen ist seine Unregierbarkeit – ist nicht geringschätzig gemeint. Unter anderen Umständen hätte sich diese in ihren Übergängen fließende Kombination zwischen König, Sejm und Adel zu einer aufgeklärten, parlamentarischen Demokratie entwickeln können. Polens Tragödie liegt darin, daß es diesen Schritt zu spät tat.

Seine Schwäche zeigte sich deutlich, als die russische Armee 1733 ins Land einmarschierte, um den gewählten König Stanislaw Leszczyński abzusetzen und durch einen fügsameren Monarchen zu ersetzen. Danach folgte eine relativ friedvolle Zeit, eine Zeit intellektueller Erneuerung, in der neue politische und wirtschaftliche Ideen zur Wiederbelebung des Großreiches geboren wurden. In dieser Phase wurde 1764 Stanislaw August Poniatowski zum König gewählt. Er sollte der letzte König eines freien Polen sein.

Von ihm erwartete man nicht allzuviel. Er war der Liebhaber Katharinas II. von Rußland gewesen, und sie hatte über ihre polnischen Beziehungen zur Familie Czartoryski seine Wahl zum König durchgesetzt. Aber sofort nach seiner Thronbesteigung begann dieser anscheinend so schwächliche Höfling, die Macht der Krone auszuweiten und das politische System Polens zu reformieren und zu modernisieren, indem er den Einfluß der Großgrundbesitzer zurückdrängte und die teilweise verlorene Unabhängigkeit des Großreiches wiederherstellte. Zu einer Krise mit Rußland kam es, als er versucht das „Liberum Veto" des Sejm zu beschneiden, und die Russen daraufhin ausgerechnet die orthodoxen und protestantischen Interessengruppen gegen ihn aufwiegelten. Stanislaw August überlebte diese Herausforderung. 1768 begann mit der Konföderation von Bar der erste wirkliche Freiheitskampf der Polen.

Es war eine Revolte des streng katholischen Adels, nicht nur gegen die russischen Einmischungsversuche, sondern auch gegen den König selbst und seine offensichtliche Willfährigkeit gegenüber den russischen Forderungen. Nach vierjährigem Kampf gegen russische und polnische Truppen brach der Aufstand zusammen, und im Jahre 1772 konnte Friedrich der Große von Preußen sowohl Katharina II. als auch den jungen österreichischen Kaiser Josef II. davon überzeugen, daß die „chaotischen" Zustände in Polen eine gewaltsame und drastische Verkleinerung des Großreiches erforderten. Mit dieser „1. Teilung" annektierten Rußland, Preußen und Österreich fast ein Drittel des polnischen Territoriums und 35 % der gesamten Bevölkerung. Im Stile vieler zukünftiger verbrecherischer Aggressionen wurden die Annexionen als eine uneigennützige Tat zur Stabilisierung der Verhältnisse in Europa gerechtfertigt. Aber, wie Norman Davies ausführt, wurde das Großreich in Wahrheit „nicht wegen seiner anarchischen inneren Zustände zerschlagen. Es wurde zerschlagen, weil es beständig versuchte, sich selbst zu reformieren".

In seinem verstümmelten Königreich tat Stanislaw August sein Bestes, um die begonnenen Reformen weiter voranzutreiben. Das Heer wurde reorganisiert und der Versuch unternommen, die Lebensbedingungen der Bauern zu erleichtern. 1773 gründete er die Nationale Erziehungskommission, das erste europäische Erziehungsministerium überhaupt. 1788 trat der 4-Jahres-Sejm zusammen, in dem Männer von hohem geistigem Niveau dominierten, die voller Begeisterung für die Ideen der Aufklärung eintraten.

Die Verfassung vom 3. Mai, eine der stolzesten Leistungen der polnischen Geschichte, war ihr Werk. Sie wurde beraten und 1791 in einem Augenblick verabschiedet, als die meisten Gegner einer Parlamentsreform nicht im Sejm anwesend waren. Am Ende des Jahrhunderts stand Polen auf dem Höhepunkt einer erstaunlichen Erneuerung. Wären die neuen Verfassungsvorschriften tatsächlich angewandt worden, hätten sie einen Wandel der Nation bewirkt. Das zerstörerische Vetorecht im Sejm war gefallen, die Krone sollte zukünftig erblich sein, und es sollte ein Kabinett gebildet werden, in dem auch der König und der Primas der römisch-katholischen Kirche vertreten waren: drei Dinge, die dem Staat endlich wieder eine echte Autorität verliehen hätten. Außerdem sollten die Bürger in den Städten die gleichen Rechte wie der Adel erhalten und die Bauern unter den Schutz eines Landrechtes gestellt werden.

Aber alle diese Veränderungen fanden nur auf dem Papier statt. Es war undenkbar, daß vor allem Rußland zulassen würde, daß auf dem Boden des verstümmelten ehemaligen Großreiches eine starke und handlungsfähige parlamentarische Demokratie wiedererstehen könne. Unterstützt von der Konföderation von Targowica, einem Komplott polnischer Großgrundbesitzer, gegründet in Rußland mit dem Ziel, den Sejm und die neue Verfassung zu stürzen, marschierte die russische Armee 1792 in Polen ein. Stanislaw August errang anfänglich einige Siege über die Russen, gab dann aber – die unabwendbare Niederlage vor Augen – auf, um Polen die totale Vernichtung zu ersparen. Während zahlreiche Reformintellektuelle und Offiziere zutiefst enttäuscht von der Willensschwäche des Königs in den Westen flohen, unterzeichnete Stanislaw August den Vertrag von Targowica. Inzwischen war von der anderen Seite eine preußische Armee in Polen eingefallen. 1793 kam es zur 2. Teilung.

Diesmal war Österreich nicht beteiligt. Dafür annektierte Rußland ein weiteres großes Stück vom einstigen Großherzogtum Litauen, während Preußen Danzig und einen Streifen Westpolens besetzte, der sich vom Gebiet um Posen (Poznań) bis Thorn an der mittleren Weichsel erstreckte. Der Sejm, der in Grodno zusammentrat, mußte die „2. Teilung" anerkennen und die Verfassung vom 3. Mai aufheben. Stanislaw August hatte alle Macht verloren. Die russische Armee regierte im Land. Wie zur gleichen Zeit in Frankreich, wurde auch in Polen, das seine konstitutionellen Reformen im Namen der Vernunft begonnen hatte, die Stimmung im Volk durch eine Invasion von außen derart angeheizt und radikalisiert, daß die patriotische Bewegung revolutionäre Züge annahm.

Eine Meuterei der Truppen im März 1794 führte zu einem Volksaufstand. Am 24. März schwor Tadeusz Kościuszko auf dem alten Marktplatz von Krakau, daß er die Unabhängigkeit Polens wiederherstellen und eine „allgemeine Befreiung" durchführen werde.

Kościuszko, ein Berufsoffizier, der in Frankreich ausgebildet worden war und im amerikanischen Unabhängigkeitskrieg mitgekämpft hatte, war sich der revolutionären Stimmung im Volk durchaus bewußt. Er sah seine Chance vor allem darin, die Masse der Bauern für die nationale Frage zu gewinnen. Am 7. Mai gab er das „Manifest von Polarziec" heraus, das die Leibeigenschaft abschaffte und Versprechen enthielt, die neue Revolutionsregierung werde die Bauern gegen die Landbesitzer in Schutz nehmen. In der Schlacht von Raclawice stürmte eine Abteilung Bauern, nur mit Sensen und Spießen bewaffnet, gegen russisches Gewehrfeuer und schlug den Feind in die Flucht. Warschau erhob sich gegen seine Besatzung, angeführt von dem Schneider Jan Kiliński und einem Komitee, das offen für die Ideen der französisch-jakobinischen Revolution eintrat. Sowohl in Wilna wie in Warschau wurden Anführer der Konföderation von Targowica gehängt, darunter auch ein Bischof. Zugleich fand ein wildes Massaker unter denen statt, die auch nur verdächtigt wurden, auf seiten Rußlands zu stehen.

Aber der verzweifelte Mut der Polen und die Geschicklichkeit des von ihnen verehrten Kościuszko reichten nicht aus, den vereinten Armeen von Rußland und Preußen standzuhalten. In der Schlacht bei Maciejowice im Oktober 1794 wurden seine Truppen geschlagen, er selbst verwundet und gefangengenommen. Am 4. November eroberte General Suvorov Praga, eine Vorstadt Warschaus östlich der Weichsel, und die Kosaken veranstalteten ein Blutbad unter der Bevölkerung. Die Hauptstadt ergab sich, der König wurde ins Exil gebracht und dankte im November 1795 ab.

Die 3. Teilung, seit 1795 ein Faktum, wurde durch ein Abkommen im Januar 1797 endgültig besiegelt und beendete Polens Unabhängigkeit. Das Reich verschwand von der Landkarte. Österreich erhielt Krakau und das umliegende Gebiet; Preußen besetzte Zentralpolen bis nach Warschau hin; die Russen verlegten ihre Westgrenze auf eine Linie, die sich im Norden fast mit der heutigen polnisch-sowjetischen Grenze am Bug deckte. Eine Geheimklausel des Teilungsvertrages – die erste in einer langen Reihe von Geheimabsprachen in der Geschichte Polens – legte fest, daß „der Name oder die Bezeichnung Königreich Polen ... für alle Zeiten ausgelöscht sein solle".

123 Jahre mußten vergehen, bevor es wieder einen souveränen polnischen Staat gab. Polen war „ins Grab gesunken", wie es die Dichter der Romantik ausdrückten, aber un-

ter der Erde rumorte es weiter. Polen war nicht tot, und es waren nicht nur die Polen, die versuchten, es wieder ans Licht zu holen. Frankreich, das selbst mit ganz Europa Krieg führte, ließ die polnische Frage nicht auf sich beruhen, wenngleich bei den französischen Aktionen eiskalte Berechnung ebenso eine Rolle spielte wie brüderliches Mitgefühl. Napoleon erlaubte General Jan Henrjk Dabrowski in Italien zwei Legionen aus Exilpolen zusammenzustellen. Ihr Lied: „Vorwärts, vorwärts Dabrowski!" wurde später Polens Nationalhymne. Eine weitere Legion wurde in Deutschland rekrutiert. Sie kämpften treu auf seiten der Franzosen, unter anderem bei der Niederschlagung des Volksaufstandes in Spanien. 1807 schuf Napoleon

Tadeusz Kościuszko (1746–1817), der im amerikanischen Unabhängigkeitskrieg mitgekämpft hatte, stand an der Spitze der Erhebung von 1794, dem vergeblichen Versuch, Polen vor Teilung und Vernichtung zu retten. Sein Bild hängt in fast allen polnischen Wohnungen.

das Großherzogtum Warschau. Dieser Vasallenstaat umfaßte zunächst nur das ehemals von Preußen besetzte Gebiet, wurde aber bald auch auf Krakau und einen Teil des österreichischen Gebietes ausgedehnt.

Obgleich das Großherzogtum für die Polen nur eine Vorstufe zur Wiederherstellung völliger Unabhängigkeit sein konnte, wurde das umfassende Reformprogramm, das unter König Stanislaw August Poniatowski eingeleitet worden war, von ihnen wieder aufgegriffen und weitergeführt. Man übernahm von Frankreich den Code Civil Napoleon, der seither die polnische Gesetzgebungs- und Verwaltungstradition geprägt hat. Die Leibeigenschaft wurde abermals abgeschafft, und eine moderne Verfassung gab allen die gleichen Rechte. Polen schöpfte wieder Hoffnung; Napoleon erschien allen als Befreier, und die Polen opferten ihm ihre jungen Männer und ihren letzten Zloty, um seinen unglückseligen Feldzug gegen Rußland im Jahre 1812 zu unterstützen.

Mit Napoleons Niederlage verschwand Polen abermals von der Landkarte. Der Wiener Kongreß änderte 1815 die Teilungsgrenzen: Preußen rückte etwas nach Westen, Krakau wurde eine „freie Stadt", tatsächlich blieb sie unter der Oberhoheit der Teilungsmächte, und der größte Teil des ehemaligen Großherzogtums Warschau, einschließlich der Hauptstadt, wurde unter dem Namen „Königreich Polen" ein halbautonomer Teil des russischen Reiches.

Das Ausland, soweit Gegner der „Heiligen Allianz" (Rußland, Österreich, Preußen), dem Block der drei reaktionären Mächte, die nicht nur Polen unterjochten, sondern eine Gefahr für die Freiheit ganz Europas zu sein schienen, brachte wenigstens sein Mitgefühl für Polen zum Ausdruck. Das daraus entstehende Zugehörigkeitsgefühl zu einer „internationalen Freiheitsbewegung" ermutigte die Polen in der Folgezeit zu einer Serie nationaler Verschwörungen, besonders in Kongreß-Polen. Kritisch wurde die Sache 1830. Die Julirevolution in Frankreich verbreitete Wellen demokratischer Unruhe und Turbulenz über den ganzen Kontinent, während der Zar sich anschickte, russische Truppen (darunter auch polnische Regimenter) in Marsch zu setzen, um den neuen und liberalen Staat Belgien zu zerschlagen.

Die Novemberrevolution begann in der Nacht des 29. November 1830 mit dem Angriff einer kleinen Gruppe Kadetten auf das Belvedere, die Residenz des russischen Vizekönigs, während gleichzeitig eine andere Gruppe mit Hilfe der Warschauer Bevölkerung das Arsenal besetzte. Die Revolte entwickelte sich rasch zu einem Volksaufstand. Die Truppen Kongreß-Polens lieferten der russischen Armee fast ein Jahr lang einen erbitterten Kampf, bevor sie geschlagen wurden. Aber die Anführer des schlecht vorbereiteten Aufstandes waren sich untereinander nicht einig und der Sache nicht gewachsen. Die liberalen Nationen des Westens, England und Frankreich, kamen Polen nicht zu Hilfe, während Tausende von Polen heimlich über die Grenze kamen, um sich der Erhebung anzuschließen. Und schließlich entsprach die Strategie der Generäle nicht dem Mut und Können ihrer Soldaten. Warschau wurde im September 1831 von den Russen zurückerobert. Ende Oktober war der Aufstand niedergeschlagen.

Die Folgen der Novemberrevolution waren grausam und dauerhaft. General Paskievitch (im Königreich) und General Muraviev (in Litauen) verwirklichten ihre Version einer „Befriedung" Polens: Hunderte wurden hingerichtet und etwa 180 000 Polen deportiert, viele von ihnen in Ketten nach Sibirien. Die zivile Verwaltung wurde abgeschafft, das Königtum verlor seine relative Autonomie und wurde zukünftig per Dekret regiert. Polnische Einrichtungen, wie Banken, Armee, Sejm und die Kommission für Nationale Erziehung wurden systematisch ausgeschaltet.

Polens Antwort auf den Zusammenbruch der Novemberrevolution war die „große Emigration". Die Mehrzahl der intellektuellen und politischen Elite Polens floh ins Ausland, alles in allem einige Zehntausend, und bildeten in Paris unter Prinz Adam Czartoryski im Hotel Lambert eine Exilregierung. Dieser Aderlaß an Politikern, Dichtern, Musikern, Philosophen und Generälen war die größte Gruppe Intellektueller, die jemals von sich aus von einem Land in ein anderes übergewechselt ist – bis zur Emigration der jüdischen Intelligenz aus Deutschland und Österreich nach Amerika rund 100 Jahre später. Adam Mickiewicz und Juliusz Slowacki schrieben Gedichte und Dramen mystischen und moralischen Inhalts, die zugleich hoch politisch waren und noch immer die Phantasie der Polen beschäftigen. Joachim Lelewel schrieb die Geschichte Polens; Frédéric Chopin komponierte seine Musik; Cyprian Kamil Norwid entwickelte eine neue Art von Poesie, deren Novität und Genialität erst im folgenden Jahrhundert begriffen wurde.

Dies war eine Kultur der Romantik. Weder die Aufklärung noch das optimistische, liberale Denken der westlichen Zeitgenossen hatten eine Antwort auf die Frage, die sich die Polen jetzt selbst stellten: Warum hatte Gott das Martyrium ihres Landes zugelassen, das doch allein nach Gerechtigkeit gestrebt hatte, und wie – wenn überhaupt – konnte das Land aus seinem Grab befreit werden? Vor dem Hintergrund eines unerschütterlichen katholischen Glaubens entwickelte sich hier die mystische Idee des „Messianismus", der in seiner extremen Form in Polen den zurückgekehrten Christus sah, abermals gekreuzigt, um die Nation zu entsühnen, und der eines Tages wieder auferstehen würde.

In Polen lastete weiterhin die Erde auf der begrabenen Nation. Eine erneute Volkserhebung wurde für 1846 geplant und endete in völligem Durcheinander. Im preußisch besetzten Teil Polens wurden die Anführer verhaftet; Krakau erhob sich, aber die Rebellion wurde sofort von österreichischen und russischen Truppen erstickt. In Galizien, einem Teil Südpolens, der von Österreich besetzt war und sich von Krakau ostwärts bis zu der befestigten Stadt Lemberg (Lwow) und bis in die Ukraine hinein erstreckte, scheiterte 1846 der Aufstand nicht nur, sondern artete in ein polnisch-polnisches Gemetzel aus. In dieser überbevölkerten Provinz bearbeiteten fast 5 Millionen polnischer und ukrainischer Bauern das Land einer nur kleinen Gruppe Großgrundbesitzer. Als der Aufstand losbrach, gelang es den Österreichern, die rebellierenden Bauern gegen die Gutsbesitzer aufzuhetzen. Das Ganze endete in einem Blutbad, bei dem mehr als 2000 Adelige und ihre Familien ermordet und die Herrenhäuser niedergebrannt wurden.

Das Fiasko von 1846 brachte eine Wende in der Geschichte jener Zeit. Von jeher, angefangen mit Kościuszkos Rebellion, hatten sich die polnischen Anführer die militärische Unterstützung der Bauern stets dadurch sichern können, daß sie ihnen als Gegenleistung die Abschaffung der Leibeigenschaft versprachen. Nun hatten die Vorgänge in Galizien den Machthabern gezeigt, daß sie diese Hilfsquelle abschneiden konnten, indem sie die sozialen Unterschiede innerhalb der polnischen Gesellschaft einfach aufhoben. 1848 bot daher Graf Franz von Stadion, der österreichische Gouverneur in Galizien, den Bauern das Eigentum an dem von ihnen bearbeiteten Land und die

Abschaffung der Hand- und Spanndienste an. Die Russen machten es 1864 ähnlich.

Nach dem Debakel zwei Jahre zuvor war die nationale polnische Führung noch zu sehr demoralisiert und desorganisiert, als daß sie an den Freiheitskämpfen, die 1848 über ganz Europa hinwegfegten, entscheidenden Anteil hätten nehmen können. Kleinere Aufstände in Krakau und Lemberg endeten im Kugelhagel der Österreicher. Im preußisch besetzten Teil Polens bildete sich während der Unruhen in Posen ein nationales Komitee, das sich um eine eigene Autonomie innerhalb Preußens bemühte. Diese Bewegung wurde wenige Monate später erstickt, nachdem die Hohenzollern Berlin wieder fest unter Kontrolle hatten. Im übrigen kämpften 1848/49 polnische Exilanten „für eure Freiheit wie die unsere" auf den Schlachtfeldern fast aller europäischen Nationen. Der Dichter Mickiewicz stellte in Italien eine Legion zusammen. General Ludwik Mieroslawski, der 1846 den vom Pech verfolgten Aufstand in Posen aufgeführt hatte, kämpfte auf Sizilien und in Süddeutschland, General Hendrik Dembinski und der legendäre General Józef Bem kommandierten Truppen während des ungarischen Volksaufstands. Im 1848er „Frühling der Nationen" erreichte die Sympathie Europas für Polen – die infolge der von Idealismus getragenen revolutionären Bewegungen in der 1. Hälfte des Jahrhunderts ständig gewachsen war – zwar ihren Höhepunkt, nahm dann aber ab. In Europa begann eine Zeit großer Kriege zwischen den Reichen und heftiger internationaler Klassenkämpfe. Das Schicksal einer „begrabenen" Nation schien dabei immer unwichtiger zu werden.

Wenn man über „polnische Geschichte" in dieser Zeit schreibt, verzerren sich unvermeidlich die Proportionen. Es gab eine einheitliche polnische Sprache, eine allgemeine polnische Version des Katholizismus, eine gemeinsame Kultur, deren Intensität und Umfang aber sehr innerhalb der Regionen und Klassen variieren konnte. Es gab „polnische Aktionen", meist Verschwörungen, die mit viel Kraft und Glück zu einem gemeinsamen Unternehmen zweier, manchmal aller drei Besatzungszonen werden konnten. Aber „polnische Geschichte" im eigentlichen Sinn fand im 19. Jahrhundert nicht statt. Was Polen taten oder erlitten, war notwendigerweise ein Bestandteil der Geschichte Österreichs, Preußens oder Rußlands, und insofern waren die geschichtlichen Erfahrungen der Polen sehr unterschiedlich.

Österreich, das Galizien und einen Teil Schlesiens besetzt hatte, behandelte die Polen am mildesten. Das ständige Bemühen des multinationalen Staates, stabile Verhältnisse zwischen seinen Untertanen herzustellen – Deutschen, Tschechen, Ungarn, Kroaten, Polen und Ukrainern, um nur die größten Volksgruppen zu nennen –, gestattete es den Polen in Galizien, eine beträchtliche Autonomie zu erreichen. Mit etwa drei Millionen stellten sie dort fast die Hälfte der Bevölkerung. Die Polen, oder besser die äußerst konservativ eingestellten polnischen Gutsbesitzer, unterhielten ihre eigenen Beziehungen zum Ausland, förderten, ohne auf viel Widerstand zu stoßen, die polnische Kultur und sorgten lange Zeit dafür, daß die polnische Sprache offizielle Umgangssprache blieb. Da das Reich selbst katholisch war, warf die polnische Religion keine Probleme auf. Galizien war wirtschaftlich rückständig und bäuerlich strukturiert. Der polnische Adel, nervös geworden durch den neuen bäuerlichen Radikalismus und den Aufstand der ukrainischen Minderheit, die 1880 etwa 41% der Bevölkerung stellte, setzte auf den Schutz Österreichs und reagierte wenig begeistert auf die Idee einer nationalen polnischen

Wiedergeburt. Im Gegensatz hierzu bildeten die Polen mit etwa drei Millionen Köpfen in Preußen nur eine Minderheit. Bis zur Revolution von 1848 waren sie mit Rücksicht behandelt worden. Aber in der 2. Hälfte des Jahrhunderts, als die „Germanisierung" begann, sah man in ihnen immer mehr eine Gefahr für die Sicherheit.

1871 wurde ihre Stellung noch schlechter, als sich die deutschen Staaten unter Führung Preußens zu einem Reich zusammenschlossen. Bismarck, bis dahin erster Minister des preußischen Königs, wurde Kanzler des Hohenzollern-Imperiums. Innerhalb weniger Jahre wurden die Polen mit in den Kulturkampf verwickelt – Bismarcks Versuch, den Einfluß des Vatikans zurückzudrängen und die katholische Kirche in allen deutschen Gebieten der Kontrolle des Staates zu unterstellen. Bismarck begann den Kulturkampf nicht, um den Nationalstolz der katholischen Polen zu brechen – obgleich er sich dieses Ergebnis sicherlich erhoffte. Noch griff er die Kirche deshalb an, weil er selbst, wie der Rest der preußischen Führungsschicht, Lutheraner war. Sein Hauptanliegen war es, jede Institution auszumerzen oder wenigstens lahmzulegen, die die absolute Autorität des jungen deutschen Staates, auf welchem Gebiet auch immer, in Frage stellen konnte. Aber Bismarcks Anschlag auf die katholische Kirche und seine konsequente Ablehnung der Wiederherstellung eines polnischen Staates bedeutete für die Polen in Preußen eine tödliche Gefahr für ihr kulturelles Überleben.

Sie wurden zur Zielscheibe eines Feldzuges nicht nur gegen ihren Glauben, sondern auch gegen ihr Erziehungssystem und schließlich gegen ihr Land. Staatlich finanzierte Gruppen deutscher Kolonisten wurden in den Osten geschickt, um polnisches Land aufzukaufen und sich dort anzusiedeln. An allen drei Fronten verteidigten sich die Polen der Provinz Posen und Westpreußens erfolgreich, indem sie mit Unterstützung einer unnachgiebigen katholischen Führung (Kardinal Ledochowski saß zwei Jahre lang im Gefängnis) und einem Netz von Selbsthilfeorganisationen die deutschen Kolonisationspläne abblockten und in einigen Regionen sogar das Land zurückkauften, das man den Polen genommen hatte.

Für Bismarck war Polen eine Art „jahreszeitlich bedingter" Staat, der in Zeiten internationaler Krisen immer wieder einmal auftauchte, auf Dauer als Nation aber keine Existenzberechtigung hatte. Eckpfeiler seiner europäischen Politik war die Erhaltung eines dauerhaften Friedens zwischen Deutschland und dem russischen Reich aufgrund ihres gemeinsamen Interesses an einem geteilten Polen. Nach seinem Sturz 1890 und seiner Ablösung durch Caprivi als Kanzler änderte Deutschland auch seine Politik gegenüber Rußland. Es entwickelte sich eine Feindschaft, die ihren Höhepunkt 1918 erreichte. Für die Polen im preußisch besetzten Teil brachte dies jedoch keine Vorteile. Man betrachtete sie nun erst recht als ein Sicherheitsrisiko in einem militärischen Grenzgebiet.

Von allen drei Teilen Polens war die Lage im russisch besetzten Gebiet am schlimmsten. Hier lebte der größte Teil der ehemaligen Gesamtbevölkerung Polens. Über fünf Millionen von ihnen waren Untertanen des Zaren, von denen etwa 4,3 Millionen im „Königreich Polen" ansässig waren, der Rest im ehemaligen Litauen und in der Ukraine.

Nach 1831 bekam das „Königreich" eine militärische Besatzung. Polnische Kultur galt als subversiv, und katholische Religionszugehörigkeit bedeutete die Disqualifikation für jedes offizielle Amt. Eine noch so bescheidene politische Freiheit, wie sie den Polen selbst in Preußen und in noch größerem Umfang in Galizien gewährt wurde, war im russisch besetzten Polen undenkbar. Polnische Politik, die über einen allgemeinen Haß auf alles Russische hinausging, konnte sich nur in der Bildung von Verschwörergruppen manifestieren, die bereit waren, Gewalt anzuwenden, um zu überleben, oder in bewaffneter Rebellion, um der russischen Vorherrschaft ein Ende zu machen. Zwischen der russischen Tradition einer totalen, bis ins letzte zentralisierten und despotischen Machtausübung und dem parlamentarischen, freiheitlichen Denken der Polen war kein Kompromiß möglich.

Nach der russischen Niederlage im Krimkrieg (1854–56) bildeten sich unter den Tausenden von polnischen Studenten an russischen Universitäten Verschwörergruppen, und auch im „Königreich" kam es zu neuen Unruhen. Zar Alexander II., der 1855 den russischen Thron bestiegen hatte, warnte die Polen, daß sie mit Gewalt nichts erreichen würden. Dennoch fanden 1860 in Warschau patriotische Demonstrationen statt, denen im nächsten Jahr weitere folgten. Sie wurden von russischen Truppen brutal zusammengeschossen. Ein in Aussicht genommener erneuter Volksaufstand brach vorzeitig im Januar 1863 los.

Der Januar-Aufstand des Jahres 1863 war in manchem das Gegenteil der Revolution von 1830–31. Von politischer Seite war er sorgfältig vorbereitet und seine Führung gut durchorganisiert, aber seine militärische Kraft war gering. Es kam zu keiner offenen Schlacht. Statt dessen führten Partisanengruppen im gesamten „Königreich" einen Guerillakrieg, der sich bald auf die riesigen Wälder Litauens sowie Gebiete Weißrußlands und der Ukraine erstreckte. Die Partisanen wurden von einem „Untergrund-Staat" unterstützt, der über zentrale wie lokale Regierungsstellen verfügte, Außenpolitik betrieb, eine Presse und eine Waffenindustrie besaß. Die Chancen waren jedoch hoffnungslos gering. Zaghafte Versuche von seiten Frankreichs, Englands und Österreichs, beim Zaren zu vermitteln, wurden ignoriert. Wie 1830 strömten Tausende von Polen aus Preußen, Österreich und dem gesamten Westen herbei, um mitzukämpfen und zu sterben, aber die Erhebung selbst beschränkte sich auf das russisch besetzte Gebiet. Nach 15 Monaten verzweifelten Kampfes fiel der Aufstand in sich zusammen. Die gesamte Führungsgruppe unter Romuald Traugutt wurde vor der Zitadelle von Warschau gehängt.

Der Januar-Aufstand scheiterte in erster Linie daran, daß die Partisanen ohne fremde Unterstützung eine russische Armee von annähernd 350 000 Soldaten nicht besiegen konnten. Darüber hinaus wurde der Zusammenbruch durch einen klugen politischen Schachzug beschleunigt: Die „Untergrund-Regierung" hatte – wie üblich – den Bauern das Eigentum an ihrem Land sowie eine Beendigung der Hand- und Spanndienste zugesagt. Im März 1864 griff Alexander II. diese Reformpläne selbst auf, machte sie zum Programm der russischen Regierung und nahm damit den Rebellen den Wind aus den Segeln.

Das „Königreich" erlebte danach eine Zeit härtester Unterdrückung. Wieder fanden Hinrichtungen statt; Tausende von Polen wurden in langen Kolonnen nach Sibirien verschleppt. Das „Königreich" verlor seinen Namen und den letzten Rest an Autonomie. Es wurde zur „Weichselprovinz" des russischen Reiches. Die Polen wurden von fast allen öffentlichen Ämtern ausgeschlossen, Russisch wurde Unterrichts- und Umgangssprache; die katholische Kirche wurde verfolgt und die Verbreitung des orthodoxen Glaubens gefördert; ein Strom russischer Bürokraten, Lehrer und Polizisten ergoß sich

Die Rebellion gegen die Russen 1863. Aufständische, unter ihnen einige Bauern mit aus Sensenblättern gefertigten Spießen, haben einen russischen Personenzug angehalten.

Eine Parade siegreicher Kosaken in Warschau, nachdem die Russen den Aufstand von 1863 niedergeschlagen hatten.

ins Land. Eine Politik der „Russifizierung", d. h. die sorgfältige Ausmerzung der polnischen Identität, setzte ein und wurde 1881, nach der Ermordung Alexander II., noch verstärkt.

Während der Zeit der Teilung standen den polnischen Patrioten nur zwei Wege offen: Einmal der seit der Romantik schon traditionelle Weg des bewaffneten Aufstands, der immer wieder in einer Sackgasse enden mußte, solange er nicht die tatkräftige Unterstützung der anderen europäischen Nationen fand – was sich niemals verwirklichte. Zum anderen das Bemühen, die kulturelle und wirtschaftliche Kraft der Nation zu bewahren und auszubauen, was ein gewisses Maß an Kompromißbereitschaft und Zusammenarbeit mit den Teilungsmächten voraussetzte.

Diese zweite Möglichkeit, bekannt als „Organische Arbeit", bestimmte die Jahrzehnte nach dem Zusammenbruch des Aufstandes von 1863. In Galizien, dem bäuerlichen „Elendsviertel" Europas, gab es vor dem Ende des Jahrhunderts kaum Industrie. Im preußisch besetzten Teil sorgte die Selbsthilfe-Politik der Polen, unterstützt von der wirtschaftlichen Dynamik Deutschlands, für das Anwachsen der landwirtschaftlichen Erträge und vermittelte nützliche Erfahrungen auf dem Gebiet des Finanzwesens und der Industrie. Aber es war der russisch besetzte Teil Polens, in dem, ungeachtet einer grausamen politischen und wirtschaftlichen Unterdrückung, die umwälzendsten Veränderungen stattfanden.

Dort war die alte polnische Gesellschaftsordnung durch die Landreform von 1864 mit der Niederschlagung des Aufstandes zerstört worden. Das ehemals so bequeme Leben des Landadels fand mit dem Verlust unbezahlter Arbeitskräfte ein jähes Ende. Ein Teil des Kleinadels verließ das Land und ging nach Warschau, wo er – von jedem verantwortlichen Amt ausgeschlossen – zur Keimzelle einer rührigen, freiheitlich gesinnten Warschauer Intelligenz wurde, die bis heute überlebt hat. Andere gingen nach Rußland, um dort zu studieren, führende Funktionen zu übernehmen oder sich der neuen Generation revolutionärer Verschwörer anzuschließen. Prof. Leslie hat ermittelt, daß die polnische Bevölkerung Leningrads zwischen 1864 und 1914 von 11 000 auf 70 000 anwuchs.

1851 war die Zollgrenze zwischen Rußland und dem „Königreich" aufgehoben worden; in den Jahren nach 1863 wurde durch die russische Schutzzollpolitik der Nachschub an Industriegütern aus dem Westen praktisch abgeschnitten. Damit eröffneten sich für Russisch-Polen, das wirtschaftlich sehr viel weiter entwickelt war als der Rest des Reiches, ganz neue Möglichkeiten. Es gab nur wenige polnische Kapitalisten, aber jetzt strömte deutsches Anlagevermögen ins Land, mit dem die Entwicklung der Industrie finanziert werden konnte. Nicht nur in dem sich rasch vergrößernden Lódź entstand eine ausgedehnte Industrie, die mit ihren Textilien ganz Rußland einkleidete, sondern auch im Kohle- und Eisengebiet von Dabrowa und in Warschau entwickelten sich Leicht- und Schwerindustrie.

Um 1900 kam ein Achtel der russischen Gesamtproduktion aus Polen. Die „Organische Arbeit" schien sich auf den ersten Blick bezahlt zu machen. In Wirklichkeit war sie jedoch bereits gescheitert. Dafür gab es zwei Gründe. Der eine war sozial bedingt: Die neue polnische Arbeiterklasse war unterbezahlt, hauste in menschenunwürdigen Unterkünften, und ihr fehlte – zumindest in Russisch-Polen – bis 1906 völlig der Schutz von Gewerkschaften. Revolutionäre, sozialistische Ideen verbreiteten sich hier schnell und wurden durch die Wirtschaftskrise am Ende des Jahrhunderts noch gefördert. Auf dem Land hatten das Ende der Leibeigenschaft und die Landreform nur neue Probleme gebracht. Dort mußte jetzt die bäuerliche Bevölkerung bei ständig steigender Geburtenrate versuchen, aus ihren kleinen Feldern wenigstens ein Existenzminimum herauszuwirtschaften. Viele Bauern gaben zwischen 1870 und 1914 auf und emigrierten aus dem preußisch besetzten Teil Polens in die USA und an die Ruhr nach Deutschland; später dann auch aus dem ehemaligen „Königreich". Schließlich begann ein regelrechter Exodus aus dem überbevölkerten Galizien, der mehr als eine Million – Polen, Juden und Ukrainer – ins Ausland führte, davon die meisten nach Amerika.

Der zweite Grund für das Scheitern der „Organischen Arbeit" war ein politischer. Wenn sie nicht zu reinem Opportunismus herabsinken sollte, um letztlich nur denen das Leben zu erleichtern, die Geld und Einfluß besaßen, mußte sie bei der Gegenseite als Echo eine entgegenkommende Bereitschaft der Teilungsmächte hervorzurufen versuchen, den Polen zu gestatten, ihre Angelegenheiten selbst zu regeln. Aber das Gegenteil war der Fall: In Rußland und vor allem in Deutschland wurde die imperialistische Russifizierungs- bzw. Germanisierungspolitik immer grausamer.

In diesem Augenblick der polnischen Geschichte griff Józef Pilsudski in den Kampf ein. Als das 19. Jahrhundert zu Ende ging, blickten die Polen zurück auf 100 Jahre Erniedrigung und Märtyrertum und schworen sich, daß dieser Zustand nicht noch einmal 100 Jahre andauern sollte. International gesehen war die Aussicht auf Wiederherstellung eines freien Polen zwar trübe. Aber die Daumenschrauben fremder Unterdrückung, die zu der Wirtschaftskrise hinzukamen, sorgten für das Wiederaufflammen des alten

Jüdische Handwerker in einem Armenviertel in Warschau zu Beginn dieses Jahrhunderts. Ihr Bevölkerungsanteil betrug hier etwa 40 %.

32

Kampfgeistes in allen polnischen Gebieten. Das Entstehen von zusammenhängenden politischen Bewegungen, wie der Polnischen Sozialistischen Partei, gaben polnischem Widerstand und kämpferischer Aktivität ein ganz neues Stehvermögen. Pilsudski entsprach dem Typ der neuen polnischen Generation: ungeduldig, den Kampf wieder aufzunehmen, und gegen alle Vernunft auf ein Zeichen der Schwäche bei einem seiner imperialistischen Gegner hoffend.

Verschwörer im Kampf um Polens Freiheit: eine seltene Aufnahme einiger Untergrundführer der Polnischen Sozialistischen Partei vor 1905. In der Mitte – mit einem Federhalter in der Hand – Józef Pilsudski, Polens Regierungschef zwischen den beiden Weltkriegen.

2. Kapitel

Polens Erneuerung:
1900–1921

Im August 1914 entschloß sich der Dichter Joseph Conrad, die Ferien mit seiner Familie auf dem Kontinent zu verbringen. Er wollte seiner englischen Frau und seinen Kindern die Stadt Krakau zeigen, wo er aufgewachsen war und wo er seinen Vater beerdigt hatte, den Revolutionär Apollo Korzeniowski.

Erzherzog Franz Ferdinand, der österreichisch-ungarische Thronfolger, war ein paar Wochen zuvor in Sarajewo erschossen worden. Wie die meisten Europäer, schenkte Conrad diesem Umstand wenig Aufmerksamkeit. So überraschte der Ausbruch des Ersten Weltkriegs die Conrads in Krakau, mithin im feindlichen Ausland, und es gelang ihnen nur unter größten Schwierigkeiten, der Internierung zu entgehen und nach England zurückzukehren. In der Nacht vor der allgemeinen Mobilmachung, während Armeefahrzeuge hupend durch die Straßen brausten und Gruppen nicht gerade sehr begeisterter junger Männer auf die Baracken zugingen, um sich einen militärischen Haarschnitt und eine Uniform verpassen zu lassen, saßen Conrad und eine Gruppe befreundeter Polen im Rauchsalon des Hotels zusammen und sprachen über die Zukunft.

„Der riesige Raum wurde nur von ein paar großen Kerzen erhellt, die gerade genug Licht gaben, daß wir gegenseitig unsere Gesichter erkennen konnten. Ich sah in diesen Gesichtern die schreckliche Verzweiflung von Männern, deren dreigeteiltes Vaterland gegen seinen Willen in einen Konflikt verwickelt wurde, ohne die Macht, sich selbst unter Einsatz des Lebens zu verteidigen. Die Vergangenheit war verloren, eine Zukunft gab es nicht, was immer geschah. Es schien keinen Ausweg zu geben, der nicht in moralischer Vernichtung endete." Ein Jahr später schrieb Conrad in Erinnerung an diese Szene: „Ich bin froh, daß mir nicht mehr allzu viele Jahre bleiben, um mich an dieses schreckliche Wissen um ein unerbittliches Schicksal zu erinnern. Greifbar und augenfällig, steht es am Ende so vieler grausamer Jahre da, als eine Schreckensvision, die mit eherner Zunge die letzten Worte spricht: ‚Ruin – und Untergang'." (Aus: Joseph Conrad, Notes on Lifes and Letters, London 1921, S. 229, 238)

Vier Jahre später erlangte Polen seine Unabhängigkeit zurück. Der Krieg, der für Polen nichts als Ruin und Vernichtung zu verheißen schien, führte zum Zusammenbruch aller drei Teilungsmächte. Und doch lehrt uns Conrads Rückblick etwas, das wir nicht vergessen sollten. Nur jahrhundertealte Erfahrung oder verwegenste Spekulation hätte darauf kommen können, daß in jenen unheilvollen Tagen 1914 die Wiedererrichtung Polens ihren Anfang nahm. Und nur der extremste Nationalismus hätte diese Wiedererrichtung den Polen selbst zugeschrieben. Das Wiederaufleben Polens 1918 geschah nicht zwangsläufig; es war das Ergebnis eines unglaublichen Glückszufalls. 1914 mangelte es nicht an polnischen Politikern, die für die Freiheit ihres Landes kämpften, offen wie im Untergrund, in Freiheit und in Gefangenschaft. Conrad in seinem Krakauer Hotel teilte – wie die meisten Polen – wohl ihre Hoffnungen, aber nicht ihren Optimismus.

Zu Beginn des 20. Jahrhunderts hatte die neue Generation von „aktivistischen" Politikern in Polen feste Gruppierungen gebildet. Es gab einen konservativ-nationalen Flügel, der fortwährend durch seine Denkanstöße vieles beeinflußte, aber trotz seiner Stärke niemals die Kontrolle über die Ereignisse erlangte. Und es gab einen sozialistischen Flügel, der in fundamentalen Fragen in sich hoffnungslos zerstritten war, der aber nichtsdestoweniger seine geschichtliche Chance zu nutzen verstand.

Die Nationaldemokraten (ND) waren die erste wirklich moderne Partei in der Geschichte Polens. Die ENDECJA – so das polnische Acronym – war in erster Linie eine Schöpfung des klaren und nüchternen Verstandes Roman Dmowskis, des eindrucksvollsten politischen Denkers dieser Zeit in Polen. Dmowski war nach Herkunft und Stellung das völlige Gegenteil von Pilsudski. Er war in einer Vorstadt Warschaus aufgewachsen. Als fleißiger Student der Naturwissenschaften wäre er wahrscheinlich nie Berufspolitiker geworden, wäre er nicht mit 19 Jahren von den Russen nach einer Straßendemonstration 1892 verhaftet und ins Gefängnis gesteckt worden.

Seine Ideen spiegelten viel vom neuen deutschen Nationalismus wider und brachen völlig mit der polnischen Tradition. Er wollte ein rassisch geeintes „Polen für Polen", und obgleich er anfangs ein Gegner der Kirche war, war der katholische Glaube für ihn ein typisches Merkmal eines „echten Polen". Dmowski war ein Gegner der ukrainischen, weißrussischen und vor allem jüdischen Bevölkerung in Polen, weil er in ihnen einen Hemmschuh für das Geschick der Nation sah. Er vertrat eine Art modernen Staatskult und argumentierte, daß die Nation vom moralischen Standpunkt aus gesehen das höchste aller Güter überhaupt sei. Nahezu jedes Täuschungsmanöver, ja selbst Verrat seien gerechtfertigt, wenn sie dem Wohl der Nation dienten, während jegliche Sympathie für fremde Rassen eine Kardinalsünde gegen den „nationalen Egoismus" sei.

Die Nationaldemokraten kämpften darum, sich in allen drei Teilen als „All-Polen-Partei" zu etablieren. Sie schufen eine kraftvolle Jugendbewegung und – speziell in Galizien – einen bäuerlichen Flügel. Obgleich sie als sozial-radikale Gruppe begann, nahm die Partei langsam immer konservativere Züge an, als sie die Unterstützung der Oberschicht (für die die ENDECJA wegen ihrer kompromißlosen Ablehnung des Sozialismus attraktiv war) sowie der Mittelklasse und Intelligenz und schließlich auch der Priesterschaft der katholischen Kirche gewann.

Dmowskis Strategie war entsprechend nüchtern. Trotz seiner „deutschen" Denkart sah er im deutschen Imperialismus die allergrößte Gefahr für Polen und betrieb daher eine Politik vorsichtiger Zusammenarbeit mit den Russen, die, wie er meinte, überredet werden könnten, Polen etwas an interner Autonomie zurückzugeben. Dmowski war vom Gefühl her keineswegs pro-russisch; immerhin hatte ihn seine Inhaftierung durch die Russen im Jahr 1892 zum Radikalismus bekehrt. Seine Haltung war opportunistisch. Die mittelständische Klasse suchte den Kompromiß mit dem Zaren und wollte keine Revolution. Und Dmowski war überzeugt, daß die Gewährung der internen Selbstverwaltung Polens seitens der Russen unaufhaltsam zur vollen Souveränität führen würde.

Die Polnische Sozialistische Partei (PPS), gegründet 1892/93, war vorwiegend im russisch besetzten Teil Polens aktiv – mithin als illegale, verbotene Untergrundpartei. Sie war die größte linksgerichtete Partei ganz Polens, die ihre Mitglieder unter der großen Masse der Werktätigen fand. Aber ihre Illegalität zwang sie, unter Bedingungen zu arbeiten, die ihre Möglichkeiten, die Interessen der Arbeiterklasse zu vertreten, sehr einschränkten. Statt dessen entwickelte sie eine geradezu geniale Untergrundtätigkeit. Die erste Ausgabe von „Robotnik" (Der Arbeiter) erschien 1894. Die Zeitschrift war lebendig, anregend und voller unzensierter Nachrichten. Sie wurde über ein Netz von Parteimitgliedern, Studenten und sogar polnischen Soldaten verteilt, die in der russischen Armee dienten. Bald war sie die meistgelesene Untergrundzeitung des russischen Reiches.

In der Partei gab es einen linken Flügel, der für eine internationale Vereinigung des unterdrückten Proletariats eintrat. Aber die Verhaftung der meisten seiner Anführer eröffnete der Gruppe um Pilsudski, zu der Männer wie Stanislaw Wojciechowski und Stanislaw Grabski gehörten, die Polen zwischen den beiden Weltkriegen regieren sollten, die Chance, die Parteileitung zu übernehmen. Für sie waren der Kampf um nationale Unabhängigkeit und Sozialismus ein und dasselbe. Die PPS jener Zeit glich darin weit eher einer heutigen Befreiungsbewegung Afrikas oder Asiens als einer „orthodoxen" marxistischen Partei. Für einen Sozialisten waren Pilsudskis Ansichten, verglichen mit denen Roman Dmowskis, erstaunlich altmodisch. Die damals neuen Theorien über rassische Überlegenheit und nationalen Egoismus waren an ihm vorbeigegangen. Da er gewohnheitsmäßig nach Osten blickte und weniger auf die Ideen des Westens, erhoffte sich Pilsudski den Zusammenbruch des russischen Reiches durch eine Revolution, aus dem sich, wie der Phönix aus der Asche, das alte polnische Großreich in modernisierter Form erheben würde: als eine multinationale Föderation Polen-Litauens, Weißrußlands und der Ukraine.

Die Sozialdemokratische Partei des Königreichs Polen-Litauen (SDKPiL) war eine weitere sozialistische Partei, die zur gleichen Zeit wie ihr Rivale, die PPS, gegründet wurde. Die SDKP („Litauen" wurde dem Namen erst 1899 beigefügt) lehnte jedoch die von der PPS mit Nachdruck geforderte Wiederherstellung einer polnischen nationalen Souveränität scharf ab. Die geringe Zahl ihrer Mitglieder, zumeist Selbständige und Handwerker, wurde bis zu einem gewissen Grad durch die intellektuelle Brillanz ihrer zumeist jüdischen Anführer ausgeglichen. Die herausragendste Figur war Rosa Luxemburg, eine der geistig unabhängigsten und originellsten Marxistinnen, die in der polnischen wie der deutschen sozialistischen Bewegung eine der treibenden Kräfte war. Sie wurde am Ende des Spartakus-Aufstandes 1919 in Berlin ermordet.

Rosa Luxemburg, eine kleine, selbstbewußte Frau, deren Prinzipien ebenso unerschütterlich waren wie ihr Mut, verbrachte mehr Jahre ihres Lebens in russischen und deutschen Gefängnissen als Pilsudski. Sie war die Tochter eines jüdischen Geschäftsmannes aus Zamość in Südostpolen. Schon während ihrer Schulzeit in Warschau begann sie sich für Politik zu interessieren und trat einer im Untergrund tätigen Splittergruppe der

Proletarjats-Partei bei. Damals war der Marxismus noch nicht zu einem starren Dogma verkrustet, und Rosa Luxemburg wurde in allen europäischen sozialistischen Parteien für ihre Art berühmt, wie sie die Ideen Karl Marx' aufgriff und daraus ihre eigene Theorie eines spontanen Aufstands der Massen entwickelte.

Obgleich ihre Eltern Juden waren, war die Familie in die polnische Gesellschaft integriert, so daß sie vor einem sozialen und politischen Hintergrund aufwuchs, der eher polnisch als jüdisch war. Rosa Luxemburg unterschätzte keineswegs – wie häufig behauptet wird – die elementare Kraft des polnischen Nationalismus innerhalb der Massen. Aber sie meinte, daß in einem Zeitalter weltweiten Kapitalismus und Imperialismus die Frage nationaler Unabhängigkeit für eine sozialistische Revolution irrelevant sei. Folglich müsse jede sozialistische Partei, die – wie die PPS – die Freiheit der Nation in den Vordergrund stelle, ihr „Proletariat" und damit ihre revolutionäre Durchschlagskraft verlieren und zu einem bloßen Werkzeug „kleinbürgerlicher" Politiker und Interessen herabsinken. Dies war eine verblüffende Theorie. Aber selbst Lenin, der sie sehr bewunderte, war der Ansicht, daß ihre Art, die polnische Frage anzugehen, unrealistisch sei.

Die Bauernpolitik stellte ein besonderes Problem dar. Die verschiedenen sozialistischen Gruppierungen hatten auf dem katholischen und traditionsverbundenen Land wenig Zulauf. Während der ganzen Zeit der polnischen Teilung entstand nicht eine einzige Bauernpartei. In Russisch-Polen wurde die Bevölkerung derart unterdrückt, daß jede zusammenhängende politische Organisation auf dem Land undenkbar war. Im preußisch besetzten Teil, wo die Bauern in einem zähen Kampf ihr Land gegen deutsche Kolonisation verteidigten, war man politisch aufgeschlossener. Hier entstand zumindest ein Netz von Selbsthilfe-Organisationen. Eine echte Partei gab es jedoch nicht.

Anders im österreichischen Galizien. Dort erlaubten die sehr viel milderen österreichischen Gesetze, daß sich in der zweiten Hälfte des Jahrhunderts eine ganze Reihe bäuerlicher Organisationen bildeten und 1895 eine polnische Bauernpartei (PSL) gegründet werden konnte. Das unvorstellbare Elend der Bauern und die soziale Ungleichheit in Galizien brachten der PSL viel Zulauf. Zu Beginn des 20. Jahrhunderts spaltete sie sich dann in einen radikalen Flügel unter Jan Stapinski und in eine gemäßigtere Gruppe, die von Wincenty

Rosa Luxemburg (1871–1919). Sie entstammte einer jüdischen Familie aus Zamość. Sie war eine der führenden Persönlichkeiten sowohl der Deutschen Sozialdemokratischen Partei (SPD) wie der Sozialdemokratischen Partei des Königreichs Polen und Litauen (SDKPiL), der kleinen marxistischen Partei, die der Wegbereiter des polnischen Kommunismus war. Nach dem Spartakus-Aufstand wurde sie 1919 von rechtsgerichteten deutschen Soldaten ermordet.

Witos geführt wurde, der später die bäuerliche Politik in Polen bestimmen sollte. Trotz dieser Abspaltung bildete die PSL den größten geschlossenen Block galizischer Abgeordneter im Wiener Parlament, nachdem Österreich-Ungarn dem Land schließlich ein allgemeines Wahlrecht zugestanden hatte.

Die Entwicklung jüdischer politischer Parteien in Polen verlief völlig anders und getrennt vom Hauptstrom des polnischen Sozialismus und Nationalismus. Man hat geschätzt, daß mehr als Dreiviertel der gesamten jüdischen Bevölkerung Europas damals im Gebiet des ehemaligen polnischen Großreiches lebten. Während der Jahrhunderte ihres Bestehens hatte die polnisch-litauische Krone jüdische Siedler aus ganz Europa ins Land geholt. Zur Zeit der Teilungen lebten etwa 800 000 Juden im Land – bei weitem die größte jüdische Gemeinde in der ganzen Welt.

Ähnlich wie andere nicht katholische Gruppen wurden sie im Großreich zwar geduldet, aber nicht wirklich akzeptiert. Die Juden bestimmten Lebensstil und Handel in den Dörfern und kleinen Städten. Von den christlich-slawischen Bauern wurden sie nicht gerade geliebt, obgleich sie von den Landbesitzern zumeist leidlich behandelt wurden. Christen und Juden mystifizierten sich gegenseitig und lehnten einander häufig wegen ihrer sehr unterschiedlichen Lebensweise ab; und dennoch bestand eine Art ungewollter Symbiose: keine Seite konnte sich vorstellen, ohne die andere auszukommen.

Die Teilung bereitete dieser Form der Duldung ein Ende. Alle drei Mächte beseitigten sofort das ausgedehnte System jüdischer Selbstverwaltung, das zur Zeit des Großreiches bestanden hatte, und versuchten auf unterschiedliche Weise, die jüdische Bevölkerung in ihren eigenen politischen Rahmen einzuspannen. Im preußisch besetzten Teil gab es relativ wenig Juden. Die weitaus größte Gruppe lebte im österreichischen Galizien und in dem von Rußland besetzten Gebiet – dem „Königreich" Polen und den riesigen litauischen Gebieten, die Rußland seinem Reich einverleibt hatte. Bald nach der dritten Teilung im Jahre 1795 dehnte Zarin Katharina II. ihre Politik der Glaubensverfolgung auch auf die Juden aus, indem sie sie dem „Grenz"-Gesetz unterwarf. Dies war eine plumpe Art von Apartheid, die den Zweck verfolgte, die Juden aus dem russischen Kernland herauszuhalten. Für sie galt eine Niederlassungsgrenze, die sich ungefähr mit der Ostgrenze des ehemaligen Großreiches deckte und die sie nicht überschreiten durften.

Das Ideal einer Assimilation in die nichtjüdische Gesellschaft, wie es vom Westen herüberkam, begeisterte im 19. Jahrhundert einen nicht geringen Teil der jüdischen Bevölkerung. Juden nahmen aktiven Anteil an den Aufständen. Die jüdische Leichte Kavallerie, kommandiert von Oberst Joselewicz, verteidigte 1794 Warschau. Ebenso beteiligten sich Juden an den Erhebungen der Jahre 1830 und 1863. Aber in der erzkonservativen Gesellschaft Polens ging diese Bewegung nicht sehr tief, und am Ende des Jahrhunderts hatten sich sehr unterschiedliche Strömungen herauskristallisiert. In den 80er Jahren des 19. Jahrhunderts versuchten die russischen Machthaber, die Opposition dadurch zu zerschlagen, daß sie zu Pogromen gegen die Juden aufriefen. Eine Kombination aus Angst vor Verfolgung und fortschreitender Verarmung, besonders in dem überbevölkerten Galizien, löste eine riesige Emigrationswelle aus, die bis in die Mitte des 20. Jahrhunderts anhielt. Ihren Höhepunkt erreichte sie vor dem Ersten Weltkrieg; die jüdische Bevölkerung Galiziens verringerte sich dadurch um die Hälfte.

Unter den Emigranten gab es drei Hauptströmungen: Zionisten, Konservative und

Sozialisten, die sich aber nicht gegenseitig ausschlossen. So war Paole Zion (1901) eine Volksbewegung, die versuchte, Sozialismus und zionistische Emigration zu vereinen. Unter den orthodoxen Juden entstanden eine Reihe verschiedener Gruppierungen, die in sozialer wie religiöser Hinsicht konservativ dachten und daher gegen den Zionismus opponierten, aber eine stabile konservative Partei gab es erst seit 1912, als Agudat Israel gegründet wurde. Die kämpferischste und lebendigste aller dieser Parteien, die sich sowohl gegen den Zionismus wie die traditionelle jüdische Politik wandte, war der „Bund" – die Allgemeine Jüdische Arbeiterliga von Litauen, Polen und Rußland. Der „Bund", der auf einer geheimen Versammlung jüdischer Sozialisten 1897 in Wilna gegründet wurde, war die erste sozialistische Volkspartei Rußlands und – als eine der Gruppen, die sich später zur Russischen Sozialdemokratischen Partei zusammenschlossen – ein direkter Vorläufer der Menschewiki und Bolschewiki. Marxistisch in seiner Ideologie und international in seiner Zielsetzung wurde der „Bund" zur mächtigen revolutionären Waffe der jüdischen Arbeiterklasse vor allem in den Sperrbezirken im Osten.

Die Juden lebten über ganz Polen verstreut, ohne für sich ein eigenes Gebiet zu beanspruchen. Die weitaus größte Minorität Polens, die in einem Gebiet lebte, das sie als ihr „Stammland" ansah, waren die Ukrainer. Um 1900 war der ukrainische Nationalismus voll entwickelt, zornig und fordernd. Was die Zukunft betraf, stellte er die Polen vor die sehr schwierige und die Nation trennende Frage: Polen ja, aber wie sollte es aussehen und wo sollte es liegen? Altmodische polnische Patrioten betrachteten das ostslawische Völkergemisch, das sich jetzt selbst Ukrainer nannte, noch immer als Untertanen eines polnischen Staates, dessen rechtmäßiges Herrschaftsgebiet im Osten bis nach Kiew reichte. Ukrainische Politiker, die die Sache von der anderen Seite sahen, beanspruchten für sich einen unabhängigen Staat, der die alte polnische Stadt Lemberg einschließen und westlich fast bis Krakau reichen sollte.

Die „ukrainische Idee" hatte Menschen sehr verschiedener Herkunft vereint: unabhängige Kosaken, die freie Nachkommen entlaufener Leibeigener waren; die „Ruthenen", die den Hauptteil der Bevölkerung im östlichen Galizien stellten; sowie verschiedene kleine „Bergvölker", die in den Nordausläufern der Karpaten lebten. Viele von ihnen gehörten der unierten Kirche an, einer orthodoxen Sekte, die 1596/97 entstanden war, als die orthodoxe Kirche des damaligen polnischen Großreiches den Vatikan als oberste kirchliche Instanz anerkannte. Während der Zeit der Teilungen überlebte diese „griechisch-katholische" Kirche zwar in Galizien, wurde aber von den Russen in dem von ihnen besetzten Teil mit grausamem Terror verfolgt.

Es war natürlich, daß sich die Idee eines „ruthenischen" kulturellen Nationalismus unter der toleranten österreichischen Regierung festigte. Und es war ebenso natürlich, daß die Österreicher mit Hilfe einiger ihrer polnischen Vizekönige in Galizien diesen Nationalismus förderten, um so den aufrührerischen Kampfgeist der Polen in Schranken zu halten. Aber am Ende machte dieses Vorgehen die Dinge nur schlimmer. Die Polen begannen im ruthenisch-ukrainischen Nationalismus eine tödliche Bedrohung ihrer eigenen Hoffnungen zu sehen. Die Ukrainer ihrerseits, die durch eine Reihe von Wahlkreismanipulationen politisch in Galizien und Österreich unterrepräsentiert waren, wurden gegenüber den Polen nur noch argwöhnischer.

Zwischen den beiden Bevölkerungs- und Sprachgruppen gab es keine saubere Trennungslinie. Man lebte sozusagen „übereinander", und für gewöhnlich saßen die Polen „oben". Die Einwohner der mittelalterlichen Stadt Lemberg waren zum größten Teil Polen und Juden, während im Umland ruthenische Bauern auf den Gütern der polnischen Adligen und Grundbesitzer arbeiteten. Im Osten bis nach Kiew konnte man polnische Familien antreffen, die auf Gütern lebten, die ihnen seit Jahrhunderten gehörten. Ähnlich war es im nördlichen „Grenzland", wo polnische Adlige und jüdische Händler vom „Schtetel" aus die Landwirtschaft beherrschten inmitten einer ruthenischen bäuerlichen Bevölkerung, den späteren Weißrussen. Zwar sehr viel schwächer als die ukrainische Bewegung um 1900 existierte auch ein weißrussischer Nationalismus, der das Land zwischen Minsk und dem Bug für sich beanspruchte. Die Russen, die die Ukrainer und Weißrussen als irregeleitete Mitglieder einer großen russischen Familie ansahen, behandelten den Nationalismus beider Völker mit brutaler Verachtung.

1904 stolperte das russische Reich in einen Krieg mit Japan, und die Welt erlebte voller Staunen die erste Niederlage einer Weltmacht durch eine nichteuropäische Nation. Polnische Soldaten und Seeleute waren zwar gezwungen, im Fernen Osten mitzukämpfen, aber im übrigen hatte Polen an einem russischen Sieg kein erkennbares Interesse. Im Gegenteil, die Möglichkeit einer russischen Niederlage – ein Anzeichen dafür, daß der große Unterdrücker alt und schwach wurde – gab den polnischen Revolutionären neue Energie und Hoffnung. Józef Pilsudski reiste 1904 nach Japan und bot den Japanern an, polnische Legionen auszuheben und gegen Rußland zu führen. Er bekam eine höfliche Absage; peinlich war, daß er in Japan auch Roman Dmowski traf, der nach Tokio gereist war, um ihm zuvorzukommen. Alles, was Pilsudski erreichte, war ein Geheimabkommen mit der japanischen Intelligenz, aufgrund dessen japanische Offiziere der Pariser Botschaft damit begannen, den Kämpfern der PPS Unterricht in der Herstellung von Bomben zu geben.

Die Katastrophe im Fernen Osten berührte Polen in vieler Hinsicht. Während die Verschwörer frohlockten, versicherte das polnische „Establishment" – dazu verurteilt, mit Rußland zu einem Kompromiß zu kommen – diesem seine Ergebenheit. Aber der Krieg verschlimmerte die Wirtschaftskrise und die Arbeitslosigkeit in den polnischen Städten, und in Warschau kam es wieder zu offenen Protestkundgebungen. Am 1. Mai 1904 nahmen die Arbeiterdemonstrationen bedrohliche Ausmaße an. Es blieb unruhig, und im Herbst organisierte die PPS eine Versammlung auf dem Grzybowski-Platz in Warschau, in deren Verlauf bewaffnete Revolutionäre das Feuer auf die russische Polizei eröffneten.

Aufruhr und neues Blutvergießen im russisch besetzten Teil Polens erhellten deutlich die Differenzen zwischen Pilsudski und Dmowski. Für Pilsudski waren sie das Signal für einen allgemeinen bewaffneten Untergrundkampf gegen das Zarentum. Dmowski dagegen sah hierin seine Chance, den Zaren zu einer liberaleren Politik gegenüber Polen zu drängen. Eine Flut von Memoranden mit Reformvorschlägen der „Verantwortlichen" in Warschau ergoß sich nach St. Petersburg. Nikolaus II. lehnte ab.

Für ihn gab es dringendere Probleme. Im Januar hatten die Japaner Port Arthur erobert. In St. Petersburg löst ein Streik der Putilov-Maschinenwerke einen riesigen, aber friedlichen Marsch zum Winterpalast aus. Man forderte eine Landreform, einen Acht-Stunden-Arbeitstag und Parlamentswahlen. Der Zar befahl den Truppen, das Feuer auf

die Demonstranten zu eröffnen. Das anschließende Massaker des „Blutigen Sonntags"
stürzte das russische Reich in seine erste revolutionäre Krise.

Polen explodierte förmlich. PPS wie SDKPiL riefen zum Generalstreik auf, der ein
paar Tage nach dem „Blutigen Sonntag" begann. Der PPS gelang es, diesen Streik zu
einem allgemeinen Volksaufstand auszuweiten. Ihre bewaffneten Leute trieben die Polizei von der Straße und kämpften gegen die russischen Truppen in den Städten. Hunderte
kamen um, als die Arbeiter im gesamten Königreich auf die Barrikaden stiegen. Die
Revolution griff aufs Land über. Streiks der Bauern gegenüber den Gutsbesitzern mün-
deten in Forderungen nach Wiederherstellung der polnischen Freiheit und Wiedereinführung der polnischen Sprache. Die Schüler schlossen sich zu einem allgemeinen Boykott russischer Schulen zusammen, der ungebrochen bis 1908 andauern sollte, an manchen Orten sogar bis 1914.

Damals war Prof. Waclaw Jedrzejewiecz 12 Jahre alt und Schüler an einer der höheren
Schulen in Warschau. „Natürlich nahm ich voller Begeisterung aktiv am Schulstreik teil,
warf Tintenfässer durch die Klasse und machte ähnlichen Unsinn. Wir gingen nicht
mehr hin. Lehrer und Schüler bildeten private Arbeitsgruppen, und der Unterricht fand
in Privathäusern statt, oft in unserer Wohnung in der Natolinska-Straße. Die Revolution
brach aus; in Warschau galt Kriegsrecht; es kam zu Arbeiterdemonstrationen – die PPS
organisierte eine riesige Demonstration – und wegen all dieser Dinge verbot man mir,
das Haus zu verlassen. Mein Bruder war 8 Jahre älter als ich und Student an der Universität, die ebenfalls streikte. Er nahm an jenen Demonstrationen teil. Ganz in der Nähe der
Natolinska-Straße wurde geschossen. Am Abend sahen wir Kosaken in den Straßen. Es

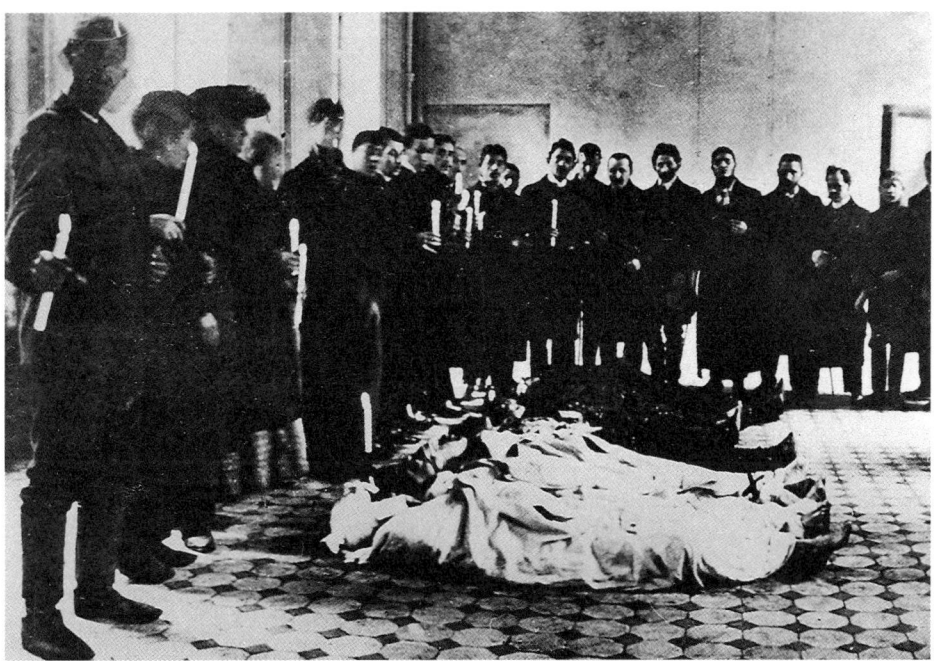

Warschau, Mai 1905. Die von zaristischen Soldaten erschossenen Opfer der Maidemonstration.

war Winter. Mitten auf der Straße brannten Feuer. Es gab keinen öffentlichen Verkehr; die Straßenbahnen fuhren nicht mehr ...“

Das zaristische Regime rächte sich mit Verhaftungen und Exekutionen. Indirekt wurde es von Dmowski unterstützt, der – obgleich er seinen Anhängern erlaubt hatte, sich am Schulboykott zu beteiligen – aus seinen eigenen Reihen bewaffnete Arbeitergruppen zusammenstellte, um Sozialisten ermorden und einschüchtern zu lassen.

Im Oktober erreichte die Revolte in Rußland mit einem weiteren Generalstreik und der Bildung eines Sowjets aus russischen Arbeiterdeputationen in St. Petersburg ihren Höhepunkt, wo Leo Trotzki die sozialistische Revolution ausgerufen hatte. Ein neuerlicher Streik in Polen lähmte das Land. Am 30. Oktober stimmte der Zar endlich einem Manifest zu, in dem er die Schaffung einer parlamentarischen Konstitution und freie Wahlen für April 1906 versprach. Nach weiteren blutigen Aufständen in Moskau und einigen polnischen Städten ebbte die Revolution langsam ab.

Der russisch besetzte Teil Polens blieb einige Jahre in Aufruhr. Rosa Luxemburg, stets im Brennpunkt des Geschehens, schrieb im Januar 1906 aus Warschau an ihre deutschen Freunde: „Meine Lieben, es ist hier sehr nett, jeden Tag werden 2 bis 3 Leute von den Soldaten in der Stadt erstochen; täglich gibt es neue Verhaftungen, aber davon abgesehen, ist es ganz lustig. Trotz des bestehenden Kriegsrechts bringen wir wieder täglich unsere Sztandar (die Zeitung der SDKPiL) heraus und verkaufen sie auf der Straße ... Im Augenblick müssen wir die Sztandar unter Gewaltanwendung mit dem Revolver in der Hand in einer bürgerlichen Druckerei setzen und drucken lassen. Auch unsere Zusammenkünfte sollen wieder stattfinden, sobald das Kriegsrecht aufgehoben ist. Dann werdet ihr wieder von mir hören! Es ist hundekalt und wir reisen nur im Pferdeschlitten ...“ (Aus: J. P. Nettl, Rosa Luxemburg, Oxford 1966, Bd. 1, S. 331).

Die Arbeiter setzten ihren Kampf fort gegen eine zunehmend brutalere Unterdrückung, die ihren Höhepunkt während eines Streiks in Lódź im Dezember 1906 erreichte, bei dem Hunderte getötet oder später hingerichtet wurden. Unterdessen wurde die Erinnerung an die Toten des Jahres 1905 der Anlaß für erbitterte Auseinandersetzungen zwischen den im Untergrund tätigen linken Parteien.

Wie bei allen echten Revolutionen waren die Parteien 1905 durch die Vorgänge völlig überrascht worden. Niemand hatte sie geplant; statt dessen hatten riesige Volksmassen – einfache Männer und Frauen – die Dinge spontan in die Hand genommen und es den Parteien überlassen, hinter ihnen herzurennen. Und keine Partei war kurioserweise mehr überrascht worden als die Sozialdemokraten (SDKPiL), deren Führungsspitze – besonders Rosa Luxemburg – eine ganze Theorie zur spontanen Volkserhebung entwickelt hatte.

Die PPS war in Verlegenheit. Die Vorgänge von 1905 konfrontierten sie ganz klar mit der Frage, ob sie vorbehaltlos und bis zum Ende mit den russischen Sozialisten in einer all-russischen Revolution zusammenarbeiten sollten oder ob sie sich aus dem Geschehen zurückziehen sollten, sobald ein unabhängiges Polen erkämpft war. Der linke Flügel war für ersteres. Pilsudski und seine Anhänger, die sich der nationalen Terrorgruppe ihrer Partei verpflichtet fühlten, die mit Bomben und Revolvern einen verbissenen Kleinkrieg um die Freiheit führte, neigten instinktiv zur zweiten Alternative: Ziel einer Revolution war allein die Wiedererlangung nationaler Unabhängigkeit.

November 1905: Demonstranten in Warschau führen den „Weißen Adler" Polens mit. Auf der linken Seite erkennt man die Worte: „Für Vaterland und Freiheit".

1906 spaltete sich die PPS, nachdem in dieser Frage keine Einigung erzielt werden konnte. Der eine Flügel, die sogenannte „PPS-Linke", schwenkte auf eine internationale marxistische Linie ein. Diese Gruppe schloß sich schließlich Rosa Luxemburg und der SDKPiL an. Gemeinsam bildeten sie 1918 die erste Kommunistische Partei Polens. Der andere Flügel der PPS hielt an seiner Doktrin des bewaffneten Freiheitskampfes fest. Mit den Jahren wandelte er sich von einer sozialistischen Bewegung immer mehr zu einer nationalen, untrennbar mit dem Charisma Józef Pilsudskis verbundenen Partei.

Im Gegensatz dazu versuchten Roman Dmowski und die Nationaldemokraten die Chance parlamentarischer Einflußnahme zu nutzen, die ihnen die neue russische Verfassung bot. Die ersten Wahlen zur Duma (dem Parlament) 1906 waren von der polnischen Linken boykottiert worden, so daß 25 von 36 polnischen Abgeordneten aus den Reihen der Nationaldemokraten kamen. Sie erreichten wenig. Die meisten kleineren Erleichterungen und Konzessionen waren den Polen bereits versprochen worden, bevor die Duma zusammentrat. Sie beruhten nicht auf ihrer parlamentarischen Einflußnahme. In der zweiten Duma (Oktober 1906) hatte Dmowski selbst einen Sitz als Abgeordneter Warschaus inne, aber sein Entwurf zur polnischen Autonomie erboste den Zaren und wurde abgelehnt. Dennoch nutzte die ENDECJA ihre Position als „offizielle" Partei des russisch besetzten Polen, um sich im Land selbst bei allen legalen politischen Organisationen, einschließlich der Bauern- und Arbeiterklasse, Unterstützung zu verschaffen. Wo immer sie Wurzeln schlug, durchdrang die Partei den Boden mit ihren Doktrinen: von der biologischen Überlegenheit der Polen, der Minderwertigkeit ande-

43

rer Nationen, der Bedrohung „polnischer Lebensart" durch den Sozialismus und der hinterhältigen Abartigkeit der Juden.

Im preußisch und österreichisch besetzten Teil Polens kam es zu keiner Revolution, aber die 1905–1906 stattfindende Explosion im „Königreich" begeisterte und erregte die Polen natürlich überall. So fanden in allen Städten Galiziens Sympathiekundgebungen statt. Besonders einschneidend war in Deutschland der Nachhall des großen Schulstreiks, weil er die Haltung der nächsten Generation prägte. Einen Schülerstreik, der bereits zur Legende geworden war, hatte es schon 1901 in Wrzesnia, in der Nähe von Posen gegeben, wo einige Schüler sich geweigert hatten, an dem in deutscher Sprache erteilten Religionsunterricht teilzunehmen. Daraufhin war die ganze Klasse von der Schule verwiesen worden. 1906 wiederholte sich ein solcher Boykott, und viele Schulen blieben für ein Jahr geschlossen. Infolgedessen ergoß sich ein Strom von Jungen und Mädchen aus dem russisch besetzten Polen nach Galizien, um unter den Österreichern ihre Ausbildung fortzusetzen. Sie brachten kritischen Kampfgeist in die von ihnen besuchten Schulen.

Galizien erwachte aus seiner Erstarrung. Eine kleine, aber politisch sehr aktive Arbeiterklasse begann sich zu formieren, besonders im Osten der Provinz, wo in der Nähe von Drohobycz Ölfelder in Betrieb genommen worden waren. Die Macht der konservativen Gutsbesitzer, die bereits durch den Bauernaufstand von 1902 erschüttert worden war, nahm weiter ab. Bestrebungen nach demokratischen Reformen, die 1905 erneuert wurden, konnten sie zwar behindern, aber nicht mehr unterdrücken. 1907 stimmte Österreich dem allgemeinen Wahlrecht für Männer ab 24 Jahren zu. Bei den im gleichen Jahr abgehaltenen Wahlen zum Reichsparlament in Wien verloren die Konservativen überall in Galizien ihre Sitzmehrheit.

Der Sozialismus, der 1905 zum Bannerträger der polnischen Frage im „Königreich" geworden war, war in den anderen beiden Teilgebieten noch sehr schwach vertreten. 1907 waren in Galizien unter den 105 gewählten Abgeordneten nur 6 Sozialisten – die untereinander auch noch zerstritten waren. Im preußisch besetzten Teil, wo es noch kaum Industrie gab, fanden die Nationaldemokraten großen Anklang: Sie waren antideutsch, und sie „garantierten" freie Religionsausübung und Eigentum, die beiden Grundpfeiler der polnischen Gesellschaft, die von Berlin attackiert wurden. Dieser Angriff wurde 1907 erneuert, als das Deutsche Reich aus Enttäuschung über das Versagen seiner 20jährigen Bemühungen, das Land zu kolonisieren, beschloß, den Zwangsaufkauf polnischer Güter zum Zwecke deutscher Besiedlung zuzulassen. Auch in Galizien machten die Nationaldemokraten gute Fortschritte, zumal sie keine Mühe hatten, die Angst der Polen vor den Ukrainern und ihren Groll auf die Juden auszunutzen.

Die internationale Situation in den Jahren nach 1900 kam den Forderungen der Nationaldemokraten entgegen. Fast während des gesamten 19. Jahrhunderts war Europa – aus der Sicht der Polen – zweigeteilt gewesen. Im Osten lagen die drei Großreiche, alle erzkonservativ und einig in dem Bestreben, Polen für immer zu vernichten. Abgesehen von gelegentlichen Unterbrechungen, wie dem österreichisch-preußischen Krieg von 1866, hatten sie stets zusammengehalten. Westlich davon saßen die liberalen Nationen, von denen aber außer diplomatischen Schreiben, Tränen und Großzügigkeit gegenüber polnischen Flüchtlingen keine Hilfe gekommen war.

Inzwischen hatte sich alles geändert. Die Großreiche waren zerstritten. Deutschland und Österreich-Ungarn forderten das zaristische Rußland heraus, das sich seinerseits mit dem liberalen, republikanischen Frankreich verbündet hatte, Polens traditionellem Freund. Europa war unberechenbar geworden. Auf dem Balkan entzündete sich ein Konflikt und drohte einen kontinentalen Krieg auszulösen, wie man ihn seit Napoleons Zeiten nicht mehr erlebt hatte.

Die Forderung Dmowskis und seiner Freunde, Polen solle in dieser Situation das liberalisierte Rußland und dessen französischen Verbündeten gegen Deutschland unterstützen, war verführerisch. Unglücklicherweise blieb Rußland nicht „liberalisiert". Nikolas II. begann die Zugeständnisse zu widerrufen, die man ihm 1905 abgerungen hatte, und Einschränkungen des Wahlrechts grenzten die Rechte der Duma Schritt für Schritt mehr ein. Niemand interessierte sich mehr für die Forderungen der polnischen Abgeordneten, und es wurde schmerzlich klar, daß Dmowskis Strategie des „Loyalismus" sich nicht auszahlte. Innerhalb der ENDECJA kam es zu einer Spaltung. 1909 legte Dmowski sein Mandat als Abgeordneter nieder.

Rußland verstärkte seinen Druck auf Polen. 1907 schreckte die russische Regierung die Polen dadurch, daß sie einen Plan veröffentlichte – und bis 1912 auch durchführte –, elf Bezirke aus dem „Weichselterritorium" (dem ehemals polnischen „Königreich") herauszunehmen und fest dem russischen Reich einzugliedern. Im folgenden Jahr zahlte Rußland seine Partner beim Bau der Haupteisenbahnstrecke von Warschau nach Wien aus, entließ alle 16 000 polnischen Eisenbahnarbeiter und ersetzte sie durch Russen.

Die Folge war, daß im russisch besetzten Polen die Unruhen wieder aufflackerten, die nach dem Fehlschlag von 1905 aufgehört hatten. Pilsudski und seine bewaffnete Kampftruppe, von denen sich die Mehrheit der PPS jetzt distanzierte, weigerten sich zunächst, nachzugeben. Sie setzten ihre Strategie des Tötens, ständiger Belästigungen und „Enteignungen" (bewaffneter Raubüberfälle) fort. 1908 nahm Pilsudski persönlich, zusammen mit seiner späteren Frau Alexandra Szczerbinska, an einem leichtsinnigen, aber spektakulär erfolgreichen Überfall auf einen Postzug in Bezdany, nahe Wilna, teil. Er entkam in einem Rennboot auf dem Njemen, nachdem er ein Vermögen an Rubel-Noten erbeutet hatte, die er zum Kauf von Waffen und Druckmaterial benutzte.

Aber trotz dieses Erfolges mußte nun auch Pilsudski einsehen, daß Guerillakrieg und Terrorismus nicht zum Erfolg führten. Die Russen konnten ihn zwar nicht vernichten, aber sie schafften es, seinen Aktionen die Wirkung zu nehmen. Nach 1905 war ihr Druck auf Polen so hart geworden, daß er keine Chance hatte, durch sein Vorbild eine neue Volkserhebung auszulösen. Pilsudski begab sich deshalb in das relativ freie Galizien und schlug einen völlig neuen Kurs ein: die „österreichische Orientierung".

Sein Vorgehen ähnelte Dmowskis bisheriger Taktik, indem auch er darauf hinzielte, die wachsende Spannung zwischen den Teilungsmächten auszunutzen und polnische Unterstützung zukünftig gegen die Gewährung von Zugeständnissen zu verkaufen. Aber während Dmowski mit den Politikern verhandelte, versuchte Pilsudski sein Glück – für ihn typisch – bei den Streitkräften. Bei seinen Überlegungen, warum „die Nation nicht mehr an die Möglichkeit eines Sieges glaube", kam er zu dem Schluß, daß der Nationalstolz und das Selbstbewußtsein der Polen nur durch die Schaffung einer schlagkräftigen eigenen Armee wiederhergestellt werden könnte. Er würde diese Armee schaffen und sich damit zugleich die Möglichkeit eröffnen, Österreich zu veranlassen, die polnischen Truppen in einem zukünftigen Krieg gegen Rußland als Verbündete zu akzeptieren und nicht nur als Kanonenfutter.

Den Anfang machte er damit, daß er ein paar junge Leute zunächst heimlich in Hinterhöfen exerzieren ließ. Innerhalb weniger Jahre jedoch gab es überall in Galizien Strzelcy (Schützen), die halbmilitärische Einheiten bildeten und über deren Einsatz in Kriegszeiten man bereits Gespräche mit den etwas skeptischen Offizieren der österreichischen militärischen Führung aufgenommen hatte. Niemand in Wien glaubte daran, daß Pilsudski und seine Leutnants von selbstloser Loyalität gegenüber dem Haus Habsburg geleitet wurden. Man stattete daher die Schützen nur sparsam mit Waffen aus. Unter ihren Offizieren waren Männer, die in der Geschichte Polens noch eine Rolle spielen sollten – Kazimierz Sosnkowski und Wladyslaw Sikorski.

Der Krieg zwischen Österreich-Ungarn und Rußland brach am 6. August 1914 aus. Am gleichen Tag hielt sich Joseph Conrad mit seiner Familie in einem Krakauer Hotel auf und grübelte über seine neue Lage als feindlicher Ausländer im eigenen Land nach, während Józef Pilsudski mit drei Kompanien polnischer Schützen die Stadt verließ und sich nach Rußland in Marsch setzte. Seine Soldaten waren mit vorsintflutlichen Gewehren ausgerüstet, die Kugeln „von der Größe einer Kartoffel" abschossen. Zudem hatten sie so wenig Pferde, daß eine Reihe Kavalleristen ihre Sättel ans andere Ufer der Weichsel trugen in der Hoffnung, dort welche zu finden.

Pilsudski hatte gehofft, mit seinem Vorgehen einen Volksaufstand auszulösen. Zwei Jahre später schrieb er: „1914 ging es mir nicht darum, militärisch irgendwen vor vollen-

Der österreichisch besetzte Teil Polens 1913: Pilsudskis Schützen beim militärischen Drill. Aus diesen Freiwilligen stellte Pilsudski die polnischen Legionen des Ersten Weltkriegs zusammen.

Józef Pilsudski im Krieg. Als diese Aufnahme 1915 gemacht wurde, kommandierte er die polnischen Legionen im Kampf gegen Rußland.

dete Tatsachen zu stellen. Für mich ergab sich vielmehr die Frage: sollte der polnische Soldat weiterhin nichts als ein mystisches Wesen ohne Fleisch und Blut sein? In einem großen Krieg, der auf polnischem Boden ausgetragen werden würde, in dem Soldaten mit Bajonett und Uniform bis zu jeder Hütte und jedem Bauernhof in unserem Land vordringen würden, wollte ich, daß der polnische Soldat für das Volk wieder mehr war als nur ein schönes Foto, das in irgendeiner Ecke heimlich von wohlerzogenen Kindern angestaunt wurde. Ich wollte, daß Polen, das seit 1863 so völlig verlernt hatte, mit dem Schwert umzugehen, es wieder in der Hand seiner Soldaten aufblitzen sah" (Józef Pilsudski: The Memories of a Polish Revolutionary and Soldier, London 1931, S. 186).

Dieser Marsch, der später zum heldenhaften Mittelpunkt der Legende um Pilsudski wurde, war nüchtern betrachtet ein völliger Fehlschlag. Pilsudski hatte vorgehabt, möglichst rasch das Industriegebiet im Dabrowa-Becken zu erreichen, wo die PPS viele Anhänger hatte. Aber das Land war bereits von vorrückenden deutschen Truppen besetzt. So wandte er sich statt dessen der Stadt Kielce zu. Doch auch hier hatten sich bereits deutsche Truppen festgesetzt, und nach zwei Wochen mußte er sich wieder nach Krakau zurückziehen, ohne Gelegenheit gehabt zu haben, mehr als ein paar Schüsse auf russische Patrouillen abzufeuern. Pilsudski hatte damit gerechnet, daß die Nation unverzüglich zu den Fahnen einer polnischen Armee eilen werde, die als gleichberechtigter Partner an der Seite Österreichs kämpfte. Nichts dergleichen geschah. Er wurde in Kielce zwar freundlich empfangen, aber die Bevölkerung zeigte keine Neigung, sich dem Krieg auf seiten Österreichs und Deutschlands anzuschließen. Keines der beiden Reiche hatte Polen irgendwelche Freiheiten als Gegenleistung für seine Loyalität versprochen. Die Russen aber taten dies sofort.

Am 14. August erließ Großherzog Nikolaj als Oberbefehlshaber ein Manifest, in dem er Polen für den Fall eines russischen Sieges die Wiedervereinigung innerhalb des russischen Reiches unter autonomer Verwaltung versprach. Dies machte im „Königreich" großen Eindruck, blies neuen Wind in Dmowskis Segel und ließ Pilsudskis „österreichische Orientierung" in eine Flaute geraten. Der Traum von einer unabhängigen polnischen Armee war zu Ende. Statt dessen wurden in Galizien „polnische Legionen" aufgestellt, deren Kern ehemalige „Schützen" bildeten, die aber dem österreichischen militärischen Kommando unterstellt wurden.

Pilsudski selbst führte die 1. Brigade, deren stolzes Marschlied – „Wir, die 1. Brigade" – noch immer die Herzen aller Polen höher schlagen läßt. In den nächsten Jahren kämpfte sie mit Geschick und Energie bei den rasch wechselnden militärischen Aktionen im südlichen Polen mit, während die 2. Brigade, die später von Oberst Józef Haller befehligt wurde, weit im Osten in den Karpaten eingesetzt wurde. Gleichzeitig kommandierte Piludski einige seiner besten Offiziere ab, um die polnische Militärorganisation (POW) zu übernehmen, einen Geheimdienst, der hinter den russischen Linien operierte.

Im Frühjahr 1915 gelang einer österreichisch-deutschen Offensive der Durchbruch. Die Russen wurden ostwärts bis hinter die alten Grenzen des „Königreichs" zurückgetrieben. Das Hauptquartier der deutschen Besatzungstruppen war nun in Warschau, und die Österreicher besetzten Lublin. Eine russische Gegenoffensive im Jahre 1916 drängte die Österreicher ein Stück nach Wolhynien hinein zurück, kam dann aber zum Stillstand.

Mit dieser umfangreichen Machtverschiebung rückte schließlich auch die polnische Frage wieder in das internationale Blickfeld. Überall schmiedeten ausländische Staatsmänner Pläne, wie sie die polnische Unzufriedenheit – und das Menschenpotential – gegen ihre Feinde nutzbar machen könnten. Roman Dmowski verließ Rußland nach den Niederlagen von 1915 und wandte sich den Westmächten zu. In London und Paris präsentierte er sich als der eigentliche Führer der polnischen Nation und stellte Pilsudski als einen bloßen Agenten Deutschlands hin. 1916 spielten Österreich und Deutschland, die – ebenso wie ihre Feinde – zwei Jahre nach Kriegsbeginn immer noch Mühe hatten, ihr eigentliches Ziel zu definieren, ihre Trumpfkarte in der polnischen Frage gegen Rußland aus. Sie proklamierten die Errichtung eines polnischen „Königreiches", ohne jedoch seine Grenzen oder einen König zu benennen, und setzten in Warschau einen provisorischen Staatsrat ein. Einige Tage nach der Proklamation kündigten die Deutschen die Schaffung einer „polnischen Armee" an, die „zeitweilig" noch unter deutschem Kommando stehen sollte.

Die zehntausende polnischer Soldaten, die bereits gegen ihren Willen auf beiden Seiten der Front kämpften, sowie die Legionen konnte diese Erklärung nicht beeindrucken. Polen war durch den Krieg verwüstet worden, nicht zuletzt durch deutsches Bombardement und anschließende Ausbeutung, und der Plan, ein neues „Königreich" zu errichten, war in ihren Augen nichts als ein Vorwand für eine noch unbarmherzigere Zugriffsmöglichkeit auf polnischen Besitz und Menschenleben durch Deutschland und Österreich. Pilsudski war optimistischer. Er übernahm es, das Militärkomitee des Staatsrates zu organisieren. Die Legionen wurden von der Front abgezogen, um den Grundstock für die neue Armee zu bilden.

Dezember 1916. Polnische Kavallerie reitet in Warschau ein. In Wahrheit standen diese Männer unter deutschem Kommando und waren unter dem Namen „polnische Wehrmacht" bekannt.

In der Folgezeit begann ein Wettlauf unter den Mächten, Polen eine Zukunft zu geben. Die Russen begannen von totaler Unabhängigkeit zu reden und stellten rein polnische Divisionen aus ihren Truppen zusammen. Präsident Wilson, beeindruckt von den Appellen des berühmten Konzertpianisten Ignacy Paderewski, vertrat vor dem Senat im Januar 1917 – lange bevor die USA in den Krieg eintraten – die Meinung, es müsse wieder ein freies Polen geben, mit Zugang zum Meer. Andererseits kam Dmowski in England und Frankreich nur wenig voran, da beide ängstlich darauf bedacht waren, ihren russischen Verbündeten nicht durch eine Einmischung in der polnischen Frage zu verletzen.

Ihre Bedenken erwiesen sich im nachhinein als überflüssig. Im März 1917 brach in Rußland die Revolution aus, und das Zarenreich brach zusammen. Der Petrograder Sowjet verlangte die vollständige Unabhängigkeit Polens, und die neue provisorische Regierung versprach die Schaffung eines freien polnischen Staates, der in einer Militärallianz mit dem neuen demokratischen Rußland verbunden sein sollte. Rußland war jedoch nicht mehr in der Lage, seine Versprechungen einzulösen. Seine Truppen hatten sich aufgelöst, und Deutschlands Armeen rückten weit in das östliche Grenzland vor.

Wieder in Warschau, taten die Deutschen alles, um ihre Chancen auf Unterstützung durch die polnische Bevölkerung systematisch zu zerstören. Die Auseinandersetzungen im Staatsrat erreichten 1917 ihren Höhepunkt, als die Deutschen versuchten, die polnischen Legionen zu einem Treueid zu zwingen. Pilsudski benutzte dies als Vorwand, seine Unabhängigkeit zu dokumentieren. Unter seinem Einfluß verweigerten die meisten Soldaten der 1. und 3. Brigade innerhalb der Legionen den Eid und wurden daraufhin interniert. Pilsudski gab aus Protest seinen Sitz im Staatsrat auf. Er und Kasimierz Sosnkowski wurden im Juli von den Deutschen verhaftet und in die Festung Magdeburg gebracht. Im September setzten die Deutschen einen Regentschaftsrat aus „verantwortlichen" Polen ein, zu denen auch der Erzbischof von Warschau gehörte. Aber inzwischen war das deutsch-polnische Verhältnis dermaßen schlecht, daß diese Regierung bei der Bevölkerung keine Glaubwürdigkeit gewann.

Jeder neuzuschaffende polnische Staat würde mit Sicherheit die Ostgebiete für sich beanspruchen, die früher zum Großreich gehört hatten: Litauen, Weißrußland und die Ukraine. Aber diese waren inzwischen von deutschen Truppen besetzt. Als sich das russische Reich auflöste, waren die deutschen Generäle im Osten plötzlich die Herren in einer gewaltigen, chaotischen Region Europas, in der Unabhängigkeitsbewegungen versuchten, sich durchzusetzen, und Bürgerwehren aller Art das Land verwüsteten.

Deutschland unterstützte einen litauischen Staat und stimmte im Februar 1918 bei den Verhandlungen von Brest-Litowsk auch der Schaffung eines ukrainischen Staates zu, der Ostgalizien und die große polnische Provinz Chelm umfassen sollte. Die galizischen Polen protestierten. Die polnischen Truppen unter Józef Haller desertierten aus der österreichisch-ungarischen Armee und überschritten die russische Grenze. Nachdem sie sich durch Deutsche und Bolschewiken hindurchgekämpft hatten, erreichte der Rest mit Haller bei Murmansk die Barents-See. Von hier schifften sie sich nach Frankreich ein, wo Haller zum Befehlshaber der polnischen Armee ernannt wurde, die an der Westfront aufgestellt wurde.

Im November 1917 hatten die Bolschewiken in Petrograd die Macht übernommen und russischerseits den Krieg für beendet erklärt. Die polnisch-russischen Beziehungen wurden dadurch jedoch nicht verbessert; zu einem ersten Zusammenstoß kam es durch einen gewaltigen revolutionären Aufstand gegen die polnischen Landbesitzer und Siedler in Weißrußland und der Ukraine. Polnische Truppen, die ehedem in der zaristischen Armee gekämpft hatten, verteidigten nun polnischen Grundbesitz gegen bolschewistische Übergriffe. In Polen selbst versuchten die PPS (linker Flügel) und die SDKPiL die Arbeiterschaft für einen bolschewistischen Aufstand zu organisieren (Feliks Dzierzyński, einer der SDKPiL-Führer, sollte Lenins erster Chef der politischen Polizei, der Cheka, werden). Aber der größte Teil der Untergrundaktivitäten konzentrierte sich auf den wachsenden Kampf gegen die Deutschen, deren Warschauer Polizeichef im Oktober 1918 ermordet wurde.

Zu diesem Zeitpunkt war eine in der polnischen Geschichte nur allzu bekannte Lage eingetreten: Die Exilpolen hatten die geistige Verbindung zum Heimatland verloren. In Warschau und Krakau träumten die Patrioten von ihrem – in seiner Magdeburger Haft vor Wut kochenden – Helden Pilsudski, während man in Frankreich Roman Dmowski zunehmend als Führer der Polen anerkannte. Nachdem Rußland aus dem Krieg ausgeschieden war, konnten die Westmächte nunmehr die polnische Frage dazu benutzen, einen Keil zwischen Österreich und Deutschland zu treiben. Dmowskis polnisches Nationalkomitee in Paris wurde von Frankreich als Exilregierung anerkannt, obgleich die Engländer und Amerikaner Zweifel an seiner Autorität in Polen bekamen. Im Januar 1918 nahm Präsident Wilson die Wiedererrichtung eines unabhängigen polnischen Staates als 13. Punkt in sein 14-Punkte-Programm auf. England, Frankreich und Italien griffen den Ruf nach einem freien Polen mit Zugang zur Ostsee auf.

Das alte Problem „Was für ein Polen – wo?" blieb offen. Wilson meinte getreu dem „Nationalstaaten"-Prinzip, daß das Land „alle Gebiete mit einer unzweifelhaft polnischen Bevölkerung umfassen müsse". Dies widersprach völlig Pilsudskis Vision eines multinationalen Großreiches, kam aber Dmowskis „moderner" Version eines „Polen für Polen" sehr viel näher. Wilson ließ jedoch die entscheidende Frage offen, was „unzweifelhaft polnischer Abstammung" in einem Grenzland heißen sollte, wo Polen, Ukrainer, Weißrussen und Deutsche seit je nebeneinander gelebt hatten. Bevor sich die Alliierten noch tiefer in diesem Dschungel an Definitionen verlieren konnten, löste sich die Frage von selbst.

Niederlage, Verzweiflung, Hunger und revolutionäre Unruhe taten endlich in Deutschland und Österreich-Ungarn ihre Wirkung. Im Oktober 1918 löste sich die österreichische Armee in Südpolen auf: Die Soldaten gingen schlicht nach Hause. Im November brach in Deutschland mit der Meuterei der Flotte die Revolution aus und griff schnell auf die Städte über. In Warschau wie Berlin verweigerten deutsche Soldaten ihren Offizieren den Gehorsam und wählten „Soldatenräte" nach bolschewistischem Vorbild.

Nach eineinviertel Jahrhundert war Polen plötzlich von jeder Fremdherrschaft befreit. Aber es gab keine übergreifende polnische Autorität, die an ihre Stelle hätte treten können. Das kleine Industriegebiet des österreichischen Schlesien (Cierzyn) wurde seit Oktober von einem „polnischen Nationalrat" verwaltet. Der Führer der Sozialisten in Galizien, Ignazy Daszyński, proklamierte in Lublin, das zum österreichischen Militärbereich gehört hatte, eine „Volksregierung". In Warschau saß ängstlich – von niemandem respektiert – der Regentschaftsrat und sah sich verzweifelt nach jemandem um, an den er die Verantwortung übergeben konnte. Weit weg in Paris sahen Dmowski und sein polnisches Nationalkomitee ohnmächtig zu.

Das Machtvakuum füllte sich bald. Die Deutschen entließen Pilsudski mit einer solchen Hast, daß er kaum Zeit hatte, Rasierzeug und Zahnbürste in ein Stück Papier zu wickeln. Dann wurden er und Sosnkowski per Auto in aller Eile nach Berlin gebracht. Zwei Tage später saßen sie in einem Sonderzug nach Warschau. Der Regentschaftsrat ernannte Pilsudski sofort erleichtert zum Kommandanten der Streitkräfte. Dies geschah am 11. November 1918, dem Tag des Waffenstillstands an der Westfront, dem Tag, den die Polen seither – sofern man es ihnen erlaubt – als den Tag der Wiedererlangung ihrer Freiheit feiern.

Ein paar Tage später ernannte der Staatsrat Pilsudski auch zum Staatsoberhaupt und löste sich auf. Daszyńskis Regierung in Lublin brach zusammen. In Warschau bildete sich ein provisorisches Kabinett unter Führung des Sozialisten Jedrzej Moraczewski, dem späteren 1. Premierminister Polens. Pilsudski, dem es gelungen war, die deutschen „Soldatenräte" nach Hause zu schicken, versuchte eine Koalitionsregierung auf möglichst breiter Basis zustande zu bringen, einschließlich der Nationaldemokraten, soweit er sie gewinnen konnte.

In Wirklichkeit regierte er als Diktator. Dies Wort hat im Polnischen einen besseren Klang als in anderen Sprachen: Das Wort „dyktator" wird hier wie im alten Rom verwendet, um jemanden zu bezeichnen, dem im Falle höchster Gefahr für die Nation die Alleinherrschaft übertragen wurde. Kościuszko war 1794 der erste von vielen, der diesen Titel trug. Aber Pilsudski selbst hatte trotz seines romantischen Geschichtsverständnisses keine derartigen Ambitionen. Wenn der neue polnische Staat eine Chance auf Stabilität und Einheit haben sollte, mußte das Ganze soweit wie möglich nach demokratischen und republikanischen Regeln ablaufen. Ein Dekret kündigte an, daß er nur solange provisorisch als Staatsoberhaupt fungieren wolle, bis ein Parlament gewählt worden sei (das ihn, als es Anfang 1919 zusammentrat, bat, auf seinem Posten zu bleiben).

Die gesamte Struktur des mittleren und östlichen Europa fiel jetzt in sich zusammen. Inmitten von Chaos und Revolution hatte Polens Entscheidung für eine Demokratie viele Feinde. Im Dezember 1918 fusionierten der linke Flügel der PPS und die SDKPiL und gründeten die Kommunistische Partei Polens (KPP). Anschließend versuchten sie eine Arbeiterrevolution zu entfachen, die das Konzept polnischer Unabhängigkeit grundsätzlich in Frage stellte. Im Januar 1919 startete eine Offiziersclique einen rechtsgerichteten Staatsstreich und verhaftete den Premierminister, bevor sie zur Aufgabe überredet werden konnte. Aber das wesentlichste internationale Problem, das Pilsudski lösen mußte, war die Frage, wie man sich gegenüber den Nationaldemokraten verhalten sollte. Irgendwie mußten sie zur Mitübernahme der Verantwortung herangezogen werden, wenn Polen nicht in zwei völlig miteinander verfeindete Lager auseinanderbrechen sollte, woraus leicht ein Bürgerkrieg entstehen konnte. Kuriere reisten zwischen Warschau und Paris hin und her in dem Bemühen, Dmowskis verletzte Gefühle zu besänftigen.

Im Januar wurde ein Kompromiß erreicht. Es gelang Pilsudski, Ignacy Paderewski zu überreden, das Amt des Premierministers zu übernehmen. Dieser hatte im Westen eng mit Dmowski zusammengearbeitet, ohne den Nationaldemokraten direkt anzugehören, da er Dmowskis Antisemitismus scharf ablehnte. Man einigte sich weiter, daß das Polnische Nationalkomitee in Paris, verstärkt durch einige Anhänger Pilsudskis, die polnische Delegation bei der kommenden Friedenskonferenz in Versailles bilden sollte. Bei den danach im Januar abgehaltenen Wahlen – sie beschränkten sich auf Zentralpolen und Westgalizien, da die übrigen polnischen Gebiete noch in Grenzgefechte verwickelt waren – vereinigten die Nationaldemokraten weit mehr Stimmen auf sich als die Sozialisten und bildeten die stärkste Einzelfraktion. Aber die Bauernparteien sorgten für ein Gleichgewicht im Sejm, und der in Paris ausgehandelte Kompromiß überlebte. Pilsudski selbst blieb Staatsoberhaupt und Kommandant der Streitkräfte.

Pilsudski hatte Polen nicht befreit. Noch eigentlich die Polen sich selbst. Wenn irgend jemand dafür Dank verdiente, dann die Millionen anonymer Soldaten und Zivilisten in den drei Teilungsreichen, die der Ansicht waren, sie hätten unter Krieg und Kronen genug gelitten, und dem Ganzen ein Ende machten. Andererseits waren es die Polen und niemand sonst, die die „Polen – wo" – Frage selbst lösten. Die Alliierten in Versailles betrachteten es als ihr Recht, die Grenzen des neuen Staates nach Anhörung und Beratung aller Vorschläge und Gegenvorschläge zu bestimmen. In der Realität setzten die

Der bekannte Pianist Ignacy Paderewski (1860–1941) während einer Reise durch die USA 1902. Paderewski wurde im Westen zum allgemein respektierten Anwalt für die polnische Unabhängigkeit und vertrat Polen bei der Friedenskonferenz 1919.

Polen ihre Grenzen weitgehend selbst fest, häufig unter Blutvergießen und oft dort, wo es die Staatsmänner in Versailles schockieren mußte.

Für die westliche Welt waren die Polen „Unglückliche", Heimatlose und Flüchtlinge gewesen, die Entgegenkommen, Sympathie und gelegentliche Anhörung verdienten. Jetzt, als 1919 in Versailles die Konferenz eröffnet wurde, sahen sich Präsident Wilson sowie der englische und französische Premierminister, Lloyd George und Clemençeau, freien Polen gegenüber, die weder Gefühle der Dankbarkeit noch übertriebene Bescheidenheit zeigten. Da ihnen gefühlsmäßig das Verständnis für eine Nation fehlte, deren politisches Handeln durch mehr als ein Jahrhundert gewaltsamer kultureller und politischer Strangulation bestimmt worden war, fühlten sich die westlichen Staatsmänner beleidigt. Mit Ausnahme des vornehmen Paderewski fanden sie alle übrigen Polen in ihren Ansprüchen übertrieben, unverantwortlich und in ihrer natürlichen Fröhlichkeit und Unbekümmertheit frivol.

Dmowski gab den Ton an. In der Eröffnungssitzung war jedem Delegierten eine Rededauer von zehn Minuten eingeräumt worden; Dmowski sprach ohne Konzept fünf Stunden lang, wobei er fröhlich von einer Sprache in die andere wechselte. Graf Sforza, der italienische Außenminister, erinnert sich: „Sie waren wieder da ... noch immer die reizenden, unrealistischen Polen von früher. Ihre Sprecher überschwemmten das Kabinett der Entente mit Erinnerungen, Berichten, Plänen, historischen Rekonstruktionen

Polen war eines der Schlachtfelder der Jahre 1914–1918. Über eine Million Polen zählten zu den Opfern des Krieges.

Versailles 1919: Alliierte Offiziere sehen der Unterzeichnung des Friedensvertrages zu.

Die „Architekten von Versailles" (von links nach rechts): David Lloyd George (britischer Premierminister), Vittorio Orlando (italienischer Premierminister), Georges Clemençeau (französischer Premierminister), Woodrow Wilson (Präsident der USA).

und juristischen Thesen. Wollte man ihnen folgen, so war halb Europa polnisch gewesen und sollte es möglichst wieder werden." (Carlo Sforza, Makers of Modern Europe, New York 1930, S. 375.)

Aber in der Zeit zwischen Kriegsende und der Konferenz von Versailles waren die neuen polnischen Grenzen bereits festgelegt worden. Im November 1918 waren in Lemberg Kämpfe zwischen Polen und Ukrainern ausgebrochen, die damit endeten, daß sieben Monate später ganz Galizien unter polnischer Kontrolle war. Im Dezember 1918 kam es in der Provinz Posen zu einem siegreichen polnischen Aufstand gegen die Deutschen. Die litauische Hauptstadt Wilna wurde zunächst von den Bolschewiken eingenommen und dann von den Polen. Tschechen und Polen kämpften gegeneinander im Gebiet von Teschen (Cieszyn), einem kleinen Industriegebiet, dem ehemaligen Österreichisch-Schlesien. Dieser Kampf endete im Juli 1920, nachdem die Alliierten eine Teilung durchgesetzt hatten – eine Lösung, die von den 140 000 Polen, die sich plötzlich auf der tschechoslowakischen Seite des Grenzgebietes wiederfanden, nie akzeptiert wurde.

Den Alliierten gelang es wenigstens, bei der Festlegung der neuen Grenzen gegenüber Deutschland einige Kontrolle auszuüben. Das Gebiet um Posen und große Teile Westpreußens fielen an Polen, das durch einen „Korridor" Zugang zur Ostsee erhielt. Die Hafenstadt Danzig, deren Bevölkerung überwiegend deutsch war, wurde zur „Freien Stadt" erklärt unter einem Hochkommissar, den der neu geschaffene Völkerbund berufen sollte. Der „Korridor" trennte Ostpreußen vom übrigen Deutschen Reich; polnische Ansprüche auf den südlichen Teil Ostpreußens erfüllten sich nicht, nachdem eine Volksabstimmung ihnen nur einen Bruchteil der Stimmen gebracht hatte.

Das größte Problem an Polens Westgrenze stellte Oberschlesien dar. Mit seinen zahlreichen Kohlebergwerken, von denen viele hochwertige Heizkohle lieferten, und seinen Eisen- und Stahlwerken war es das wertvollste Industriegebiet in Mitteleuropa. Unter deutscher Verwaltung war seine Bevölkerung zu einem dichten Konglomerat katholischer, polnischer und deutscher Schlesier unter einer Oberschicht preußisch-lutherischer Verwalter und Industriekapitalisten zusammengewachsen, die in der Regel Deutsche beziehungsweise deutsche Juden waren. Viele „Deutsche" waren polnischer Abstammung und hatten Verwandte, die sich als Polen bezeichneten.

Ungefähr das einzige Problem, das dem neuen Polen erspart blieb, war ein Regionalismus. Minoritäten eines fremden Volkes sind etwas anderes. Die Polen selbst haben eine bemerkenswert einheitliche Kultur. Die einzige Ausnahme war – und ist es bis zu einem gewissen Grad geblieben – Oberschlesien, das lange vor den Teilungen vom polnischen Staat abgetrennt worden und sich seiner eigenen Identität stets voll bewußt war. Die polnischen Bergwerksstädte hatten ihr Herz dem liebenswerten Wojciech Korfanty geschenkt, der sie bereits im deutschen Reichstag vertreten hatte. Er war der einzige Politiker im unabhängigen Polen, der eine so starke örtliche Anhängerschaft besaß, daß er Warschau die Stirn bieten konnte. Korfanty gehörte den Christdemokraten an, einer katholischen Partei, die 1902 gegründet worden war, um den zunehmenden Einfluß des Sozialismus innerhalb der Arbeiterklasse zurückzudrängen.

Weder Deutschland noch Polen würden Oberschlesien kampflos aufgeben. Die Wirtschaft Mittel- und Osteuropas beruhte auf diesem Land. Ohne Oberschlesien war Polen ein armes Agrarland, dem die lebensnotwendige industrielle Grundlage fehlte. Nach zwei polnischen Aufständen in diesem Gebiet intervenierten die Alliierten und ließen eine Volksabstimmung durchführen. Diese ergab eine Mehrheit für die Deutschen, die zwar zahlenmäßig überhöht, aber nicht dadurch zustande gekommen war, daß ganze Züge mit Deutschen zum Abstimmungsort gebracht wurden. Die Folge war ein dritter polnischer Aufstand am 3. Mai 1921, der von Korfanty angeführt und von den französischen Besatzungstruppen passiv unterstützt wurde. Nach monatelangen erbitterten Gefechten endete er damit, daß die Polen im Besitz des größten Teils Oberschlesiens waren. Im Oktober legte der Völkerbund die Grenzen endgültig fest, wobei er den wertvollsten Teil des Industriegebietes den Polen zusprach.

Der Streit um die Grenzen wurde 1920 durch einen polnisch-sowjetischen Krieg überschattet, der einen kurzen, aber entsetzlichen Augenblick lang erneut ganz Europa zu gefährden schien. Seine unheilvollen Folgen sollten nicht nur die Natur des polnischen Staates, sondern auch noch das Schicksal der nächsten Generation bestimmen.

Hinter der ganzen Angelegenheit stand Pilsudski. Noch heute wird oft behauptet, er habe Rußland angegriffen, um den Bolschewismus auszumerzen, und er habe dabei nur als Marionette Englands und Frankreichs gehandelt, die die weißrussische Seite bereits im russischen Bürgerkrieg unterstützt hatten. Aber eine solche Betrachtungsweise wird weder dem gerecht, was geschah, noch dem, worum es Pilsudski dabei ging. Paderewski hatte früher einmal in Paris vorgeschlagen, polnische Armeen im Kampf gegen Lenin einzusetzen, aber daraus war nichts geworden. Pilsudskis Ziel war es dagegen immer gewesen, in etwa das alte polnische Großreich wiederherzustellen, indem er den Russen die Ukraine wegnahm und sie zu einem Bündnispartner Polens machte. Mit den Weißrussen konnte er in der gleichen Frage zu keiner Einigung kommen, da sie keinen Sinn darin sahen, Polen bei der Zerschlagung des russischen Reiches zu helfen, das sie gerade wieder aufbauen wollten.

Seit dem Tage des Waffenstillstands hatte die im Osten gestrandete deutsche Armee als Puffer zwischen Polen und Russen gedient. Im Februar 1919 zog sie sich zurück, und

Der polnisch-sowjetische Krieg 1920. General Józef Haller (auf der linken Bildseite) läßt sich die bolschewistischen Stellungen zeigen.

polnische und bolschewistische Einheiten trafen aufeinander. Langsam begannen sich die Grenzen des alten Großreiches wieder abzuzeichnen, als polnische Verbände im April 1919 Wilna und im August Minsk besetzten, die ehemalige Hauptstadt Weißrußlands. Die Bolschewiken, verstrickt in den Bürgerkrieg, waren grundsätzlich bereit, sich in der Grenzfrage Polen gegenüber flexibel zu zeigen, aber im Dezember scheiterten die Gespräche zwischen den beiden Parteien dennoch.

Inzwischen hatte Pilsudskis Marsch nach Osten die Alliierten alarmiert. Zwar hatte man für das bolschewistische Rußland nichts übrig, aber man hatte auch nicht daran gedacht, Polen in einer, seinen gesamten ehemaligen Herrschaftsbereich umfassenden Größe zu restaurieren, wie es sich jetzt abzuzeichnen begann.

Pilsudskis Interesse richtete sich auf die Ukraine, die eine schwache eigene Regierung unter ihrem Hetman Petlura hatte. Er zwang Petlura, sich damit einverstanden zu erklären, daß Ostgalizien trotz seiner mehrheitlich ukrainischen Bevölkerung zu Polen kommen sollte, wofür Polen als Gegenleistung Petluras Machtstellung in der übrigen Ukraine schützen würde. Aber der Handel klappte nicht; die meisten Ukrainer lehnten die Abtretung Galiziens als unentschuldbaren Verrat ab. Dennoch rückten die polnischen Truppen am 8. Mai 1920, unterstützt von Petluras Streitkräften, im Kampf gegen die Bolschewiken weiter in die Ukraine vor.

Zu diesem Zeitpunkt sahen die Bolschewiken in dem polnischen Vormarsch bereits eine Gefahr für die Revolution selbst. Eine riesige Armee wurde aufgestellt, und im Sommer 1920 begann an zwei Fronten zugleich die Gegenoffensive, die in Galizien von Budyonnys Reiterarmee angeführt wurde, während der hervorragende junge General Tuchatschewskij im Norden Pilsudskis Verteidigungslinien durchbrach und westwärts nach Polen eindrang.

Es scheint Lenin gewesen zu sein, der, normalerweise ein äußerst kühler Mann, hier gegen die Meinungen seiner Mitarbeiter – unter ihnen Trotzki und Stalin – entschied, daß diese Offensive solange fortzusetzen sei, bis sie die Revolution ins Herz Europas getragen habe. Tuchatschewskij gab öffentlich bekannt: „Über den Leichnam Polens hinweg werden wir die ganze Welt in Brand stecken." Im August näherte sich die russische Armee Warschau. Kosakische Reiterei überschritt die Weichsel nördlich der Hauptstadt, während sich die Bolschewiken der deutschen Grenze Ostpreußens näherten. Falls Polen fiel, war der Weg nach Berlin offen.

Siegessicher hatte die Sowjetregierung in Bialystok unter Julian Marchlewski, einem polnischen Kommunisten und einem der ehemaligen Führer der polnischen SDKPiL, bereits ein Revolutionskomitee zusammengestellt, das den Kern einer neuen polnischen Regierung bilden sollte. Aber Lenin und seine Generäle hatten sich doppelt geirrt.

Erstens war den polnischen Arbeitern und Bauern ihre polnische Nation wichtiger als die Zugehörigkeit zu einer internationalen Klasse; verbissen verteidigten sie deshalb die neue Freiheit ihres Landes. Sämtliche Klassen und Parteien vereinigten sich zur gemeinsamen Verteidigung Warschaus. Sogar Juden beteiligten sich, obgleich viele von ihnen von der Polizei als „unzuverlässig" interniert worden waren.

Und zweitens unterlief ihnen ein militärischer Fehler: Tuchatschewskijs Truppen, die durch das nördliche Polen brandeten, ließen ihre Flanke ungedeckt, und die Polen – zwar ausmanövriert, aber nicht geschlagen – nahmen ihre Chance war. Eilig wurde eine

Armee aufgestellt, die am 13. August von der Flanke her Tuchatschewskijs Linien durchbrach und ihn von seiner Nachhut abschnitt. Ungefähr 100 000 Soldaten wurden gefangengenommen. Der Rest floh, von Pilsudskis Leuten gejagt, aus Polen.

Marian Zebrowski, ein junger Kavallerieoffizier, ritt mit seinem Regiment an der Spitze der polnischen Armee, als sie die Truppen Tuchatschewskijs auf ihrem Vormarsch an der linken Flanke angriff. „Militärs wissen, was es bedeutet, wenn man im Vormarsch von der Seite her angegriffen wird. Es bedeutet das absolute Ende der Offensive – und genau das trat ein. Die 3. und 4. Schwadron ritt alles vor sich nieder. Die 2. Schwadron umritt den rechten Flügel, überquerte eine Brücke und deckte unseren Angriff von rechts. Die 1. Schwadron bekam den Befehl, einen Trupp Kavallerie auf der linken Seite zu verstärken, wo größere Truppenansammlungen des Feindes gesichtet worden waren. In der letzten Phase des Angriffs geriet die Schwadron in ein Sumpfgebiet, in dem sich kleinere feindliche Einheiten festgesetzt hatten. Unsere Leute eröffneten das Feuer auf sie, aber die Pferde begannen in den weichen Grund einzusinken, und die Abteilung kam nicht weiter. Der Feind verdoppelte das Feuer, und wir hatten schwere Verluste ... Das Pferd meines Freundes, Fähnrich Suchodolski, wurde getötet. Er stürzte und wurde siebenmal von einem Bajonett durchbohrt. Während ich half, ihn zum Verbandsplatz zu bringen, meinte er: ‚Marian, wir haben einen so herrlichen Sieg errungen. Schade, daß ich nun nicht mehr erlebe, wie es weitergeht ...‘ "

Soviel zur Schlacht um Warschau oder dem „Wunder an der Weichsel". Sie war eine der denkwürdigsten Begebenheiten der europäischen Militärgeschichte. Sie rettete Polens Freiheit und zwang Sowjetrußland ein für allemal, die Idee aufzugeben, daß die Novemberrevolution von 1917 nur der Auftakt zu einer Weltrevolution gewesen sei. Von jetzt an war Lenin gezwungen, eine defensivere Politik zu verfolgen, die – so eine Formulierung Stalins – im „Sozialismus des einzelnen Landes" endete. Damals wie heute sind viele Leute der Meinung, Polen habe 1920 Europa vor dem Kommunismus bewahrt. Exakter wäre es, zu sagen, daß das „Wunder" Deutschland wahrscheinlich vor einer sowjetischen Invasion gerettet hat. Im Sommer 1920 war die Revolution in Deutschland bereits im Abflauen, und jede dort von der sowjetischen Armee eingesetzte „rote" Regierung wäre von den vereinten Truppen der Alliierten schnell hinweggefegt worden.

Andere Konsequenzen des Sieges von 1920 waren verhängnisvoller. Im Vertrag von Riga, der im März 1921 unterzeichnet wurde, wurden Polens Grenzen endgültig weit in den Osten verlegt. Zu weit, und doch nicht weit genug. Sie brachten Polen weder die Föderation mit den kleineren Nationen, von deren Wiederbelebung Pilsudski geträumt hatte, noch den festen ethnischen Zusammenschluß eines „Polen für Polen", wie er Dmowski vorgeschwebt hatte. Statt dessen riß die neue Grenze drei Volksgemeinschaften absolut gegen ihren Willen und ohne ihre Zustimmung auseinander: Litauen, Weißrußland und die Ukraine. Zwischen den beiden Kriegen hatte sich die Bevölkerung Polens aus 22 Millionen Polen, nahezu 5 Millionen Ukrainern, 1,5 Millionen Weißrussen, 80 000 Litauern und ebenso vielen Russen sowie ca. 700 000 Deutschen – vorwiegend aus den westlichen Provinzen – zusammengesetzt. Die Volkszählung von 1931, die auf der jeweilig gesprochenen Sprache basierte, ergab, daß die Polen weniger als 70 % der Bevölkerung ausmachten. Die nächstgrößere Gruppe war die ukrainisch sprechende mit 14 %, gefolgt von den Juden, die als erste Sprache jiddisch angaben, mit 8,7 %.

Pilsudskis Pläne waren gescheitert. Anstelle einer großen, von russischer Herrschaft befreiten Föderation verschiedener Nationen unter Führung Polens war ein polnischer Staat entstanden, der große, oft unversöhnlich miteinander verfeindete Minoritäten in sich vereinte. Noch in anderer Hinsicht sollte sich der Krieg für die Zukunft als unheilvoll erweisen: die Voreingenommenheit seiner östlichen Nachbarn wurde neu geschürt. In Sowjetrußland, das anfangs Polens Recht auf Unabhängigkeit proklamiert und den Widerruf der Teilungen gefordert hatte, erwachte wieder das traditionelle Mißtrauen gegenüber den Polen als einer Rasse aggressiver, erzkatholischer Grundbesitzer, die nur ein Ziel hatten: den russischen Staat zu unterwerfen. Die Republik Litauen, der man Wilna genommen hatte, hatte keine Veranlassung, der polnischen Politik zu vertrauen. Von den Deutschen hätte man nach der Schlacht um Warschau Dankbarkeit erwarten können. Aber ganz im Gegenteil. Sie vergaben niemals den Verlust ihrer Ostgebiete, und die Rechten vertraten weiterhin Bismarcks These, daß die polnische Unabhängigkeit eine absurde Katastrophe sei, die es bei erster Gelegenheit zu korrigieren gelte.

Die dritte Folge ergab sich aus der zweiten. Auch die Polen fielen in alte Denkschemata zurück. Sowjetrußland schien trotz allem das alte Rußland geblieben zu sein, der Erzfeind polnischer Freiheit und Unabhängigkeit. Polen sah sich einmal mehr als Bollwerk der westlichen Christenheit gegen die Horden aus dem Osten und setzte in nicht gerechtfertigter Weise auf seine militärische Stärke. Die Polnische Kommunistische Partei hatte im Land keine Chance mehr, nachdem sie die russische Invasion unterstützt hatte und damit als illoyal und Feind eines unabhängigen Polens gebrandmarkt war.

Damit einher ging eine neue Welle des Antisemitismus. Bereits im ersten Jahr der Unabhängigkeit war es zu Mißhandlungen und Gewaltanwendungen gegen Juden gekommen. Dahinter standen ein paar Fanatiker aus Hallers ehemaliger Truppe, die politisch mit Dmowski und der ENDECJA sympathisierten und die 1919 aus Frankreich zurückgekommen waren. Es war dies ein Erbe aus den letzten Jahrzehnten der Teilung, als besonders die Nationaldemokraten den Verdacht gegen die Juden führten, sie stünden auf seiten Rußlands beziehungsweise Deutschlands. In Wahrheit war es der universale, internationale Aspekt des Marxismus, der die jüdische Intelligenz Polens anzog, während sie der enge, rassistische Nationalismus eines Dmowski abstieß. Und dies war auch der Grund, warum die Führer der Polnischen Kommunistischen Partei, von denen eine Reihe aus der alten SDKPiL kamen, zum größten Teil Juden waren. Die Unterstützung der russischen Invasion durch die Kommunisten machte es jetzt um so leichter, den Volkshaß gegen die Juden = Kommunisten = Verräter anzuheizen.

Das neue Polen hatte wenig Freunde. Eine Ausnahme machte, wie im 19. Jahrhundert, Frankreich. Während des polnisch-sowjetischen Krieges hatte General Weygand als Leiter einer alliierten Militärkommission Polen besucht. (Zu seinem Stab gehörte ein junger, aufgeschlossener Offizier namens Charles de Gaulle.) Im allgemeinen jedoch betrachteten die westlichen Staatsmänner diesen aufgeblasenen, heißblütigen Staat mit Abneigung, woran der Sieg über Sowjetrußland wenig änderte. Aber die wirkliche Tragik des polnisch-sowjetischen Krieges reichte tiefer. Die Revolution von 1917 hatte die realistische und wunderbare Hoffnung geweckt, daß das Verhältnis zwischen Russen und Polen mit dem Sturz des Zarentums den Schrecken der Vergangenheit entrissen und sich zu einer bleibenden Freundschaft entwickeln könne. Diese Hoffnung war nun dahin.

3. Kapitel

Polen zwischen den Weltkriegen: 1921–1939

Während die polnische Frage des „Wo" durch kleine und größere Grenzkriege entschieden wurde, mußte auch die Frage nach dem „Wie" gelöst werden. Der neue Staat brauchte eine funktionierende Wirtschaft und eine Verfassung. Vor allem mußte Polen ein politisches System finden, das die Notwendigkeit einer starken Zentralregierung mit den demokratischen Forderungen einer verwirrend großen Anzahl weitgefächerter Interessengruppen, nationaler Minderheiten und Ideologien in Einklang brachte.

Zuerst mußte das Chaos überwunden werden, das nach dem Zusammenbruch der Teilreiche entstanden war. Die drei wiedervereinigten Teile Polens hatten unterschiedliche Gesetze, Schulsysteme und Wirtschaftsstrukturen, die auf Märkte ausgerichtet waren, die es zum größten Teil nicht mehr gab. Die Eisenbahnen waren ein gutes Beispiel für das allgemeine Durcheinander. Es gab drei nicht in Einklang zu bringende Signalsysteme, drei Sorten von Bremssystemen (was bedeutete, daß Wagen der verschiedenen Regionen nicht zu einem Zug zusammengekoppelt werden konnten), 160 verschiedene Lok-Typen, und schließlich war im ehemals russisch besetzten Polen der Schienenabstand weiter als in den anderen Teilen (vgl.: Antony Polonsky, Politics in Independant Poland 1921–39, Oxford 1972, S. 8).

Der größte Teil Polens war im Krieg zerstört worden. Allein an Geldsorten war eine farbenfrohe Palette in Umlauf: Rubel, Mark, österreichische Kronen, sogar Dollars und englische Goldsovereigns. Über 70 % der Bevölkerung arbeitete auf dem Land – von den gutorganisierten Gütern der Posener Region bis zu den überbevölkerten und unterbeschäftigten Gebieten Galiziens. Die Einkünfte aus dem Kohlebergbau Oberschlesiens flossen infolge der immer wieder aufflackernden Kämpfe und der allgemeinen Unsicherheit nicht mehr; und die Industrie im „Königtum", vor allem die Textilindustrie in Lódź, hatte mit dem Wegfall des russischen Marktes ihre Existenzgrundlage verloren. 1920 hatte die Produktion erst 40 % ihres Vorkriegsumfangs wieder erreicht, und die Wirtschaft litt zusätzlich darunter, daß man Polen mit einem Teil der österreichisch-ungarischen Kriegsschulden belastete. Die erste polnische Regierung ging den einfachsten Weg, indem sie zusätzlich Geld drucken ließ. Das Ergebnis war eine steigende Inflation, die den bereits sehr schlechten Lebensstandard der Arbeitenden weiter beschnitt, aber – zumindest anfangs – der Industrie zu einem Neuanfang verhalf.

Die verschiedenen Teile Polens politisch zu einen, erwies sich als ebenso schwierig. Die Oberschicht hatte viel von der alten Szlachta-(Adels-)Tradition übernommen, einem Zickzack-Kurs zwischen allgemeiner Freiheit und Egoismus. Es gehörte nicht zu ihren Stärken, Zweifel zu ersticken oder der eigenen Überzeugung die Schärfe zu nehmen, um mit anderen einen Konsens zu erreichen. Natürlich hatte auch während der Zeit der Teilungen die Notwendigkeit zu Kompromissen bestanden, und viele der mächtigen Großgrundbesitzer, die Kirche und einige politische Gruppen, die sich im 19. Jahrhundert gebildet hatten, waren dazu bereit gewesen. Aber dies waren Kompromisse mit den Teilungsmächten gewesen, nicht

Das oberschlesische Kohle- und Industrierevier, das Polen wie Deutsche nach dem Ersten Weltkrieg für sich beanspruchten. Noch heute ist seine Kohle der einzige, äußerst wertvolle wirtschaftliche Aktivposten Polens.

zwischen Polen. Bei den ersten Wahlen nach Wiedererlangung der Unabhängigkeit (1922) gab es nicht weniger als 92 Parteien.

Auf den ersten Blick erschienen die acht Jahre parlamentarischer Regierung zwischen 1918 und 1926 anarchisch, ein Wirbel kurzlebiger Koalitionen, kleiner Krisen und Tumulte im Sejm. Aber es gab Gemeinsamkeiten, die schließlich zur Bildung von drei politischen Lagern führten. Zwischen ihnen gab es hauptsächlich vier Streitpunkte. Während dieser ganzen Zeit war Józef Pilsudski die zentrale Figur Polens. Zunächst sehr direkt als Staatsoberhaupt und Oberbefehlshaber der Streitkräfte, später als inoffizieller „Königmacher", während er zurückgezogen in seinem Landhaus in Sulejowek, nahe Warschau lebte.

Die drei politischen Blöcke im Sejm waren die Rechte, das Zentrum und die Linke. Roman Dmowski, der aus Paris zurückgekehrt war, und die Nationaldemokraten beherrschten die Rechte. Führer des Zentrums war Wincenty Witos, Chef einer der beiden größten Bauernparteien, der PSL-Piasten. Seine Standhaftigkeit und Popularität machten ihn zum Führer einer All-Parteien-Regierung, die die bolschewistische Invasion im Juli/August 1920 auffing. Die Linke war gespalten in eine radikale Bauernpartei, die PSL-Liberalen, und die PPS, die polnischen Sozialisten. Obgleich die Sozialisten Pilsudskis Einstellung zum Sozialismus mit wachsendem Zweifel betrachteten, übte er innerhalb der Partei großen Einfluß aus. Viele ihrer bekanntesten Mitglieder waren ehemalige Kameraden aus seiner Haftzeit und dem Untergrund.

Die März-Verfassung, die Ende 1922 in Kraft trat, nachdem sie ein Jahr zuvor beschlossen worden war, lehnte sich stark an das französische Vorbild an. Da sie pro-französische Gefühle ebenso ins Spiel brachte wie die Erinnerung an eine Verpflichtung gegenüber der französischen Aufklärung, die 1791 die Grundlage für die Konstitution vom 3. Mai abgegeben hatte, war dies keine sehr glückliche Wahl. Die Regierung war straff zentralisiert: alle Fäden liefen in Warschau zusammen. Für eine örtliche demokratische Verwaltung blieb kaum Platz. Die Stellung des Staatspräsidenten war nach der Verfassung nur schwach. Er wurde von den zwei Kammern des Sejm gewählt und besaß lediglich die Macht, das Parlament aufzulösen und Neuwahlen auszuschreiben.

Die erste Wahl aufgrund der März-Verfassung fand im November 1922 statt. Keiner der drei Blöcke, und erst recht keine der Parteien, gewann eine Mehrheit. Rechte und Zentrum erzielten die gleiche Anzahl von Sitzen, die Linke etwas weniger. Aber – es bildete sich ein vierter Block, auf den sich viel an politischem Haß konzentrieren sollte: die nationalen Minoritäten gewannen fast ein Viertel aller Sitze. Da viele Ukrainer die Wahlen aus Protest boykottiert hatten, bildeten die galizischen Juden der Zionistischen Partei die größte Fraktion innerhalb dieser Minoritätengruppe.

Pilsudski legte nach der Wahl sein Amt als Staatsoberhaupt erleichtert nieder. Sein Nachfolger, der nach hartnäckigem Streit vom Sejm gewählt wurde, war Gabriel Narutowicz, ein eher unpolitischer Professor, der vor der Befreiung Polens in der Schweiz gelehrt hatte. Er war zwar der Kandidat Pilsudskis und der Sozialisten, aber seine Wahl wurde durch die Stimmen der nationalen Minoritäten entschieden, die – wie meistens – die Linke unterstützten.

Unter der Führung militanter Nationaldemokraten erhob die Rechte sofort Widerspruch gegen die Wahl Narutowicz' und verwahrte sich dagegen, daß Juden und Ukrainer den katholischen Polen „ihren" Präsidenten aufgezwungen hätten. Ein paar Tage später eröffnete Narutowicz in Warschau eine Gemäldeausstellung. Während er sich mit dem englischen Botschafter unterhielt, zog plötzlich ein Mitglied des Ausstellungskomitees einen Revolver und erschoß ihn.

Die Ermordung des Präsidenten entsetzte ganz Polen. Sein Mörder, der Maler Eligiusz Niewiadomski, war ein politischer Wirrkopf. Obgleich er keiner Partei angehörte, gaben die meisten Polen der ENDECJA die Schuld an dem Mord. Besonders Pilsudski war tief betroffen. Von Politikern hatte er noch nie viel gehalten, aber jetzt redete er von den Parteien – und ganz besonders von den Nationaldemokraten –, als seien sie nichts als ein Geschwür am polnischen Leben. Waclaw Jedrzejewski, der ihm nahestand, erinnert sich: „Pilsudski redete nicht mehr mit den Leuten – er suchte sich seine Gesprächspartner sorgfältig aus. Das war ein sehr, sehr anderer Pilsudski als früher."

Pilsudski zog sich angeekelt nach Sulejowek zurück. Aber sein Einfluß auf die Leute und die Armee blieb bestehen und bestimmte das politische Geschehen nach der Ermordung Narutowicz' weiterhin mit. Zu dessen Nachfolger als Präsident wurde Pilsudskis ehemaliger PPS-Kampfgenosse Stanislaw Wojciechowski gewählt. Diese Politik bestand in erster Linie darin, daß die Sozialisten und Pilsudski eine Machtübernahme durch die Nationaldemokraten mit allen Mitteln zu verhindern suchten. Das wurde durch eine Reihe von Mitte-Links-Koalitionen abgesichert. Und beide Male, als dennoch eine Mitte-Rechts-Koalition zustande kam und ENDECJA-Mitglieder ins Kabinett gelangten, brachten Pilsudski und die Linke Polen durch politische Streiks und Meuterei der Truppen an den Rand einer Revolution beziehungsweise eines Bürgerkrieges.

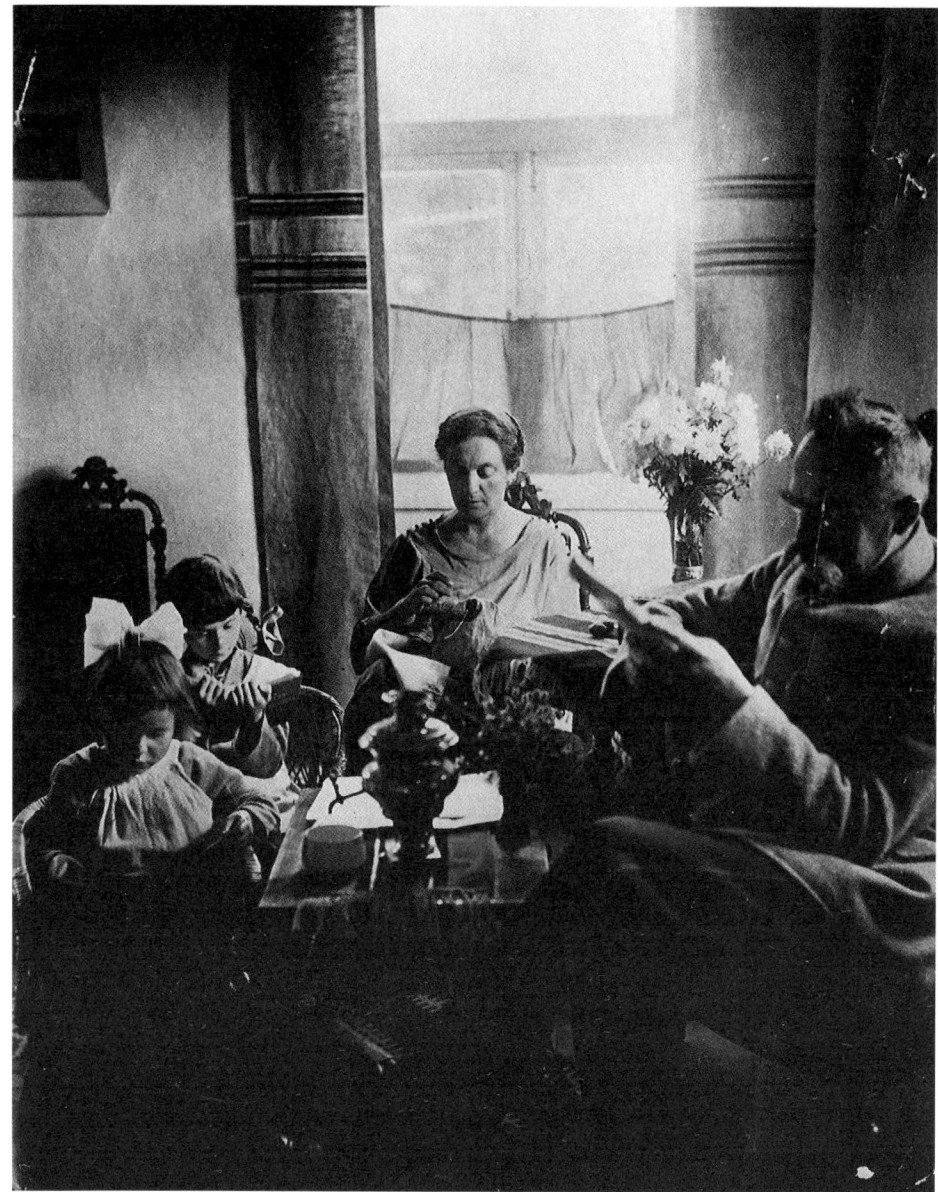

Józef Pilsudski „en famille" in seinem Landhaus in Sulejowek, nachdem er der politischen Szene mit Abscheu den Rücken gekehrt hatte. Aleksandra, seine ehemalige Kampfgenossin, stopft für die Kamera Strümpfe. Der schlichte russische Samowar gehört für jeden Ostpolen mit zur Einrichtung.

Die Hauptanliegen der Innenpolitik waren: eine Landreform, die Unterstellung der Armee unter die Kontrolle durch die Verfassung, die Frage der nationalen Minderheiten und die Lösung der Wirtschafts- und Finanzkrise.

Mehrere dieser Probleme überschnitten sich 1923. Die deutsche Inflation griff rasch auf Polen über, und die polnische Mark, die im Frühjahr bei 50 000 für 1 Dollar gestanden hatte, sank im Dezember auf eine Quote von 5 Millionen zu 1 Dollar. Während die Regierung unter Wladyslaw Sikorski noch der Inflation Herr zu werden versuchte, einigten sich Wincenty Witos und seine Piasten-Bauernpartei unerwartet mit den Nationaldemokraten über eine Landreform. Sikorski trat zurück, und eine Mitte-Rechts-Koalition unter Witos übernahm die Regierung. Wenig später wurde Roman Dmowski Außenminister. Eine von Dmowskis Bedingungen, unter denen er dem Pakt zugestimmt hatte, war gewesen, daß die neue Regierung insbesondere den Ukrainern gegenüber einen sehr viel härteren Kurs einschlagen und Gruppen polnischer Bauern zwischen ihnen ansiedeln sollte.

Aus diesem Siedlungsplan wurde nicht viel. Noch gelang es Witos, den Ankauf von Ackerland von den großen Gütern und dessen Verteilung an die armen Bauern in irgendeiner Weise tatsächlich zu beschleunigen. Statt dessen wurde seine Regierung sehr

Wincenty Witos (1874–1945), Führer der Bauernparteien. Er war sehr viel welterfahrener, als dieses Foto vermuten läßt. Dennoch verließ er Warschau – obgleich Premierminister – während der durch den Krieg ausgelösten Krise von 1920, um seine Ernte einzubringen.

schnell durch den Widerstand der Linken lahmgelegt, die von einer durch Hungersnot bedrohten Arbeiterklasse unterstützt wurden, deren Löhne im Sturm der Inflation dahinschmolzen. Dem gewaltsamen Streik der Eisenbahner im Oktober 1923 folgte ein Generalstreik, in dessen Verlauf die PPS und die Arbeiter die Macht in Krakau übernahmen.

Lidia Ciolkosz, ein Mitglied der PPS, deren Mann zur Führungsgruppe der Sozialisten gehörte, erinnert sich, daß „in Krakau General Czikel die Armee gegen streikende Arbeiter einsetzte, was für die PPS absolut untragbar war. Die ersten Schüsse wurden von der Polizei abgefeuert. Törichterweise setzte General Czikel berittene Truppen ein. Das Straßenpflaster wurde unter Wasser gesetzt, so daß die Pferde ausrutschten. Später fuhr ein Panzer auf. Das Ganze endete in blutigen Aufständen, in denen Arbeiter wie Soldaten getötet wurden. Die Erinnerung an diesen Streik, die Aufstände, der Einsatz der Truppen gegen Arbeiter, alles dies rückte Witos bei den Arbeitern in ein sehr schlechtes Licht . . .“

Die polnische Schwerindustrie, die überwiegend in staatlicher Hand war, bestand aus wenigen großen Fabrikanlagen. Statt nun die Arbeit niederzulegen und untätig zu Hause herumzusitzen, besetzten die Arbeiter diese Fabriken und verbarrikadierten sich. So entstand die „polnische Streiktechnik“, die 50 Jahre später im kommunistischen Polen wiederum angewandt werden sollte.

Die Witos-Regierung brach im Dezember 1923 zusammen. Der gescheiterten ersten Mitte-Rechts-Koalition folgte eine Regierung unter dem unabhängigen Wladyslaw

Als Polen seine Freiheit wiedererlangte, gehörte das Land zu mehr als einem Viertel wenigen Großgrundbesitzern. Aber obgleich die Arbeitsmethoden veraltet waren, waren die Erträge auf den Gütern wesentlich höher als auf den schmalen Feldern der Bauern.

Grabski, von Beruf Volkswirt und einer der wenigen fähigen Politiker Polens. Zum allgemeinen Erstaunen und zur Erleichterung aller blieb er fast zwei Jahre an der Regierung. Grabski unternahm den mutigen Versuch, die Wirtschaft zu retten, indem er die Ausgaben kürzte, eine neue „Bank von Polen" errichtete und – im April 1924 – eine neue Währung einführte: den Zloty, dessen Wert sich am stabilen französischen Goldfranc orientierte.

Grabski hoffte, daß sein Ruf, über den Parteien zu stehen, ihm helfen würde, auch mit den übrigen unerledigten Problemen fertig zu werden. Er überzeugte den Sejm, einer Landreform zuzustimmen, bei der jedes Jahr 200 000 ha Land aufgekauft und verteilt werden sollten. Er einigte sich mit der katholischen Kirche und unterzeichnete im Februar 1925 ein Konkordat mit dem Vatikan, das den Religionsunterricht an öffentlichen Schulen regelte. Niemand außer Grabski hätte dies erreichen können, denn die Kirche stand den Nationaldemokraten äußerst nahe und wurde folglich von Pilsudskis Leuten und den Sozialisten mit äußerstem Mißtrauen behandelt. Dagegen hatte er keinen Erfolg bei der Lösung des Problems der nationalen Minderheiten. Eine liberalere Politik gegenüber Ukrainern und Weißrussen konnte er gegen den Widerstand der Polen nicht durchsetzen.

Aber letztlich scheiterte Grabski an wirtschaftlichen Fragen. Seine altmodischen Maßnahmen stoppten die Inflation zwar zeitweilig. Äußere, seiner Kontrolle nicht unterliegende Ereignisse vereitelten schließlich seine Bemühungen. Niemand war bereit, Polen Geld zu leihen, während zugleich die Preise für landwirtschaftliche Exportgüter verfielen. Das Ende kam, als Deutschland, quasi als Vergeltung für seine Gebietsverluste im Osten, polnische Importkohle aus Oberschlesien mit einem Zoll belegte. Als Polen protestierte, erklärte Deutschland ihm den totalen Handelskrieg und verbot die Hälfte aller deutschen Importe aus Polen. Der neue Zloty kam ins Rutschen, und die Bank von Polen teilte Grabski mit, daß sie die Währung nicht länger werde stützen können. Im November 1925 trat Grabski zurück.

Eine All-Parteien-Regierung unter Alexander Skrzynski, einem Diplomaten, der im Westen einen guten Namen hatte, versuchte, die Wirtschaft wieder in den Griff zu bekommen. Ein paar Monate sah es tatsächlich so aus, als würde Skrzynski mit seinen Maßnahmen Erfolg haben. Die Arbeitslosigkeit ging leicht zurück, und der englische Bergarbeiterstreik, der sich 1926 zu einem Generalstreik ausweitete, verschaffte den Polen die Möglichkeit, ihre Kohle auf ehemals britischen Märkten abzusetzen. Aber der Zloty verfiel weiter, deshalb sah sich die Regierung zu einer neuerlichen Kürzung der staatlichen Ausgaben gezwungen. Als daraufhin die Pensionen beschnitten und 18 000 Eisenbahner entlassen wurden, verließen die PPS-Minister unter Protest das Kabinett. Am 5. Mai 1926 trat auch Skrzynski zurück.

Für Polen begann eine schwere Zeit. Die Polen waren mit hochfliegenden Hoffnungen, unter vielen Opfern und mit unerwartetem Elan an den Wiederaufbau ihres Staates und ihrer Nation herangegangen. Aber nach acht Jahren war immer noch keine Stabilität im Innern oder nach außen eingetreten. Im Vertrag von Locarno hatten sich 1925 England und Frankreich unter anderem verpflichtet, die Unverrückbarkeit der deutschen Grenze im Westen zu garantieren. Für Deutschlands Grenze gegenüber Polen gab es keine solche internationale Vereinbarung. Vielmehr hatte mit dem Rapallo-Pakt von

1922 zwischen dem besiegten Deutschland und der Sowjetunion eine bedrohliche Verbindung zweier Außenseiter begonnen, die ständig enger wurde. Einen Monat vor dem Zusammenbruch der Regierung Skrzynski wurde ein deutsch-sowjetisches Neutralitätsabkommen unterzeichnet. Nicht wenige Polen sahen in dieser ungleichen Verbindung eine Gefahr für ihre Freiheit.

Im Land herrschten Verdrossenheit und Intoleranz. Die Arbeiter waren durch „Gesundungsprogramme" verärgert, die ihrer Meinung nach nur den Reichen zugute kamen. Die Lage der in ärmlichen Verhältnissen lebenden Bauern, deren Zahl durch Geburtenüberschuß ständig zunahm, während ihnen Amerikas Politik der „closed door" gleichzeitig die Möglichkeit zur Auswanderung nahm, verschlechterte sich zunehmend. Ungeduldig forderten sie das ihnen zugesagte Land. Die Ukrainer machten ihrer Verzweiflung in Terrorakten Luft und begannen, da sie keinen anderen Ausweg mehr sahen, auf Hilfe von der Sowjetunion zu hoffen.

Die großen politischen Parteien verhielten sich gegeneinander nicht nur intolerant, sondern beschuldigten sich außerdem wechselseitig, eine Gefahr für die Nation zu sein. Die Nationaldemokraten fürchteten, die PPS würde Polen in eine Art jüdischen Nationalbolschewismus treiben, und die Linke war überzeugt, die Rechte würde, falls sie an die Macht käme, die Verfassung aufheben und eine Art Faschismus anstreben.

An diesen Zuständen war zum Teil Pilsudski schuld. Dies war nicht das Polen, von dem er geträumt hatte, die moralisch hochstehende Nation, für die Männer und Frauen 1863 gekämpft hatten. Sein politischer Einfluß war nach 1922, als er die Präsidentschaft niedergelegt hatte, nicht geringer geworden, aber er hatte meist in negativem Sinne davon Gebrauch gemacht. Er war keineswegs der Typ eines europäischen Diktators. Abseits des Schlachtfeldes war er ein Zögerer, und obgleich er sich in recht drastischem Militärjargon über die engstirnige Eigennützigkeit von Parteipolitikern auszulassen pflegte, sträubte er sich zugleich gegen zahlreiche Versuche, ihn in eine verantwortliche Stellung zurückzuholen. Er mischte sich dauernd in Militärangelegenheiten ein, so daß sich das Offizierscorps schließlich spaltete: in Nichtfachleute, die sich ihm persönlich verpflichtet fühlten, z. B. die alten Legionäre, und Profis, die ihr Handwerk in den Armeen Österreich-Ungarns, Deutschlands oder Rußlands gelernt hatten. Wenn mit ihm wenig erreicht werden konnte, dann ging ohne Pilsudski mit Sicherheit gar nichts.

Der Rücktritt der Regierung Skrzynski stürzte das Land in eine neue Krise. Präsident Wojciechowski forderte einen Politiker nach dem anderen auf, eine neue Regierung zu bilden, aber alle scheiterten – in der Regel an Pilsudskis Widerstand. Schließlich wandte sich Wojciechowski an die Rechten. Wincenty Witos war bereit, zusammen mit den Nationaldemokraten eine neue Mitte-Rechts-Regierung zu bilden. Sein Angebot wurde angenommen.

Dies geschah am 10. Mai 1926. Die Linke und ihre Anhänger in der Armee sahen die Demokratie in Gefahr und beschworen Pilsudski zu handeln. Seit Monaten hatte dieser gemeinsam mit ihm ergebenen Offizieren Pläne für einen möglichen Staatsstreich ausgearbeitet. Am 12. Mai verließ er Sulejowek und marschierte an der Spitze einiger Regimenter nach Warschau. Nach seiner Vorstellung sollte dies nur eine „Demonstration" sein: Er ging davon aus, daß sein alter Freund Wojciechowski einlenken und das Kabinett Witos sofort entlassen würde. Aber der Präsident widersetzte sich ihm. Pilsudskis

13. Mai 1926: Pilsudski überschreitet die Poniatowski-Brücke bei Warschau, um Präsident Wojciechowski zu treffen. Zweiter von links ist Leutnant Marian Zebrowski, der einzige lebende Zeuge des Zusammentreffens.

Leute hatten Praga besetzt, eine Vorstadt Warschaus am anderen Ufer der Weichsel. Pilsudski und Wojciechowski trafen sich auf der Poniatowski-Brücke. Es war ein außergewöhnliches Bild. An jedem Ende der Brücke waren Soldaten in Schlachtordnung angetreten und warteten. Pilsudski, in Marschallsuniform, kam mit einigen Offizieren kräftig ausschreitend über die Brücke. Nahe dem Warschauer Ende der Brücke stand im Zylinder, umgeben von seinen Ministern und ihm ergebenen Offizieren, Präsident Wojciechowski, um ihn zu empfangen. Leutnant Zebrowski, Pilsudkis Verbindungsoffizier, erinnert sich: „Sie verbeugten sich voreinander. Der Präsident lüftete seinen Zylinder und sagte kühl: ‚Marschall, ich fordere Sie auf, Ihre Truppen unverzüglich in die Kaserne zurückzubringen.' "

Voller Verzweiflung kehrte Pilsudski auf die Praga-Seite zurück. Er wußte, wenn er den Fluß überschritt, bedeutete dies Krieg mit den regierungstreuen Truppen. Dieser konnte sich zu einem Bürgerkrieg ausweiten, den er möglicherweise verlor. Einige ihn begleitende Offiziere hatten weniger Skrupel. Sie überschritten mit ihren Einheiten eine andere Brücke. Als Pilsudskis Soldaten nach Warschau eindrangen, wurde das Feuer eröffnet. Die anschließenden Straßenkämpfe dauerten drei Tage und kosteten 379 Menschen das Leben. Die streng sozialistische Gewerkschaft der Eisenbahner rief einen Streik aus und verhinderte dadurch, daß weitere regierungstreue Truppen nach Warschau kamen. Am 14. Mai rief die PPS selbst einen Generalstreik aus. Aber Präsident Wojciechowski machte dem Blutvergießen von sich aus ein Ende und ergab sich noch am selben Abend Pilsudski.

Der Staatsstreich vom Mai 1926 war ein Meilenstein der polnischen Geschichte zwischen den beiden Weltkriegen. Aber seine Folgen waren nicht so dramatisch, wie sie es in einem anderen europäischen Land vielleicht gewesen wären.

Roman Dmowski (1864–1939), Pilsudskis großer Widersacher. Obgleich die von ihm geführten Nationaldemokraten nie die Macht errangen, beeinflussen ihre nationalistischen Ideen noch heute das politische Denken Polens.

Trotz ihres aufbrausenden Temperaments und bei allem verbalen Extremismus vermieden es die Polen instinktiv – der Marschall nicht ausgenommen –, einen heftigen und plötzlichen politischen Wandel herbeizuführen. Es gab keinen „weißen Terror", keine faschistische „Neue Ära". Die Regierung wurde unter Pilsudskis Einfluß langsam wieder autoritärer und unduldsamer, aber wirtschaftlich und kulturell ging es weiter aufwärts.

Im Jahre 1926 war jedem klar, daß eine politische Explosion in der Luft lag. Roman Dmowski war wieder in Paris und bemühte sich im Westen um Unterstützung für einen eigenen, rechtsgerichteten Staatsstreich oder eine „Nationale Revolution". Prof. Stahl, einer seiner Anhänger, der ihn begleitet hatte, las über den Mai-Putsch in der Zeitung und rief Dmowski an, der natürlich wütend war, daß Pilsudski ihm zuvorgekommen war, dann aber meinte: „Gut, daß das Geschwür endlich aufgebrochen ist."

Die eigentlichen Verlierer waren im Mai 1926 die linken Parteien. Die PPS und die sozialistischen Gewerkschaften – sogar die Kommunisten – hatten Pilsudski unterstützt, da sie annahmen, er werde durch den Sturz Witos' und der Nationaldemokraten den Weg für eine linksgerichtete Regierung frei machen. Sie sahen ihren Irrtum bald ein und erkannten, daß ihre Annahme, Pilsudski sei noch immer ein Mann der Linken, Illusion war. Mit jetzt 58 Jahren interessierten ihn Macht und Staat mehr als politische Glaubensbekenntnisse.

Tatsächlich scheint Pilsudski selbst keine klaren Vorstellungen von dem gehabt zu haben, was er wollte. Er war der Ansicht, Polen brauche eine straffere Regierung, um nach außen bestimmter auftreten und seine Armee ohne politische Einmischung aufbauen zu können. Innenpolitisch hatte er, abgesehen von der Forderung nach „weniger Korruption und härterer Arbeit", wenig Vorstellungen.

Als erstes ließ er sich zum Staatspräsidenten wählen, um sofort wieder zurückzutreten und den Platz dem geschmeidigen Ignacy Mościcki zu überlassen. Die PPS war von diesem selbstherrlichen Trick schockiert und abgestoßen und widersetzte sich jeder Verfassungsänderung, die dem Präsidenten mehr Macht als bisher eingeräumt hätte. Im Oktober übernahm Pilsudski die Geschäfte des Premierministers, wobei er zugleich als Kriegsminister und Generalstabschef im Amt blieb. Die äußere Form der Demokratie blieb erhalten, aber die zentrale Regierungsgewalt lag den Polen nicht länger beim Sejm: Pilsudski und „seine Jungs" – Offiziere der Legion, die sich mehr durch Loyalität als Intelligenz hervortaten – trafen die eigentlichen Entscheidungen im Büro des Marschalls oder beim gemeinsamen Essen.

Walery Slawek, Pilsudskis ergebenster Gefolgsmann, bekam den Auftrag, eine allgemeine Volksbewegung zustande zu bringen, die das Regime stützen und die bestehenden Parteien ausmanövrieren sollte. Das Resultat seiner Bemühungen war 18 Monate später ein auf schwachen Füßen stehendes Gebilde: der „Nichtparteien-Block zur Stützung der Regierung" (BBWR), der mehrheitlich aus ehemaligen Legionären bestand, die dem Marschall treu ergeben waren, und einigen wenigen konservativen Adligen, Abtrünnigen anderer Parteien und einiger nationaler Minderheiten.

Dennoch begann die Sanacja (Moralische Erneuerung), wie sich das neue Regime nannte, anscheinend erfolgreich seine Arbeit. 1926 erholte sich die gesamte europäische Wirtschaft langsam, und das Ausland begann wieder, in Polen zu investieren. Der lange Generalstreik in England wirkte sich weiterhin positiv auf den polnischen Kohleexport aus und machte die durch den deutschen Handelskrieg entstandenen Verluste mehr als wett. Zudem verfügte die neue Regierung mit Gabriel Czechowicz als Finanzminister und Eugeniusz Kwiatkowski als Minister für Handel und Industrie über zwei äußerst tüchtige Männer.

Es erwies sich als leicht, eine allgemeine Begeisterung für den „Aufbau eines starken Heimatlandes" zu wecken. Die ganze Nation griff zum Portemonnaie, um Kwiatkowskis Entwicklungsprojekte zu unterstützen. Neue Industrien wurden mit Staatsmitteln aufgebaut. Ein Fischerdorf an der Ostsee, im polnischen Korridor, wurde zur Hafenstadt Gdingen (Gdynia) ausgebaut. Danzig, das den deutschen Boykott unterstützt und den polnischen Export behindert hatte, erhob empört Protest wegen des zu erwartenden Handelsverlustes. Nach annähernd 200 Jahren war Polen wieder eine Seemacht.

Die nächsten Wahlen fanden erst 1928 statt. Dabei errang der Nichtparteien-Block trotz heimlicher finanzieller und sonstiger Unterstützung seitens der Regierung nur ein Viertel aller Stimmen. Die Linke schlug sich gut. Mit ihr kam wieder Farbe in den Sejm, der der Regierung das Leben, abgesehen von seinem ständigen Kampf gegen eine Pressezensur, bis dahin relativ leicht gemacht hatte. Gegen Pilsudskis Wunsch wählte der Sejm den Sozialisten Ignacy Daszyński zu seinem Sprecher, einen überzeugten Demokraten und erfahrenen Politiker, der als Vertreter Galiziens bereits dem österreichisch-ungarischen Parlament angehört hatte. Zwischen ihm und dem Marschall kam es mehrfach zu Zusammenstößen, die seine alte Partei, die PPS, zu der Überzeugung gelangen ließen, daß er und seine Militärclique eine Gefahr für die Demokratie zu werden begannen. Die Parteien der Linken gründeten daher einen „Ausschuß zur Verteidigung der Republik und Demokratie".

Eine absurde Situation: ein autoritäres Regime, angeführt von einem alten, reizbaren Soldaten, bemühte sich, die Regeln der parlamentarischen Demokratie einzuhalten, ohne im Parlament die Mehrheit zu besitzen. Auf die Dauer konnte dies nicht gutgehen. Erste Anzeichen eines Zusammenbruchs zeigten sich 1929, als der Sejm dem Finanzminister Czechowicz Korruption vorwarf. Czechowicz scheint unschuldig gewesen zu sein. Es sieht so aus, als habe er nur versucht, Pilsudskis Inanspruchnahme von Staatsgeldern während des Wahlkampfes zu vertuschen. Es kam zum Eklat, als der Marschall versuchte, den Minister in Schutz zu nehmen, und den Sejm dabei wütend als Abschaum der Menschheit bezeichnete. Im Herbst, zu Beginn der Sitzungsperiode des Sejm, erschien Pilsudski umgeben von einer Gruppe bewaffneter Offiziere. Ignacy Daszynski weigerte sich, die Sitzung zu eröffnen, bevor nicht die Offiziere das Parlament verlassen hätten. Pilsudski schimpfte ihn „Idiot!", aber Daszynski blieb hart, und der Marschall zog sich beleidigt zurück. Inzwischen war die internationale Schönwetterlage, die der Sanacja über die ersten Jahre geholfen hatte, umgeschlagen. Der Zusammenbruch der Wallstreet-Börse im Oktober 1929 löste die Weltwirtschaftskrise der 30er Jahre aus. Polen traf sie besonders hart. Teilweise waren daran die unmodernen Methoden schuld, mit denen das Regime die Rezession zu überwinden suchte: das blinde Festhalten an einer überbewerteten Währung und äußerste Einschränkung der Staatsausgaben. (Kwiatkowski, der vorschlug, die Wirtschaft durch Staatsausgaben zu stützen, wurde 1930 entlassen.) Aber in erster Linie lag es an seiner Gesellschaftsstruktur: Polen war ein rückständiges Agrarland, kaum industrialisiert und deshalb auf dem freien Markt nicht mit den hochentwickelten kapitalistischen Ländern konkurrenzfähig.

Die Aussichten waren schlecht. Eine weniger zähe und vaterlandsliebende Nation wäre möglicherweise unter derlei Schlägen zusammengebrochen oder hätte sich in den Kommunismus oder Faschismus geflüchtet. In den ersten vier Jahren der Depression sank das Nationaleinkommen um ein Viertel, und die Arbeitslosigkeit stieg auf wenigstens 25 % (mit den „verborgenen" Arbeitslosen unter der Landbevölkerung mögen es an die 40 % gewesen sein). Die kleinen Bauern litten am meisten. Die Preise für landwirtschaftliche Güter fielen sehr viel schneller als für Industrieprodukte („Scheren-Effekt"). Das Einkommen pro ha sank gegenüber 1928 auf ein Sechsundzwanzigstel. Die Bauern waren nicht mehr in der Lage, Dünger oder Maschinen zu kaufen, schon gar nicht, ihre Schulden zu bezahlen oder im Rahmen der Landreform Felder zu erwerben. Unterdessen wuchs die Bevölkerung von 26 Millionen im Jahr 1919 auf annähernd 35 Millionen im Jahr 1939. Der „Überschuß" der Landbevölkerung wurde auf etwa 8 Millionen geschätzt. Eine moderne, kapitalistische Industrie gab es nicht. Mehr als die Hälfte des Gesellschaftskapitals war in ausländischer Hand, der Rest gehörte zu mehr als der Hälfte dem Staat. Das private polnische Unternehmertum steckte noch in den Kinderschuhen.

Vor diesem Hintergrund erreichten die Spannungen zwischen dem Regime und seinen Gegnern 1930 ihren Höhepunkt. Die Sozialisten und die Bauernparteien, die sich zu einem lockeren Interessenverband, dem Centrolew (Mittlere Linke) zusammengeschlossen hatten, begannen die Nation gegen den „Diktator Pilsudski" und sein „Mai-System" aufzuhetzen. Als es im Juni 1930 in Krakau zu einer gewaltigen Centrolew-Demonstration kam, war Pilsudskis Geduld zu Ende. Im September schlug er nach monatelangen Vorbereitungen zu.

11 Centrolew-Führer wurden sofort verhaftet. Innerhalb weniger Wochen stieg die Zahl der Arrestanten, unter denen sich auch 64 Abgeordnete des Sejm befanden, in die Tausende. Sie wurden unter strengen Bedingungen in der alten Festung von Brześć untergebracht. Lidia Ciolkosz und ihr Mann Adam waren bei der Krakauer Kundgebung dabeigewesen und hatten an der folgenden Massendemonstration teilgenommen, auf welcher der Rücktritt des Präsidenten gefordert worden war. Im September erschienen

Kraków (Krakau) Juni 1930: Auf dem Platz, wo Kosciuszko 1794 den Aufstand proklamiert hatte, rufen die Centrolew-Oppositionsparteien zum Widerstand gegen Pilsudski und seine „Diktatur" auf.

drei Polizisten bei Adam Ciolkosz, zeigten ihm einen undatierten, vom Innenminister unterzeichneten Haftbefehl und nahmen ihn mit. „In Brześć“, erinnert sich Lidia, „hungerten die Gefangenen und wurden geschlagen; sie wurden wie Dreck behandelt. Sie wurden erniedrigt, man befahl ihnen, die Latrinen mit winzigen Bürsten zu säubern. Nicht alle waren so jung wie mein Mann, und für die Alten war alles noch schwerer ...“

Im Oktober des folgenden Jahres stellte man eine Gruppe der Oppositionsführer in Warschau vor Gericht und verurteilte sie wegen versuchten Umsturzes. Wincenty Witos, Pilsudskis alter Widersacher, wartete das Urteil nicht erst ab, sondern floh mit einigen seiner Anhänger in die Tschechoslowakei ins Exil.

Nachdem die Opposition ausgeschaltet war, ließ Pilsudski im November 1930 Neuwahlen durchführen. Unruhen unter den Ukrainern in Ostgalizien wurden brutal „befriedet“, indem polnische Kavallerie durch die Dörfer jagte und ukrainische Genossenschaften, Molkereien und Versammlungsräume zertrümmerte. Drohungen der Regierung und Wahlmanipulationen bescherten der BBWR ein gutes Wahlergebnis. Premierminister Slawek wurde ermächtigt, in Notfällen per Dekret zu regieren, eine Pressezensur wurde eingeführt und prominente Vertreter der Opposition selbst wurden von den Universitäten entfernt.

Es begann eine traurige Zeit. Polen war nicht gerade eine Diktatur, aber auch keine Demokratie mehr. Die Macht lag in den Händen der „Jungs“ des Marschalls – 9 von 15 Mitgliedern des Kabinetts Slawek waren Soldaten. Pilsudski wurde alt und krank. Eines Nachts, erinnert sich Prof. Jedrzejewicz, hörte ein Adjutant Stimmen aus Pilsudskis Schlafzimmer und stellte fest, daß der Marschall mit sich selbst sprach. Er erkundigte sich, ob ihm etwas fehle. Pilsudski starrte ihn an und antwortete: „Können Sie sich vorstellen, was geschieht, wenn ich einmal nicht mehr bin? Wer wird sich dem, was auf Polen zukommt, stellen? Wer wird die Kraft haben, die ich noch immer in mir fühle, der Zukunft standzuhalten?“ Verzweifelt breitete er die Arme aus ...

Persönlich hatte Pilsudski beim Volk nichts von seiner Autorität eingebüßt, aber die Sanacja, die er leitete, hatten die meisten Polen gründlich satt. Eine aktive Opposition wurde jedoch zunehmend gefährlich. Im Juli 1934 wurde in Bereza Kartuska ein Konzentrationslager errichtet. Die ersten Internierten waren Ukrainer, rechtsgerichtete Extremisten und Kommunisten.

Die Opposition wurde langsam immer radikaler. Auf der Linken nahm die PPS vorsichtig Kontakt zu der kleinen Kommunistischen Partei (KPP) auf. Aber den zähesten Widerstand gegen das Regime leistete von nun an die Bauernpartei (SL), in der sich 1930 schließlich sämtliche rivalisierenden bäuerlichen Gruppen zusammengefunden hatten. In den Jahren der Depression waren zahlreiche Arbeiter aus den Städten in ihre Dörfer zurückgegangen und organisierten nun hier direkte Aktionen, wie man sie vorher auf dem Land nicht gekannt hatte. Erste Bauernstreiks brachen 1936 aus und wiederholten sich in noch größerem Umfang im August 1937, als die Bauern, soziale Gerechtigkeit und das Ende der Sanacja fordernd, alle Nahrungsmittelzufuhren in die Städte stoppten. Das Regime schlug zurück: 42 Menschen wurden bei Tumulten getötet, über 1000 inhaftiert. Da Witos sich im Ausland aufhielt, wurde Stanislaw Mikolajczyk die treibende Kraft bei dieser Auseinandersetzung, ein Mann, der wenige Jahre später eine schwierige und tragische Rolle in der Geschichte Polens spielen sollte.

Am 12. Mai 1935 starb Józef Pilsudski. Die Polen vergaßen ihre Enttäuschung über die Sanacja und versammelten sich in gemeinsamer Trauer zu Millionen auf den Straßen. Weinend standen die Menschen an der Eisenbahnstrecke, als sein Sarg von Warschau nach Krakau übergeführt wurde, wo er in der Wawel-Kathedrale neben den polnischen Königen beigesetzt wurde. Mancher Pole hätte sich 1935 sicher ein sehr viel besseres Polen vorstellen können. Aber ohne Pilsudski hätte dieses unabhängige Polen möglicherweise nicht überdauert.

Er hinterließ eine Reihe ungelöster Probleme. Eins davon war, auf welche Weise Polen zukünftig regiert werden solle. Als er bereits im Sterben lag, hatte der Sejm auf seine Anweisung hin die April-Verfassung von 1935 angenommen, die dem Präsidenten eine unüberwindliche Machtposition einräumte: Er sollte nur noch alle sieben Jahre in allgemeiner Abstimmung gewählt werden, ihm sollte das Recht zustehen, kraft eigener Entscheidung den Premierminister zu bestimmen und in Notfällen per Dekret zu regieren. Durch Ausschaltung der Opposition verlor der Sejm damit praktisch seine Bedeutung.

Pilsudski hatte sich gewünscht, daß der getreue Walery Slawek dieses höchste Amt übernehmen sollte. Aber Slawek, einem liebenswerten, etwas naiven Offizier, mangelte es nach Ansicht seiner Kollegen an der nötigen Autorität. Nachdem man den Marschall zu Grabe getragen hatte, weigerte sich Präsident Mościcki zurückzutreten, und wurde von seinem alten Freund Eugeniusz Kwiatkowski in dieser Haltung bestärkt. Auf militärischem Gebiet erfüllte man jedoch posthum Pilsudskis Wünsche. Zum Generalinspektor der Streitkräfte wurde General Edward Rydz-Smigly ernannt.

Eine weit bessere Wahl, was Vitalität und politisches Bewußtsein anbelangte, wäre der alte Haudegen General Sosnkowksi gewesen, der mit Piludski die Zelle auf der Festung Magdeburg geteilt hatte. Aber Sosnkowski mißtraute der Sanacja, und so erbte Rydz-Smigly, ein steifer, phantasieloser Soldat, Pilsudskis Mantel „als Kommandeur". Obgleich das Regime sich alle Mühe gab, seine Fähigkeiten herauszustreichen, blieb ihm dieser Mantel stets ein paar Nummern zu groß.

Von den unerledigten Aufgaben barg die Außenpolitik das gefährlichste Problem. Als der Marschall starb, war Hitler seit drei Jahren an der Macht, aber der alternde Pilsudski hatte sich nie wirklich mit ihm befaßt. Seine Politik war es immer gewesen: „Augen nach Osten!" – auf den historischen Feind Rußland. Diese Politik hatte sich in der Vergangenheit gut bewährt, und er war nicht gewillt, sie zu überdenken.

Zwischen Frankreich und Polen bestand ein Bündnisvertrag, in dem Frankreich 1925 die Garantie für Polens Westgrenze übernommen hatte. Pilsudski war nicht der einzige Europäer, der Anfang der 30er Jahre Verdacht schöpfte, daß auf Frankreich nicht unbedingt länger Verlaß sei. Berechtigte Skepsis am Willen des Westens, ein gemeinsames Sicherheitssystem zu schaffen, ließen Pilsudski einen neuen Kurs einschlagen. Seiner Meinung nach konnte Polens Sicherheit allein durch eine Verstärkung seiner eigenen Streitkräfte garantiert werden. Polen mußte zu einer eigenständigen „Großmacht" werden, um sich zwischen Rußland und Deutschland behaupten zu können.

Pilsudski scheint Hitler für einen Hanswurst gehalten zu haben, der eine Gruppe von Schwätzern anführte. Die Behauptung, er sei so vorausschauend gewesen, daß er Frankreich einen Präventivkrieg gegen Deutschland vorgeschlagen habe, falls Hitler Kanzler würde, ist sicherlich ein Märchen. Polen hatte im November 1932 einen Nichtangriffspakt mit Rußland geschlossen, und dies gab Pilsudski und seinem Außenminister Jozef Beck den notwendigen Rückhalt, um Hitler und dem Völkerbund zu trotzen, als es im März 1933 im Streit um Danzig zu einer Krise kam.

Trotz seines eigenartigen Status als „Freie Stadt" blieb der wunderschöne alte Hafen Danzig deutsch und offen für alle politischen Strömungen, die vom Reich ausgingen. Offiziell war Polen stark vertreten. Es besaß seine eigene Post, Rechte an Eisenbahn und Hafen sowie eine kleine Garnison auf der Westerplatte in der Nähe der Hafenausfahrt, deren Stärke vom Völkerbund festgelegt war. Von der neuen Nazi-Regierung in Berlin dazu animiert, forderte nun der Danziger Senat – die Regierung der „Freien Stadt" – die Polen heraus, indem er die Rechte der polnischen Hafenpolizei einschränkte. Als Antwort sandte Pilsudski ein Regiment Soldaten zur Verstärkung der polnischen Garnison auf die Westerplatte und bot damit nicht nur Deutschland, sondern auch dem Völkerbund die Stirn. Es war eine stolze, provokative Geste. Aber Hitler, der erst weniger als zwei Monate im Amt war, war noch nicht zu einer Kraftprobe mit Polen bereit. Während er zu Hause damit beschäftigt war, die Demokratie abzuschaffen und seine Gegner zu terrorisieren, brauchte er im Osten vorläufig Ruhe. Im Januar 1934 unterzeichneten Deutschland und Polen einen Nichtangriffs- und Freundschaftspakt. Gleichzeitig reiste Beck nach Moskau, um der Sowjetunion zu versichern, daß sich diese Vereinbarung in keiner Weise gegen sie richte.

Kurzfristig hatte Polen dadurch erreicht, daß Deutschland die Grenzfrage zurückstellte und den Terrorismus in der Ukraine nicht länger unterstützte. Auf Dauer jedoch stiftete dieser Vertrag viel Schaden: Er schwächte die Chancen jeder europäischen Koalition, Hitler mit einzubeziehen. Er trieb einen Keil zwischen Frankreich und England, deren gemeinsame diplomatische Unterstützung Polen zur Unabhängigkeit verholfen hatte. Er erweckte weltweit den absolut irreführenden Eindruck, besonders nach einem spektakulären Besuch Hermann Görings in Polen, daß Pilsudski und Beck sich Hitler und seiner Gruppe geistig verbunden fühlten. Und schließlich schuf er bei den Polen die Illusion von einem ernst zu nehmenden „Ausgleich" mit Deutschland.

Eine Illusion deshalb, weil Polen militärisch nicht stark genug war und es auch gar nicht sein konnte, um sich gegenüber Deutschland zu behaupten. Es besaß zwar eine große Streitmacht von hoher Moral. Aber unter Pilsudskis liebevoller, etwas verschrobener Führung hatte man es versäumt, sie zu modernisieren. So hatte er sich dem Plan widersetzt, die Kavallerie zu motorisieren, Flugzeugabwehrkanonen anzuschaffen, eine Bomberstaffel aufzubauen und Panzertruppen aufzustellen. Die Anstrengungen, die dann in dieser Hinsicht nach seinem Tod unternommen wurden, reichten nicht aus und kamen vor allem zu spät. Bei Kriegsausbruch, im September 1939, besaßen die Polen 313 Panzer, die Deutschen 3200.

Weder dem Marschall noch seinen Nachfolgern gelang es, zu einem dauerhaften Kompromiß mit den 5 Millionen Ukrainern und 2 Millionen Weißrussen zu kommen. Der wachsende Einfluß der polnischen nationalen Rechten auf die Sanacja, die für die Unterwerfung und Assimilierung der slawischen Minderheiten eintrat, ließ jeden Versuch scheitern. Aufgeteilt zwischen Polen und der Sowjetunion, waren diese beiden bedauernswerten Völker unfähig zu einem geschlossenen Handeln, während ihre Herren sie über die Grenzen hinweg als politischen Spielball benutzten.

Die Lage der Ukrainer in Ostgalizien (wo die polnische Bevölkerung nur ein Drittel betrug) war jetzt schlimmer als während der österreichisch-ungarischen Besatzung. Damals waren sie eine von vielen kleinen, unter der habsburgischen Krone vereinten Nationen gewesen. Ihre kulturelle Eigenentwicklung war unterstützt worden. Jetzt waren sie eine Minderheit innerhalb eines ihnen feindlich gesonnenen Staates, der 1920 bereits klar zu erkennen gegeben hatte, daß er eine Vereinigung Ostgaliziens mit der Stadt Lemberg und der restlichen Ukraine nicht zulassen werde, und der die ukrainische Kultur nur als Nährboden für subversive Tätigkeit ansah.

In den 20er Jahren verhielt sich die Sowjetunion, nachdem Krieg und Elend überwunden waren, ihren Ukrainern gegenüber relativ tolerant, was bei ihren in Polen lebenden Brüdern so etwas wie neidische Unruhe auslöste. Seit 1921 hatten Untergrundkämpfer der ukrainischen Militärorganisation, die ein gewisser Oberst Konovalets von Wien aus leitete, polnische Besitzungen überfallen und Aufstände angezettelt. Seit 1929 wurde der Oberst, der inzwischen in Berlin saß, unter der Hand finanziell vom deutschen Geheimdienst unterstützt. Er taufte seine Organisation daraufhin in „Ukrainische Nationale Organisation" (OUN) um und verstärkte seine Operationen. Weniger extrem gab sich die UNDO (Ukrainische Nationaldemokratische Organisation), eine Partei der gemäßigten Linken sowie der unierten „griechisch-katholischen" Kirche, die sich 1596 von der orthodoxen Kirche abgespalten und ihre meisten Anhänger in Galizien hatte.

Aber nach 1929 änderte sich das Bild. Stalin begann die sowjetische Landwirtschaft zu kollektivieren, und es waren vor allem die reichen und mittelständischen Bauern der Ukraine, die nun als „Kulaken" deportiert und in den Tod getrieben wurden, wobei die meisten ihrer kulturellen und religiösen Führer sie in die Arbeitslager begleiteten. Tief erschüttert begannen die Ukrainer in Polen, sich um einen Kompromiß mit Warschau zu bemühen, und nicht einmal die „Befriedung" durch die polnische Kavallerie im Jahre 1930 unterbrach ihre Anstrengungen. Die UNDO, die nichts weniger als die volle Unabhängigkeit für die Ukraine gefordert hatte, bat 1933 nur noch um das Recht auf Selbstverwaltung und versprach, die Interessen des polnischen Staates in Galizien und Wolhynien voll zu respektieren.

Das Ganze endete schließlich mit der Zerschlagung der beiden ukrainischen kommunistischen Parteien und der OUN. Nach Unterzeichnung des polnisch-deutschen Vertrages im Januar 1934 strich der deutsche Geheimdienst jede finanzielle Unterstützung für die OUN und teilte ihr mit, sie möge den Kampf einstellen. Die verzweifelte Antwort der OUN war die Ermordung des polnischen Innenministers Bronislaw Pieracki am 14. Juni 1934. Dieser Vorgang veranlaßte die gemäßigten Ukrainer, sich um so intensiver um einen Ausgleich mit Polen zu bemühen, und UNDO erhielt die Erlaubnis, Kandidaten für die umstrittenen Wahlen von 1935 aufzustellen, die von allen anderen Oppositionsparteien boykottiert wurden. Es bestand die Chance zu einer wirklichen Versöhnung. Sie wurde nicht ergriffen. Die unnötige Arroganz der polnischen Kommandeure und Beamten in Galizien und Podolien führte statt dessen im Verein mit dem Elend der Depression zum Wiederaufleben eines starken Nationalismus in den späten 30er Jahren.

Polens Beziehungen zu den Weißrussen gestalteten sich ähnlich. Eine Polonisierungskampagne in den 20er Jahren stieß auf erbitterten Widerstand und veranlaßte die Weißrussen, bei der Sowjetunion Unterstützung zu suchen. Nach 1929 wurde jedoch fast die

„Befriedung". Ein ukrainischer Genossenschaftsladen nach einer Strafaktion polnischer Truppen im Herbst 1930.

gesamte Führung der Weißrussen in der UdSSR verhaftet und als „Spione Polens" oder als Konterrevolutionäre erschossen. Ihre Sprache wurde zum „russischen Dialekt" erklärt. Der Kampfgeist der in Polen lebenden Weißrussen ließ daraufhin erheblich nach, wenngleich die Ressentiments gegen die Polen unter der Landbevölkerung weiterhin schwelten.

Auch die deutsche Minderheit in Polen war verbittert und unzufrieden. In Oberschlesien waren die Verhältnisse am schlimmsten. Dort zwang die besonders schikanöse Art des polnischen Gouverneurs die Deutschen zu dauernden Petitionen beim Völkerbund. Dennoch war ihre soziale Position weit stärker als die der slawischen Minderheiten. Aber ihre Klagen, daß sie Opfer einer illegalen Diskriminierung seien, sowohl was die Wahlen wie ganz allgemein das Wirtschaftsleben angehe, waren berechtigt. Ihre größten politischen Gruppierungen, der Volksbund und die Jungdeutsche Partei, waren erznationalistisch. Sie weigerten sich entschieden, die polnische Westgrenze anzuerkennen und unterstützten mit Nachdruck Deutschlands Forderung auf Rückgabe der im Ersten Weltkrieg verlorenen Territorien. Beide Parteien neigten natürlich dem Nationalsozialismus zu und frohlockten über Hitlers Sieg 1933 als ein Zeichen kommender „Befreiung". Das deutsch-polnische Tauwetter 1934 nötigte sie zeitweilig zu einer etwas gemäßigteren Ausdrucksweise. Aber dem größten Teil der 750 000 Deutschen war die bloße Existenz eines polnischen Staates ein Dorn im Auge.

Das Leben der polnischen Juden zwischen den Weltkriegen manifestierte sich in einer komplizierten Mixtur aus wachsender Armut, heftigen und Hoffnung weckenden sozialen Veränderungen und den Auswirkungen eines sich verstärkenden Antisemitismus, der schließlich auch das Verhalten der Regierung zu beeinflussen begann. Die jüdische Bevölkerung wuchs in einem ungeheuren Maße: von 2 Millionen 1919 auf mehr als 3 Millionen 1939. Gleichzeitig traf die Depression die jüdischen Kaufleute und handwerklichen Kleinbetriebe in den kleineren und größeren Städten, wo sie nahezu ein Drittel der Einwohner stellten, besonders hart. Das Entstehen einer polnischen Mittelschicht und die Gründung bäuerlicher Genossenschaften, die den jüdischen Kaufleuten auf dem Land das Geschäft erschwerten, verstärkten den Druck und erzeugten Spannungen.

Ungeachtet dieser Probleme begann sich die jüdische Gemeinde zu wandeln. Besonders die jüngere Generation begrüßte mit Enthusiasmus den Ausbruch einer neuen Zeit. Sie brach mit traditionellen Lebensformen, engagierte sich für das Erziehungswesen (jüdische Schulen wurden vom Staat nicht subventioniert) und jede Art sportlicher Betätigung und bildete Selbsthilfegruppen. Der Zionismus begeisterte die Jugend, aber darüber hinaus gab es lebendige und intensive Debatten zwischen einer verwirrenden Fülle politischer Parteien, vom konservativen Agudat Israel bis zum Sozialistischen Bund. Dazu kam eine Fülle von Zeitungen und periodisch erscheinender Schriften in jiddisch und polnisch. Vor diesem neuen Selbstvertrauen und Stolz auf eine jüdische Identität verblaßte der Gedanke an eine Assimilation, wie sie im 19. Jahrhundert angestrebt worden war. Und dennoch waren es assimilierte Juden – Schriftsteller wie Julian Tuwim, Antoni Slonimski und Leon Schiller als Theaterautor –, die dazu beitrugen, Warschau diese strahlende, nonkonformistische, intellektuelle Lebendigkeit jener Jahre zu verleihen.

Zu Lebzeiten Pilsudskis wurden die Juden mit Respekt behandelt und genossen sogar einige Vorrechte. Auch nach seinem Tod waren sie niemals den gleichen, vom Staat gesteuerten Gewalttätigkeiten oder Unterdrückungsmaßnahmen ausgesetzt wie die slawischen Minderheiten. Während seiner revolutionären Zeit hatte der Marschall kaum darauf geachtet, wer von seinen Kameraden Jude war und wer nicht, denn sein Sinn für Geschichte ließ ihn die Juden als einen Teil des polnischen Erbes ansehen. Der jüdische Block im Sejm schloß mit der Regierung 1925 einen Vertrag, wonach diese die verschiedensten jüdischen sozialen und Wirtschaftsorganisationen unterstützte. Umgekehrt gehörten 1928 eine Anzahl Juden dem Nicht-Parteien-Block (BBWR) an.

Dennoch gab es Antisemitismus in Polen in unterschiedlichster Form. Bei der Landbevölkerung, für die Religion eine wesentlich wichtigere Rolle spielte als die Politik, beruhte er auf erzkatholischem Vorurteil. Eine andere Variante, dynamischer und gefährlich, erwuchs aus dem modernen Nationalismus der ENDECJA und ihrer Verbündeten, die in der „fremdländischen" jüdischen Präsenz einen Sündenbock fand, um den wachsenden wirtschaftlichen Konkurrenzkampf während der Depression anzuheizen. Die Hierarchie der katholischen Kirche, die den Nationaldemokraten nahestand, bildete zwischen beiden eine Brücke. In den späten 30er Jahren forderte dann auch die Bauernpartei mehr „christliche Moral im öffentlichen Leben" – ein beschönigender Ausdruck für die Zurückdrängung jüdischen Einflusses.

Nach Pilsudskis Tod verstärkten sich die antijüdischen Tendenzen. Jugendliche Anhänger der SANACJA, die einen extremen Nationalismus vertraten und von Nazi-Deutschland tief beeindruckt waren, hetzten 1936 und 1937 die Bauern auf, jüdische Kaufleute zu boykottieren, was zu Ausschreitungen führte. Die neue Studentengeneration war stark nationalistisch eingestellt. An den Universitäten bildeten sich kleine faschistische Gruppen. Im Gefolge von Studentenunruhen, die einige Universitäten lahmlegten, wurden in den meisten juristischen und medizinischen Fakultäten sogenannte „Ghetto-Bänke" für Juden eingeführt.

Die meisten Juden weigerten sich, dort Platz zu nehmen und hörten die Vorlesungen lieber im Stehen. Iza Ehrlich war damals Student an der Warschauer Universität. „Ich hatte eine Freundin, Wanda, die keine Jüdin war. Wir beide standen im Hintergrund des Hörsaals. Nach der Vorlesung kam eine Gruppe Studenten auf uns zu, alles Männer. Sie fragten, warum wir dort stünden. Ich glaube, sie hielten keinen von uns für einen Juden. Ich antwortete, ich stünde hier, weil ich Jude sei. Und Wanda sagte, sie stünde, weil sie Polin sei. Unsere Antwort machte sie wütend. Ich glaube, ihr Zorn richtete sich mehr gegen Wanda als gegen mich – von mir erwarteten sie, daß ich stand. Sie gingen auf uns los. Es waren 6 oder 7, und sie begannen auf uns einzuschlagen ... am schlimmsten war das Gefühl, ihnen völlig ausgeliefert und hilflos zu sein. Ich glaubte nicht, daß der Antisemitismus den Polen irgendwie angeboren sei. Ich hielt ihn für eine politisch-wirtschaftliche Folgeerscheinung. Wenn sich die politische Lage geändert haben würde, würde auch der Antisemitismus wieder verschwinden."

Etwa die Hälfte aller Anwälte und Ärzte waren Juden. Ab 1937 wurde ihnen die Neuzulassung zu juristischen und medizinischen Berufen versagt – nachdem in der Praxis bereits seit Jahren gegenüber Juden inoffiziell ein „Numerus clausus" gehandhabt worden war.

Das SANACJA-Regime zauderte. Einerseits wollte es keine antijüdischen Gesetze nach Nazi-Muster verabschieden, aber andererseits auch nicht die neue Welle des militanten, rassistischen Nationalismus seiner jungen Anhänger bremsen, noch dem schlicht faschistischen Geschrei der ultrarechten Opposition entgegentreten. Die Regierung wählte einen schwächlichen Kompromiß. Sie verurteilte die Ausschreitungen gegen die Juden während des bäuerlichen Boykotts, ließ aber zugleich erkennen, daß gegen den Boykott als solchen nichts einzuwenden sei. Man fing an, ein großes Lamento anzustimmen und nach Auswanderungsmöglichkeiten für die Juden zu suchen. Zuerst nach Palästina (indem die Regierung Gespräche mit den Zionisten aufnahm), dann, als offensichtlich wurde, daß die Engländer nicht im Traum daran dachten, eine größere Anzahl polnischer Juden in ihr palästinensisches Mandatsgebiet hineinzulassen, nach Madagaskar und anderen phantastischen Orten. Jetzt, als die Judenverfolgung durch die Nazis in Deutschland, Österreich und bald auch der Tschechoslowakei ungeahnte Ausmaße annahm, verschloß die Welt ihre Türen vor einer jüdischen Immigration.

Bei Kriegsausbruch war die wirtschaftliche Lage der polnischen Juden verzweifelt; etwa 1 Million lebte von ausländischer Unterstützung, zumeist jüdischer Organisationen in den USA. Ein paar Jahre später sollten die Nazis „das jüdische Problem" in Polen mit Hilfe von Gaskammern „lösen" – ein für alle undenkbarer Vorgang, bis vielleicht auf eine Handvoll äußerst bestialischer polnischer Antisemiten. Es gab jedoch Anzeichen dafür, daß, falls der Friede ein paar Jahre länger gedauert hätte, auch die SANACJA oder halb-faschistische Gruppen, die sie möglicherweise abgelöst hätten, ebenfalls zu einer sehr viel drastischeren antisemitischen Politik übergegangen wären. Dies hätte möglicherweise zu einer Aberkennung der bürgerlichen Rechte für Juden führen können. Aber das bleibt eine Hypothese. Mit absoluter Sicherheit hätte die polnische Linke einer solchen Politik heftigen Widerstand entgegengesetzt, besonders die Sozialisten und die PPS, sowie alle diejenigen, die traditionell dem ehemaligen Großreich verbunden waren und in den Juden – bei aller Animosität – ein Grundelement der polnischen Gesellschaft sahen.

Nach Pilsudskis Tod brach die regierende Gruppe der Ex-Legionäre auseinander. Rydz-Smigly, den man zum Marschall gewählt hatte, ging daran, einen Ersatz für den Nicht-Parteien-Block aufzubauen und gründete 1937 OZON (Lager der nationalen Einigung). Das war eine durch und durch autoritäre Gruppe, deren Nachwuchsorganisation ein Opfer der wenigen wirklich faschistischen Gruppen Polens wurde – der von Boleslaw Piasecki geführten Falanga. Mosćicki blieb Staatspräsident, fühlte sich aber zunehmend unbehaglich bei dem Gedanken an eine sich abzeichnende Diktatur. Józef Beck führte als Außenminister Pilsudskis blockfreie „Großmacht"-Politik weiter, ein unkluger und gefährlicher Kurs in einem Europa, in dem die Zeichen auf Sturm standen.

Auf den spanischen Bürgerkrieg 1936, in dessen Verlauf viele Polen nach Spanien gingen und in den internationalen Brigaden gegen Franco mitkämpften, folgte Hitlers Einmarsch in Österreich, und schließlich Ende 1938 die Krise in der Tschechoslowakei. In Frankreich kam die sozialistisch-kommunistische „Volksfront" an die Regierung. Alle diese Ereignisse trugen dazu bei, daß die polnische Politik ständig turbulenter und extremer wurde.

1935 befolgte mehr als die Hälfte aller Wähler den Aufruf der Opposition und

Józef Beck (1894–1944), Außenminister Polens von 1932 bis zur Niederlage 1939.

Edward Rydz-Smigly (1886–1941) wurde nach Pilsudskis Tod Generalinspekteur der Streitkräfte und 1936 zum Marschall ernannt. Aufrichtig und patriotisch, war er dennoch kein gleichwertiger Ersatz für Pilsudski. Heute wirft man ihm vor, in den Jahren vor 1939 politisch wie strategisch versagt zu haben.

boykottierte die Wahlen. Im folgenden Jahr setzte eine Welle militanter „politischer Streiks" in den Industriestädten ein, bei denen 14 Personen getötet wurden. Ein paar Monate später begannen auch die Bauern mit den ersten Streikaktionen, die einen wachsenden Groll und Kampfbereitschaft auf dem Land erkennen ließen. Roman Dmowski wurde alt und verlor die Kontrolle über die Parteijugend, die sich die zögernde Haltung der Regierung zunutze machte. Diese schien sich immer mehr und mehr mit ihrer eigenen antisemitischen Einstellung zu decken. Einige bösartige Angriffe auf Juden und jüdischen Besitz wurden von der Parteijugend angezettelt.

Vom Ausland her beobachtete die ältere Generation „verantwortlicher" Konservativer diesen politischen Niedergang mit Sorge. 1937 schlossen Paderewski, Witos und General Józef Haller in Morges, Schweiz, einen Vertrag, der die Rückkehr zur Demokratie unter einer Mitte-Rechts-Regierung und die Abkehr von Becks Außenpolitik durch eine Wiedererneuerung der Allianz mit Frankreich vorsah. Einige Zentrumsparteien unterstützten diese „Front Morges". Zu ihnen gehörte auch General Wladislaw Sikorski, ein klarsichtiger, unbestechlicher Soldat, der unter Pilsudski in den Legionen gedient hatte und während der ersten Jahre der Unabhängigkeit Premier- und Kriegsminister gewesen war. Aber zwischen ihm und Pilsudski hatte es nie eine enge Beziehung gegeben, da ihm dessen schroffer und selbstherrlicher Stil mißfiel. Die von Pilsudskis Nachfolgern betriebene Politik entsetzte ihn.

Aber keine dieser Maßnahmen konnte das Regime vertreiben. Rydz-Smigly, in seiner Marschallsuniform, predigte weiterhin seine Lehre von einer nationalen Einigkeit. OZON erfüllte die Luft mit leerer, lautstarker Propaganda, die jetzt eine ausgeprägt antisemitische Tendenz annahm. Aber OZON und Rydz-Smigly überspannten den Bogen, als sie nach den blutigen Bauernstreiks 1937 Töne anschlugen, die vermuten ließen, sie bereiteten einen Staatsstreich zur Errichtung eines totalitären Systems vor. Die Polen ließen sich keineswegs einschüchtern und mundtot machen. Die Proteste der ehemaligen Legionsverbände, der PPS und mehrerer höherer Offiziere waren so heftig, daß Rydz-Smigly klein beigab, die OZON-Führung entließ und seine Verbindung zur Falanga abbrach.

Mittlerweile wurde Europa von den Schrecken des Faschismus, des Kommunismus und des Krieges heimgesucht. 1938 eröffnete Hitler den Angriff mit Forderungen gegen die Tschechoslowakei. Im August desselben Jahres lud Stalin die Führer der polnischen Kommunisten nach Moskau ein, ließ sie verhaften und die meisten von ihnen hinrichten, und löste die Partei (KPP) mit der zynischen Anschuldigung auf, sie habe sich vom Nationalismus anstecken lassen. Damit war allen Polen klar, daß das aufziehende internationale Gewitter eine tödliche Gefahr für ihren Staat darstellte. Die internen Querelen verloren ihre Bedeutung.

Am Vorabend des Krieges wurde es in Polen ruhig. Rydz-Smigly gewann an Popularität, nachdem die internationale Situation seinen Appellen zur nationalen Einigkeit mehr Gewicht verlieh. Auch eine wirtschaftliche Gesundung Polens trug mit zu einem Stimmungsumschwung bei. Kwiatkowski, der unbestritten begabteste Politiker aller Regierungen zwischen den Weltkriegen, war geduldig darangegangen, bestehende Monopole aufzubrechen und eine Neufestsetzung der polnischen Auslandsschulden zu betreiben. Er hatte ein großartiges staatliches Investitionsprogramm zur Förderung der Industrie vorgelegt. Aufgrund seines 4-Jahres-Planes war im südlichen Teil Zentralpolens ein Industriegebiet entstanden, das in den späten 30er Jahren zu einem beständigen Ansteigen der Produktion und des Realeinkommens führte.

Im Oktober 1938 gab das Münchener Abkommen Hitler die Gelegenheit, das Sudetenland zu besetzen. Polen hätte über das Offenbarwerden der englischen und französischen Schwäche entsetzt sein müssen. Statt dessen beteiligte es sich an dem Raub, indem es seinerseits in den Cieszyn-Distrikt der Tschechoslowakei einmarschierte, dessen Bevölkerung zum großen Teil polnisch war. Für Józef Beck erfüllte sich mit dieser schmutzigen Tat ein langgehegter Traum, und die meisten Polen freuten sich mit ihm, da ihre Sympathie für die Tschechen nie besonders groß gewesen war . . . Noch im gleichen Monat erhoben die Nazis gegenüber Polen zum ersten Mal die Forderung nach einer „Rückkehr" Danzigs ins Reich und Gebietsrechten im polnischen Korridor.

Der euphorische Nebel über Cieszyn verflüchtigte sich. Plötzlich trat die für Polen von Deutschland ausgehende Gefahr in ihrem ganzen Umfang offen zutage. Der Anspruch auf Danzig war nicht nur für Beck eine Herausforderung, sondern stellte die gesamte Außenpolitik seit Pilsudski in Frage. Die Möglichkeit, mit Deutschland zu einem Ausgleich zu kommen, verflüchtigte sich zunehmend. Falls Danzig aufgegeben würde, würden mit Sicherheit neue Forderungen der Nazis, die deutsch-polnische Grenze zu revidieren, folgen.

Beck und Rydz-Smigly wiesen Hitlers Forderung zurück und bereiteten sich auf einen Krieg vor. Aber trotz der aufziehenden Gefahr weigerten sie sich, irgendein Militärabkommen mit der Sowjetunion gegen Deutschland ins Auge zu fassen. Ihre Gründe waren nur zu verständlich. Um einem deutschen Angriff zu begegnen, hätte man sowjetischen Divisionen den Einmarsch in polnische Gebiete, auf die die Sowjetunion selbst Anspruch erhob, gestatten müssen – und es gab keine Garantie, daß sie sie jemals wieder verlassen würde. Die Geschichte sollte bald zeigen, wie berechtigt diese Überlegung war. Aber für Polen bedeutete die Entscheidung, sowjetische Hilfe abzulehnen und den Nazis allein entgegenzutreten, das Ende. Aus diesem Dilemma, dem sich das Land nun gegenüber sah, weil Pilsudski sich sechs Jahre zuvor geweigert hatte, irgendeinem europäischen Netz kollektiver Sicherheitsverträge beizutreten, gab es keinen Ausweg.

Und dennoch, theoretisch hätte es einen Ausweg gegeben – eine dritte Möglichkeit: Polen hätte sich auf Gedeih und Verderb mit Hitler zusammentun können, hätte dem Antikomintern-Pakt beitreten und schließlich gemeinsam mit den Nazis die Sowjetunion angreifen können. Wahrscheinlich hätten Polen und Deutschland den Krieg verloren. Aber die Polen stellen heute mit einiger Ironie fest, daß andere Nationen, die als Verbündete Deutschlands am Krieg teilgenommen haben – wie z. B. Ungarn –, das Ganze wirtschaftlich und politisch besser überstanden haben als Polen, das länger unter weit größeren Opfern als irgendein anderes Land gegen die Nazis gekämpft hat.

Wie auch immer, die „deutsche Wahl" wurde in Warschau 1939 nie ernstlich in Erwägung gezogen. Einmal deshalb nicht, weil Józef Beck der trügerischen Hoffnung anhing, Hitler würde einlenken, wenn man in der Danziger Frage fest blieb. Zum anderen war der polnischen Führung natürlich klar, daß eine solche Allianz Polen zu einem hilflosen Vasallen Deutschlands degradieren mußte, was das polnische Volk niemals akzeptieren würde.

Das Schicksal nahm seinen Lauf. Im März 1939 besetzte Deutschland Böhmen und Mähren. Gleichzeitig stellte man Polen ein Ultimatum bezüglich Danzig. Polen antwortete mit einer Konzentration seiner Truppen an der deutsch-polnischen Grenze.

Plötzlich, und eigentlich zwangsläufig, war das Schicksal Polens zur wichtigsten Frage in der Welt geworden, zur Frage: Krieg oder Frieden? In Frankreich und vor allem England hatte Hitlers Besetzung der Tschechoslowakei im März 1939 die letzten Reste einer Beschwichtigungspolitik vom Tisch gefegt. Die öffentliche Meinung hielt den Augenblick für gekommen, um endlich einzuschreiten, und die westlichen Regierungen konnten sich dem nicht länger verschließen. Das Schicksal Polens war weniger eine strategische Frage – England und Frankreich wußten, daß sie nur wenig an wirklicher militärischer Hilfe leisten konnten – als eine Frage von politischer und moralischer Bedeutung. Am 31. März verkündigte der englische Premierminister Neville Chamberlain, daß England im Falle eines Angriffs Polens Unabhängigkeit garantieren werde.

Beck flog nach London, und im April wurde ein entsprechender Garantievertrag unterzeichnet. Hitler antwortete mit einer Annullierung des deutsch-polnischen Vertrages von 1934.

In Polen bot nunmehr die Opposition der Regierung ihre Hilfe an. Wincenty Witos und andere Exilanten eilten nach Hause. Aber die SANACJA, die noch immer überzeugt war, daß die polnische Armee einem Angriff Deutschlands standhalten könne, weigerte sich, ihre Regierungsmacht mit der Opposition zu teilen. Verbohrt bis zum letzten klammerten sich Beck und Rydz-Smigly an ihre Vorurteile. Die militärischen Gespräche, die im August zwischen französischen, englischen und sowjetischen Offizieren in Moskau stattfanden, scheiterten an der polnischen Weigerung, sowjetischen Truppen den Durchmarsch zu gestatten.

Am 21. August schlossen Ribbentrop und Molotow zur Verblüffung aller Welt einen deutsch-sowjetischen Nichtangriffspakt. Ein Geheimprotokoll zu diesem Vertrag sah eine Teilung Polens und der Ostseestaaten zwischen Deutschland und der Sowjetunion vor. Wieder einmal war Polen der Hauptgang beim Freundschaftsessen seiner historischen Feinde.

Ein paar Tage später unterzeichnete England eine Vereinbarung, in der ganz klar zum

Die Unterzeichnung des deutsch-sowjetischen Vertrages am 23. August 1939. Molotow unterzeichnet für die Sowjetunion. Links hinter ihm Ribbentrop.

Ausdruck kam, daß ein deutscher Angriff auf Polen Krieg mit England bedeutete. Frankreich hatte sich bereits früher ähnlich festgelegt.

Am 1. September 1939 überschritten die deutschen Truppen ohne Kriegserklärung die polnische Grenze. Am 3. September erklärten England und Frankreich Deutschland den Krieg. Genau 14 Tage später, am 17. September, drang die Rote Armee von Osten nach Polen ein.

4. Kapitel

Besatzungszeit: 1939–1945

Polen ist ein Land, in dem viele große Ideen geboren, aber nur selten ausgewertet wurden. Nikolaus Kopernikus von Thorn wies nach, daß sich die Erde um die Sonne dreht; Michal Kalecki war einer der Wegbereiter der sozialen Marktwirtschaft; polnische Mathematiker aus Posen entzifferten den Geheimcode der deutschen „Enigma"-Maschine. Aber nicht die Polen haben den Kosmos erobert oder einen erfolgreich funktionierenden Wohlfahrtsstaat aufgebaut, noch haben sie den „Geheimkrieg" der Kryptographen zwischen 1939 und 1945 gewonnen.

Meist waren es andere, die ihre Ideen in die Praxis umsetzten. So auch die Taktik des „Blitzkrieges", d. h. eines mit schnell beweglichen Panzerkolonnen oder motorisierter Infanterie geführten Angriffskrieges, dessen geballte Stoßkraft sich auf einen relativ kleinen Frontabschnitt konzentriert, um an dieser Stelle die feindlichen Linien zu durchbrechen. Der Gedanke hierzu kam einem jungen französischen Offizier namens Charles de Gaulle, als er den raschen Vorstoß der Kavallerie im polnisch-sowjetischen Krieg miterlebte. Dieser Angriff unterschied sich grundlegend von der wenige Jahre zuvor auf breiter Front angelegten Offensive an der Westfront, die so wenig gebracht und so unendlich viel gekostet hat. Er fragte sich, was geschehen würde, wenn man jene Kavallerieeinheiten von damals gegen schnelle Panzer austauschen würde.

Aber es waren englische und deutsche Militärs, die eine mobile Kriegführung entwickelten, Jahre bevor de Gaulle schließlich seine Gedanken aufzeichnete. Und es waren die Deutschen, die seine Theorie als erste ausgerechnet im Polenfeldzug im September 1939 ausprobierten und Polen gleichzeitig an drei Frontabschnitten mit Panzerdivisionen angriffen. Durch die von ihnen geschlagenen Breschen rückten sofort mobile Einheiten nach. Die Deutschen besaßen wenigstens zehnmal soviel Panzer wie die Polen und etwa fünfmal soviel Flugzeuge, so daß sie auch den Luftraum sofort beherrschten.

Es schien ein leichter Sieg zu werden, aber es kam anders. Die Deutschen gaben hinterher zu, daß es ein außerordentlich hartes Ringen gewesen sei und zeigten sich konsterniert über die Zähigkeit, mit der die Polen trotz ihrer hoffnungslosen zahlenmäßigen Unterlegenheit weiterkämpften und sich immer wieder neu formierten. Die deutschen

Verluste waren in diesem Krieg wesentlich höher als in dem sehr viel länger dauernden Frankreichfeldzug im nächsten Jahr.

Über das Ende konnte es keine Zweifel geben. Es war nicht nur die zahlenmäßige Überlegenheit und bessere Ausrüstung. Sehr rasch zeigten sich nun alle Schwächen der polnischen Militärpolitik nach dem Tode Pilsudskis, strategisch wie taktisch: Noch

September 1939: der deutsche Angriff auf Polen. Ein Mädchen hockt neben seiner von Bomben getöteten Schwester.

bevor der Krieg begann, hatte Deutschland Polen bereits halb eingeschlossen und konnte nun gleichzeitig von der Slowakei im Süden und von Ostpreußen im Norden her angreifen. Diese Zangenbewegung mußte zwangsläufig dazu führen, daß der Hauptteil der polnischen Armee abgeschnitten werden würde, falls Polen versuchte, seine Westgrenze zu halten. Und genau das hatte Rydz-Smigly für den Kriegsfall geplant. Es war eine verständliche Entscheidung. Westpolen aufzugeben hätte bedeutet, fast auf die gesamte Schwerindustrie des Landes zu verzichten. Daß er es nicht trotzdem tat, war ein militärischer Fehler, der durch einen politischen Irrtum zur Katastrophe wurde: Rydz-Smigly hatte anscheinend aus den wiederholten und bitteren Lektionen der Geschichte nichts gelernt und nahm an, Frankreich und England würden ihm sofort zu Hilfe eilen.

Was ihn zu dieser Annahme bewog, ist nicht ganz klar. Die meisten Polen machten denselben Fehler. Als Frankreich und England am 3. September Deutschland den Krieg erklärten, wurden ihre Botschaften in Warschau von jubelnden Polen umringt, die meinten, ihr Land sei nun gerettet. Rydz-Smigly hätte es eigentlich besser wissen müssen. Bei früheren militärischen Gesprächen mit den Franzosen war der Plan entwickelt worden, daß Frankreich, wenn Polen der deutschen Invasion wenigstens zwei Wochen standhalten könne, Deutschland im Westen in einer Großoffensive angreifen würde. Aber eben dieser Plan, auf den sich weder die Franzosen noch die Engländer jemals schriftlich festgelegt hatten, war schon Monate vor Kriegsausbruch stillschweigend wieder fallengelassen worden. Der Westen hatte dementsprechend für einen solchen Angriff auch keinerlei Vorbereitungen getroffen, was der polnische Geheimdienst hätte wissen müssen. Die Deutschen aber wußten es. Sie zogen ihre westlichen Verteidigungstruppen bis auf 34 Divisionen ab, um den Angriff auf Polen zu verstärken. Aber Rydz-Smigly beging noch einen weiteren Fehler, indem er Pilsudskis ständige Warnungen in einem lebenswichtigen Punkt ignorierte. Er traf keine wirksamen Vorbereitungsmaßnahmen gegen eine sowjetische Invasion, obgleich einige seiner höheren Offiziere die eigentliche Bedeutung des deutsch-russischen Vertrages klar erkannt und ihn vor der Gefahr aus dem Osten gewarnt hatten.

Schon nach der ersten Kriegswoche begann die polnische Strategie in sich zusammenzubrechen. Wie eine Speerspitze hatten die deutschen Panzer die westliche Verteidigungslinie durchbrochen, während sich Truppenverbände aus dem Norden bereits Warschau näherten. Panzerkolonnen griffen die polnischen Truppen im Rücken an und drangen zwischen die einzelnen Einheiten vor. Da die polnische Luftwaffe zahlenmäßig hoffnungslos unterlegen war, konnten sich die Kampfflugzeuge der deutschen Luftwaffe an diesen schönen sonnigen Spätsommertagen ungehindert ihre Ziele suchen und beliebig auf Städte, Züge mit Flüchtlingen sowie auf die zurückweichenden polnischen Truppen mit ihren von Pferden gezogenen Kanonen und Wagen stürzen.

Zu spät befahl Rydz-Smigly den Rückzug der Armee auf eine Verteidigungslinie an Weichsel und San. Die Zange schloß sich bereits hinter den Hauptstreitkräften, die dabei in Einzelgruppen auseinandergerissen wurden. Dennoch setzten diese den Kampf so entschlossen und geschickt fort, daß es die Deutschen verblüffte. Ein Gegenangriff an der Bzura westlich von Warschau warf die Deutschen sogar für einen Augenblick zurück und kostete Tausende der Invasoren das Leben. Aber die Desorganisation des polnischen Oberkommandos war bereits zu weit fortgeschritten, als daß man diesen zeitweiligen

Erfolg hätte ausnutzen können. Die deutschen Truppen erreichten und überschritten Weichsel und San, bevor die Polen noch ihre Verteidigungslinie aufbauen konnten. Am 10. September wurde der Rückzug nach Ostgalizien befohlen, in die südöstliche Ecke Polens. Dies bedeutete die Aufgabe Warschaus, das unterdessen pausenlos aus der Luft angegriffen wurde. Die Regierung und verschiedene ausländische Vertretungen hatten die Stadt bereits verlassen und reisten nachts, um den deutschen Bombern zu entkommen, ebenfalls nach Südosten. Alle wehrfähigen Männer wurden aus der Stadt abgezogen. Am 14. September war Warschau von den Deutschen eingekreist.

Stimmt es, wie die Legende erzählt, daß polnische Kavallerie gegen deutsche Panzer gekämpft hat? Es mag sein, daß sie deutsche Nachschubkolonnen, die nur durch leicht bewaffnete Fahrzeuge geschützt waren, angegriffen und aufgerieben haben. Und ganz sicher gab es in diesem Krieg wirkliche historische Momente. General Klemens Rudnicki erinnert sich, wie er einmal Offizieren und Soldaten einer Kavallerieschwadron gegenüberstand, die den Befehl zur Kapitulation stolz verweigerten und erklärten, lieber wollten sie beim Sturmangriff auf die feindlichen Linien sterben. „Ich erwiderte ihnen, daß dies nicht das Ende des Krieges sei, sondern erst der Beginn. Und daß diejenigen, die keine Niederlage hinnehmen könnten, auch den Sieg nicht wert seien."

Aber die Stimmung jener schlimmen Wochen war weniger von Romantik als von Verfolgung und zähem Ausharren geprägt. Das Erstaunlichste an den polnischen Soldaten war ihr Selbstvertrauen und ihre Fähigkeit, sich in stets kleiner werdenden Einheiten zu reorganisieren, ohne daß entsprechende Befehle von oben kamen, und einfach weiterzukämpfen. Teile der polnischen Flotte waren bereits in englische und französische Häfen entkommen und bereit, den Kampf fortzusetzen. Und als der Widerstand endgültig zusammenbrach, flogen etwa 100 polnische Flugzeuge – alles was noch übriggeblieben war – nach Rumänien.

Am 17. September, morgens 3.30 Uhr, wurde der polnische Botschafter in Moskau

Der Septemberkrieg. Polnische Kavallerie greift an.

aus dem Bett geholt, weil ihm eine diplomatische Note überreicht werden sollte. Die Sowjetunion teilte ihm mit, daß der polnische Staat aufgehört habe zu existieren (was nicht stimmte) und daß sie Schritte eingeleitet habe, die ukrainischen und weißrussischen Minderheiten in den „ehemals" polnischen Gebieten zu beschützen. Eine Stunde später überschritten sowjetische Truppen die Grenze.

Im ersten Augenblick glaubten die erstaunten Polen, die Rote Armee sei zu ihrer Unterstützung gekommen. Die Invasion stieß auf wenig Widerstand, da die Ostgrenze so gut wie nicht geschützt war. Aber die Wahrheit zeigte sich sehr schnell, als die sowjetischen Truppen durch den östlichen Teil Polens hindurch marschierten und eine Demarkationslinie an Bug und San bildeten. In diesem Moment fand die vierte polnische Teilung statt. General Sosnkowski, der die letzten zusammenhängenden Truppenverbände um Lemberg befehligte, setzte zwar seinen Kampf tapfer gegen deutsche wie sowjetische Streitkräfte fort, aber es war offensichtlich, daß die Niederlage bevorstand. Um Mitternacht desselben Tages überschritt Präsident Ignacy Mościcki – mit dem Geld der Staatsbank – die Grenze zum neutralen Rumänien. Etwa eine Stunde später folgten ihm Rydz-Smigly und der Generalstab.

Eine Kapitulation erfolgte nicht. Polen kämpfte weiter. Bei der Belagerung Warschaus, dessen Einwohner hungerten, während ihre Häuser zu Schutt und Asche gebombt wurden, verloren Zehntausende das Leben.

Zofia Kolarska erinnert sich: „Wir lebten nur noch in Kellern, wohin wir Betten, Matratzen und was wir sonst besaßen, gebracht hatten. Die Armee war in der Stadt, so daß es viele Pferde gab. Wir Frauen gingen nach oben und schnitten mit Messern Fleischportionen aus den toten Tieren. So konnten wir diese Tage überstehen."

Warschaus Bürgermeister, der äußerst beliebte Stefan Starzynski, übergab schließlich die Stadt am 27. September. Fast unglaublich, daß die kleine polnische Garnison auf der Halbinsel Hel bei Danzig, Hunderte von Meilen hinter den Linien, sich noch bis zum 2. Oktober hielt. Die letzten Schüsse fielen am 5. Oktober bei Kock in Zentralpolen.

Bei allen Fehlern und Irrtümern, die ihnen in der Vergangenheit unterlaufen waren, zogen die Männer, die Polen regiert hatten, niemals die Möglichkeit eines Waffenstillstands in Erwägung. Polen hatte nicht aufgehört zu existieren, und es würde nicht aufhören zu kämpfen, nur weil seine Armee geschlagen und sein Land vom Feind besetzt war. Die Frage war allein, wie man den Krieg fortsetzen konnte; Rumänien hatte auf massiven Druck von Deutschland und der Sowjetunion die polnische militärische und politische Führung interniert. Allein General Wladyslaw Sikorski wurde von den Rumänen nicht verhaftet. Als langjähriger Kritiker des SANACJA-Regimes hatte er im Septemberkrieg kein Kommando innegehabt. Er bekam daher die Erlaubnis, nach Frankreich auszureisen. Die polnische Botschaft in Paris beauftragte ihn sofort damit, eine neue polnische Armee aus Flüchtlingen und in Frankreich lebenden Exilpolen zusammenzustellen.

Es gelang Staatspräsident Mościcki von Rumänien aus ein Schreiben nach Paris zu senden, in dem er offiziell seinen Rücktritt erklärte. Die neue polnische Führungsgruppe, die bereits in Frankreich war, nahm an, akzeptierte aber nicht den von ihm vorgeschlagenen Nachfolger. Statt dessen wählte man Wladyslaw Raczkiewicz, einen erfahrenen Provinzgouverneur, der nicht durch eine frühere Verbindung zur SANACJA belastet war.

Unter dem Mantel einer „korrekten" Machtübernahme wurde jetzt die SANACJA gestürzt. Am 30. September leistete Staatspräsident Raczkiewicz in der Pariser Botschaft den Amtseid und bestimmte anschließend Sikorski zum Premierminister Polens. Ein paar Tage später kam Kazimierz Sosnkowski in Frankreich an. Man begrub die alten Feindseligkeiten, und auch er trat der neuen Regierung bei. Im November wurde der abwesende Rydz-Smigly veranlaßt zurückzutreten. Sikorski übernahm neben seinem Amt als Premierminister auch den Oberbefehl über die Streitkräfte. Frankreich und England erkannten die neue Regierung sofort an, etwas später folgten die – noch neutralen – USA. In mancher Beziehung war dies alles nicht neu. Nach der Erhebung von 1830 war bereits durch die „große Emigration" viel an polnischer Kultur nach Paris gelangt. Viele Politiker waren ebenfalls dorthin ins Exil gegangen. Im Ersten Weltkrieg war Dmowskis National-Komitee, wiederum in Paris, die anerkannte Regierung Polens „im Wartestand" gewesen. Nun hatte Polen abermals mit einer Gewandtheit und einer Selbstverständlichkeit, wie sie nur eine an Katastrophen und Besatzung gewöhnte Nation entwickelt, sein Überleben auf der internationalen Bühne sichergestellt.

Das Überleben des polnischen Volkes im Heimatland schien weniger gewiß. Der Krieg hatte bereits 60 000 Soldaten und noch mehr Zivilisten das Leben gekostet. Etwa 1 Million Gefangener war in deutscher Hand und weitere 200 000 in sowjetischen Lagern. Warschau war dem Erdboden gleichgemacht worden, und die Bombardierung hatte den Lebensnerv vieler Städte und Dörfer entlang der Kampflinie zerstört. Und jetzt, als die Waffen schwiegen, hatten Polens Leiden im Zweiten Weltkrieg eben erst begonnen.

Die Sowjetunion verfolgte in dem von ihr eroberten Gebiet zunächst keine klare politische Linie. Viele Polen sahen – damals wie heute – in dem Geheimprotokoll zum deutsch-sowjetischen Abkommen und dem „Dolchstoß in den Rücken" am 17. September – die Ausführung eines eiskalt berechneten Planes. Für sie war dies nichts als die natürliche Folge des von Rußland seit seinem Bestehen gegenüber dem unabhängigen Polen eingenommenen Standpunkts. Aber 1939 richtete sich Stalins Interesse wahrscheinlich weniger auf Polen als auf Deutschland. Durch den Pakt mit Hitler hatte er Zeit und Raum gewonnen. Die Besetzung Ostpolens hielt die Deutschen wenigstens 600 Meilen von Moskau entfernt; hätte Stalin Hitler ganz Polen überlassen, hätten seine Panzer nur 400 Meilen bis zum Kreml zurückzulegen gehabt.

Die neue „Demarkationslinie", die Stalin zur endgültigen Grenze machen wollte, drängte also den „imperialistischen Westen" einige hundert Meilen zurück. Zugleich wurde damit der Grenzkompromiß zwischen Lenin und Pilsudski aus dem Vertrag von Riga 18 Jahre zuvor korrigiert, den die Sowjetunion von Anfang an zu revidieren gedacht hatte, sobald sie nur stark genug war. Zweifellos teilte Stalin 1939 das traditionelle russische Mißtrauen gegen Polen, dieses habe nichts als die Zerstörung Rußlands im Sinn, sei es nun zaristisch oder kommunistisch. Aber noch wichtiger war ihm, die Aufteilung der ukrainischen und weißrussischen Völker zwischen der UdSSR und irgendeinem anderen Staat zu beenden. Die Sowjetunion beanspruchte beide geschlossen für sich allein.

In den von Rußland nach dem 17. September eroberten Gebieten waren von den 12 Millionen Einwohnern wahrscheinlich nur weniger als 5 Millionen Polen, obgleich Städte wie Lemberg und Wilna dazugehörten, deren Bewohner mehrheitlich Polen bzw.

polnische Juden waren. Die sowjetischen Machthaber begannen sofort mit der Durchführung einer Flut von Verhaftungen und Deportationen, insbesondere der polnischen lokalen Führer. Eine Pause trat ein, als die „Sowjetisierungskampagne" einsetzte. Manipulierte Wahlen im November ließen in der Ukraine und Weißrußland „Marionetten"-Parlamente entstehen, die einstimmig die Aufnahme ihrer Nationen in die Sowjetunion beantragten. Eine Landreform wurde durchgeführt, einiges auch verstaatlicht. Die Polen wurden von allen offiziellen Posten entfernt.

Für sowjetische Verhältnisse gab man sich anfangs bewußt mild. Stalin besetzte nicht einmal das gesamte polnische Gebiet, das ihm im Geheimprotokoll zugestanden worden war. Statt dessen gab er sich mit einem „Einfluß" auf Litauen zufrieden. Sowjetische Truppen besetzten zwar den bis dahin polnischen Teil Litauens und nahmen am 18. September Wilna ein, überließen dann aber die Stadt mit der dazugehörigen Provinz dem litauischen Staat. Ein paar Monate lang konnten die Polen in Wilna ihre eigene Verwaltung noch aufrechterhalten und relativ frei leben. In Weißrußland und der Ukraine wurde zwar der Religionsunterricht in den Schulen abgeschafft und die Klöster aufgelöst, aber weder die unierte noch die katholische Religion wurden als solche verfolgt. Dagegen ließ die Sowjetunion nicht den geringsten Zweifel aufkommen, daß durch die Septemberereignisse nicht nur die polnische Herrschaft im westlichen Weißrußland und der Ukraine, sondern endgültig und unwiderruflich auch die polnische Unabhängigkeit ihr Ende gefunden habe. Molotow verkündete, daß von Polen, „dieser scheußlichen Mißgeburt des Versailler Vertrages, nichts übriggeblieben" sei. Am 28. September unterzeichneten die UdSSR und Nazi-Deutschland einen weiteren „Freundschafts- und Grenzvertrag". In einer Geheimklausel verpflichteten sich die Vertragsparteien wechselseitig, jede polnische Agitation gegen den anderen Teil zu unterdrücken und sich über „geeignete Maßnahmen" im Umgang mit den Polen abzusprechen.

Ende November 1939 griff die Sowjetunion Finnland an. Stalin hatte vorgehabt, in einer Blitzaktion die finnische Grenze aus der Nähe Leningrads zurückzuverlegen. Aber der „Winterkrieg" entwickelte sich zu einem langen, blutigen Kampf, der alle Welt empörte und England und Frankreich um ein Haar zu einer militärischen Intervention auf seiten Finnlands veranlaßt hätte. Diese Widerstände mögen die Sowjetunion veranlaßt haben, ihre neue Westgrenze besser zu „sichern".

Im Februar 1940 nahm eine erste Serie von brutalen und unmenschlichen Deportationen polnischer Bürger ihren Anfang. Familien aus den besetzten Gebieten wurden aus ihren Häusern vertrieben und in ungeheizte Güterwaggons gepfercht, die sich langsam nach Sibirien und in den fernen Osten der Sowjetunion bewegten, während die Insassen steifgefroren vor Kälte langsam verhungerten. Eine Überlebende, Alexandra Rymaszewski, erinnert sich: „Wir kamen zu einem Abstellgleis; gewaltige Menschenmengen wurden in Viehwagen verfrachtet ... Es gab keinerlei Komfort, nur Verschläge von einer Abteilwand zur nächsten, ein kleines zugenageltes Fenster und ein Loch im Boden, das unsere Toilette sein sollte. Nach einigen Tagen wurden wir in verschiedenen Zügen untergebracht, die auf breiteren Geleisen fuhren, und diese Geleise, das wußten wir, führten in die Tiefe Rußlands."

Die Deportationen dauerten bis ungefähr Juli 1940, danach folgte ein weiterer „Rundumschlag" im Juni 1941. Zwischen eineinhalb und zwei Millionen Polen wurden in Züge verfrachtet, um als eine Art Sklaven oder Zwangsarbeiter in Minen und Holzfällercamps in der Nähe des Polarkreises zu arbeiten; oder sie wurden in die Steppen von Kasachstan abgeschoben. Es wurden keine politischen Unterschiede gemacht, polnische Kommunisten der zerschlagenen KPP (Kommunistische Partei Polens) arbeiteten und starben neben katholischen Priestern und Universitätsprofessoren, Bauern und Eisenbahnarbeitern. Zehntausende von Polen, die offizielle Posten innehatten, verschwanden für lange Zeit in Gefängnissen oder Lagern. Es gibt keine zuverlässigen Zahlen oder Quellen über ihr Schicksal, aber man nimmt an, daß zur Zeit von Hitlers Überfall auf die Sowjetunion im Juni 1941 bereits ein Drittel oder sogar die Hälfte der deportierten Polen gestorben waren. Die zweihunderttausend gefangengenommenen Soldaten blieben unter sowjetischer Bewachung, die Offiziere wurden getrennt von ihnen in besonderen Lagern zusammengefaßt. Einige zehntausend dieser polnischen Offiziere, die in Lagern in der Gegend um Smolensk interniert waren, blieben mit ihren Familien bis etwa März 1940 in periodischer Verbindung. Dann hörte plötzlich jeder Kontakt auf.

Ab Juli 1940 änderte die Sowjetunion plötzlich ihre Politik gegenüber Polen. Die drei Ostsee-Republiken Litauen, Lettland und Estland waren im Juni besetzt worden und wurden im Juli der Sowjetunion einverleibt. In Weißrußland und der Ukraine hörten die Deportationen auf. Man nahm nun vorsichtig Kontakt zu einigen in Lemberg gebliebenen polnischen Politikern auf. Der Grund hierfür lag mit Sicherheit darin, daß die Sowjets über das Ausmaß und die Leichtigkeit des deutschen Triumphes über Frankreich und England alarmiert waren. Die Invasion der Deutschen hatte im Mai begonnen und endete bereits im Juni mit dem Sieg über Frankreich und dem Abzug der geschlagenen Engländer. Mit der Möglichkeit konfrontiert, Hitler könne nunmehr seine Angriffe gegen den Osten richten, schwankte die Sowjetunion zwischen der bis dahin verfolgten Taktik, die Polen als Bedrohung für die Sicherheit des Grenzlandes zu betrachten und entsprechend zu behandeln, und der Notwendigkeit, wo auch immer, Verbündete gegen Deutschland zu finden. Eine Gruppe polnischer Offiziere, unter ihnen Oberst Zygmunt Berling, wurde eingeladen, die Möglichkeit zu diskutieren, eine polnische Division zur Unterstützung der Roten Armee aufzustellen. Wanda Wasilewska, eine polnische Kommunistin, die aufgrund ihrer Intelligenz und ihrer guten Beziehungen zu Stalin und seinen Freunden in Lemberg überlebt hatte, bekam nun den Auftrag, eine Zeitung herauszugeben und auf die Wiederbelebung der Polnischen Kommunistischen Partei hinzuarbeiten.

Was die Sowjetunion den Polen zwischen 1939 und 1941 angetan hat, ist Außenstehenden immer noch weitgehend unbekannt. Nachrichten über das, was vorging, drangen nur spärlich in den Westen. Später, im Krieg, als England und die USA Verbündete der UdSSR waren, galten Diskussionen über jene Zeit als taktlos und waren tabu. Die Wahrheit kam nur bruchstückhaft und erst in den Nachkriegsjahren zum Vorschein. Sie wurde verständlicherweise von den spektakulären und besser propagierten Greueltaten der Nazis während der Besetzung Polens und des übrigen Europa überlagert. Aber in seiner Brutalität und allein durch ihr Ausmaß übertraf der kaltblütige Versuch, die polnische Nation geistig wie physisch zu vernichten, während der 21monatigen Besetzung durch die Sowjetmacht bei weitem alles, was an Verbrechen während der 125 Jahre russischer Besatzung unter den Zaren geschah.

Oktober 1939. Adolf Hitler (in der Bildmitte) bei der Siegesparade in Warschau. Minuten vorher war sein Wagen über eine von Widerständlern versteckten Bombe gefahren, die aber nicht gezündet werden konnte.

Die frische Erinnerung der Polen an diese grauenvolle Zeit war die große Hypothek, mit der die neuen kommunistischen Machthaber Polens nach dem Krieg fertig werden mußten. Sie mußten das Vertrauen eines Volkes gewinnen, das jede von den Sowjets gestützte Regierung verdächtigte, privates Eigentum und Glaubensfreiheit abschaffen zu wollen und sich unter Umständen nicht zu scheuen, weitere, meist den Tod bedeutende Deportationen in sibirische Arbeitslager vorzunehmen. Damit war abermals die polnische Unabhängigkeit in Gefahr.

Die Deutschen hielten seit 1939 das Kernland Polens mit einer Bevölkerung von fast 22 Millionen besetzt. Sie machten aus ihren zukünftigen Absichten kein Geheimnis. Hitler, der am 5. Oktober 1939 in Warschau die Siegesparade abnahm, hatte in Danzig und Berlin bereits von einem „künstlichen" und „nicht lebensfähigen" polnischen Staat gesprochen, der nur das Protektionskind westlicher Demokratien sei und es verdiene, „vom Angesicht der Erde getilgt zu werden".

Wenige Tage später wurden der ganze Norden und Westen Polens, einschließlich Posen und Danzig mit seinem gesamten Hinterland, sowie das polnische Schlesien dem Reich eingegliedert. Das übrige von den Deutschen beherrschte Gebiet wurde zum „Generalgouvernement" erklärt, eine Art „Eingeborenen"-Reservat, in dem Kriegsrecht galt und das rücksichtslos bis zum letzten ausgebeutet werden sollte. Die „Hauptstadt" war Krakau, während Warschau „aufgelöst" und seine Bewohner gegen eine kleine deutsche Kolonie ausgetauscht werden sollten. Hans Frank, ein alter Nazi-Jurist mit

Vertreibung der Bevölkerung aus den vom Reich eroberten Gebieten Westpolens.

Vergeltungsmaßnahmen: von Deutschen gehängte Zivilisten an einem improvisierten Galgen.

fürstlichem Lebensstil, wurde zum Generalgouverneur ernannt und hielt mit seinem Hofstaat Einzug in den alten Wawel-Palast in Krakau.

Die Deutschen verloren keine Zeit, den Polen klarzumachen, was die Besetzung bedeutete. Nach den vorrückenden Fronttruppen kamen die „Einsatzgruppen", spezielle Vernichtungskommandos der SS und Polizei. Ihre Aufgabe bestand nicht nur darin, den Widerstand und die Opposition der Zivilbevölkerung zu brechen, sondern ganze Bevölkerungsgruppen, in erster Linie die politische und intellektuelle Elite, die Leiter der polnischen Gemeinden, aber auch alle Geisteskranken auszumerzen.

Manchmal wurden die Betroffenen an Ort und Stelle erschossen, manchmal nur verhaftet und gequält. Anfänglich konzentrierten sich die Greueltaten der Besatzer auf die Stadt Bromberg (Bydgoszcz), wo – die Einzelheiten sind bis heute unbekannt – anscheinend eine Gruppe fanatischer deutscher Zivilisten während des Septemberfeldzuges auf fliehende polnische Truppen schoß. Dies löste Vergeltungsaktionen gegen die Deutschen aus, bei denen viele von ihnen umkamen. Ein offizieller deutscher Bericht vom November 1939 spricht von etwa 5400 Deutschen, die damals hier und anderswo bei dieser und ähnlichen Aktionen getötet beziehungsweise seither vermißt wurden. Im Februar 1940 wurde die deutsche Presse angewiesen, die Zahl auf 58 000 zu berichtigen. Die „Einsatzgruppen" hatten inzwischen für das Massaker in Bromberg Rache genommen und etwa 20 000 Polen erschossen.

In den vom Reich annektierten Gebieten wollten die Nazis endlich auch die Kolonisierung vollenden, mit der Preußen und später Deutschland bisher gescheitert waren. Die dort lebenden etwa 8 bis 9 Millionen Polen sollten umgesiedelt und durch Deutsche ersetzt werden. Bis zum Abschluß dieser Maßnahme wurde das Gebiet einem „Germanisierungsprozeß" unterworfen. In der Öffentlichkeit durfte nicht mehr polnisch

97

gesprochen werden, Polen durften nur noch zu bestimmten Zeiten einkaufen, und jegliche Ausbildung, die über Grundschulniveau hinausging, und jede kulturelle Aktivität wurden verboten. Im September 1940 wurden sämtliche polnischen Landbesitzer und Geschäftsinhaber enteignet. Die katholische Kirche wurde verfolgt. Im Oktober 1941 wurden einige hundert Priester verhaftet und in Konzentrationslager gebracht, während nur eine Handvoll Kirchen geöffnet bleiben durfte.

Die Kolonisierung begann im Dezember 1939 mit der Umsiedlung von rund gerechnet 90 000 Polen und Juden – zumeist aus der Klasse der „Besitzenden" ins „Generalgouvernement" –, wobei man die Juden in neu errichtete Ghettos steckte. Die nächste Gruppe, die umgesiedelt wurde, war die der kleinen Bauern, denen man oft weniger als eine Stunde Zeit ließ, um ihr Dorf zu verlassen, während die SS Kruzifixe und Heiligenbilder von den Wänden riß. Viele von ihnen wurden ebenfalls nach Osten ins „Generalgouvernement" gebracht, der Rest zur Arbeit in der deutschen Kriegsindustrie zwangsverpflichtet. Unterdessen wurden aufgrund des sowjetisch-deutschen Vertrages die ethnisch-deutschen Gruppen, die in den von der UdSSR eroberten Gebieten lebten, in den Ostseestaaten Wolhynien und Bessarabien, „heim ins Reich" transportiert und auf den verlassenen polnischen Bauernhöfen angesiedelt. Trotz aller Gründlichkeit war dieses Kolonisationsprojekt jedoch – selbst kurzfristig – nicht viel erfolgreicher als seine Vorgänger. Im Frühjahr 1941 wurden die Umsiedlungen abgebrochen und nicht wieder aufgenommen. Etwa ½ Million Polen war vertrieben – das entsprach ca. 6 % der polnischen Gesamtbevölkerung in den besetzten Gebieten – und durch 350 000 Volksdeutsche aus dem Osten ersetzt worden. Am Ende des Krieges wurden sie aus Polen verjagt.

Neu war an dieser Episode deutscher Unterdrückung die unvorstellbare Brutalität und Grausamkeit – die Systematik, mit der man vorging. Zwischen 1939 und 1944 ermordeten die Nazis allein in den besetzten Gebieten etwa 350 000 Polen. Ihre Taktik war allen Polen geläufig, die sich an die Erzählungen ihrer Väter aus der Bismarck-Zeit erinnerten: Kolonisation, einhergehend mit Vertreibung, gleichzeitigem Verbot der polnischen Sprache und Verfolgung der Kirche. Ebenso bekannt war, daß die Deutschen davon überzeugt waren, Polens Führungsschicht, vor allem seine Intelligenz, bestehe aus unheilbaren Patrioten, denen man nur mit Gewalt beikommen könne. Preußen hatte diesen Standpunkt schon in den 80er Jahren des 19. Jahrhunderts vertreten. Die Nazis lösten das Problem der polnischen Intellektuellen auf ihre Weise: durch systematische Ausrottung.

Im „Generalgouvernement" mit einer Bevölkerung von mehr als 12 Millionen folgten auf das Eintreffen der Deutschen zunächst Wochen trügerischer Ruhe. Theater wurden wieder eröffnet; die Universitäten bereiteten sich auf das neue Semester vor. Die Dinge änderten sich schlagartig, als Hans Frank die Amtsgeschäfte übernahm. Stefan Starzynski, der Bürgermeister von Warschau, wurde verhaftet, die Professoren aller höheren Bildungsanstalten in Krakau wurden zu einem Treffen eingeladen, festgenommen und in Konzentrationslager gebracht, wo anschließend viele von ihnen erschossen wurden. Ähnliche „Säuberungsaktionen" fanden bald in allen Städten statt. Während der Besetzung durch die Nazis verlor Polen etwa die Hälfte seiner Ärzte, mehr als die Hälfte seiner Juristen, 40 % seiner Universitätsprofessoren, die Hälfte seiner Ingenieure und 18 % seiner Priester. Auf einer Polizeikonferenz in Warschau sagte Frank: „Der Führer hat mir befohlen, die Führungsspitzen der polnischen Gesellschaft, soweit sie in unserer Hand sind, zu liquidieren, und wer immer versuchen sollte, an ihre Stelle zu treten, ist zu verhaften und nach angemessener Zeit ebenfalls auszulöschen … Meine Herren, wir sind keine Mörder. Aber als Nationalsozialisten hat uns die Geschichte die Pflicht auferlegt, sicherzustellen, daß zukünftig vom polnischen Volk kein Widerstand mehr ausgeht."

Es gab Pläne, wonach auch das „Generalgouvernement" „germanisiert" werden sollte. Jede höhere Schul- oder Fachausbildung für Polen wurde abgeschafft, alle Museen und Büchereien geschlossen, kulturelle und künstlerische Veranstaltungen verboten, Bilder und Kunstgegenstände ins Reich verbracht und die Denkmäler berühmter Personen der polnischen Geschichte zerstört. Eine alle umfassende, blind wütende Schreckensherrschaft brach über das polnische Volk herein. Die Juden, von denen bereits viele Tausende in aller Öffentlichkeit gequält und kurzerhand erschossen worden waren, wurden nun in den großen Städten in ummauerten Ghettos zusammengepfercht. Fabriken und Büros wurden einer deutschen Leitung unterstellt, um die Kriegsproduktion zu unterstützen. Die Gehälter wurden eingefroren. Zur gleichen Zeit begann eine rasch fortschreitende Inflation und drückte die Kaufkraft für die einfache Bevölkerung auf einen Bruchteil des Vorkriegsstandards herab. Die Rationierung der Nahrungsmittel, die schließlich eingeführt wurde, sah für Deutsche eine tägliche Kalorienmenge von 2613 kcal, für Polen 669 kcal vor. Diese Politik zielte offen auf Völkermord. Ebenso wie die Juden betrachtete man auch die Polen als eine Art minderwertiges Ungeziefer, das es zu vernichten galt – nur daß man sich bei ihnen etwas mehr Zeit ließ.

Nach dem Einmarsch in die Sowjetunion 1941 wurde das „Generalgouvernement" zum Reservoir für die Zwangsrekutierung von Arbeitskräften für die Kriegsindustrie sowie von Ersatzkräften für die als Soldaten eingezogenen deutschen Bauern. 1942 waren fast 1 Million Polen als Arbeiter nach Deutschland gebracht worden. Wachsender Widerstand gegen diese Massendeportationen, die einen immer umfangreicheren Einsatz von Polizisten und Soldaten erforderlich machten und Tausende junger Männer und Frauen zu den Partisanengruppen in die Wälder trieb, ließen Hans Frank schließlich am Erfolg dieser Politik zweifeln. Aber die SS, die inzwischen zu einer autonomen Macht innerhalb des Reiches geworden war und nicht nur die Konzentrationslager selbständig leitete, sondern auch eine eigene Armee – die Waffen-SS – sowie eine eigene Industriewirtschaft besaß, gewann die Oberhand. Ortschaft auf Ortschaft wurde verbrannt, und die Einwohner wurden wegen tatsächlichen oder angeblichen Widerstandes ermordet. Der Historiker Norman Davies hat zutreffend darauf hingewiesen, daß sich die Tragödie von Lidice in der Tschechoslowakei, wo ein ganzes Dorf dem Erdboden gleichgemacht und seine Einwohner grausam ermordet wurden, in ungefähr 300 polnischen Dörfern während der deutschen Besatzungszeit wiederholt hat.

Im November 1942 ordnete Heinrich Himmler, der Reichsführer SS, an, daß die Kolonisierungspolitik auf das „Generalgouvernement" auszudehnen sei. Im Distrikt Zamość nahe Lublin wurden daraufhin ca. 40 000 Polen aus ihren Dörfern vertrieben und gegen deutsche Siedler aus Bessarabien ausgetauscht. Die Kinder nahm man ihnen weg. Eine Bauerntochter, die dabei war, Waclawa Kedzierska, sah, „wie Kinder bis zu 14 Jahren, darunter selbst 6 Wochen alte Säuglinge, von ihren Eltern getrennt wurden. Wenn die Mutter sich weigerte, sie herauszugeben, prügelten die Deutschen auf die

Eltern ein. Und dann schlugen sie auch die Kinder ... viele Kinder wurden in den Schmutz gestoßen und in Jauchegruben. Sie brachten sie um. Sie faßten sie an den Beinen und schlugen sie mit dem Kopf gegen die Hausecken."

Die Kinder wurden auf arische Merkmale hin überprüft. Diejenigen, die für eine „Germanisierung" geeignet schienen, kamen in Waisenhäuser der SS, wo viele an Hunger und Krankheit zugrunde gingen. Die meisten sah man nie wieder. Ihre Eltern wurden entweder in Konzentrationslager oder zur Zwangsarbeit ins Reich verschleppt.

Der Zamość-Aktion folgte Anfang 1943 eine neue Serie von Menschenjagden in Warschau und den größeren Städten des „Generalgouvernements". Ganze Straßen wurden abgesperrt, Kinos, Straßenbahnen, selbst Kirchen umstellt, und alle, die man innerhalb der Postenkette fing, in Konzentrationslager abtransportiert. Die SS hatte damit begonnen, die in den Lagern Inhaftierten zu Tausenden der deutschen Industrie als unbezahlte Arbeitskräfte zur Verfügung zu stellen, die sie einlud, sich in „Unternehmer-Zonen" um die Lager herum anzusiedeln. Vom Standpunkt der SS wurde diese Aktion ein voller Erfolg. Aber die Ausfallquote war bei den Häftlingen unverhältnismäßig hoch (die durchschnittliche Lebenserwartung derjenigen, die nicht sofort in die Gaskammern geschickt wurden, betrug in Auschwitz ungefähr 12 Wochen) und erforderte einen ständigen Nachschub.

„Gestapo"-Müller, einer der ranghöchsten SS-Offiziere, setzte deshalb die Zahl der in den polnischen Städten vorzunehmenden „Aushebungen" auf 35 000 fest, wobei selbstverständlich alle arbeitsfähig sein mußten, „weil sonst entgegen der verfolgten Absicht die Konzentrationslager überbelegt würden". Die Zustände wurden chaotisch, als daraufhin die deutschen Sicherheitskräfte jeden aufgriffen, ganz gleich ob arbeitsfähig oder nicht, ohne Papiere oder mit deutscher Arbeitserlaubnis, Männer und Frauen, um Müllers Quote zu erfüllen. Wer nicht arbeitsfähig war, wurde im Lager aussortiert. „Überbelegung" bedeutete bald „Überbelastung" der Krematorien.

In den Städten des „Generalgouvernements" entwickelte das Zusammenleben der Polen mit der Zeit seine eigenen Gesetze und Erwartungen. Es gab nur ein Ziel: zu überleben. Schutz gegenüber dem blindwütigen Naziterror gab es für niemanden. Jeden Moment konnte man in eine Arbeiter„aushebung" geraten, als Geisel verhaftet oder bei einer der zahlreichen Exekutionen auf der Straße erschossen werden. Bei solchen Gelegenheiten wurden die Einwohner zuvor aufgefordert, vom Fenster zurückzutreten. Die Opfer, denen man den Mund häufig mit Heftpflaster zuklebte, um ihre Schreie zu ersticken, wurden einfach an die Wand gestellt und mit Maschinengewehren niedergemäht.

Wo dies geschah, wurde der Platz sofort zum Ort der Verehrung. General „Bór"-Komorowski, Kommandant des Warschauer Aufstandes, beschreibt in seinen Erinnerungen, wie seine Frau Renia „mit ihrem Baby im Kinderwagen die Senatorska-Straße entlangging, wo gerade eine solche Exekution stattgefunden hatte. Man hatte die Leichen bereits weggeschafft, aber das ganze Pflaster war blutbefleckt und Gehirnfetzen klebten an den Mauern. Überall knieten Menschen, und in wenigen Sekunden war der ganze Platz mit roten und weißen Blumen und brennenden Kerzen bedeckt. Auch in jedes Einschlagloch in den Mauern wurden Blumen gesteckt. Meine Frau blieb stehen, um zu beten. Als sich deutsche Polizisten näherten, floh sie. Als sie sich noch einmal umdrehte, sah sie, wie diese versuchten, die Menge mit Schreien und Schlägen zu vertreiben

– vergebens. Nach wenigen Augenblicken hatte sich die Menschenmenge wieder versammelt, und neue Blumen und Kerzen schmückten den Platz." (Aus: Tadeusz Bór-Komorowski, The Secret Army, New York 1984, S. 156)

Zum Überleben gehörte nicht nur Glück, sondern auch die Bereitschaft, gelegentlich das Gesetz zu übertreten. Die meisten Polen waren damals in Schwarzmarktgeschäfte, Schiebereien mit gestohlenen deutschen Waren, Diebstahl aus deutschen Firmen und Büros, Bestechung und dem Fälschen aller erdenklichen Dokumente verwickelt. Die Bauern wurden von den Städtern bestürmt, die Nahrungsmittel gegen Schmuck, Gold oder Möbel tauschen wollten. Wladyslaw Baran, ein kleiner Bauer, erinnert sich: „Die Leute kamen mit Fahrrädern aus Warschau zu mir. Ungefähr 50 kg konnte man auf so einem Rad transportieren; sie waren schlecht gekleidet, ihre Räder fielen fast auseinander, aber sie schoben sie zu Fuß von Warschau hierher. Jeder nahm ein paar Kilo Vollkornmehl oder Kartoffeln mit zurück; sie waren ein Bild der Armut …"

Die einzigen Deutschen, die mit den Polen in den Städten engeren Kontakt hatten, waren deutsche Schieber und Glücksritter, die ins „Generalgouvernement" strömten. Sie verkauften wertvolle Waren und Ausweise, aber sie waren unzuverlässig, und der Umgang mit ihnen war gefährlich. Die Polen entwickelten untereinander eine feste Solidarität. Sie erfanden ausgeklügelte Alarmsysteme und Codes, um sich gegenseitig vor den Deutschen oder einer „Lapanka" (Aushebung) in der nächsten Straße zu warnen. Eine Ausnahme bildeten nur die „Judenfänger", jene, die davon lebten, Juden aufzuspüren und zu erpressen, denen die Flucht aus den Ghettos gelungen war und die nun versuchten, sich als Christen durchzuschmuggeln. Der polnische Widerstand belegte dieses Verbrechen zwar mit der Todesstrafe, aber das Gewerbe florierte während der gesamten Besatzungszeit.

Die Polen sind stolz darauf, daß sich unter ihnen – als einzigem besetztem Land in Europa – keine Kollaborateure fanden. Kein Regime habe je mit den Deutschen zusammengearbeitet. Jedoch war dies zu einem guten Teil die Folge der deutschen Politik, deren Ziel es war, die polnische Nation auszurotten und nicht, sie als von sich abhängigen Staat bestehen zu lassen. Lediglich ein paar unbedeutende Randfiguren, wie der ältere Politiker Wladyslaw Studnicki, wandten sich an Berlin und boten an, eine zur Zusammenarbeit bereite Regierung zu bilden, wenn damit die Massendeportationen und Hinrichtungen aufhörten. Die Deutschen gingen auf den Vorschlag nicht ein. Studnicki wurde verhaftet.

Widerstandsgruppen begannen sich bereits zu formieren, bevor die polnische Armee endgültig besiegt war. Einen Tag, bevor Warschau fiel, beauftragten die Stadtväter General Tokarzewski, im ganzen Land eine militärische Untergrundorganisation aufzubauen. Er bildete eine Koalition aus Vorkriegs-Oppositionsparteien, der PPS, der Bauernpartei, den Nationaldemokraten (ND) und der kleinen Demokratischen Partei unter dem Namen „Dienst am Sieg Polens" (SZP) und reiste durch die besetzten Gebiete. Überall hatten sich bereits spontan Widerstandsgruppen gebildet. Zahlreiche Soldaten waren, anstatt sich zu ergeben, unter Mitnahme ihrer Waffen in die Wälder geflohen. Die berühmteste dieser Gruppen wurde von Major „Hubal" (Dobrzanski) befehligt, der seinen eigenen Partisanenkrieg im Gebiet um Kielce vom Pferderücken aus führte, bevor die Deutschen ihn 1940 töteten.

Es gelang Tokarzewski, viele dieser Gruppen auf seine Seite zu ziehen und sie in sein Netz einer das ganze Land umfassenden Untergrundbewegung einzubinden. Dennoch geriet er in ernste Schwierigkeiten – nicht mit den Deutschen, sondern mit den Polen.

Das Ganze war eine politische Frage. In Angers (Frankreich), wo General Sikorski sein Hauptquartier errichtet hatte, wollte man nicht zulassen, daß sich in Polen eine von der Exilregierung unabhängige Zentralgewalt bildete. Im Oktober 1939 ordnete Sikorski die Auflösung der SZP an und ersetzte sie durch eine eigene Organisation, den „Verband für den bewaffneten Kampf" (ZWZ). Zu diesem Zeitpunkt war ein Kontakt mit Polen nur durch Kuriere möglich, die auf einem langsamen und gefährlichen Weg entweder durch den Balkan oder vom neutralen Schweden aus über die Ostsee kamen. Eine Funkverbindung gab es nicht. Dennoch hatte Sikorski zunächst vorgehabt, den Widerstand direkt von Angers aus zu leiten und dem Kommando von General Sosnkowski zu unterstellen. Er entließ Tokarzewski und befahl ihm, sich nach Lemberg zu begeben (unterwegs wurde er von einer sowjetischen Patrouille verhaftet), und ernannte seinen Abgesandten, den wendigen Oberst Stefan Rowecki, zum alleinigen Befehlshaber des Widerstandes in Polen.

Es war dies die Zeit zwischen der französischen Kriegserklärung und dem tatsächlichen Angriff der Nazis auf Frankreich im Mai 1940. Die Polen in Angers lebten noch in der Vorstellung, Hitler werde im Westen schnell geschlagen werden. Sie argwöhnten, daß in diesem Fall eine unabhängige Führung der Widerständler ihnen ihre Autorität bestreiten und selbst die Regierung in einem dann befreiten Polen übernehmen würde. Sikorskis barsche Behandlung Tokarzewskis – absurd im nachhinein – entsprang seiner Furcht, daß der SZP zu viele der ehemaligen Anhänger Pilsudskis angehörten, die eine neue SANACJA begründen könnten.

Mit der Niederlage Frankreichs im Juni 1940 wurde die Verbindung zum polnischen Mutterland abgeschnitten. Die Regierung Sikorski floh nach London. Im Juni 1941 griff Hitler die Sowjetunion an, und ganz Polen geriet unter die Kontrolle der vorrükkenden deutschen Truppen. Am 30. Juli unterzeichnete die Regierung Sikorski unter dem Druck Englands voll böser Ahnungen und gegen ihren Willen ein Hilfsabkommen mit der Sowjetunion.

Vor dem Hintergrund dieser schwerwiegenden Ereignisse gab sich der Widerstand mühsam eine stabile Struktur. Dem Regierungsvertreter in Warschau, der gegenüber London die unmittelbare Verantwortung trug, unterstanden vier Abteilungen: ein politischer Beirat (PKP), die „Delegatura" (Verwaltung), die bewaffneten Streitkräfte, die sich 1942 zur „Armee im Lande" (AK) zusammengeschlossen hatten, und das Direktorium des Untergrundkampfes,

Die „Armee im Lande". Ein junger Offizier der Widerstandsbewegung.

Ein Bild wie im Frieden. Drei Partisanen zu Besuch bei ihren Freunden.

welches für soziale Belange und das Erziehungswesen im „Untergrundstaat" zuständig war.

Eine der wenigen klugen Aktionen Heinrich Himmlers war es, daß er seinen Sicherheitsoffizieren eine Monographie über den polnischen Aufstand 1863 zu lesen gab. Die Parallelen sprangen ins Auge. Wie 1863 zielte die polnische Strategie darauf ab, einen arbeitsfähigen „Untergrundstaat" zu schaffen, einschließlich Universitäten, Schulen, Gerichten und einem „Mini"-Parlament. Die Armee bewaffneter Partisanen, die in kleinen Gruppen über das ganze Land verstreut war, wurde von einer geheimen Kommandozentrale in Warschau geleitet. Von Fall zu Fall stand eine riesige Anzahl von Hilfskräften zur Verfügung, die ein „normales" Leben führten, aber insgeheim Soldaten der AK waren. Ziel dieses militärischen Widerstandes war es, einen allgemeinen Volksaufstand vorzubereiten, der losschlagen und Polen befreien sollte, sobald Hilfe aus dem Ausland kam.

Die AK war und blieb die weitaus größte Widerstandsbewegung Polens. Auf ihrem Höhepunkt, 1944, zählte sie etwa 200 000 Männer und Frauen zu ihren Mitgliedern. Ihre Verbündeten auf dem Land, die Bauern-Bataillone, waren fast ebenso stark. Aber es war der AK nicht möglich, dieses Heer von leidenschaftlichen Freiwilligen entsprechend zu bewaffnen. Die AK scheint nie mehr als 32 000 Gewehre besessen zu haben. Zwar wurden einige Waffen und auch Nahrungsmittel von Flugzeugen der Alliierten über Polen abgeworfen, aber das Land lag am äußersten Ende der Reichweite ihrer Flugzeuge, und so erreichten nur ein paar hundert Tonnen Ladung ihr Ziel. Dies bedeutete, daß eine

„traditionelle Volkserhebung" praktisch nicht durchführbar war und ein Traum blieb, an dem die Führung der AK nichtsdestoweniger festhielt.

Aus Mangel an Waffen mußte sich die AK während ihres gesamten Bestehens darauf beschränken, den Feind, wo immer möglich, zu schädigen, konnte ihn aber nie wirklich angreifen. Sie sprengte Eisenbahnen und Straßen, übte Sabotage, befreite Gefangene und ermordete einzelne SS-Männer und Polizeioffiziere. Die AK half entflohenen alliierten Kriegsgefangenen weiter und verfügte über einen sensationell erfolgreichen Geheimdienst, der die westlichen Alliierten mit Einzelheiten und sogar Einzelteilen der neuen deutschen Geheimwaffe, V 1 und V 2, versorgte. Trotz ihres Mangels an Waffen konnte die AK allein durch ihre Größe und ihre Verbreitung über das ganze Land einen Großteil der deutschen Streitkräfte in Schach halten. Etwa 150 000 Soldaten wurden während der Besatzungszeit bei Gefechten getötet, und die AK wurde zu einer ständigen Bedrohung für die deutschen Verbindungslinien zur Ostfront. Aber auf Widerstand jeglicher Art stand die Todesstrafe, und die Verluste der AK im Kampf, durch Exekutionen und in den Lagern nahmen einen tragischen Umfang an. Unter den Toten waren Professor Jan Piekalkiewicz, Regierungsvertreter der AK bis 1943, sowie General Stefan Rowecki, der im gleichen Jahr gefangengenommen und 1944 im Konzentrationslager erschossen wurde.

Der „Untergrundstaat", der die Tradition von 1863 wieder aufleben ließ, breitete sich aus und arbeitete mit Erfolg. Etwa 1 Million Kinder wurden in illegalen Schulen unterrichtet, und die Universitäten von Warschau, Krakau, Lemberg und Wilna hielten insgeheim ihren Betrieb aufrecht.

Die Geheimhaltung dieser Dinge war lebenswichtig. Bogna Domańska, eine Arbeite-

Der „Untergrundstaat". Geheime Schulen – von der Grundschule bis zur Hochschule – wurden aufrechterhalten, obgleich Lehrern und Schülern die Todesstrafe drohte.

rin, war in einem geheimen Jugenderziehungszentrum im Armenviertel von Warschau tätig. „Die jungen Leute wurden dort in einem Beruf ausgebildet, sie lernten lesen und schreiben. Es war alles sehr gut gemacht. Die jungen Leute kamen gern. Eines schönen Tages fuhren ein paar Autos vor der Schule vor. Alle jungen Leute wurden hinausgetrieben und 27 Schüler wurden auf dem Hof des Gebäudes gehängt ... ein Strick, an dem 27 junge Männer hingen."

Ein Netz von Gerichten, die in einer Gemeinschaft Recht sprachen, in der illegales Verhalten nicht nur lebensnotwendig, sondern auch Eckpfeiler des Widerstandes selbst war, versuchte mit den schlimmsten Fällen von Banditentum, Erpressung und antisozialem Gangstertum aufzuräumen. Eine umfangreiche und vielseitige Presse entwickelte sich. Über tausend Bücher und Broschüren wurden veröffentlicht – einige sorgfältig gedruckt – sowie zahlreiche regelmäßig erscheinende geheime Zeitungen und Bulletins herausgegeben. Frau Domańska half bei der Herstellung einer gefälschten Version der offiziellen, von den Deutschen herausgegebenen Tageszeitung. Sie enthielt die wahren, unzensierten Nachrichten: „Unsere Jungen fuhren mit dem Fahrrad herum und lieferten sie aus. Ganz Warschau las sie. Sämtliche Neuigkeiten aus England, Amerika, Europa und dem polnischen Widerstand standen darin. Ein alter Mann stand auf der Straße und las. Plötzlich begann er zu weinen. Er faltete die Zeitung zusammen, steckte sie in die Tasche und sagte: ‚Danke!' Nur so – vor sich hin."

Der Mangel an Nahrungsmitteln und Medikamenten sowie an Kleidung, vor allem an Schuhen (viele trugen im Winter Holzschuhe und liefen im Sommer barfuß), führte zu einer allgemeinen Verschlechterung des Gesundheitszustandes. Der Tod durch Tuberkulose nahm in Warschau zwischen 1939 und 1941 um ein Vierfaches zu. Selbsthilfegruppen, die von den Deutschen toleriert und vom Widerstand aktiv unterstützt wurden, eröffneten Suppenküchen und Hilfszentren. Das kulturelle Leben wurde, so gut es ging, aufrechterhalten. Die Deutschen übernahmen alle Kinos – die Mitglieder der Widerstandsgruppen riefen ziemlich erfolglos zum Boykott der Filme auf –, und in vielen Städten spielten Untergrundtheater. In einem von ihnen, dem Rhapsodie-Theater in Krakau, spielte damals ein junger Schauspieler namens Karol Woityla, der spätere Papst Johannes Paul II.

Die katholische Kirche machte während der Besatzungszeit, was ihr soziales Engagement wie ihr Verhältnis zur Bevöl-

Pater Maximilian Kolbe, der 1982 heilig gesprochen wurde. In Auschwitz nahm er freiwillig anstelle eines polnischen Familienvaters den Hungertod in der Strafzelle auf sich.

105

kerung anging, eine Wandlung durch. Zum Teil dadurch bedingt, daß sie selbst hart verfolgt wurde – mehrere tausend Priester wurden von den Nazis ermordet –, zum anderen durch ihre Isolation. Vom Vatikan kam wenig Hilfe oder geistige Unterstützung. Der im März 1939 neu gewählte Papst Pius XII. suchte den Kompromiß mit Deutschland und dem Nationalsozialismus, was die Polen tief erschütterte. Zur gleichen Zeit wurde der Primas, Kardinal Hlond, aufgefordert, Polen zu verlassen und sich nach Rom zurückzuziehen. Damit war die Kirche im Augenblick einer verzweifelten nationalen Krise ihres Führers beraubt. Andererseits war Hlond der Repräsentant einer Vorkriegskirche, die sehr viel negative Elemente aufwies: ihre erzkonservative Haltung, ihre Stellung als Eigentümer riesiger Güter und damit als Interessenvertreterin der besitzenden Klasse, und ihr Antisemitismus. (1936 hatte Hlond in einem Hirtenbrief verkündet, daß „die Juden gegen die katholische Kirche kämpfen und die Vorhut von Atheismus, Bolschewismus und Revolution sind; die Juden sind Betrüger und beteiligen sich an weißer Sklaverei".)

Sich selbst überlassen und ungeschützt dem Nazi-Terror ausgesetzt – besonders in den annektierten Westgebieten, wo von 2500 Priestern der Region um Posen 752 ermordet wurden –, teilte die Kirche die Leiden des Volkes. Dieses suchte seinerseits vor den Schrecken des täglichen Lebens Zuflucht bei der Religion, die sich wieder einmal als stärkstes Bollwerk der polnischen Identität erwies. Die Führer des Widerstandes stimmten nicht in allen Fragen mit der Kirche überein. So verurteilten sie die Art, wie Bischof

Kommunistische Partisanen. Vier Soldaten der Volksarmee in einem Dorf in der Nähe von Zamość.

106

Adamski in Oberschlesien für eine gewisse Zusammenarbeit mit den Deutschen eintrat. Dagegen begrüßten sie die starrere Haltung von Erzbischof Adam Sapieha in Krakau, dessen Diözese Tausenden Hilfe und Schutz bot. Aber der Wandel zu einer weniger überheblichen und standhaften „Volkskirche" war bereits zu spüren. Zum Symbol dieser neuen Kirche sollte Pater Kolbe werden, der in Auschwitz stellvertretend für einen polnischen Familienvater in den Tod ging, und dafür 1982 heiliggesprochen wurde – ein um so bezeichnenderes Beispiel, als Pater Kolbe vor dem Krieg eine gezielt antisemitische Kirchenzeitung ediert hatte.

Die AK sah sich zwei wichtigen politischen Hauptproblemen gegenüber. Erstens war es nicht möglich, die gesamte Widerstandsbewegung unter einer gemeinsamen Führung zu vereinen. Auf der Rechten hatte eine Splittergruppe der Nationaldemokraten die „Nationalen bewaffneten Streitkräfte" (NSZ) gegründet, die Sikorskis Pakt mit der Sowjetunion ablehnten und ihren eigenen Terrorkrieg nicht nur gegen Deutsche, sondern auch gegen Juden und bisweilen gegen die AK selbst führten. Auf der Linken bildete sich 1942 eine kommunistische Widerstandsbewegung, nachdem Stalin die Neugründung einer polnischen kommunistischen Partei unter dem Namen „Polnische Arbeiterpartei" (PPR) erlaubt hatte. Aber Versuche der PPR, zusammen mit dem Vertreter der Londoner Regierung und der AK eine gemeinsame militärische und politische Front aufzubauen, wurden zurückgewiesen. Die Zahl der kommunistischen Widerstandskämpfer war nicht besonders eindrucksvoll. Sie betrug weniger als ein Zehntel der vereinigten Kräfte von AK und Bauern-Bataillonen. Aber als gegen Ende 1943 deutlich wurde, daß die Sowjetarmeen und nicht der Westen Polen befreien würde, wirkte sich das Fehlen jeglicher Verbindung zwischen dem „Londoner" Widerstand und der PPR, die von der Sowjetunion gestützt wurde, als gefährlich und schließlich schicksalhaft aus.

Das zweite Problem, das mit dem ersten eng zusammenhing, war der zunehmende Radikalismus in Polen während des Krieges. Die Polen teilten das Verlangen aller europäischen Widerstandsbewegungen nach einer besseren Welt nach dem Krieg, nach sozialer Gleichheit und Vollbeschäftigung. In Polen waren im Gegensatz zu Italien oder Frankreich die Erinnerungen an 1920 und 1939 aber noch zu frisch, um dieses Streben für die Ziele des Kommunismus nutzbar machen zu können. Gleichermaßen war man entschlossen, niemals zu den Grundsätzen einer SANACJA zurückzukehren, sondern wollte eine radikale Demokratie schaffen, die für immer mit dem Fluch bäuerlicher Armut, dem Großgrundbesitzertum und der industriellen Rückständigkeit aufräumen würde.

Dies brachte die Londoner Exilregierung wie die Führung des Widerstandes in Schwierigkeiten, unter denen sich zum Teil noch andersdenkende Politiker der alten Garde befanden. Nach der Verhaftung Roweckis war General Tadeusz „Bór"-Komorowski zum neuen AK-Kommandeur ernannt worden. Er überredete die politischen Führer, ein Programm für eine Sozialreform zu entwickeln, das unter anderem eine Auflösung allen Grundbesitzes von mehr als 50 ha Größe vorsah. Die Angst vor dem Kommunismus und das Bestreben, eventuellen Reformen zuvorzukommen, die die vorrückende Sowjetarmee ihnen aufzwingen könnte, waren nur einige der Gründe für seinen Vorschlag. „Bór"-Komorowski war überzeugt, daß seine AK derartige Reformen begrüßen würde. Aber was er an Zugeständnissen forderte, reichte bei weitem nicht aus, um mit den polnischen Kommunisten und ihrer „Volksarmee" (AL), deren Sprecher Wladyslaw Gomulka war, zu einer Verständigung zu kommen.

In Wahrheit bestand kein großer Unterschied zwischen den von der PPR angestrebten Reformen und den Vorstellungen des „Londoner Widerstandes". Die Verhandlungen scheiterten letztlich an der Frage der Ostgrenzen. Der Londoner Regierungsvertreter bestand unnachgiebig darauf, die Kommunisten müßten die Vorkriegsgrenze anerkennen, wie sie im Vertrag von Riga festgelegt worden war. Er verlangte darüber hinaus von der PPR das Versprechen, daß die Kommunisten gegen die Sowjetunion zu den Waffen greifen würden, falls Stalin versuchen sollte, die polnisch-sowjetische Grenze dort zu ziehen, bis wohin er 1939 vorgerückt war. Diese Gespräche scheiterten natürlich. Die PPR verfolgte ihren eigenen Kurs weiter und schuf schließlich im Dezember 1943 einen „Landesnationalrat" (KRN). Die AK sah hierin ganz richtig die Keimzelle einer kommunistisch geführten provisorischen Regierung und beschuldigte die PPR des Hochverrats.

Inmitten dieser Vorgänge ereignete sich auf polnischem Boden die größte Tragödie des 20. Jahrhunderts: die „Endlösung der Judenfrage", die systematische Ausrottung der Juden Europas. Sie fand gleichermaßen in den Ostseestaaten wie in den von den Nazis eroberten Gebieten Rußlands statt, wo die Durchführung in den Händen der Exekutionskommandos der Einsatzgruppen lag. Aber das eigentliche Zentrum des Schreckens bildeten die Gaskammern der im „Generalgouvernement" errichteten Konzentrationslager, wo die Ermordung von Millionen Menschen nahezu fabrikmäßig stattfand.

Periodische Massaker an Juden waren bereits in den ersten Monaten der Besetzung durch die Nazis an der Tagesordnung. Es folgte eine Reihe von Dekreten, die den Juden alle Rechte absprachen, ihre Nahrungsmittelrationen unter ein Existenzminimum herabsetzten und sie – im Verlauf des Jahres 1940 – in ummauerte Ghettos der größeren Städte und Gemeinden zusammenpferchte. Auf Verlassen der Ghettos und Zufluchtgewährung gegenüber Juden stand die Todesstrafe. Judenräte, die von den Deutschen eingesetzt wurden, bemühten sich verzweifelt, den Ghettobewohnern durch immer mehr Zugeständnisse an die Deutschen Erleichterungen zu verschaffen; aber ihre Lage war hoffnungslos. 1941 waren bereits 100 000 Juden gestorben oder ermordet worden. Alptraumartige Bedingungen herrschten in den vom Typhus befallenen Ghettos wie etwa in Warschau, wo zum Skelett abgemagerte Kinder in den Straßen herumstreunten und die Leichen der an Hunger oder Krankheit Verstorbenen überall auf dem Straßenpflaster lagen.

Wann genau – und auch „warum" – Hitler den Geheimbefehl zur Durchführung der systematischen Ermordung aller europäischen Juden gab, ist unbekannt. Es scheint so, als sei der Befehl bereits Ende 1941 erteilt und auf der berüchtigten Wannsee-Konferenz im Januar 1942 in Berlin nur noch bestätigt worden.

Trotz aller hetzerischen Reden von „Ausrottung" und „Auslöschung" war das Vorgehen der Nazis gegen die Juden improvisiert und sprunghaft. Die ursprüngliche Idee einer zwangsweisen Emigration scheiterte an der „Abschottungs"politik des Westens, besonders der Engländer in Palästina, und war mit Ausbruch des Krieges ohnehin nicht mehr zu realisieren. Als nächstes scheint man geplant zu haben, die europäischen Juden in die von der Sowjetunion eroberten Gebiete Asiens zu deportieren, wo man sie nach Geschlechtern getrennt – um jede Nachkommenschaft zu verhüten – sich hätte zu Tode schuften lassen. Die Massaker durch die Einsatzgruppen, die über eine Million Juden hinter den Linien der vorrückenden deutschen Armee ermordeten, sollten nur den Boden vorbereiten für das, was kommen sollte.

Es ist behauptet worden, daß der Stillstand der deutschen Armee vor Moskau im Dezember 1941 letztlich der Auslöser für die „Endlösung" gewesen sei, weil sich damit die Hoffnung auf eine schnelle Eroberung weiter, menschenleerer sowjetischer Gebiete zerschlagen hatte. Der Krieg im Osten würde lange dauern und hart werden. Inzwischen aber waren die Bedingungen in den Ghettos und Lagern, in denen polnische und andere europäische Juden zusammengepfercht waren, so entsetzlich, daß es den Ordnungssinn der Deutschen alarmierte. Zeit, Raum und Mittel für eine „Sich-zu-Tode-arbeiten"-Lösung waren nicht mehr gegeben. Man mußte die Judenfrage auf andere Weise lösen, schnell und auf der Stelle.

Die ersten Vergasungen fanden 1941 in Chelmno statt. Zu Beginn des nächsten Jahres wurden in Treblinka, Sobibór und Belżec (Generalgouvernement) Vernichtungslager mit Gaskammern gebaut. Im Winter 1942/43 wurde das Konzentrationslager Auschwitz in Schlesien um eine Reihe riesiger Gaskammern und Krematorien erweitert, die den Mord und die Beseitigung von bis zu 15 000 Menschen in 24 Stunden ermöglichten. Nicht nur die Juden, auch die Zigeuner sollten dem Völkermord zum Opfer fallen, neben Hunderttausenden anderer Menschen aus fast allen europäischen Ländern. Allein in Auschwitz wurden 3 Millionen Menschen umgebracht. Etwa 2,8 Millionen Polen kamen in den Vernichtungslagern um, zusammen mit einer weiteren Million Juden, die per Eisenbahn aus allen Gegenden Europas in die Gaskammern gebracht wurden. Insgesamt starben über 5 Millionen Juden aller Nationalitäten im besetzten Polen, innerhalb und außerhalb der Lager.

Im Juli 1942 begannen die Deutschen damit, die Bewohner des Warschauer Ghettos in die Gaskammern von Treblinka zu deportieren. Um dem schnell um sich greifenden hoffnungslosen Fatalismus zu begegnen, wurde eine jüdische Kampforganisation gegründet, der es gelang, mit der AK Verbindung aufzunehmen. Bunker wurden gebaut und Benzinbomben hergestellt, und als die SS am 19. April 1943 das schon fast leere Ghetto betrat, um die endgültige Räumung vorzunehmen, griff die jüdische Widerstandsgruppe an. Die Juden im Ghetto wußten, daß sie diesen Kampf nicht gewinnen konnten. Der Feind war hoffnungslos überlegen, und die AK und die kommunistischen Untergrundgruppen konnten wenig tun. Aber es ging in diesem Kampf nicht um den Sieg, es ging um die Ehre und die Zukunft des jüdischen Volkes. Eine Handvoll Männer und Frauen leistete fast einen Monat lang Panzern und Artillerie Widerstand, während der Rauch brennender Häuser und der Geruch verkohlter Leichen durch Warschau zog. Bevor er mit seinen Kameraden Selbstmord beging, sagte Mordechai Anielewicz, der Führer des Warschauer Ghetto-Aufstandes: „Ich habe den jüdischen Kampfgeist in all seiner Herrlichkeit erlebt."

Von 3,35 Millionen polnischer Juden lebten gegen Kriegsende noch etwa 340 000, die meisten als Flüchtlinge in der Sowjetunion. Jene, die sich bis zur Befreiung in Polen verbergen konnten, berichteten fürchterliche Dinge, die noch heute das jüdisch-polnische Verhältnis belasten. Die Polen weisen gern darauf hin, daß jeder Jude, der überlebt hat, sein Leben einem Polen verdankt – eine Behauptung, die nicht ganz falsch, aber unvollständig ist. Es gab eine Menge Polen, die Juden versteckt haben, obgleich sie sich und ihre Familien damit der Todesstrafe aussetzten. Es gab auch in den Reihen der Untergrundkämpfer eine Sonderabteilung zur Unterstützung der Juden; und die Zegota, gegründet, um jüdischen Mitbürgern zu helfen, tat heroisch, was sie nur konnte, und

Kinder im Warschauer Ghetto, 1940.

Eine jüdische Druckerei im Ghetto von Lodsch (Lódź).

Mai 1943: Zerstörung des Warschauer Ghettos. General Jürgen Stroop, der Kommandant der Nazi-Streit-
kräfte, sieht zu, wie Juden aus den brennenden Häusern in den Tod springen.

zahlte dafür einen hohen Preis. Die Führung der AK sandte verzweifelte Botschaften nach London, in denen sie den systematischen Mord an den Juden schilderte. Diese Hilferufe wurden von der polnischen Exilregierung in alle Welt weitergegeben – aber die Welt blieb ungläubig und gleichgültig.

Alles das ist wahr. Aber jüdische Flüchtlinge aus den Ghettos merkten sehr schnell, daß sie draußen nirgends sicher waren. „Ich hatte keine Angst vor den Deutschen", erinnerte sich eine Jüdin, „ich hatte Angst vor den Polen." Da gab es die marodierenden Erpresser, die die Straßen auf der Suche nach jüdischen Gesichtern durchstreiften. Da gab es viele Polen, die absolut nicht einsahen, daß sie sich plötzlich für Leute einsetzen sollten, die sie noch nie gemocht hatten, und die im Grunde sogar froh waren, daß die Juden vertrieben wurden – obgleich die Art und Weise sie erschreckte, zumal sie befürchten mußten, daß mit ihnen demnächst ebenso verfahren würde. Und schließlich gab es einige Partisanengruppen – meistens Angehörige der NSZ –, die alle Juden, die sie in den Wäldern aufstöberten, erschossen.

Es gibt Leute, wie den Regisseur von „Shoah", Claude Lanzmann, die den Polen eine unmittelbare Mitwirkung an der Ermordung der Juden zur Last legen. Sie argumentieren, Hitler habe die Gaskammern nur deshalb in Polen bauen lassen, weil er sicher gewesen sei, daß die Polen aufgrund ihres Antisemitismus keinen Protest erheben würden. Diese Behauptung ist historisch falsch und mißversteht die polnische Haltung. Der polnische Antisemitismus – der noch heute weit verbreitet ist – beruht auf einem sehr alten, religionsbedingten Argwohn, der jedoch in einer geistigen Welt angesiedelt ist, die mit dem „künstlichen" und systematisch aufgebauten Rassismus der Nazis nichts gemein hat. Für die Bauern waren die Juden ganz schlicht die Mörder Christi. Jene, die sie dennoch verbargen, taten dies häufig aus der Überlegung, daß die Schuld der Juden durch das, was jetzt mit ihnen geschah, gesühnt sei. Aber, ein Jude, der an einer Hütte anklopfte, war sich keineswegs sicher, was daraus entstehen mochte. Es konnte geschehen, daß man ihn hinauswarf, ihn denunzierte oder in der Hoffnung auf „jüdisches Gold" versteckte. Es gab aber auch Fälle – wie z. B. die Familie, die den jungen Roman Polanski aufnahm –, wo die Bauern den Flüchtling in ihr Herz schlossen und ihm halfen, weil die Rettung eines Menschen ihrer Auffassung von christlicher Nächstenliebe entsprach.

Im Juli 1943 erreichte der Krieg seinen Wendepunkt. In der größten Panzerschlacht der Geschichte in der Nähe von Kursk kam Hitlers Offensive zum Stillstand und wurde dann zurückgeschlagen. Die Rote Armee begann ihren Marsch nach Westen – langsam, aber unaufhaltsam –, der etwa zwei Jahre später in Berlin endete. Im Januar 1944 überquerten die ersten Sowjettruppen die russisch-polnische Grenzlinie von 1939.

Die Polen hatten viel durchgemacht; die Exilregierung in London wie der Widerstand im Land. Im April 1943, nach der Entdeckung der Leichen Tausender polnischer Offiziere im Wald bei Katyń, nahe Smolensk, hatte die polnische Exilregierung die Sowjetunion des Mordes beschuldigt. Stalin hatte darauf alle Beziehungen zu Sikorski abgebrochen. Einen Monat später hatte er begonnen, eine polnische Armee unter russischem Kommando aufzustellen. Im Juli wurde Sikorski bei einem Flugzeugunglück auf Gibraltar getötet. Die Nachfolge traten seine beiden rangältesten Offizierskameraden in London an: Stanislaw Mikolajczyk, der Anführer der Bauernpartei, übernahm das Amt des

Premierministers und General Sosnkowski den Oberbefehl über die Streitkräfte.

In Polen hatte man Rowecki verhaftet. Sein Nachfolger als AK-Kommandant wurde „Bór"-Komorowski, ein sehr konservativer Offizier. Inzwischen bereiteten sich die Kommunisten und ihre Verbündeten auf den Empfang der Roten Armee vor und trafen Vorbereitungen, die Fundamente für eine pro-sowjetische Regierung zu legen.

Die Exilpolen in London klammerten sich weiter an die Hoffnung – oder Illusion –, daß Polen vom Westen befreit werde oder wenigstens die anglo-amerikanischen und polnischen Truppen gleichzeitig mit der Roten Armee eintreffen würden. Ende 1943 jedoch wurde es für die Warschauer Führung immer deutlicher, daß dies nicht geschehen werde. Wenn aber die Sowjetunion Polen allein besetzte, was konnten dann die Widerstandsgruppen tun, um Polens Unabhängigkeit zu verteidigen und zu erhalten, und zu verhindern, daß Polen zu einem sowjetischen Protektorat wurde?

Aus London kam der Befehl, daß die gesamte Organisation – bestehend aus AK, dem Regierungsvertreter und allem übrigen – weiterhin aufrechtzuerhalten sei, wenn die Sowjetarmee Polen überrollte. Weitere Anweisungen seien abzuwarten. „Bór"-Komorowski und seine Kollegen hielten dies für albern und unehrenhaft. Statt dessen planten sie, aktiv zu werden. Sobald die sowjetischen Streitkräfte näherrückten, sollte eine AK-Einheit nach der anderen Aufstände gegen die sich auflösenden deutschen Verbände anzetteln und das jeweilige Gebiet „säubern". Danach würde man die Rote Armee als „Gastgeber" in einem unzweifelhaft freien polnischen Staat empfangen, dessen Regierung umgehend aus London zurückkehren werde.

Es war dies die sogenannte „Operation Sturm". Ihre Schwäche lag darin, daß die AK-Führung die Machtverhältnisse und die jeweiligen Interessen innerhalb der Anti-Hitler-Koalition falsch beurteilte. Erstens setzte „Sturm" voraus, daß die Sowjetunion veranlaßt werden könnte, die Vorkriegsgrenzen zu respektieren. Tatsächlich hatte sie keineswegs diese Absicht, sondern betrachtete das im September 1939 eroberte Gebiet nach wie vor als Teil der UdSSR. Und England wie Amerika hatten bereits zu verstehen gegeben, daß sie wegen dieser Frage keinen Bruch mit Stalin riskieren würden. Zweitens ging „Sturm" davon aus, Stalin würde das „fait accompli" einer anti-kommunistischen, vom Westen gestützten Regierung hinnehmen. Dabei übersah man, daß Roosevelt und Churchill bereits auf dem Teheran-Treffen im November/Dezember 1943 damit gescheitert waren, Stalin zu der Zusage zu bewegen, eine polnische Nachkriegsregierung anzuerkennen, die die neue Ostgrenze entlang der „Curzon-Linie" nicht akzeptieren würde – die ungefähr der Grenze zwischen Deutschland und Rußland 1939 entsprach.

So rannte „Sturm" in sein Verderben. Im Februar 1944 zettelte die AK in Wolhynien einen lokalen Aufstand an und vereinte ihre Streitkräfte mit den vorrückenden sowjetischen Truppen. Zunächst waren die sowjetischen Offiziere freundlich und kooperativ, lehnten es aber ab, irgendwelche verbindlichen Aussagen über die Grenzen zu machen. Im April erlitten die neuen „Verbündeten" bei einem deutschen Gegenangriff eine Niederlage, und viele Polen wurden gezwungen, in die sowjetisch kommandierte polnische Truppe unter General Berling einzutreten. Im Juli 1944 halfen AK-Einheiten der Roten Armee, die Deutschen aus Wilna zu vertreiben. Ein paar Tage später wurden ihre Offiziere verhaftet und ihre Leute entweder interniert oder wiederum der Berling-Armee eingegliedert. Gegen Ende Juli 1944 unterstützten rund 6000 AK-Kämpfer die sowjetischen

Streitkräfte bei der erbitterten Schlacht um Lemberg. Wieder geschah dasselbe; den AK-Führern wurde mitgeteilt, Lemberg sei nunmehr eine russische Stadt und ihre Leute hätten die Wahl, entweder in die Rote Armee oder die Berling-Truppe einzutreten. Als sich das gleiche noch einmal in der Nähe von Lublin wiederholte – und zwar eindeutig auf polnischer Seite, diesseits der Grenze von 1939 –, war klar, daß die Aktion „Sturm" gescheitert war. Militärisch gesehen hatte sich die AK hervorragend geschlagen und viel Ruhm erworben. Politisch erwies sich ihr Versuch, die Sowjetführung zu veranlassen, sie als Armee einer legalen polnischen Regierung anzuerkennen, als illusorisch.

Am 22. Juli war die Rechtmäßigkeit der Londoner Exilregierung förmlich angefochten worden. Das von den Sowjets gestützte „Komitee der Nationalen Befreiung" (PKWN) veröffentlichte in Moskau sein „Juli-Manifest", in dem es sich für demokratische Reformen und Freundschaft mit der Sowjetunion aussprach. Ein paar Tage später nahm das Komitee seinen Sitz im neuerlich befreiten Lublin und wurde von der UdSSR als legitime Regierung in Polen anerkannt. Inzwischen erreichten die vorrückenden Truppen der Ersten Weißrussischen Armee unter General Rokossowski am 25. Juli die Weichsel. Der Kanonendonner der sich nähernden Roten Armee war bis Warschau zu hören, wo die Deutschen mit einer hastigen Evakuierung begannen. Es sah ganz so aus, als würden die sowjetischen Streitkräfte innerhalb weniger Tage Warschau erreichen.

„Bór"-Komorowski und seine Offiziere entschieden sich, in Warschau einen Aufstand auszurufen. In Anbetracht der enormen Erregung, die in der Hauptstadt herrschte, hätten sie ihn vielleicht nicht einmal verhindern können. Aber ihre Kalkulationen – über die Stärke des Feindes, über die Entlastung durch die Rote Armee, über die Unterstützung durch die Alliierten und über die politischen Folgen eines Aufstands – erwiesen sich als falsch. Am 1. August 1944 begann die größte, tapferste und bei weitem blutigste Erhebung aller Zeiten innerhalb einer Stadt. Sie endete in einer Katastrophe – aber es war ein Kampf, an dem teilgenommen zu haben kein Überlebender jemals bedauert hat.

5. Kapitel

Freunde und Nachbarn: 1939–1945

1940 hielt Winston Churchill über den Rundfunk eine Rede an die polnische Nation. Er sprach von der Belagerung Englands, das den Krieg gegen Hitler allein führen müsse – aber doch nicht ganz allein, denn in den Straßen von London erblicke man während der deutschen Luftangriffe auch Soldaten in ausländischen Uniformen, darunter viele mit polnischen Schulterstücken.

Er sagte: „Dieser Krieg wird lang und hart, aber das Ergebnis steht fest. Unser Sieg wird der Lohn sein für alle Mühe, alle Enttäuschung und alle Leiden derjenigen, die treu für den Frieden Europas und der Welt eingetreten sind."

Keine Nation hat diesem Frieden treuer gedient als die Polen. Sie haben vom ersten bis zum letzten Tag gegen Hitler gekämpft: zu Land, zur See und in der Luft. Polnische Truppen haben in Polen, in Rußland und Nordafrika, in Norwegen, Italien, Frankreich und den Niederlanden gefochten. Sie waren bei der Zerstörung Deutschlands dabei und halfen Berlin zu erobern. Die polnische Flotte war ständig im Einsatz: über und unter Wasser, während der Schlacht im Atlantik, in der Nordsee und im englischen Kanal. Polens Flieger nahmen an der Schlacht um England teil, an der Bomberoffensive gegen Deutschland und halfen beim Nachschubtransport an allen Fronten. Ein Fünftel der Gesamtbevölkerung Polens kam im Krieg um. Die Kämpfer traten an nach dem überkommenen Wahlspruch der Exilpolen, die in jeder demokratischen Revolution des 19. Jahrhunderts in ganz Europa mitgekämpft hatten: „Für eure wie für unsere Freiheit!" Aber am Ende des Krieges mußten sie feststellen, daß kein Volk so sehr gelitten und so wenig gewonnen hatte.

Das Ende des Krieges brachte kläglichen Lohn für alle Mühe und Enttäuschung. 1939 war Polen ein unabhängiger, souveräner Staat gewesen. Zwar war das Land nicht länger eine parlamentarische Demokratie, und das Militärregime, die SANACJA, die nach Pilsudskis Tod die Macht übernommen hatte, war beim größten Teil der Bevölkerung unbeliebt. Aber das waren sozusagen „private" Probleme, die die Polen innerhalb der Familie regeln würden. 1945 erlangte das ruinierte und dezimierte Polen zwar formell seine Unabhängigkeit wieder, war aber außenpolitisch stark an die Sowjetunion gebunden und wurde von polnischen Kommunisten regiert, deren Ideologie vom größten Teil des Vol-

Polnische Piloten kämpften im Sommer 1940 bei der Verteidigung Englands mit. Ein Sechstel aller abgeschossenen deutschen Maschinen ging auf ihr Konto. Hier die 303. polnische Schwadron (Tadeusz Kościuszko) bei der Registrierung ihres 178. Abschusses, eines Jagdflugzeugs.

kes abgelehnt wurde. Die Alliierten hatten der Londoner Regierung ihre Legitimation abgesprochen, der die meisten Polen während der deutschen Besetzung die Treue gehalten hatten. Sie hatten der Nation ihre Ostgebiete genommen und ihr statt dessen das ehemals deutsche Gebiet bis zur Oder-Neiße-Linie zugesprochen. Pro-kommunistische Einheiten führten, von der Roten Armee unterstützt, in den Bergen und Wäldern einen erbarmungslosen Kampf gegen die Überlebenden der Widerstandsgruppen.

Dies war kaum die Unabhängigkeit, deren Wiedererlangung England den Polen 1939 versprochen hatte. Zehntausende polnischer Soldaten im Westen, die sechs Jahre lang geglaubt hatten, jeder Schritt auf ihrem Marsch durch so viele fremde Länder sei ein Schritt in Richtung Heimat, zogen es unter diesen Umständen vor, im Exil zu bleiben.

Manches hätte im Detail anders verlaufen können. Aber, was Polen letztlich erwartete, begann sich bereits am 22. Juni 1941 ganz klar abzuzeichnen, als Hitler die Sowjetunion angriff. Dieser Schritt hatte unausweichlich zweierlei zur Folge: Zum einen konnte der Angriff nur mit einer Niederlage Deutschlands enden, das hier mit dem strategischen Grundsatz gebrochen hatte, niemals einen Zweifrontenkrieg zu führen. Mit der Niederlage Deutschlands bekam Rußland die Gelegenheit, seinen Machtbereich auf Dauer bis ins Herz Europas auszudehnen, was die Staatsmänner seit mehr als 100 Jahren zu verhindern gesucht hatten. Alles weitere folgte automatisch. Es bestand keine Chance, daß die westlichen Truppen, die schwächer waren und weniger entschieden vorrückten als die Rote Armee, Polen als erste befreiten. Ebensowenig bestand die

116

Chance, daß England und die USA mitten im Krieg das Auseinanderbrechen der Anti-Hitler-Koalition riskieren würden, indem sie Stalin in der polnischen Frage die Stirn boten. Selbst wenn sie es getan hätten, hätte dies am Ergebnis nichts geändert. Und schließlich war es, auch wenn es anfangs so aussah, als lasse Stalin hinsichtlich der inneren Regierungsform Polens mit sich reden, undenkbar, daß er dem polnischen Staat wieder dieselbe Aktionsfreiheit wie vor dem Krieg zugestehen würde.

1940 war dies alles noch nicht vorauszusehen. Die Sowjetunion war mit Hitler verbündet und unterstützte ihn durch Getreide- und Öllieferungen. Die USA verhielten sich neutral, wenngleich ihre Haltung Deutschland gegenüber feindlich war. In Frankreich erwarteten englische und französische Truppen den unabwendbaren deutschen Angriff. Noch klammerten sich ihre Premierminister, Neville Chamberlain und Edouard Daladier, an die Hoffnung, daß der Krieg nicht lange dauern und mit Friedensverhandlungen enden würde.

"HI! YOU CAN'T DO THAT THERE 'ERE"

Die Engländer waren mangels geschichtlicher Kenntnisse über das tiefsitzende Mißtrauen der Polen gegenüber Rußland, selbst nach Stalins Eintritt in den Krieg gegen Hitler im Juni 1941, überrascht. – Der Zeichner ist David Low. –

Unter großen Schwierigkeiten hatten sich unterdessen etwa 43 000 polnische Offiziere und Soldaten, die entschlossen waren, den Kampf gegen Hitler fortzusetzen, über Rumänien und Ungarn nach Frankreich durchgeschlagen. Weitere 40 000 Mann rekrutierten sich aus der großen, in Frankreich lebenden polnischen Gemeinde, von denen die meisten aus den nördlichen Kohlebezirken kamen. Sikorskis Armee kam im April 1940 zum Einsatz, als die Deutschen Norwegen und Dänemark besetzten. Eine polnische Brigade landete zusammen mit den Alliierten in der Nähe Narviks, wurde aber ein paar Wochen später wieder abgezogen.

Am 10. Mai griffen die deutschen Armeen im Westen an. Holland ergab sich nach fünf Tagen. Belgien wurde überrannt, und General von Rundstedt sorgte für eine totale Überraschung, als seine Panzerdivisionen die Ardennen überquerten, die Maginot-Linie umgingen und tief nach Frankreich hinein vordrangen. Innerhalb von zehn Tagen waren die Engländer von den übrigen Streitkräften abgeschnitten und bereiteten ihren Rückzug über den Kanal bei Dünkirchen vor. Im Nordosten befanden sich die Franzosen auf einem chaotischen Rückmarsch.

Die Polen waren weiter im Süden stationiert. Als sie Anfang Juni zum Einsatz kamen, war der Krieg bereits verloren. Trotz heldenhaften Kampfes wurden sie zum Rückzug gezwungen, als die französischen Divisionen um sie herum zerschlagen wurden. Etwa 13 000 Polen wurden in Richtung auf die Schweizer Grenze zurückgedrängt. Nachdem ihre Lage trotz verzweifelter Gegenwehr hoffnungslos geworden war, entschlossen sie sich, die Grenze zu überschreiten und in der neutralen Schweiz Zuflucht zu suchen. Andere Einheiten zogen sich quer durch Frankreich bis an die Atlantikküste zurück, wo es einigen von ihnen gelang, sich nach England einzuschiffen. Von seinen ursprünglich 80 000 Leuten waren Sikorski etwa 25 000 geblieben, einschließlich Luftwaffe und Marine. Davon waren etwa 20 % bis 25 % Offiziere. Die Überreste der polnischen Regimenter wurden jetzt nach Schottland gebracht, wo man sich auf eine gemeinsame Verteidigung der Ostküste gegen einen erwarteten deutschen Angriff vorbereitete.

Unterdessen war Winston Churchill englischer Premierminister geworden und hatte am Tag, als die deutsche Invasion begann, eine All-Parteien-Regierung gebildet. Er versicherte Sikorski seiner vollen Unterstützung und befahl seiner Generalität, den Polen jede Hilfe zukommen zu lassen. Die polnische Regierung versammelte sich wieder in London und errichtete ihr Hauptquartier im Rubens Hotel.

Im August 1940 begann die Schlacht um England mit einem deutschen Luftangriff auf Südengland und London, der die Royal Air Force vernichten und den Weg für eine Invasion von See her freimachen sollte. Auf seiten der RAF nahmen 81 polnische Piloten und zwei polnische Fliegerstaffeln – Nr. 302 Poznań und 303 Tadeusz Kościusko – an der Schlacht teil. Die polnischen Kampfflieger erwarben sich dabei wegen ihrer Angriffslust, ihrer Geschicklichkeit und Verwegenheit einen geradezu legendären Ruf. Auf ihr Konto gingen ein Sechstel aller deutschen Verluste während des vier Monate dauernden Kampfes. Mehr als 30 Jahre später enthüllten die Engländer, daß die Polen noch einen weiteren, für die Schlacht um England und den Endsieg der Alliierten ganz entscheidenden, geheimen Beitrag geleistet hatten: 1940 war es den Engländern gelungen, den Code der deutschen „Enigma"-Chiffriermaschine zu knacken und sich damit die Möglichkeit zu schaffen, den Funkverkehr der Nazis abzuhören. Dieser Erfolg ging auf das Konto einer genialen technischen Leistung des polnischen militärischen Nachrichtendienstes, die diesem mit Unterstützung einer Gruppe hervorragender junger Mathematiker bereits vor dem Krieg gelungen war. Damals hatten die Polen das System der „Enigma" entdeckt, eine Kopie der Maschine gebaut und alle Unterlagen den Franzosen und Engländern zur Verfügung gestellt.

Als die Gefahr einer deutschen Invasion schwand, erhielten die Polen in England eine sehr notwendige Ruhepause. Unterdessen exerzierte und übte die von Frankreich herübergekommene Armee in Schottland, wobei sich eine herzliche gegenseitige Freundschaft mit dem schottischen Volk entwickelte. General Sosnkowski nahm den Kontakt zum polnischen Widerstand wieder auf. Ab Februar 1941 wurden Kuriere und Agenten mit dem Fallschirm im deutsch besetzten Polen abgesetzt. Kampfhandlungen fanden nur noch in Nordafrika statt, wo die Engländer im Dezember 1940 eine zahlenmäßig weit stärkere italienische Armee angriffen und vernichteten. Die polnische Karpaten-Brigade, die sich aus Truppenteilen zusammensetzte, die aus Rumänien entkommen waren, war zwar in der Nähe, in Palästina, stationiert, griff aber nicht ein. Sikorski hatte vergessen, Italien den Krieg zu erklären. Dies wurde schnellstens nachgeholt.

Am 22. Juni 1941 wurde aus dem europäischen ein Weltkrieg, als die Deutschen über die Demarkationslinie stürmten und die Sowjetunion angriffen. Churchill bot Stalin sofort bedingungslose Unterstützung an. Das brachte Sikorski in eine schwierige Lage, da er auf die englische Gastfreundschaft angewiesen war. Er veröffentlichte eine Erklärung, in der er seiner Freude über den Ausbruch eines Krieges zwischen Polens Feinden Ausdruck verlieh und zugleich deutlich machte, daß jede polnisch-sowjetische Allianz davon abhänge, daß die Sowjetunion die Grenzen von 1939 anerkenne und die in der UdSSR festgehaltenen polnischen Gefangenen freilasse. Der gemeinsam von England und der Sowjetunion auf ihn ausgeübte Druck ließen Sikorski jedoch erkennen, daß er die Grenzfrage vorerst zurückstellen müsse. Am 30. Juli wurde in London ein polnisch-sowjetisches Bündnis unterzeichnet. Für mehrere Mitglieder der polnischen Regierung – einschließlich Sosnkowski – überschritt dies die Grenze des Zumutbaren. Sie waren überzeugt, daß die Sowjetunion sehr schnell von Hitler besiegt werden würde. Es bestand für sie keine Veranlassung, Stalin irgendwelche Konzessionen zu machen. Sie traten zurück.

Das Bündnis sah wechselseitige Hilfe im Kriegsfall vor, regelte die Aufstellung einer polnischen Armee unter Londoner Führung auf dem Boden der Sowjetunion und enthielt eine „Amnestie" für alle polnischen Kriegsgefangenen (obgleich diese keinerlei Verbrechen begangen hatten, abgesehen davon, daß sie Polen waren). Hinsichtlich der Grenzen wurde lediglich festgestellt, daß die aufgrund des deutsch-sowjetischen Paktes vorgenommenen Gebietsveränderungen ungültig sein sollten. Um Sikorski entgegenzukommen, veröffentlichten die Engländer eine Erklärung, daß sie die nach dem August 1939 vorgenommenen Veränderungen der polnischen Grenzen nicht anerkannten.

Das polnisch-sowjetische Abkommen war aus polnischer Sicht politisch unzureichend. Aber unter menschlichen Gesichtspunkten dennoch gerechtfertigt: Langsam und zögernd öffneten sich nun die Tore der sibirischen und asiatischen Gefangenenlager. Hunderttausende von Polen – Soldaten, Frauen, Beamte, Priester und sogar Waisenkinder – traten den Weg dorthin an, wo sich die neue polnische Armee sammelte.

Viele Polen waren gestorben; viele blieben in Gefangenschaft. Aber die übrigen begannen ihre Heimreise: per Zug, Schlitten, auf Flößen oder zu Fuß. Im Durcheinander des Krieges erhielten sie von den Sowjets wenig Hilfe oder Nahrung, und Tausende kamen unterwegs um. Aleksandra Jarmulska befand sich in einem arktischen Arbeitslager, als sie die Nachricht vom polnisch-sowjetischen Vertrag erreichte: „Wir schliefen in einer Gemeinschaftshütte auf nackten Brettern. Man behandelte uns nicht grausam. Aber man machte uns klar, daß wir nicht entfliehen konnten; entweder würden uns die Polarbären fressen oder wir würden im Schnee erfrieren; aber wenn wir arbeiteten und uns etwas Geld verdienten, könnten wir überleben." Als sie freigelassen wurden, bauten sich Aleksandra und ihre Gefährten ein Floß für die Fahrt auf dem Fluß, um die Armee zu suchen. „Der Fluß begann vom Ufer her zuzufrieren. Manchmal kam das Floß nicht durch, und wir mußten Stücke davon abhacken, um das Hindernis zu überwinden. Manchmal blieb das Floß auf einer Sandbank stecken, und dann mußte, wer immer darauf war, ins Wasser und schieben."

Der von Sikorski ernannte Kommandant der Armee, General Wladyslaw Anders, hatte die letzten beiden Jahre im Lubjanka-Gefängnis in Moskau gesessen. Er war energisch und aggressiv und absolut antirussisch eingestellt. Persönlich war er davon überzeugt, daß die Sowjetunion den Krieg gegen Hitler verlieren würde. Er errichtete sein Hauptquartier in Buzuluk, zwischen Wolga und Ural. Bis Dezember 1941 verfügte er über eine Armee von 40 000 polnischen Soldaten, im März 1942 von 70 000. Dies deckte sich in keiner Weise mit den polnischen Aufzeichnungen, wonach 1939 etwa 180 000 Mann von den sowjetischen Streitkräften gefangengenommen worden waren. Noch

„Die Soldaten, die die Aufgabe hatten, sie zu begraben, wirkten wie eine Geisterarmee." In Buzuluk beerdigen kranke und hungrige polnische Soldaten einen ihrer Kameraden.

auffälliger war das Fehlen von Offizieren. Nur ein paar Hundertschaften traten in den ersten Monaten ein, obgleich etwa 15 000 in sowjetische Gefangenschaft geraten waren.

Am 30. November kam Sikorski persönlich in die Sowjetunion und wurde auf dem verschneiten Flugplatz von Vyacheslaw Molotov begrüßt, dem Mann, dessen Unterschrift unter dem deutsch-sowjetischen Pakt Polen zum Untergang verurteilt hatte. Am 3. Dezember trafen er und Anders Stalin und waren am folgenden Tag Gäste bei einem Bankett. Man diskutierte über die Langsamkeit, mit der die Polen freigelassen würden, über das Fehlen der Offiziere, über unangemessene Nahrungsmittelrationen und über die Frage der polnischen Grenzen. In allen Punkten wich Stalin aus. Aber vor den Wochenschaukameras unterzeichneten Stalin und Sikorski eine gemeinsame Erklärung, wonach sie Deutschland bis zum Ende bekämpfen wollten. Sikorski reiste weiter nach Buzuluk, wo er die Truppen inspizierte und mit Genugtuung feststellte, daß sie darauf brannten, gegen Deutschland zu kämpfen. Er sah die Massen polnischer Zivilisten am Rande des Lagers, die hier langsam wieder aufgepäppelt wurden.

Für viele, die die Anders-Armee erreichten, war der Weg zu weit gewesen, als daß sie sich wieder hätten erholen können. Aleksandra Jarmulska, die den Weg aus der Arktis hierher per Floß und Bahn zurückgelegt hatte, sah, daß selbst in den Armeelagern Menschen verhungerten. Den Zivilisten wurden noch immer sowjetische Lebensmittelkarten verweigert. „Eines Morgens wachte ich auf. Als ich meine Mutter wachzurütteln versuchte, sah ich, daß sie im Schlaf gestorben war... Es waren so viele, die damals starben, und die Soldaten, die die Aufgabe hatten, sie zu begraben, wirkten wie eine Geisterarmee. Sie schafften es kaum." Szenen wie diese und seine Eindrücke von der Sowjetführung nahmen Sikorski jede Illusion über das sowjetisch-polnische Verhältnis in Vergangenheit oder Zukunft. Aber er war nach wie vor der Überzeugung, daß es keine Alternative zu einem Pakt mit Stalin gab, wenn Polen siegreich und unabhängig nach dem Krieg wiedererstehen sollte.

Aber die Probleme wurden schlimmer und nicht besser. Die polnischen Streitkräfte unter Anders wurden ostwärts in neue Lager am Kaspischen Meer verlegt. Ihre Rationen wurden von den sowjetischen Machthabern gekürzt. Krankheiten brachen aus. Zu Beginn des Jahres 1942 lehnte Anders die sowjetische Forderung, eine Division an die Front zu schicken, mit der einleuchtenden Begründung ab, daß seine Leute unzulänglich bewaffnet und nicht einsatzfähig seien. Diese Weigerung, die die Sowjetpropaganda später dahingehend ausschlachtete, die Polen hätten den Kampf gegen die „Hitlers" verweigert, bemäntelte eine ernste Meinungsverschiedenheit, die jetzt zwischen Sikorski und Anders entstand.

Sikorski stand zu seinem Bündnis mit Stalin, daß die polnischen Streitkräfte in der Sowjetunion Seite an Seite mit der Roten Armee an der deutschen Ostfront kämpfen werden. Anders, dessen anfängliches Mißtrauen den Russen gegenüber eher größer geworden war, bedrängte Sikorski, ihm zu erlauben, seine Truppen in den Iran zu verlegen, der unter englischer Kontrolle stand.

Zunächst wollte Sikorski hiervon nichts wissen. Er erlaubte Anders, nur diejenigen zu verlegen, die er wegen der gekürzten Rationen nicht mehr ernähren konnte. Es gab für ihn drei schwerwiegende Gründe, die polnischen Truppen nicht aus der Sowjetunion abzuziehen: Er wollte seinen Einfluß auf Stalin nicht verlieren; die Armee würde

Magnet und Zuflucht für Hunderttausende von Polen sein, die man noch vermißte. Vor allem er selbst wollte mit einer unabhängigen polnischen Armee Polen von Osten her befreien und damit jedem sowjetischen Versuch zuvorkommen, das Land unter russische Herrschaft zu zwingen. Unglücklicherweise durchschaute Stalin diese Absicht nur zu gut.

Nach Stalins Ansicht brachte die Präsenz fremder Truppen in der Sowjetunion mehr Schaden als Nutzen. Der deutsche Angriff auf Moskau war im Dezember 1941 zurückgeschlagen worden. Die militärische Lage der Sowjetunion war nicht länger verzweifelt. Er unterstützte daher Anders' Plan. Zur gleichen Zeit begann auch Churchill in London, die polnische Regierung zu drängen, Anders aus Rußland abziehen zu lassen. Er brauchte dringend Verstärkung, um den im Juni 1942 unter General Rommel begonnenen Angriff auf Ägypten aufzuhalten.

Sikorski war nicht stark genug, diesem beiderseitigen Druck standzuhalten. Im August 1942 wurden die polnischen Truppen per Schiff über das Kaspische Meer in den Iran verlegt.

Insgesamt konnte Anders etwa 115 000 Soldaten und Zivilisten aus der Sowjetunion herausbringen. Im Iran bekamen sie von den Engländern endlich genug zu essen und neue Kleidung. Die Truppen wurden mit neuen Waffen ausgerüstet. Im letzten Moment hatte Anders den sowjetischen Einspruch gegen eine Ausreise jener Soldaten und ihrer Familien abwehren können, die zwar „polnische Bürger" waren, aber nicht die polnische „Nationalität" besaßen – womit die Juden gemeint waren. Auch sie durften gehen. Aber es blieben immer noch über eine Million Polen in der Sowjetunion. Nach dem Abzug der Soldaten hatte die polnische Botschaft in Moskau keinerlei Druckmittel mehr, um Stalin zu veranlassen, diese ebenfalls ausreisen zu lassen. Die Evakuierung in den Iran erschien vielen Polen als eine göttliche Gnade, als ein Entkommen aus babylonischer Gefangenschaft. Für Sikorski jedoch war es die schwerste diplomatische Niederlage, eine Katastrophe für seine Pläne.

Nachdem er seiner Einflußmöglichkeit an der Ostfront beraubt war, wurde Sikorskis Position immer schwächer. Im Dezember 1942 flog er in die USA und bedrängte Präsident Roosevelt, auf dem Balkan anzugreifen. Er hoffte, daß auf diese Weise anglo-amerikanische Truppen über Jugoslawien und Ungarn Polen noch vor der Roten Armee erreichen würden und daß so die Grundlage für eine freie Föderation in Mitteleuropa geschaffen werden könne. Roosevelt wollte sich nicht festlegen. Ein paar Wochen später, im Januar 1943, teilte die Sowjetunion der polnischen Regierung in London mit, daß alle Personen, die 1939 in den von ihr besetzten polnischen Gebieten gelebt hatten, nunmehr sowjetische Staatsbürger seien. Damit war klar, daß Stalin nicht die Absicht hatte, diese Gebiete nach dem Krieg wieder herauszugeben.

Sikorskis Bemühen, wenigstens eine funktionsfähige Beziehung zur Sowjetunion aufrechtzuerhalten, scheiterte schließlich völlig. Am 13. April 1943 berichtete der deutsche Rundfunk über die Entdeckung eines Massengrabes in der Nähe von Katyń, im Distrikt Smolensk. Katyń lag in der Sowjetunion. Das Gebiet war im Sommer 1941 von den Nazis besetzt worden. In den Gräbern fand man die Leichen von 4300 polnischen Offizieren, denen man die Hände auf den Rücken gebunden hatte und die durch Genickschuß getötet worden waren. Die Deutschen hatten zunächst von 10 000 gesprochen.

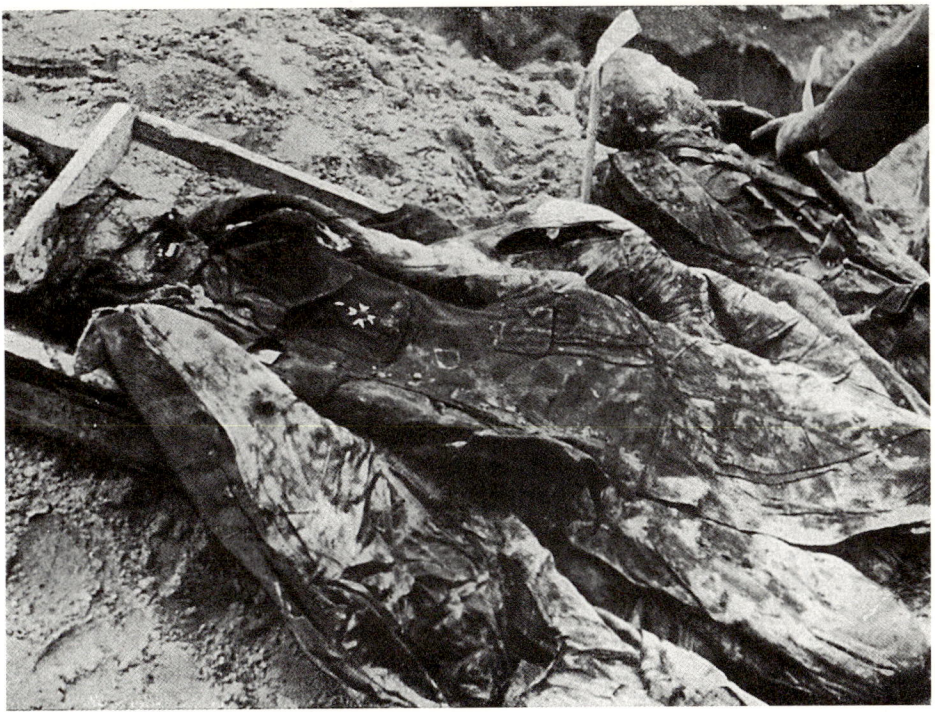

Der Mord von Katyń. Die Leichen zweier gefangener polnischer Offiziere, die im April 1943 von den Deutschen exhumiert wurden.

Die Deutschen erklärten, die polnischen Offiziere seien von den „Bolschewiken" ermordet worden. Zunächst zögerten die Polen, dieser Version zu glauben. Instinktiv wiesen sie den Gedanken an einen solchen Massenmord nach Nazi-Manier zurück. Sie argwöhnten, die Nazi-Propaganda wolle sie in eine tödliche diplomatische Falle locken. Sie hielten es für unmöglich, daß die Russen ein so unglaubliches Verbrechen begangen haben könnten.

Aber die Beweise waren zwingend. Papiere, die man bei den Toten fand, ihr Zustand und der Pflanzenwuchs über den Gräbern ließen wenig Raum für Zweifel: Dies waren die Häftlinge von Kozielsk, einem der drei 1939 für gefangene polnische Offiziere errichteten sowjetischen Lager. Sie waren zwischen April und Anfang Juni 1940 erschossen worden. Jetzt erinnerten sich die Polen wieder an ihre vergeblichen Nachforschungen nach den vermißten 15 000 Offizieren in den Jahren 1941 und 1942, von denen seit dem Frühjahr 1940 keine Briefe mehr gekommen waren. Man erinnerte sich an Stalins sonderbare, ausweichende Antwort an Sikorski und Anders: „Sie sind in die Mandschurei geflohen", oder nur „manchmal geschehen eben Dinge . . ."

Zwei Tage später behauptete Radio Moskau, daß die Deutschen selbst die Greueltat 1941 nach der Einnahme von Smolensk begangen hätten. Heute, nach 50 Jahren, halten die Sowjets diese Behauptung noch immer aufrecht. Sie wird durch nichts gestützt. Alle seither zusammengetragenen Beweise sprechen vielmehr immer deutlicher für eine

Schuld der Sowjets. Nur wenige Polen, im Land selbst wie im Ausland, glauben etwas anderes.

Im „Sonderlager" Kozielsk waren etwa 5000 Offiziere interniert. Von den 4000 weiteren Offizieren im Lager Starobielsk oder den 6500 in Ostashkov ist nie eine Spur gefunden worden. Beide Lager wurden im April 1940 „aufgelöst". Danach – nur Stille und Dunkelheit. Ein Gerücht, das Jahre später in den Gulags die Runde machte, besagt, daß man die Polen in Lastkähne eingeschlossen und im Weißen Meer versenkt habe.

Warum? Niemand außerhalb des Kreml weiß die Antwort. Alles deutet auf einen selektiven Völkermord an einem Teil der polnischen Elite hin, auf eine Parallele zu Hitlers Befehl, die polnischen Intellektuellen auszumerzen. Für Stalin wäre dies im Vergleich zu einigen anderen seiner Metzeleien eine Bagatelle gewesen. Manche meinen, es habe sich um einen bloßen Irrtum des NKWD (Vorgänger des KGB) gehandelt, der den Befehl, das Sonderlager zu „liquidieren", falsch verstanden habe.

Entgegen Churchills Warnung gegenüber Sikorski verlangte die polnische Regierung eine Untersuchung des Falles Katyń durch das Internationale Rote Kreuz. Damit zeigte sich zum ersten Mal ein Riß in der Anti-Hitler-Koalition. Die deutsche Propaganda triumphierte. Am 24. April brach die Sowjetunion ihre diplomatischen Beziehungen zur polnischen Regierung in London ab und beschuldigte sie eines „verräterischen Anschlags auf die UdSSR", um „Hitlers Tyrannei gefällig zu sein".

Stalin begann eine neue und bedrohliche Politik gegenüber Polen zu verfolgen. Im Mai wurde der Kern einer polnischen Armee unter sowjetischer Führung gebildet. Die Truppe wurde von Oberst (bald General) Zygmunt Berling befehligt. Politisch unterstand sie der Vereinigung Polnischer Patrioten (ZPP), einer Gruppe prosowjetischer Polen unter Führung von Wanda Wasilewska. Schon bald fanden sich weitere Freiwillige im Lager der Berling-Armee ein. Zumeist waren es Polen, die die Anders-Armee nicht rechtzeitig erreicht hatten; sie empfanden keine Sympathie für die Sowjetunion, aber hier bot sich ihnen wenigstens die Chance, nach Hause zu kommen und gegen die Nazis zu kämpfen. Sie mußten sowohl der Sowjetunion wie Polen den Treueid leisten. Aber während der Zeremonie war die polnische Flagge aufgezogen, es wurde die polnische Nationalhymne gesungen, und ein katholischer Priester las die Messe. Im Juli 1943 waren es bereits 14 000 Mann, und im

Stalins polnische Armee. Oberst (später General) Zygmunt Berling und Wanda Wasilewska von der Vereinigung Polnischer Patrioten singen die Nationalhymne während einer der ersten Paraden der neuen Streitkräfte im Mai 1943.

General Wladyslaw Sikorski, Premierminister und oberster Heeresführer der polnischen Exilregierung.
Am 4. Juli 1943, einen Tag nach dieser Parade auf Gibraltar, starb er bei einem Flugzeugabsturz kurz nach
dem Start.

Frühjahr 1944 befehligten Berling und sein stellvertretender Kommandeur, General
Karol Swierczewski, der unter dem Decknamen „General Walter" im spanischen Bürgerkrieg berühmt geworden war, fast 44 000 Polen.

Bald nach der Affäre um Katyń, während die Engländer den Polen noch immer vorwarfen, den Streit in der Allianz provoziert zu haben, flog Sikorski in den Mittleren
Osten. Er traf sich mit General Anders und inspizierte die Truppen, die jetzt im Irak stationiert waren. Sie sollten das Zweite Polnische Corps bilden und am Angriff auf Italien
teilnehmen. Auf dem Heimflug landete er auf Gibraltar zwischen. Am nächsten Tag,
dem 4. Juli 1943, stürzte sein Flugzeug unmittelbar nach dem Start ins Meer. Alle außer
dem tschechischen Piloten kamen dabei um.

Der Leichnam Wladyslaw Sikorskis wurde nach England übergeführt und auf dem
polnischen Soldatenfriedhof in Newark beigesetzt. Die englische Untersuchungskom-
mission fand keine Spuren von Sabotage am Wrack des Flugzeugs. Man nahm an, daß
ein Ruder versagt habe. Aber in ihrer Trauer nährten die Polen den Verdacht, daß entweder sowjetische Agenten, politische Gegner Sikorskis oder sogar Churchill seinen Tod
bewirkt hätten. Für keine dieser Theorien gibt es jedoch irgendeinen Beweis.

Der Tod Sikorskis war tragisch und für Polen verhängnisvoll. In seiner aufrechten,
strengen und manchmal arroganten Art besaß Sikorski die Autorität eines Volkshelden,

durch die er die verschiedenen Exilgruppen zusammengehalten hatte. Nur er hätte eine Politik der Zusammenarbeit mit der Sowjetunion durchsetzen können, die mit der von Pilsudski geschürten Feindschaft gegenüber Rußland brach und den tiefen Abscheu der Polen gegenüber den Ereignissen von 1939 überbrückte. Selbst nach Katyń hatte er einen Bruch mit Stalin verhindern wollen. Mit seinem Tod brach die polnische Führungsgruppe auseinander. General Kazimierz Sosnkowski, ein Offizier, der, was Polen anging, weder den Russen noch den Anglo-Amerikanern traute, übernahm das Amt des Oberbefehlshabers. Premierminister Stanislaw Mikolajczyk, der Anführer der Bauernpartei, ein starrköpfiger, radikaler Politiker, war entschlossen, die Pläne seines toten Vorgängers fortzuführen.

Sosnkowski und Mikolajczyk hatten sich nie gut verstanden. Jetzt wurden sie zu erbitterten Gegnern. Es gab Zeiten, in denen die beiden Führer Polens nicht mehr miteinander sprachen und einen Großteil ihrer Energie darauf verwandten, dem anderen Knüppel zwischen die Beine zu werfen. Aufs Ganze gesehen behielt Mikolajczyk die Oberhand. Im Osten war die Rote Armee zum Angriff übergegangen und marschierte auf Polen zu. Mikolajczyk war klar, daß gewisse Beziehungen zur Sowjetunion hergestellt werden mußten. Wenn er diesen Versuch nicht unternahm, hätte er sich von jeder Verantwortung für sein Land losgesagt.

Ende November 1943 trafen sich Churchill, Roosevelt und Stalin in Teheran. Hauptzweck ihrer Verhandlungen war es, Übereinstimmung über die Weiterführung des Krie-

Teheran-Konferenz, November 1943: Churchill, Roosevelt und Stalin treffen insgeheim die Entscheidung, daß der polnische Staat nach dem Krieg westwärts zu verlagern sei. Die dadurch frei werdenden östlichen Gebiete sollten an die Sowjetunion fallen. Polen sollte als Ersatz die deutschen Ostgebiete erhalten.

ges zu erzielen. Stalin und Roosevelt lehnten Churchills Vorschlag ab, den Balkan anzugreifen, wodurch möglicherweise die Befreiung und Besetzung wenigstens eines Teils
Osteuropas durch die Sowjetunion verhindert worden wäre. Statt dessen einigte man
sich darauf, daß Amerikaner und Engländer in Nordfrankreich landen und sich von dort
aus den Weg nach Deutschland freikämpfen sollten.

Am Schluß der Konferenz sprach man auch über die Zukunft Osteuropas. Die „Großen Drei" waren sich darin einig, daß Rußland die beherrschende Rolle in Bulgarien,
Rumänien und Ungarn, den annektierten Ostseestaaten und Jugoslawien zufallen sollte.
Mit Polen tat man sich schwerer. Stalin wiederholte seine Zusage, daß er ein „starkes und
unabhängiges" Polen wiedererrichten wolle, ein Versprechen, das er auf seine Weise ein-
hielt. Die polnischen Befürchtungen, er werde ganz Polen als neue Republik der Sowjetunion eingliedern, sollten sich als unberechtigt erweisen. Aber in geheimen Verhandlungen und ohne Mikolajczyk hinzuzuziehen, entschieden die „Großen Drei" in Teheran,
den polnischen Staat um einige hundert Meilen nach Westen zu verlagern. Die ehemals
polnischen Ostgebiete, in denen die Polen nur eine Minderheit bildeten, sollten der Sowjetunion zugeschlagen werden. Die polnisch-sowjetische Grenze sollte zukünftig entlang der Curzon-Linie von 1920 verlaufen. Als Ersatz sollte Polen im Westen die deutschen Ostgebiete bis zur Oder-Neiße-Linie erhalten: Schlesien mit seinen Bodenschät-
zen und seiner Industrie einschließlich Breslau, Pommern mit einem breiten Küsten-
streifen an der Ostsee, Danzig sowie den südlichen Teil von Ostpreußen.

Churchill glaubte, hierfür die Zustimmung der polnischen Exilregierung erlangen zu
können. Immerhin bot man den Polen einen mächtigen Staat an, der noch dazu eth-
nisch sehr viel geschlossener sein würde, sobald die Deutschen aus den verlorenen Ostgebieten vertrieben waren, und der wirtschaftlich stärker sein würde als vorher. Stalin
äußerte Zweifel und behielt sich das Recht vor, eine diesen Plänen zustimmende Regierung in Polen einzusetzen, falls London ablehne. Er behielt recht. Mikolajczyks Regierung protestierte. Die Ausdehnung nach Westen konnte man schlecht zurückweisen,
zumal dies dem Wunsch vieler Polen aus der Zeit vor dem Krieg entsprach. Aber man
wollte dies unter keinen Umständen als Ersatz für den Verlust eigener Ostgebiete anerkennen. Es ging um die Curzon-Linie. Monatelang stritt sich die Londoner Exilregierung mit der zunehmend ungeduldiger werdenden englischen Regierung um diese
Grenze. Im Februar 1944 erklärte sie sich bereit, einen Teil der ehemaligen Ostgebiete zu
opfern, aber niemals die alten polnischen Städte Lemberg und Wilna. Churchill und
sein Außenminister Anthony Eden, die sich gezwungen sahen, wertvolle Stunden und
Tage mit Diskussionen über „obskure" Ortsnamen in Osteuropa zu führen, hielten die
Polen längst für unvernünftige Phantasten.

Es fehlte ihnen schlicht an Einfühlungsvermögen. Die Engländer konnten nicht begreifen, warum die Polen die Frage ihrer Unabhängigkeit nicht von der Frage ihrer
zukünftigen Grenzen trennen konnten. Für Churchill waren dies zwei völlig verschiedene Dinge.

Das Problem resultierte aus der Geschichte der polnischen Teilungen. Jeder Gebiets-
verlust an seine Nachbarn hatte unweigerlich auch zu einer Beschneidung der polnischen Unabhängigkeit und einer Schwächung des Staates geführt. Die polnische Regierung in London, ihr Delegierter in Warschau und die Führung der AK waren sich einig.

Die Abtretung der Ostgebiete an Rußland würde das zukünftige Polen zu einer Marionette der Sowjets werden lassen, und ein „Gebietsausgleich" an anderer Stelle war demgegenüber belanglos.

Mikolajczyk weigerte sich, den Kampf aufzugeben. Er war entschlossen, einen Weg für die Wiederaufnahme der Beziehungen zur Sowjetunion zu finden, der von seinen störrischeren Kollegen akzeptiert werden könnte, die ihm inzwischen pro-sowjetische Schwäche vorwarfen. Im Juni 1944 traf er sich ein weiteres Mal mit Roosevelt, gerade zu dem Zeitpunkt, als die Alliierten mit ihrer Landung in der Normandie begannen. Er wurde wie ein großer Staatsmann empfangen – Roosevelt dachte an die polnischen Wählerstimmen. Der Präsident war freundlich, wich aber aus. Er erklärte seinem Gast, er werde sich gern dafür einsetzen, daß Polen Lemberg und einen Teil Galiziens behalte, er zweifele aber daran, Stalin zur Aufgabe Wilnas veranlassen zu können. Das Ganze war ein Riesenschwindel, denn Roosevelt hatte in Teheran der geheimen Absprache, die Curzon-Linie als endgültige Grenze Polens festzulegen, zugestimmt – und damit der Sowjetunion den Besitz von Lemberg und Ostgalizien garantiert.

In Polen begannen die Dinge Mikolajczyk aus der Hand zu gleiten. Die Rote Armee und die Berling-Armee, die an Größe und Schlagkraft seit der ersten, hart umkämpften Schlacht bei Lenino im September 1943 ständig gewachsen war, näherten sich Warschau. Die „Operation Sturm" versagte. Ende Juli wurde in Lublin das kommunistisch

Ein Lächeln für den Fotografen. Präsident Roosevelt begrüßt am 14. Juli 1943 Stanislaw Mikolajczyk, den polnischen Premierminister der Exilregierung, im Weißen Haus. Roosevelt verschwieg seinem Gast das Abkommen mit Stalin, worin diesem die Annexion Ostpolens zugestanden worden war.

beherrschte Komitee der Nationalen Befreiung (PKWN) gegründet. Wenn Mikolajczyk verhindern wollte, daß das PKWN die vorläufige Regierung Polens wurde, mußte er sehr schnell handeln.

Churchill drängte ihn, einen Weg zu finden, die Londoner Regierung und das PKWN zu verschmelzen. Das kommunistische Element in einer solchen polnischen Regierung akzeptierte er als Preis für die Möglichkeit der Einflußnahme auf die zukünftige Entwicklung. Am 29. Juli flogen Mikolajczyk und sein Außenminister, Tadeusz Romer, zu einem Besuch nach Moskau, der 14 Tage dauern sollte. Es war die letzte Hoffnung der Londoner Regierung.

Zwei Tage nach Mikolajczyks Ankunft begann der Warschauer Aufstand. Anscheinend überrascht und im ungewissen über die Motive machte Stalin Mikolajczyk Vorwürfe, daß er ihn nicht gewarnt habe – obgleich der sowjetische Rundfunk Warschau bereits Tage vorher zur Rebellion aufgefordert hatte. Er lehnte es ab, irgendeine andere Ostgrenze als die Curzon-Linie zu akzeptieren, womit sowohl Lemberg wie Wilna an die Sowjetunion fallen würden, und drängte den polnischen Premierminister, mit dem PKWN zu reden. Man arrangierte ein Treffen, und Mikolajczyk sah sich einer Reihe ihm unbekannter Männer und Frauen gegenüber, die die Macht in seinem Land übernehmen wollten: Wanda Wasilewska, Boleslaw Bierut, Kommunist und treuer Anhänger Stalins, und Edward Osóbka-Morawski, ein obskures Mitglied der PPS. Sie boten ihm die Bildung einer Koalitionsregierung an, in deren Kabinett sie selbst 14, die Londoner aber nur 4 Sitze haben sollten. Mikolajczyk würde Premierminister bleiben. Wütend und verzweifelt über das Zögern der Sowjets, den Warschauer Aufstand zu unterstützen, lehnte er ab und kehrte am 10. August nach London zurück.

Inzwischen wurde den polnischen Soldaten an allen Fronten klar, was in Teheran ausgehandelt worden war, insbesondere die vorgesehene Grenzverschiebung. Für viele von ihnen bedeutete dies, daß sie nie wieder in ihre Heimat zurückkehren konnten, es sei denn, sie wurden sowjetische Staatsbürger. Die Männer in Berlings Armee, zumeist Gefangene und Deportierte des Jahres 1939, kamen fast ausschließlich aus den Ostgebieten. Dasselbe galt für das „Zweite Polnische Corps" unter Anders, das in Italien kämpfte. Auch ein Großteil der polnischen Streitkräfte in England, die im August 1944 an der Invasion der Normandie teilnahmen, waren Ostpolen. Sie hatten den Regimentern angehört, die 1939 in Rumänien und Ungarn Zuflucht gesucht hatten oder 1942 aus der Sowjetunion evakuiert worden waren.

Die Verbitterung war allgemein, aber sie kämpften weiter und hielten treu an der Allianz fest. Im Mai 1944 errang das Zweite Corps unter enormen Verlusten einen Sieg, wo Engländer und Amerikaner bisher gescheitert waren: sie stürmten das Kloster Monte Cassino. In Frankreich trug die Polnische 1. Panzerdivision dazu bei, den Deutschen die katastrophale Niederlage bei Falaise beizubringen. Unter General Maczek marschierte die Division anschließend durch die Niederlande und befreite im Oktober Breda. Eine polnische Fallschirmtruppe unter Sosabowski nahm im September 1944 an dem Luftlandemanöver bei Arnheim teil.

Wenn sie die Wahl gehabt hätten, wären sie alle lieber in Warschau dabeigewesen, um dort gemeinsam mit ihren Landsleuten zu kämpfen und zu sterben. Der dortige Aufstand, der ursprünglich nur ein paar Tage dauern sollte, bis die sowjetischen Streitkräfte zur Stelle waren, entwickelte sich schließlich zu einem zwei Monate währenden, verzweifelten Straßenkampf, der etwa 200 000 Menschen das Leben kostete und die Stadt in Schutt und Asche verwandelte.

General „Bór"-Komorowski und seine Offiziere befehligten etwa 30 000 Männer und Frauen, die größtenteils der AK, aber auch der NSZ und der AL angehörten. Sie besaßen keine schweren Geschütze und einschließlich der Maschinenpistolen nur etwas mehr als 700 automatische Waffen. Für einen nur wenige Tage dauernden Kampf gegen die Nachhut des abziehenden Feindes hätte dies vielleicht ausgereicht.

Aber nahezu alles ging schief. In den ersten Tagen wurde mit dem Überschwang patriotischer Begeisterung ein großer Teil der Stadt befreit. Inzwischen war jedoch der deutsche Rückzug zum Stehen gekommen. Panzer-Divisionen überquerten die Weichsel und brachten den sowjetischen Streitkräften, die sich bereits Warschau näherten, eine schwere Niederlage bei. Aber selbst nachdem sich die Sowjets reorganisiert hatten, machten sie keine Anstalten mehr, Warschau zu Hilfe zu kommen. Die sowjetischen Flugzeuge, die bisher täglich über der Stadt aufgetaucht waren, waren plötzlich verschwunden. Deutsche Verstärkung rückte an, schloß einen Ring um Warschau und begann, unterstützt von der Armee General Wlassows, die Stadt Straße für Straße zurückzuerobern.

Ihre Niederlage vor Warschau erklärt nicht, warum die sowjetischen Streitkräfte wochenlang passiv zusahen, während die Deutschen den Warschauer Aufstand niederschlugen. Stalin bezeichnete den Aufstand in einem Fernschreiben an Mikolajczyk als „ruchloses Abenteuer", das er nicht zu unterstützen gedenke. Am 12. August baten Roosevelt und Churchill Stalin um eine Landeerlaubnis für ihre Maschinen auf sowjetischen Flugplätzen, nachdem diese Nachschubgüter über Warschau abgeworfen hätten. Stalin lehnte ab. Nur ein einziges Mal, am 12. September, gestattete er amerikanischen Bombern die Landung in Poltava (Ukraine) und ließ selbst einige Hilfsgüter für die Aufständischen abwerfen. Aber das meiste fiel den Deutschen in die Hände, weil die Stadt unter einer dicken Rauchwolke lag und die Aufständischen bereits in eine kleine Ecke zurückgedrängt worden waren. Stalin, der den Aufstand als „eine hirnlose, von Abenteurern angezettelte Rauferei" verurteilt hatte, wußte sehr wohl, welcher Geist jene beseelte, die ihn entfacht hatten. Ihm war absolut klar, daß es ihr Ziel war, die Sowjetunion vor die vollendete Tatsache zu stellen, daß sie ihre Hauptstadt selbst befreit und eine nichtkommunistische Regierung bereits die Amtsgeschäfte übernommen hätte. Es lag nicht in seinem Interesse, diesem Plan zum Erfolg zu verhelfen.

So kämpften und starben die Polen auf den Barrikaden, während sie die Sowjets wegen ihres Nichteingreifens verfluchten und die deutschen Bomber die Stadt ungehindert in Schutt und Asche legten. Wenige Tage nach Beginn des Aufstandes begann der deutsche Gegenangriff mit Panzern und Artillerie. Abschnitt für Abschnitt trieben sie in den zurückeroberten Straßen systematisch sämtliche Zivilisten in die Hinterhöfe, mähten sie mit Maschinengewehrsalven nieder und steckten die Gebäude in Brand. Die Belagerung der Altstadt zog sich bis zum 1. September hin, als die letzten Überlebenden durch die Kanalisation in eine weitere Bastion des Widerstands im modernen Warschau flohen.

Die Engländer und Amerikaner waren ebensowenig wie die Sowjets von dem bevorstehenden Aufstand unterrichtet worden. Sechs Tage vorher hatte General „Bór"-Komorowski darum gebeten, die polnische Fallschirmbrigade über der Stadt abzusetzen. Aber niemand hatte sich ernsthaft darüber Gedanken gemacht, wie das Nachschubproblem gelöst werden könnte, falls sich der Aufstand länger hinzog. Außerdem war die Idee praktisch nicht durchführbar. Es war unmöglich, daß eine Armada langsam fliegender Segel- und Schleppflugzeuge Warschau erreichte, selbst wenn sie unterwegs nicht abgeschossen wurde. Aber die Alliierten versuchten weiter, die Aufständischen zu unterstützen, auch wenn ihnen die sowjetischen Flugplätze versperrt blieben. Polnische, englische und südafrikanische Geschwader flogen ihre Einsätze von Brindisi in Italien aus; das waren hin und zurück 2500 Kilometer. Ihre Verluste an Menschen und Maschinen waren selbstmörderisch, und der Erfolg, selbst wenn man die späteren amerikanischen Einsätze dazu rechnet, unverhältnismäßig gering. Nur 44 von 149 abgeworfenen Versorgungsbehältern erreichten ihr Ziel.

Am 10. September gingen die sowjetischen Streitkräfte östlich der Weichsel endlich zum Angriff über und erreichten die Warschauer Vorstadt Praga; darunter polnische Soldaten der Berling-Armee, die nun über den Fluß hinweg die brennende Stadt sahen und den Schlachtenlärm hörten. Es gelang einigen polnischen Einheiten, die Weichsel zu überqueren. Aber die Deutschen hatten das gegenüberliegende Ufer fest in ihrer Hand, und so wurden die Polen nach schweren Verlusten gezwungen, ihre Brückenköpfe wieder aufzugeben. Dagegen unternahm die sowjetische Armee unter Marschall Rokossowski, der jene polnischen Einheiten angehörten, keinen Versuch, den Fluß zu überqueren.

Distrikt nach Distrikt wurden die letzten Widerstandsnester ausgehoben, wobei die Deutschen im Vorrücken unbewaffnete polnische Zivilisten als Feuerschutz vor sich hertrieben. Exekutionskommandos aus SS und betrunkenen russischen Deserteuren metzelten Haus für Haus alles nieder, was ihnen in den Weg kam. AK-Krankenhäuser wurden, sobald sie erobert waren, mitsamt den Patienten, Ärzten und Schwestern verbrannt. Hungrig, verdreckt, ausgelaugt und fast ohne Munition zogen sich die Verteidiger von Keller zu Keller zurück; Frauen und Kinder griffen deutsche Panzer mit selbstgebastelten Benzinbomben an. Die Toten wurden in Gärten und Bombenkratern beerdigt.

Am 2. Oktober 1944 war der Aufstand niedergeschlagen. Die überlebenden AK-Kämpfer wurden zu Kriegsgefangenen erklärt; die letzten Reste der zivilen Bevölkerung wurden aus der Stadt hinaus in Internierungslager gebracht. Hitler gab den Befehl, Warschau dem Erdboden gleichzumachen. Nie wieder sollte hier eine Stadt entstehen. Abbruchkommandos gingen in den stillen, ausgebrannten Straßen mit Flammenwerfern und Dynamit ans Werk. Als sie ihre Arbeit beendet hatten, waren 93 % aller Gebäude zerstört.

Der Warschauer Aufstand von 1944 ist eines der bedeutendsten Ereignisse der polnischen Geschichte. Er war Höhepunkt und Fortentwicklung einer auf das Jahr 1794 zurückgehenden Tradition bewaffneter Erhebungen. Aber es zeigte sich nur zu deutlich, daß die Zeit der Romantik vorbei war. Noch eine derartige Erhebung, und von Polen würde nichts übrigbleiben. Aber der Warschauer Aufstand war auch ein Augenblick der Freiheit: 63 Tage Erfahrung, was Polen leisten, fühlen und füreinander sein konnten.

Der Warschauer Aufstand: 1. August bis 2. Oktober 1944. Rebellen, nachdem sie durch die Kanalisation aus der Altstadt entkommen waren.

Ein weiterer Überlebender aus der Altstadt.

Was blieb, war ein heißes Gefühl des Stolzes, das die Herzen der Nation in den kommenden frostigen Jahren erwärmte.

Der Aufstand war mehr als eine militärische Aktion. Er wurde von den Bewohnern und „ihren" Soldaten gemeinsam getragen, einer Gemeinschaft mit eigenen Liedern, Zeitungen, Radiosendern, Theatern und Kinos. Selbst Kinder nahmen daran teil. Alle Beteiligten erinnern sich mit Stolz der „Łaczyczki", Mädchen, die den Aufständischen als Nachrichtenkuriere dienten und zu Hunderten dabei umkamen, und der „Szare Szeregi" (Graue Kämpfer), Jungen und Mädchen der Pfadfinderbewegung, die bis zum Ende mitkämpften. Der Warschauer Aufstand hinterließ, wie alle polnischen Erhebungen, ein moralisches Erbe. Für viele ältere Bewohner Warschaus sind die Ideale des Sommers 1944: Opferbereitschaft, Uneigennützigkeit und Großmut, noch heute die Richtschnur für ihr Verhalten.

Der beste Kenner des Warschauer Aufstands, der Historiker Jan Ciechanowski, kommt zu dem Schluß, daß politische und militärische Gesichtspunkte nicht in Einklang zu bringen gewesen seien. „Im Hinblick darauf, daß es keinerlei Verbindung zu den Russen gab und man daher keine zuverlässigen Daten über ihre Gefechtsformation und ihre Absichten hatte, handelten die Führer der AK nach militärischen Gesichtspunkten leichtfertig, als sie den Aufstand gegen die Deutschen unternahmen." „Bór"-Komorowskis Lage war folgende: „Wenn er die Deutschen besiegen wollte, mußte er sich militärisch mit den Russen verbünden. Das aber konnte er ehrlicherweise nicht tun, weil er sie politisch bekämpfte . . ." (Aus: Jan Ciechanowski, The Warsaw Rising of 1944, Cambridge 1974, S. 260, 270).

Der Zusammenbruch des Aufstands bedeutete die endgültige Niederlage für die AK wie für die polnische Regierung in London. Nachdem ihre Anführer getötet oder verhaftet waren und Warschau zerstört war, verlor die AK viel von ihrem Kampfgeist. Einige Gruppen zogen sich aus dem aktiven Geschehen zurück und schickten ihre Leute nach Hause. Andere bereiteten sich auf eine erneute bewaffnete Auseinandersetzung mit den sowjetischen Streitkräften und den kommunistischen Machthabern vor. In den befreiten Gebieten, wo die PKWN jetzt Rekrutierungen vornahm, ließen sich einige tausend ehemalige AK-Kämpfer für die Berling-Armee anwerben, die Ende 1944 290 000 Mann zählte.

Stalins Entscheidung im September, den Aufstand doch noch zu unterstützen, obgleich seine Hilfe unzureichend war und zu spät kam, veranlaßte Churchill, einen letzten Versuch zu unternehmen, die „polnische Verwicklung" doch noch zu lösen. In London hatte man General Sosnkowski als Oberbefehlshaber entlassen, nachdem er die Engländer in einem wütenden Ausbruch des Verrats an Polen bezichtigt hatte. Churchill hoffte, daß Mikolajczyk ohne seinen unversöhnlichen anti-russischen Rivalen vielleicht mit Stalin zu einem Kompromiß kommen könne. Im Oktober 1944 flogen Churchill und Eden nach Moskau. Mikolajczyk folgte ihnen am 12. Oktober.

In Moskau kam es zu einer tragischen, shakespearehaften Auseinandersetzung zwischen Churchill und Mikolajczyk – zwei Männern, die dieselbe politische Einstellung zu Freiheit und Demokratie hatten, dieselbe Hartnäckigkeit an den Tag legten und eine echte Sympathie füreinander hegten.

Mikolajczyk legte das letzte Angebot seines Kabinetts auf den Tisch: Bildung einer All-Parteien-Regierung, in der die Kommunisten ein Fünftel der Minister stellen sollten,

Warschauer Aufstand. Junge Aufständische in den Ruinen der
französischen Botschaft in der
Frascati-Straße. (Das Foto ist
vom Feuer angesengt.)

Nach dem Warschauer Aufstand:
General Tadeusz „Bór"-Komo-
rowski, Kommandant der AK
(links, in Zivil), ergibt sich den
Deutschen am 2. Oktober nach
einem 63 Tage dauernden
Kampf.

verbunden mit der Forderung, die Ostgrenze so weit zurückzunehmen, daß Wilna und Lemberg mit den nahegelegenen Ölfeldern Galiziens bei Polen blieben. Stalin lehnte ab. Als Mikolajczyk entgegnete, Roosevelt habe ihm bei seinem Besuch zugesagt, daß Lemberg polnisch bleiben werde, eröffnete ihm Molotow, daß der Präsident zehn Monate zuvor in Teheran die Curzon-Linie anerkannt habe.

Tief erschüttert traf sich Mikolajczyk mit Churchill und Eden. Churchill machte ihm Vorwürfe. Hätte die polnische Regierung die Curzon-Linie früher anerkannt, hätte Stalin keine „Gegenregierung" in Form des Lubliner Komitees, den PKWN, aufgestellt. Mikolajczyk erinnerte ihn erbittert an Englands Versprechen. Churchill brüllte zurück, er lege es auf einen dritten Weltkrieg an. „Ihr seid ein gefühlloses Volk. Was schert euch schon Europa! Macht doch euren Kram alleine. Ihr habt ja doch nur eure armseligen, kleinen, selbstsüchtigen Interessen im Kopf!"

Er drohte, der Londoner Regierung die Anerkennung zu entziehen, und fügte hinzu, Mikolajczyk sei ja verrückt. Außer sich vor Wut und Enttäuschung bat Mikolajczyk darum, mit dem Fallschirm über Polen abgesetzt zu werden, um als AK-Kämpfer zu fallen. „Ich ziehe es vor, im Kampf um die Freiheit meines Volkes zu sterben, als später vor den Augen ihres englischen Botschafters von den Russen gehängt zu werden."

Churchill verließ daraufhin den Raum. Beide Männer waren den Tränen nahe. Nach einigen Augenblicken kam Churchill zurück und legte dem Polen den Arm um die Schulter. Aber sie hatten das Ende ihres gemeinsamen Weges erreicht, und sie wußten es. Ein allerletztes Angebot Mikolajczyks, Polen wolle auf Wilna verzichten, um Lemberg zu retten, wurde dem Kreml überbracht. Stalin, der ohne Zweifel die Auseinandersetzung zwischen ihm und Churchill abgehört hatte, lehnte gelassen ab.

Das Lubliner Komitee (Polnisches Komitee der Nationalen Befreiung – PKWN) im August 1944. In der Mitte Boleslaw Bierut – hinter ihm der polnische Weiße Adler, jedoch ohne Krone, das traditionelle religiöse Symbol der polnischen Königin Maria. Zu seiner Rechten Edward Osobka-Morawski, der spätere Premierminister der provisorischen Regierung. Ganz links im Bild General Berling.

Stanislaw Mikolajczyk kehrte nach London zurück. Er erklärte seinen Kollegen in aller Offenheit, daß weiteres Verhandeln sinnlos sei. Wenn sie die Absicht hätten, sich in irgendeiner Form an der zukünftigen Regierung zu beteiligen, müßten sie die sowjetischen Bedingungen und die Curzon-Linie akzeptieren. Er drängte sie, dies zu tun, und verwies auf die reichen, neuen Gebiete, die Polen im Westen versprochen worden seien. Aber die meisten von ihnen hatten genug. Am 24. November trat Mikolajczyk zurück.

Das war das Ende der polnischen Exilregierung als Machtfaktor internationaler Politik. Von nun an wurde sie von den Staatsmännern in aller Welt als nicht existent behandelt. Im Dezember ernannte sich das PKWN selbst zur provisorischen Regierung Polens, mit Osóbka-Morawski als Premierminister, Boleslaw Bierut als Staatspräsident und Wladyslaw Gomulka als „Erster Stellvertretender Ministerpräsident". Sie wurde wenige Tage später von der Sowjetunion anerkannt. Am 12. Januar 1945 nahm die Sowjetarmee den Angriff an der Weichsel wieder auf. Die deutsche Verteidigung brach zusammen, und die Rote Armee durchquerte sehr schnell Mittel- und Westpolen bis zur deutschen Grenze. Am 17. Januar besetzte die Berling-Armee Warschau – grauenhafte Stille und ein ödes, überfrorenes Trümmerfeld. Ihnen folgte, warm verpackt gegen den harten Frost, eine Gruppe Männer, von denen die meisten Polen noch nie etwas gehört hatten: die neue Regierung. Nach mehr als fünfjähriger deutscher Besatzung war endlich die Freiheit zurückgekehrt, aber sie trug eine eherne Rüstung.

6. Kapitel

Das stalinistische Polen: 1945–1956

Anfang Februar 1945 trafen sich Churchill, Roosevelt und Stalin in Jalta (Krim). Sie verständigten sich über die Endphase des Krieges und eine gemeinsame Verwaltung des besiegten Deutschlands für die Übergangszeit bis zu einer Friedenskonferenz. Diese Friedenskonferenz zur formellen Beendigung des Zweiten Weltkriegs hat indessen nie stattgefunden, und so wurden die Beschlüsse der Großen Drei von Jalta zur Grundlage für eine Teilung Europas in „Interessenzonen". Manche meinen, England und die USA hätten in Jalta sämtliche Grundsätze verraten, um derentwillen der Krieg geführt worden sei, als sie den gesamten Osten Europas bis zur Elbe Stalin überließen.

Jalta verdient diesen schlechten Ruf nicht. Erstens konnten Churchill und Roosevelt kaum etwas tun, die sowjetische Herrschaft in den von der Roten Armee eroberten Gebieten zu verhindern – abgesehen von der Drohung mit einem neuen Krieg. Zweitens wurden in Jalta zumeist nur Dinge ratifiziert, die bereits vorher – z. B. in Teheran – abgesprochen waren. Was Polen betraf, so versuchte der Westen (auf recht nachlässige Art) sicherzustellen, daß es keine zum Kommunismus „bekehrte" Marionette der Sowjetunion werde und die Polen ihren politischen Willen frei äußern dürften. Allerdings muß man Churchill und Roosevelt vorwerfen, daß sie sich in Jalta bereitwillig der Selbsttäuschung hingaben, Stalin werde seine Versprechen halten.

Die drei Machthaber einigten sich, daß Polen eine Übergangsregierung unter Beteiligung aller „demokratischen und anti-nationalsozialistischen Gruppen" erhalten sollte, bis freie Wahlen stattfinden könnten. Dieser Regierung auf Zeit sollten auch Vertreter aus dem Londoner Lager angehören. Was seine zukünftigen Grenzen betraf, so wurde in Jalta die Curzon-Linie endgültig als Ostgrenze festgeschrieben. Eine Vereinbarung darüber, welche deutschen Gebiete Polen als Ersatz im Westen erhalten sollte, wurde dagegen nicht getroffen.

Stanislaw Mikolajczyk entschloß sich, die Vereinbarungen von Jalta zu akzeptieren. Es war ein Vabanquespiel. Die Londoner Exilregierung hatte die Absprachen von Jalta sofort als eine polnische Teilung angeprangert. Im März wurden 16 Anführer des polnischen Widerstandes zu einem „Treffen" mit Marschall Schukow eingeladen, verhaftet und in die Lubjanka nach Moskau gebracht. Hier stellte man sie – neben anderen grotesken Beschuldigungen – wegen Kollaboration mit den Deutschen vor Gericht. In den polnischen Wäldern und Dörfern kam es zwischen den letzten Partisanengruppen und den sowjetischen Sicherheitskräften zu Zusammenstößen. Aber Mikolajczyk glaubte, daß er, sofern die sowjetischen Versicherungen in Jalta überhaupt etwas wert seien, eine Chance habe, in Polen eine Bauernpartei zusammenzubringen und einem nicht-kommunistischen Parteienblock bei den Wahlen zum Sieg verhelfen zu können.

Am 2. Mai ergab sich Berlin den sowjetischen und polnischen Truppen. Am 8. Mai war der Krieg in Europa zu Ende. Am 5. Juli anerkannten England und die USA die neue provisorische Regierung als legale Macht in Polen. Von ihren 25 Mitgliedern kamen 16 aus dem von den Sowjets unterstützten „Lubliner Komitee", einschließlich Osóbka-Morawski als Premierminister und Bierut als Staatsoberhaupt. Die eigentliche Macht aber lag bei Wladyslaw Gomulka, dem Ersten Stellvertretenden Ministerpräsidenten und, was sehr viel wichtiger war, dem Ersten Sekretär der Polnischen Arbeiterpartei (PPR), den Kommunisten.

Zweiter Stellvertretender und Landwirtschaftsminister wurde Mikolajczyk. Riesige Menschenmassen begrüßten Mikolajczyk, als er nach Warschau zurückkam und noch auf dem Flughafen, während Bierut mit finsterer Miene im Hintergrund zuhörte, eine mutige Rede hielt, in der er versprach, alle Wunden zu heilen und eine „wirklich freie, unabhängige und souveräne polnische Republik" wiederherzustellen.

Im Sommer 1945 war in Polen alles unterwegs. Die meisten Städte waren zerstört, mit Ausnahme von Krakau, das für einige Zeit intellektueller Mittelpunkt der Nation wurde. Aus den verlorenen Gebieten jenseits der Curzon-Linie kamen viele Polen auf der Suche

Mai 1945. Polnische Soldaten der Berling-Armee im eroberten Berlin.

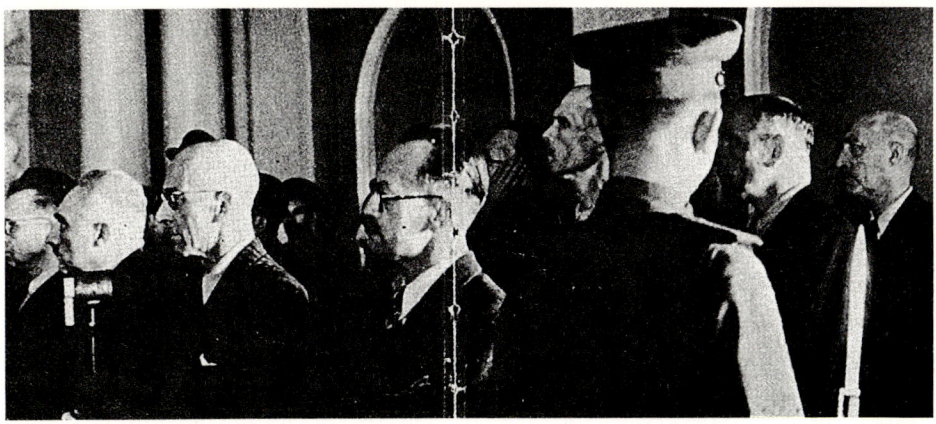

Juni 1945. Das Moskauer Tribunal gegen die 16 entführten Anführer des polnischen Widerstandes. Ganz links Leopold Okulicki, Kommandant der AK.

nach einer neuen Heimat in den Westen. Teils mit der Bahn, teils mit dem Pferdewagen oder zu Fuß. Aus England und Deutschland kamen die Soldaten zurück. Mit ihnen trafen Tausende zerlumpter und halb verhungerter Menschen aus den Konzentrationslagern, Fabriken und Bauernhöfen des 3. Reiches ein. Aus Pommern, Schlesien und Ostpreußen waren bereits ca. 3 Millionen Deutsche geflohen. Jetzt begann die Vertreibung der restlichen 3 Millionen aus ihrer Heimat. Die meisten von ihnen gingen in die englische Besatzungszone Deutschlands. Breslau und Danzig, die beide in den letzten Monaten des Krieges völlig zerstört worden waren, wurden zu Wroclaw und Gdańsk. Die noch intakten Eisenbahnlinien wurden von sowjetischen Zügen blockiert, die langsam ostwärts rollten. Sie transportierten nicht nur eine unglaubliche Ansammlung privater Kriegsbeute, sondern auch die Maschinen und Lagerbestände der deutschen Fabriken in den neuen polnischen Westgebieten, die von Rechts wegen polnisches Eigentum waren. Es sollte drei Jahre dauern, bis die „Umsiedlungen" beendet waren.

Der Krieg hatte Polen ein Fünftel seiner Bevölkerung gekostet. Mehr als ein Drittel seines Volksvermögens war vernichtet. Als

Stanislaw Mikolajczyk, 1945 als stellvertretender Premierminister der provisorischen Regierung nach Polen zurückgekehrt, verspricht den Menschenmassen auf dem Warschauer Flughafen, daß er für eine wirkliche Unabhängigkeit kämpfen werde. Links Bierut, der unruhig zuhört.

hätte dieser Aderlaß noch nicht genügt, brachten die Polen sich noch gegenseitig um, als Reste des Widerstandes ihren Kampf gegen das neue Regime fortsetzten. Aber in diesen ersten Nachkriegsjahren entwickelte sich auch eine unbändige Energie, ja Optimismus. Mit viel Spontaneität gingen die Polen daran, ihr Vaterland nahezu neu aufzubauen. Die den Deutschen weggenommenen Gebiete entwickelten sich zum „Wilden Westen", wo die einströmenden polnischen Siedler erst einmal mit dem begannen, was sie noch vorfanden. Wo es keine Pferde gab, zogen sie den Pflug selbst und gründeten eigene Gemeinschaften, lange bevor die offiziellen Stellen ihre Arbeit aufnahmen. Die Arbeiter übernahmen die Fabriken und begannen von sich aus mit der Produktion, ohne auf ein Management zu warten. Die Warschauer kehrten in ihre Ruinenstadt zurück und bauten sich aus den Trümmern Notunterkünfte. Das erste Geschäft, das wiedereröffnet wurde, soll ein Boutique für Damenhüte gewesen sein.

Im September 1945 besuchte die englische Schriftstellerin Storm Jameson Warschau. Sie sah „schmale Pfade zwischen ausgebrannten, von Schutt und Asche umgebenen Ruinen, wo einmal Straßen gewesen waren. Mit Schaufeln und manchmal bloßen Händen räumten Männer und Frauen emsig die Trümmer weg. Und über allem lag der schwache, süßliche Geruch unter dem Schutt verwesender Leichen ..."

Und trotzdem, „von diesen Ruinen ging nichts Trauriges aus, kein Gefühl der Niederlage, sondern eher eine unbändige Energie. Männer oder Frauen, die sich ein Zimmer ohne Licht, Heizung oder Wasser in einem der oberen Stockwerke einer brüchigen Ruine notdürftig hergerichtet hatten, welches nur über Rudimente eines Treppenhauses

Pfadfinder helfen bei den Aufräumarbeiten in Warschau.

zu erreichen war, das irgendwie noch an der wackeligen Wand hing, hätten kaum Geranien auf ihre angesengten Fensterbänke gestellt, wenn sie nicht entschlossen gewesen wären, das Leben trotz allem zu genießen ... Ein schmaler Raum im Souterrain, aus dem man den Schutt weggeräumt hatte und in dem jeden Moment die Wände einstürzen konnten, diente als Laden für ein paar Tassen ohne Untertasse, ein einzelnes Paar getragener Schuhe und – Blumen." (Aus: Storm Jameson, Journey from the North (Vol. 2), London 1970, S. 150–151)

Nach den halbherzigen Maßnahmen der früheren Jahre wurde jetzt endlich eine umfassende und radikale Landreform durchgeführt. Die großen Güter wurden aufgelöst, das Land an die Bauern verteilt. Nur in den neuen Westgebieten ließ die Regierung die großen preußischen Güter bestehen und betrieb sie als Staatsdomänen. Es ist eine Ironie der polnischen Geschichte, daß ausgerechnet eine kommunistische Regierung den größten Teil Polens in einen Flickenteppich kleiner privater Felder verwandelte, die nun Bauern gehörten, die mit ihrem Streben nach Selbständigkeit und ihren primitiven Anbaumethoden jede Planwirtschaft behinderten. Die Grundindustrien wurden verstaatlicht. 1946 kontrollierte der Staat 95 % der Industrieproduktion.

Polen war 1945 reif für einen schnellen revolutionären sozialen Wandel. Die radikale Stimmung, die sich unter der Nazibesatzung entwickelt hatte, bestand fort. Gemeinsam wollte man eine neue, starke, sozial gerechte und egalitäre Nation schaffen, um alle die Schwächen zu überwinden, die durch den Verlust der Freiheit im Jahr 1939 entstanden waren. In jedem anderen Land hätte diese Stimmung der kommunistischen Partei die historische Möglichkeit eröffnet, hierbei die Führungsrolle zu übernehmen. Aber in Polen, wo die Kommunisten ihre Machtposition den sowjetischen Bajonetten verdankten, lagen die Dinge anders.

Als Parteiführer erkannte Wladyslaw Gomulka dies sehr klar. Von den meisten seiner Kollegen in der PPR unterschied er sich in zweifacher Hinsicht. Er war Arbeiter, und er hatte den Krieg hauptsächlich im polnischen Untergrund erlebt, weniger in der Sowjetunion. Seine beiden Vorgänger – beide von Moskau mit dem Fallschirm abgesetzt – waren im Krieg umgekommen. Marceli Nowotko wurde 1942 unter mysteriösen Umständen ermordet, Pawel Finder im folgenden Jahr von der Gestapo verhaftet. Gomulka hatte die PPR-Vertretung bei den gescheiterten Verhandlungen mit der AK zur Bildung einer gemeinsamen militärischen und politischen Plattform geleitet. Als neuer Sekretär der PPR hatte er einen eigenen Kurs eingeschlagen, wobei ihm, als er sein Amt antrat, der zufällige, aber willkommene Zusammenbruch des Funkkontakts mit Moskau zustatten kam.

Gomulka war schroff, intolerant und von aufbrausendem Temperament. Sein kantiger, knochiger Schädel und seine Augen, die die Welt durch eine Stahlbrille musterten, machten es seinen Gegnern leicht, in ihm einen mitleidlosen, fanatischen Marxisten zu sehen. Aber obgleich er ein überzeugter Kommunist war, war er kein „Mann der Komintern", der widerspruchslos die Befehle des großen sozialistischen Mutterlandes ausführte. Wahrscheinlich hatte ihn nur die Tatsache, daß er 1938 im Gefängnis gesessen hatte, vor dem Schicksal seiner Kameraden aus der ehemaligen KPP bewahrt, die man seinerzeit nach Moskau beordert und zum größten Teil ermordet hatte.

Dies hatte Gomulka nie vergessen. Er akzeptierte die Notwendigkeit einer engen Zusammenarbeit zwischen Polen und der Sowjetunion. Er brauchte ihre militärische und politische Unterstützung, ohne die – wenn man die Stärke der nicht-kommunistischen Parteien in den ersten Jahren bedenkt – die Kommunisten weder an die Macht gekommen noch diese Stellung länger als wenige Wochen hätten halten können. Aber sein Ziel war ein „polnischer Weg zum Sozialismus", der die Fehler der Sowjetunion vermeiden und allmählich die Anerkennung einer katholischen Bevölkerung finden würde, die grundsätzlich anti-russisch eingestellt war.

Dabei sah er sich drei Hauptproblemen gegenüber. Das erste betraf das Verhalten der Russen gegenüber den Polen. Sowjetische „Berater" hatten in Polen das Kommando über die Sicherheitspolizei übernommen, und die Bevölkerung wurde von russischen Soldaten tyrannisiert, ausgeplündert und häufig getötet. Ein weiteres Problem stellte seine eigene Partei dar. Die Mitgliederzahl der PPR war von 30 000 zu Beginn des Jahres 1945 auf etwa 300 000 im April angewachsen. Die Partei wurde geradezu von Karrieremachern, unreifen Revolutionären und schlichten Freibeutern überschwemmt, die an manchen Orten damit drohten, das Land zu kollektivieren und verkündeten, Polen müsse eine Republik der Sowjetunion werden.

Das dritte Problem, das in dem Moment brisant wurde, als Mikolajczyk nach Polen zurückkehrte, war das Wiedererstarken der Nicht-Kommunisten, vor allem der Bauernpartei. Gomulka mochte seiner Politik einen anscheinend demokratischen Anstrich gegeben haben, als er vorsichtig seinen „polnischen Weg" ging, aber wenn es ihm nicht gelang, seine politischen Gegner auszuschalten oder wenigstens entscheidend zu schwächen, bevor die in Jalta festgeschriebenen „freien Wahlen" stattfanden, würde die PPR hinweggefegt werden.

Gomulka hatte einigen Erfolg. Er sorgte dafür, daß die neue Regierung der Kirche mit auffallendem Respekt begegnete. Bierut nahm als Staatsoberhaupt gemeinsam mit katholischen Bischöfen an religiösen Prozessionen teil. Die Sowjetunion zeigte zumindest Anzeichen von gutem Willen, als sie die entführten Anführer der Widerstandsbewegung im Moskauer Prozeß nur zu leichten Strafen verurteilte. Äußerst wichtig für Polens innere Stabilität wurde das Abschlußtreffen der Großen Drei im Juli 1945 in Potsdam, wo Stalin – gegen die Bedenken Englands und der USA – auf der Oder-Neiße-Linie als der neuen polnischen Westgrenze bestand, was Stettin auf dem Westufer der Odermündung mit einschloß. Die endgültige Anerkennung dieser Grenze sollte einer zukünftigen Friedenskonferenz vorbehalten sein. Gomulkas Probleme mit der PPR lösten sich bald nach Mikolajczyks Rückkehr von selbst. Die Mitgliederzahl sank im Sommer 1945 wieder auf 65 000, als große Gruppen zur Bauernpartei und den anderen, wieder aktiven Parteien abwanderten.

Aber noch war das Blutvergießen nicht zu Ende. Obgleich „Bór"-Komorowskis Nachfolger, General Leopold Okulicki, die AK im Januar aufgelöst hatte, setzten einige Einheiten und viele NSZ-Gruppen den Kampf fort, drangen in Städte und Dörfer ein, ermordeten PPR-Mitglieder und überfielen sowjetische Konvois in den Straßen. Die polnischen Sicherheitstruppen und sowjetischen Soldaten revanchierten sich mit Repressionen und Greueltaten. Eine Amnestie im August 1945 ermöglichte 42 000 Männern und Frauen die Rückkehr aus dem Untergrund. Aber Okulickis Nachfolger, Oberst Jan Rzepecki, gründete eine neue Freiheits- und Unabhängigkeitsbewegung (WIN) und setzte den Kampf fort. Ein besonderes Problem bildete die verzweifelte, zu allem ent-

Der Westen Polens. Ein polnischer Bauer pflügt das Schlachtfeld im zurückeroberten Gebiet.

schlossene Armee ukrainischer Partisanen in den Karpaten, die im März 1947, bevor sie sich auflöste und ihre Mitglieder in den Westen flohen, General Karol Świerczewski („General Walter") hinterrücks ermordete. Diese Kämpfe – fast könnte man von einem polnischen Bürgerkrieg sprechen – kosteten Zehntausende das Leben. Die politische Szene wurde zusätzlich dadurch vergiftet, daß Gomulka und Bierut Mikolajczyk und seine Anhänger einer geheimen Verbindung zum Untergrund beschuldigten. Erst Anfang 1947 fanden diese Auseinandersetzungen ein Ende, als nach einer weiteren Amnestie die letzten Partisanen die Wälder verließen. Die ukrainische Bevölkerung im südöstlichen Polen wurde grausam bestraft. Ihre Dörfer wurden zerstört. Wer polnische Verwandte hatte, wurde in die neuen Westgebiete umgesiedelt, der Rest zur summarischen Exekution oder in Arbeitslager in die Sowjetunion deportiert.

Im Juni 1946 kam es zu einer ersten Kraftprobe zwischen den politischen Parteien im neuen Polen. Die Kommunisten brauchten einen öffentlichen Beweis dafür, daß ihr „Programm der Linken" vom Volk unterstützt wurde; geradezu genial bereiteten sie eine Volksabstimmung über drei Fragen vor, von denen sie wußten, daß die meisten Polen sie, unabhängig von ihrer politischen Einstellung, mit „Ja" beantworten würden. Die Fragen lauteten: ob die Wähler für die Abschaffung des Senats (dem Oberhaus des Parlaments), für eine Landreform und die Verstaatlichung der Schlüsselindustrie seien, und ob sie der neuen Grenze entlang der Oder-Neiße-Linie zustimmten.

Das Referendum wurde zur Falle für Mikolajczyk – das war natürlich beabsichtigt. Seine Partei hatte allen drei Dingen bereits zugestimmt. Dennoch durfte er sich die Chance nicht entgehen lassen, der Welt die Stärke der PSL zu demonstrieren. Wenig überzeugend startete er eine Kampagne: „Ja" zu den beiden letzten Fragen, aber ein „Nein" zur Abschaffung des Senats. Die PPR, die von den meisten Mitgliedern der PPS unterstützt wurde, reiste durch Polen und forderte ein „Dreimal Ja".

Bürgerkrieg. Die Leichen dreier Sicherheitspolizisten, die im Wald in der Nähe von Lódź von anti-kommunistischen Partisanen getötet wurden.

Die Frage nach der Abschaffung des Senats war zu einer Vertrauensfrage für die beherrschende Rolle der Kommunisten in der Regierung geworden, und die Kampagne artete in ein Chaos an Beschimpfungen und Drohungen aus. Die Abstimmung fand am 30. Juni statt. Zehn Tage später gab die Regierung das Ergebnis bekannt: Bei der entscheidenden ersten Frage hatten 68 % mit „Ja", und nur 32 % mit „Nein" gestimmt. Jerzy Morawski, damals einer der Jüngsten in der kommunistischen Führung, gibt heute mit bitterem Sarkasmus zu: „Hinterher habe ich herausbekommen, daß das Ergebnis gefälscht worden war. In Wahrheit war das Verhältnis wahrscheinlich genau umgekehrt. Zwei Drittel hatten sich für Mikolajczyk ausgesprochen."

Für den inneren Kreis der PPR (Kommunisten), die das wahre Ergebnis kannten, war das Referendum eine herbe Enttäuschung. Morawski erinnert sich: „Dies war eine Warnung, die uns zeigte, wie stark der Einfluß von Mikolajczyks Opposition in Polen war. Das Ergebnis veranschaulichte, daß wir uns gewaltig anstrengen mußten, um Mikolajczyks Opposition unter Druck zu setzen, auseinanderzutreiben, einzuschüchtern und in Verruf zu bringen, wenn wir die Wahlen gewinnen wollten."

Gomulka und Bierut schritten zur Tat. Die in Jalta beschlossenen „freien" Wahlen sollten im Januar 1947 stattfinden. Die 6 Monate zwischen Referendum und Wahlen brachten eine Anhäufung offizieller Terroranschläge gegen die Bauernpartei. Versammlungen der PSL wurden von Randalierern gesprengt, Parteigebäude zerstört, PSL-Mitgliedern wurde der Verlust ihrer Arbeitsplätze angedroht; dazu kamen eine Reihe von Verhaftungen, Entführungen und Morden.

Während sich dies alles abspielte, wurde im Juli in Kielce ein brutaler Anschlag auf ein Gebäude verübt, in dem Juden aus der UdSSR auf ihrer Durchreise nach Palästina untergebracht waren. 40 von ihnen wurden dabei getötet. Damals machte jeder jeden für das „Kielce-Pogrom" verantwortlich. Mikolajczyk behauptete, es sei eine kommunistisch gelenkte Polizeiaktion gewesen, während andere darin eine spontane Aktion von Antisemiten sahen, wobei der Antisemitismus in den ersten Nachkriegsjahren in Polen unleugbar weit verbreitet war. Die Kommunisten brandmarkten das Pogrom als ein Werk der rechtsgerichteten Nationalisten. Die Rechte – unter ihnen mehrere katholische Bischöfe – schlug zurück, indem sie erklärte, daß viele der kommunistischen Führer, die den Krieg in der Sowjetunion zugebracht hätten, selbst Juden seien, insbesondere, soweit sie der Geheimpolizei angehört hätten: eine Propagandabehauptung, die noch heute das polnische Denken vergiftet.

Im Zentrum des Sturms führte Mikolajczyk einen erbitterten Kampf. Er forderte eine internationale Kontrolle der Wahlen, aber England und die USA, die genug eigene Probleme mit der Sowjetunion im besetzten Deutschland hatten, zeigten kein Interesse. Eine Zeitlang glaubte er, die Wahlen mit Hilfe der PPS gewinnen zu können, die in sich völlig zerstritten war. Ein Teil der PPS suchte die offene Auseinandersetzung mit den Kommunisten, selbst der Premierminister, der friedfertige Osóbka-Morawski, rebellierte gegen Gomulkas anmaßende Art. Ein anderer Teil stand auf seiten der Regierung und

Warschau 1947. Ein Geschäft in den Ruinen. Darüber das „Dreimal-Ja'"-Spruchband des Juni-Referendums. Die Inhaberin ist Schottin und mit ihrem polnischen Ehemann hierher gekommen.

Jüdische Überlebende des Holocaust an einer polnischen Grenzstation auf dem Weg nach Österreich – und wenn möglich, Palästina.

befürwortete einen Zusammenschluß mit der PPR. Die einen waren der Überzeugung, die Linke müsse zusammenhalten, um ihr sozialistisches Programm verwirklichen zu können. Bei den anderen handelte es sich um Mitläufer, die von den Kommunisten bzw. dem sowjetischen Geheimdienst in die PPS eingeschleust worden waren. Aber als dann die polnischen Sozialisten an die Bauernpartei herantraten und sie aufforderten, gemeinsam einen „Demokratischen Block" zu bilden, um so den Einfluß der Kommunisten in der nächsten Regierung auf ein Minimum herabzudrücken, und ihnen unter der Hand im voraus ein Viertel der Sitze im zukünftigen Sejm anboten, lehnte Mikolajczyk ab. Dies hätte für ihn die Wahlen zu einer Farce gemacht, bevor sie überhaupt stattgefunden hatten.

Ein weiterer Tiefschlag für Mikolajczyk folgte im September. Unter Präsident Truman wurden die USA zunehmend nervös, was die sowjetischen Pläne in Europa betraf. Die kommunistischen Parteien in Frankreich und Italien waren mächtig und militant. Die westlichen Besatzungszonen Deutschlands versanken in Hunger und Hoffnungslosigkeit, ein idealer Nährboden für Revolutionen. Vielleicht ergab sich hieraus für Stalin schon bald die Möglichkeit, seine Ideologie und seinen Machtbereich bis an den Atlantik auszudehnen, falls er dies wollte. In dieser Situation gab Amerika sein Ziel auf, die Einheit Europas zu erhalten. Es ging daran, eine „Schneise" quer über den Kontinent zu ziehen, die der Kommunismus nicht würde überspringen können.

Für den Erfolg dieser neuen Politik war es unerläßlich, den Deutschen zu zeigen, daß die USA keine feindliche Besatzungsmacht waren, sondern ein potentieller Freund, der sogar Verständnis für ihre Gefühle wegen der verlorenen Ostgebiete aufbrachte. Am 6. September 1946 hielt Staatssekretär James F. Byrnes eine dementsprechende Rede in Stuttgart. In seiner Ansprache, mit der er sich in erster Linie an die Deutschen wandte, sagte Byrnes, daß die Oder-Neiße-Linie „einseitig" von Stalin festgelegt worden sei, daß die USA sie nicht anerkannt hätten, und – andeutungsweise – daß Deutschland unter Umständen einen Teil der verlorenen Gebiete zurückerhalten könne.

In Polen schlug seine Rede wie ein Bombe ein. Vor allem die anti-kommunistischen Polen fühlten sich endgültig vom Westen verraten, der, nicht genug, daß er Stalin geholfen hatte, sie ihrer ehemaligen Ostgebiete zu berauben, nun darauf abzielte, ihnen auch die als Ersatz überlassenen Westgebiete wieder wegzunehmen. Gomulkas Wutausbruch war echt. Andererseits war die Stuttgarter Rede für ihn ein Geschenk des Himmels. Er konnte sie als Argument gegen seine Widersacher ins Feld führen, die noch immer an eine westliche Protektion glaubten. Auch Mikolajczyk, der gerade an einer Tagung in Dänemark teilnahm, berief eine Pressekonferenz ein und griff Byrnes scharf an. Aber die Zensur verhinderte, daß seine Ausführungen in polnischen Zeitungen auch nur erwähnt wurden. Statt dessen beschuldigte man die PSL des Hochverrats, da sie durch ihr Schweigen „den amerikanischen Imperialismus" bei seinem Angriff auf Polens territoriale Unverletzlichkeit unterstütze.

Die Wahlen fanden am 19. Januar 1947 statt. Zu diesem Zeitpunkt saßen bereits Tausende von PSL-Mitgliedern im Gefängnis, darunter 142 ihrer Kandidaten. Sämtliche Telefonleitungen ins PSL-Hauptquartier in Warschau waren lahmgelegt. Ein Fünftel der Wahlbezirke, in denen die PSL besonders viele Anhänger hatte, wurden disqualifiziert. In allen Wahllokalen wurden die Ergebnisse hemmungslos gefälscht. Der „Demokratische Block" verkündete schließlich, er habe mehr als 80 % aller Stimmen erhalten, so daß ihm im Sejm 394 Sitze zufielen gegenüber 28 Sitzen für Mikolajczyk. So sahen die

Die neuen Machthaber. Von links nach rechts: Boleslaw Bierut, Vyacheslav Molotow, der russische Außenminister, Józef Cyrankiewicz, der Auschwitz überlebte und 25 Jahre lang Polens Premierminister war.

von Stalin in Jalta versprochenen ersten „freien Wahlen" in Polen aus. England und die USA schickten Protestnoten. Die Sowjetunion wies sie zurück.

Mikolajczyk war entmachtet. Die Bauernpartei begann sich aufzulösen. Im Herbst wurde Mikolajczyk nach einer Warnung, daß seine Verhaftung bevorstünde, in einem Auto der amerikanischen Botschaft an die Küste geschmuggelt und von dort per Schiff in den Westen gebracht. Von Churchill wurde er in England herzlich begrüßt – weniger begeistert von den restlichen Mitgliedern der ehemaligen polnischen Exilregierung. Er starb wenige Jahre später.

In Warschau ging der siegreiche „Demokratische Block" eilends daran, seine Stellung zu festigen. Der unentschlossene Osóbka-Morawski wurde entlassen. Neuer Premierminister wurde wiederum ein Sozialist, der undurchsichtige Józef Cyrankiewicz. Ein äußerst gebildeter und mutiger Mann, der den Widerstand in Auschwitz organisiert hatte und mit der festen Überzeugung aus dem Lager gekommen war, daß die PPS um jeden Preis ihre Unabhängigkeit und Eigenständigkeit gegenüber kommunistischen Eingriffen verteidigen müsse. Aber aus Gründen, die nie geklärt wurden, änderte er plötzlich seine Meinung und wurde der beredte Anführer einer PPS-Minderheit, die zu einer engen Zusammenarbeit mit Gomulka und der PPR bereit war und eine Verschmelzung von Kommunisten und Sozialisten zu einer einzigen Partei anstrebte. Cyrankiewicz wurde in mancher Hinsicht ein engerer Vertrauter Stalins als Gomulka, und es mag sein, daß er insgeheim die Absicht verfolgte, die PPS wenigstens in ihren Grundelementen zu bewahren, indem er sie zu einem für die Sowjets nützlichen Kontrollinstrument über Gomulka und seine unabhängigen „polnischen roten" Kollegen machte. Auf jeden Fall muß Cyrankiewicz, der es fertiggebracht hat, über 25 Jahre lang Premierminister Polens zu bleiben, mächtige Gönner gehabt haben.

Die neue Regierung brachte eine Gruppe energischer, selbstbewußter Kommunisten an die Macht, die den Krieg in der Sowjetunion verbracht hatten und Gomulkas Zweifel an Stalins Unfehlbarkeit nicht teilten. Hilary Minc übernahm das Wirtschaftsressort, Jakub Berman leitete als Unterstaatssekretär des Premierministers das Ressort für Ideologie und innere Sicherheit, während der erbarmungslose Stanislaw Radkiewicz zum Sicherheitschef ernannt wurde. Gomulka, der Erster Sekretär der PPR blieb, übernahm das Amt des stellvertretenden Premierministers und das Ministerium für das westliche Polen. Gegen die Proteste Mikolajczyks und einer Handvoll oppositioneller Abgeordneter stimmte der Sejm der sogenannten „Kleinen Konstitution" vom Februar 1947 zu, einem Ermächtigungsgesetz, das den Sejm zum reinen Zustimmungsorgan machte, indem es dem Kabinett erlaubte, zwischen den Sitzungsperioden per Dekret zu regieren.

Obgleich er es nicht ahnte, markierte der „Wahlsieg" von 1947 zugleich den Anfang vom Ende Gomulkas. In den zwei Jahren seit der Befreiung hatte seine Politik des „polnischen Kurses", die Verteidigung einer – wenn auch eingeschränkten – Unabhängigkeit Polens innerhalb der sowjetischen Einflußzone in Europa gewisse Fortschritte gemacht. Dagegen standen die blutigen Verluste durch den erst jetzt zu Ende gehenden Bürgerkrieg und die grobe Verletzung des polnischen Demokratieverständnisses durch seine brutale Jagd auf die Anhänger der Bauernpartei. Gomulka mußte sich 1947 eingestehen, daß der polnische Kommunismus noch immer wenig echte Unterstützung fand und sich nur durch die bewaffnete sowjetische Macht im Hintergrund halten konnte. Dennoch kann man ihm gewisse Leistungen nicht absprechen.

Er hatte sich geweigert, dem sowjetischen Modell zu folgen und hatte ein auf polnische Belange zugeschnittenes marxistisches Reformprogramm entwickelt. Die Verstaatlichung der Schlüsselindustrien und die Landverteilung an die Bauern hatten überall Zustimmung gefunden; Gomulka hatte sich dem Druck widersetzt, das Land nach dem Muster sowjetischer Kolchosen zu kollektivieren. Dies hatten die polnischen Bauern am meisten gefürchtet. Sein persönliches Engagement, die neu hinzugekommenen westlichen Gebiete zu besiedeln und zu entwickeln und die durch Byrnes' Rede hervorgerufene Krise zu meistern, hatten ihn als echten Polen ausgewiesen. Mit einigem Erfolg war Gomulka den Plünderungen und Verwüstungen durch sowjetische Truppen entgegengetreten. Es war ihm auch gelungen, den Abtransport ehemals deutscher Fabrikanlagen in die UdSSR fast ganz zu stoppen. Man hatte mit dem Wiederaufbau der Schwerindustrie begonnen und damit zugleich in den überbevölkerten ländlichen Gebieten Arbeitsplätze geschaffen, z. B. durch die Stahlwerke in Nowa Huta nahe Krakau.

Nachdem die Wahl gelaufen, die Opposition zerschlagen war und auch die letzten Partisanen aus den Wäldern kamen und sich ergaben, wird Gomulka auf eine ruhigere Zeit gehofft haben, um seine Position zu festigen und seine Version einer „sozialistischen Umwandlung" Polens voranzutreiben. Aber daraus wurde nichts. Statt dessen wurde seine Machtposition jetzt rapide schwächer und brach schließlich zusammen. Dies lag zum Teil daran, daß er wenig persönliche Freunde hatte. „Moskowiter" wie Bierut und Berman beherrschten jetzt die PPR. Cyrankiewicz und die übrigen PPS-Sozialisten in der Regierung machten hinter seinem Rücken ihren Frieden mit Moskau. Der eigentliche Grund für Gomulkas Sturz war jedoch der Beginn des Kalten Krieges und der Wandel in Stalins Osteuropa-Politik.

Vermutlich hatte Stalin noch keine festen Vorstellungen davon, was mit dem von ihm beherrschten Teil Europas geschehen sollte. Zumindest gibt es kaum Beweise dafür, daß er von Anfang an die Absicht verfolgte, diese Länder zu „sowjetisieren" und zu Satelliten der UdSSR zu machen. Ebensowenig läßt sich beweisen, daß er den sowjetischen Machtbereich bis zum Atlantik ausdehnen wollte, indem er die kommunistischen Parteien des Westens zu Aufstand und Revolution aufhetzte. Ganz im Gegenteil hat er seinen Einfluß ausgeübt, um die italienische und französische kommunistische Partei daran zu hindern, ihre enorme Machtposition in den ersten Nachkriegsjahren dazu zu benutzen, die Regierung in ihren Ländern zu übernehmen. Stalins Haltung war defensiv. Angesichts des amerikanischen Monopols atomarer Waffen wollte er nichts unternehmen, was die „Großen Drei" endgültig getrennt hätte.

Stalins Grundhaltung wurde durch sein tiefes Mißtrauen gegenüber ausländischen Kommunisten bestimmt, die er des „Verbrechens" selbständigen Denkens verdächtigte. Nationalisten konnte man leichter manipulieren. Deshalb errichtete er in Rumänien, Bulgarien, Ungarn und Polen zwangsweise gemischte „Volksdemokratien"; Regime, in denen die Macht der Kommunisten durch eine Koalition mit „bürgerlichen" Parteien geschwächt wurde. Nur in Albanien und Jugoslawien, die sich aus eigener Kraft und ohne nennenswerte sowjetische Hilfe befreit hatten, setzten sich die Kommunisten durch, sehr zum Mißfallen Stalins. Beide Länder, zuerst Jugoslawien und einige Jahre später Albanien, brachen mit der Sowjetunion und bestritten ihren Anspruch, Hüter des Weltkommunismus zu sein.

Niemand kann sagen, wie lange jene aufgezwungenen Kompromißregierungen gehalten hätten. 1947 brach die Anti-Hitler-Kriegskoalition endgültig auseinander. Die Stuttgarter Rede war eine Warnung gewesen. Im März 1947 verkündete Präsident Truman seine „Doktrin" zur „Eindämmung des Kommunismus" in aller Welt. Die Engländer schlossen sich ihm an, und die Viermächtekommandantur für das eroberte Deutschland begann sich aufzulösen. Dabei war der Kalte Krieg, der nun begann, die Folge zweier gegenseitiger Irrtümer: Truman und der Westen fürchteten, daß Stalin beabsichtige, den Kommunismus durch Revolution und Krieg in ganz Europa zu verbreiten. Stalin seinerseits glaubte – ebenfalls zu Unrecht – der Westen rüste sich, die Sowjets aus Europa zu vertreiben – wahrscheinlich sogar aus der Sowjetunion selbst, und zwar ebenfalls durch Revolution und Krieg, unterstützt von einer reorganisierten deutschen Wehrmacht.

Stalin machte es nun wie Truman und zog ebenfalls einen Wall um „seinen" Teil Europas. Im Sommer 1947 zwang er Polen und die Tschechoslowakei – die noch immer eine demokratische Regierung hatten –, die ihnen von Amerika mit dem Marshall-Plan angebotene Hilfe abzulehnen. Für Polen, das das Geld sehr dringend für den Wiederaufbau gebraucht hätte und das bis dahin sehr gute Beziehungen zu den USA unterhielt, war dies besonders hart. Als nächstes ging Stalin daran, die Macht der Sowjets in Osteuropa zu festigen. Er ersetzte die „Volksdemokratien" durch ein uniformes kommunistisches System, ähnlich dem der Sowjetunion. Im September gründete er das Kommunistische Informationsbüro (Kominform), ein internationales Gremium zur Durchsetzung von Disziplin und Einstimmigkeit innerhalb der weltweiten kommunistischen Bewegung.

Gomulka sah in der Gründung des Kominform die Rückkehr zu jener dogmatischen sowjetischen Kontrolle aller anderen kommunistischen Parteien, die ihnen bereits vor dem Krieg jedes selbständige Handeln unmöglich gemacht hatte und die er unter allen Umständen hatte verhindern wollen. Die Eröffnungssitzung des Kominform fand Ende September 1947 in Szklarska Poreba, Polen, statt. Obgleich Gomulka damit formell als Gastgeber auftrat, hielt er keine Begrüßungsrede. Als das Kominform eine Resolution zur allgemeinen Kollektivierung der Landwirtschaft einbrachte, war er der einzige, der heftig dagegen opponierte.

Gerade wenige Monate zuvor hatte er sein den Bauern gegebenes Versprechen erneuert, ihr Land niemals zu kollektivieren. Jetzt war er der einzige kommunistische Parteisekretär, der sich offen gegen Stalin stellte. Aber Gomulka stand nicht nur auf der Konferenz allein, er war es auch in seiner Partei. Für Bierut, Berman und die anderen grenzte sein Ungehorsam geradezu an Blasphemie.

Im Frühjahr 1948 kam es zum Streit und im Juni zum Bruch zwischen Tito und Stalin, als Jugoslawien die sowjetische Bevormundung zurückwies und für sich das Recht in Anspruch nahm, einen eigenen kommunistischen Weg zu gehen. Jugoslawien wurde daraufhin aus dem Kominform ausgeschlossen. In einer Kakophonie hysterischer Beschimpfungen gegen den „faschistischen Verräter" Tito versicherten die übrigen osteuropäischen Kommunisten Stalin begeistert ihre Loyalität, während sich überall die Lager und Gefängnisse mit vermeintlichen „Titoisten" zu füllen begannen. Gomulka blieb fest und beschwor noch bis Juni 1948 die PPR, dogmatische Lösungen zu vermeiden und polnischen Patriotismus und Unabhängigkeit zu respektieren.

Gomulkas Schicksal war besiegelt. Im September wurde er als Erster Sekretär der PPR abgelöst und durch Bierut ersetzt. In seltsamen, weitschweifigen Reden versuchte Gomulka sein Verhalten zu rechtfertigen. Dann wieder bat er wegen seiner Irrtümer um Verzeihung. Es sieht so aus, als habe er die Absicht gehabt, ein politisches Testament zu hinterlassen, ohne dadurch die Partei zu spalten und seine Anhänger der Verfolgung als „Titoisten" oder „Abweichler" auszusetzen. Nach und nach wurde er ins Abseits gedrängt und schließlich 1951 verhaftet.

Einen Tag nach seinem Sturz beschloß die Partei die Kollektivierung der Landwirtschaft. Innerhalb der Partei begann eine Säuberungsaktion gegen Anhänger Gomulkas, die die Mitgliederzahl innerhalb von vier Monaten auf etwa 50 000 schrumpfen ließ, und drei weitere Jahre andauern sollte. Am 15. Dezember 1948 vereinigte sich der prosowjetische Teil der Polnischen Sozialistischen Partei (PPS) mit der PPR zur Polnischen Vereinigten Arbeiterpartei (PZPR), die noch heute die „Führungsrolle" in der polnischen Gesellschaft innehat. Die Sozialisten, die sich einer solchen Fusion widersetzt hatten, waren im vorhergehenden Jahr aus der Partei ausgeschlossen worden. Zwei Marionetten-Parteien blieben neben der PZPR bestehen: die Vereinigte Bauernpartei (ZSL), ebenfalls pro-kommunistisch, und die Demokratische Partei, die sich überwiegend aus Angestellten und selbständigen Handwerkern zusammensetzte. Aber als sich Boleslaw Bierut und Józef Cyrankiewicz auf dem Fusions-Kongreß die Hände schüttelten und das Auditorium pflichtschuldig „Nieder mit Gomulka!" und „Nieder mit dem Nationalismus!" brüllte, war Polen praktisch ein Ein-Parteien-Staat.

In den nächsten sechs Jahren erlebte Polen den Terror, das Elend und die Absurdität des Stalinismus. Mit der UB (Geheimpolizei) im Nacken wurde die Nation angetrieben, in geradezu halsbrecherischer Geschwindigkeit an der Weichsel einen Staat nach sowjetischem Vorbild aus dem Boden zu stampfen. Jede unabhängige Meinung wurde im Keim erstickt. Eine totalitäre Parteidiktatur hob bestehende polnische Einrichtungen auf und schuf sie nach sowjetischem Muster neu. Hand in Hand damit wurde eine servile, Stalin glorifizierende Propaganda betrieben, die verlogenen Unsinn über glückstrahlende Arbeiter hinausposaunte, die angeblich wetteiferten, um astronomische Produktionsziele zu erreichen. Die Bevölkerung wurde aufgerufen, wachsam gegenüber den „Angriffsplänen" des „imperialistischen" Westens zu sein. „Stalin ist unser bester Bundesgenosse, der große Freund Polens", hieß es damals in einem Lesebuch. „Unser genialer Kamerad Stalin durchschaut alle Pläne der Kriegshetzer."

Kernstück der Regierungspolitik war der 6-Jahres-Plan, den Hilary Minc 1950 entwarf. Gomulkas 3-Jahres-Plan (1947–50) war eine vernünftige, von Profis entwickelte Sache gewesen. Durch ihn sollte der Lebensstandard verbessert, die Verbrauchsgüterindustrie angekurbelt und die Privatinitiative gefördert werden. Minc dagegen setzte ausschließlich auf den schnellen Aufbau der Schwerindustrie. Nur Produktionszahlen zählten. Der private Sektor spielte kaum noch eine Rolle. Fast die Hälfte des Bruttosozialprodukts wurde in gewaltige Langzeit-Industrieprojekte investiert. Der Lebensstandard der Polen sank rapide. Um Stalin zu beeindrucken, benutzte Minc den Ausbruch des Korea-Krieges im Jahr 1950 dazu, die Ziele des 6-Jahres-Planes nochmals um fast die Hälfte herauf-

Der neue, stalinistische Stil. Die Plakatunterschrift lautet: „Freundschaft, Vorbild und Hilfe der Sowjetunion sind die Garantie für die Erfüllung des 6-Jahres-Planes."

zusetzen. Die Arbeiter wurden zu Sklaven degradiert. Die alten Gewerkschaften wurden durch sowjetische Konstruktionen ersetzt, die als „Treibriemen" der Partei zur Ankurbelung der Produktion dienten. Gesetze banden die Arbeiter an ihren Arbeitsplatz.

Während Mincs Pläne Polen an den Rand des Ruins brachten, verfolgte die UB die Bevölkerung mit paranoidem, irrationalem Terror. Veteranen der AK und der ehemals im Westen stationierten Truppen verloren ihre Arbeitsplätze. Viele wurden verhaftet. Das gleiche Schicksal drohte Parteimitgliedern, die im Spanischen Bürgerkrieg oder als Mitglieder des kommunistischen Untergrunds in Polen gekämpft hatten, da sie vom „Nationalismus" infiziert seien. Gefangene wurden regelmäßig gefoltert. Todesurteile waren an der Tagesordnung.

Kazimierz Leski, einem ehemaligen Offizier der AK, fällt es noch heute schwer, auszusprechen, was seine Landsleute ihm in Bieruts Gefängnis angetan haben. „Das Verhör wurde sozusagen ‚ohne Handschuhe' geführt. Damals wurde mein Gehör schwer geschädigt. Man schlug mir die Zähne aus. Ich mußte auf dem betonierten Fußboden schlafen und dann ... noch so Dinge, wie das Zerquetschen der Finger oder Schläge gegen das Schienbein. Später gab es den sogenannten ‚Wintersport', was vielleicht am quälendsten war. Man wurde den ganzen Tag verhört und dann nachts in eine Zelle gesperrt, die völlig leer war und aus der man das Fenster entfernt hatte. Draußen war es bitter kalt und in der Zelle natürlich auch. Der Häftling mußte sich nackt vor das Fenster stellen und die ganze Nacht so stehen bleiben. Wer sich bewegte, wurde sofort hart bestraft."

In ganz Osteuropa überwachten sowjetische „Berater" die Vorbereitung von Schauprozessen gegen kommunistische Abweichler. In Polen wurden im August 1951 in Tatar neun ehemalige Offiziere der AK wegen des absurden Vorwurfs der Verschwörung vor Gericht gestellt. Kronzeuge war Marian Spychalski, ein ehemaliger Genosse Gomulkas, dem unter der Folter die Aussage abgepreßt worden war, Gomulka habe an einem Komplott zur Untergrabung der Loyalität der polnischen Armee teilgenommen.

Während polnische Kinder losgeschickt wurden, um auf Feldern und am Strand Kartoffelkäfer aufzusammeln, die angeblich von amerikanischen Agenten abgeworfen worden waren, begann die Partei ihren Kampf gegen die beiden stärksten Pfeiler Polens: die selbständigen Bauern und die katholische Kirche. Die umfangreichen Kollektivierungsmaßnahmen hatten sich als Fiasko erwiesen. Bis 1955 waren lediglich 9,2 % des Landes in Kolchosen umgewandelt worden. Aber die gesamte Landwirtschaft war zerrüttet und zugrunde gerichtet worden, als eine sinnlose Kampagne zur Zerschlagung des Großgrundbesitzes (entsprechend den russischen „kulaks") losbrach und man aus den Dörfern immer mehr Nahrungsmittel für die expandierende Bevölkerung in den Städten herauspreßte. 1951 wurde die Zwangsbewirtschaftung für Getreide eingeführt und im nächsten Jahr auf Fleisch, Kartoffeln und Milch ausgedehnt.

Zum ersten Mal in der Geschichte wurde die katholische Kirche durch ein polnisches Regime verfolgt. Der Staat übernahm die kirchlichen Wohlfahrtseinrichtungen. Überall wurden Priester und Bischöfe verhaftet. Ausgerechnet Boleslaw Piasecki, ein Falanga-Gangster der Vorkriegszeit, der es fertiggebracht hatte, seine Haut zu retten, indem er mit dem sowjetischen Geheimdienst paktierte, gründete eine regierungsfreundliche Organisation katholischer Laien, Pax. Im September 1953 wagte es der UB, sogar den Primas von Polen, den unbeugsamen Kardinal Stefan Wyszyński, zu verhaften und in ein Kloster zu verbannen.

Trotz allem fand der stalinistische Angriff auf die bestehende Ordnung anfangs echte Befürworter. Manches an diesem wilden Husarenritt, Polens Rückständigkeit mit einem Satz zu überwinden und den Anschluß an eine fortschrittlichere Welt zu finden, kam dem impulsiven polnischen Temperament entgegen. Schriftsteller und Intellektuelle wurden von Begeisterung erfaßt und schoben überkommene „bürgerliche" Werte bereitwillig zugunsten einer Zukunftsvision beiseite. Rückschauend haben sie diese moralische Abdankung zu erklären versucht. Der Schriftsteller und Filmemacher Tadeusz Konwicki sagt: „Ich gehörte zu der Generation, die den Krieg verloren hatte, den jungen AK-Soldaten, deren Träume und Sehnsüchte, mit denen sie sich der Untergrundbewegung oder den Partisanen anschlossen, sich nicht erfüllt hatten ... Der Kampf, den wir geführt hatten, war schrecklich; wir hatten die Vernichtung der materiellen wie der moralischen Werte miterlebt."

Der Schriftsteller Andrzej Szczypiorski führt diesen Gedanken fort: „Künstler müssen an irgend etwas glauben, sonst können sie nicht Künstler sein. Nachdem die Intellektuellen ihren Glauben an demokratische Prinzipien und menschliche Zivilisation verloren, die in der Opposition gegen Hitlers Tyrannei so kläglich versagt hatten, suchten sie verzweifelt nach etwas neuem. Sie fanden ihren Glauben in der Lehre vom kollektiven Miteinander, in Zukunftsvisionen ... Der Zusammenbruch traditioneller Werte, der den Hitlerismus hervorgebracht hatte, war unleugbar. Das geistige Vakuum in der damaligen polnischen Friedhofslandschaft konnte nicht andauern. Der Stalinismus füllte dieses Vakuum." (Aus: Andrzej Szczypiorski, The Polish Ordeal, London 1982, S. 55–56)

Die Ernüchterung folgte bald. Literatur und Kunst wurden auf den infantilen „Sozialistischen Realismus" nach Art der Sowjetunion eingeengt; das lebendige Erbe polnischer Malerei und Graphik wurde auf die feierliche Darstellung bäuerlicher Muskelpakete und kantiger Unterkiefer reduziert.

Die Arbeiter und Bauern, die den Preis für diese Träume zahlen mußten, leisteten in der ihnen eigenen störrischen Art Widerstand. Mit sinkender Moral ließ die Qualität der Fabrik-Erzeugnisse nach. Die Bauern in den Dörfern sahen keine Veranlassung, weiterhin ihre Äcker zu bebauen oder Schweine zu mästen, für die man ihnen nicht einmal die Produktionskosten erstattete. Mit unausweichlicher Logik führte dies dazu, daß das Regime zunehmend Polizeigewalt einsetzte, um wenigstens eines seiner Ziele zu erreichen. Der UB, mittlerweile ein riesiger Staat im Staat, wurde von Lavrenti Berija, dem Chef der sowjetischen Sicherheitspolizei, im Januar 1952 angewiesen, ein „10. Departement" einzurichten. Dies hatte die Aufgabe, die Parteiführung zu bespitzeln. Nur zwei Spitzenfunktionäre waren davon ausgenommen: Bierut und Marschall Konstantin Rokossowski, ein sowjetischer Offizier polnischer Abstammung, der 1949 zum Verteidigungsminister und Oberbefehlshaber der polnischen Streitkräfte ernannt worden war.

Zu Stalins 70. Geburtstag wurden ganze Wagenladungen mit Geschenken nach Moskau gesandt. Gebäude wurden jetzt in dem reich dekorierten, pseudoklassischen sowjetischen Stil der 30er Jahre errichtet. Im Zentrum von Warschau entstand der gewaltige Kulturpalast, Stalins „Geschenk an das polnische Volk": von seiner griechischen Basis über mittelalterliche Zinnen bis zu einem sehr russischen Zwiebelturm. Aber im Apfel der katzbuckelnden Loyalität gegenüber Stalin begannen bereits die Würmer des Widerspruchs zu nagen.

Dennoch war der polnische Stalinismus nicht ganz das, was er zu sein schien. Er war schlimm genug. Sein Terror erreichte aber in den 50er Jahren nie das Ausmaß wie in anderen osteuropäischen Staaten. Die zögernden Schritte der Regierung zu einer allmählichen Kollektivierung der polnischen Landwirtschaft, deren ausnahmslose Durchsetzung – wie die Partei wußte – einen Bürgerkrieg heraufbeschworen hätte, standen in krassem Widerspruch zu der fast totalen Abschaffung privater Landwirtschaft in Ungarn, der Tschechoslowakei und Ostdeutschland. Vor allem gab es keine polnische Parallele zu den Schauprozessen anderer östlicher Länder, zu den Justizmorden an Patrascanu in Rumänien, Kostov in Bulgarien, Rajk in Ungarn und Slánský und seinen Gefährten in der Tschechoslowakei. Dort hatten Stalins lokale Handlanger auf einer „Entlarvung" und dem öffentlichen Märtyrertum der Parteiführer bestanden. In Polen fand nach dem Tatar-Tribunal kein solcher Prozeß mehr statt. Zwar hatte man Gomulka und Spychalski ebenfalls als Opfer ausersehen. Aber obgleich sie im Gefängnis verhört und alles für ein auf den üblichen falschen Geständnissen beruhendes Verfahren vorbereitet wurde, wurden sie nicht vor Gericht gestellt. Stalin starb im März 1953. Im folgenden Jahr wurde Gomulka stillschweigend freigelassen.

Niemand weiß, warum Bierut ihn schützte. Die Sowjets setzten ihn wegen des Gomulka-Prozesses unter Druck. Möglicherweise fürchtete er, Gomulka sei zu zäh,

1952 feiert Polens stalinistische Führungsspitze den 35. Jahrestag der Bolschewistischen Revolution. Bierut steht links neben dem Mikrophon, rechts davon Cyrankiewicz. Neben ihm steht Marschall Konstantin Rokossowski, ein Russe polnischer Abstammung, Polens Verteidigungsminister.

als daß man ihn zerbrechen könne, und er werde sich vor Gericht damit verteidigen, daß Bierut und die gesamte übrige Führungsspitze seine „verräterische" Politik vor 1948 unterstützt hätten. Nach außen gab sich Boleslaw Bierut mit seinem teilnahmslosen, verschlagenen Ausdruck und seinem kleinen Zahnbürsten-Schnurrbart gefühlskalt und konformistisch: eine Figur, die allein darauf trainiert war, zu gehorchen. Aber im Grunde lehnte auch er die sowjetische Einmischung ab. Das Schicksal der KPP-Führungsspitze in den 30er Jahren war ihm nur zu gut bekannt. Der Mord an einer weiteren Generation polnischer kommunistischer Führer hätte zu immer weiterem Blutvergießen innerhalb der Partei geführt.

Von außen betrachtet, wirkte der Stalinismus in Polen wie eine Ideologie der Extreme. Die Praxis war eine wacklige Konstruktion halber Maßnahmen. Diese Kombination aus Brutalität und Kompromiß schuf für die nachfolgenden kommunistischen Regime in Polen gewaltige Probleme – man hatte sich der Arbeiterklasse entfremdet. Die in der Bevölkerung tief verwurzelten anti-kommunistischen und anti-russischen Ressentiments waren wiedererstarkt. Die Wirtschaft war in völliger Unordnung und lag in den Händen unfähiger, aber loyaler Parteianhänger. Die nur halb durchgeführten Maßnahmen brachten weitere Probleme mit sich. Man hatte die Bauern nicht besiegt, aber dermaßen tyrannisiert und mißhandelt, daß sie einen unüberwindlichen Haß auf die Regierung entwickelt hatten. Die Kirche hatte überlebt. Mehr noch, sie war in einem Maß verfolgt worden, daß sich ihr das polnische Volk nur um so stärker zuwandte. Und schließlich hatte der Umstand, daß die polnischen Kommunisten keinem so starken Terror ausgesetzt waren wie z. B. in Ungarn und der Tschechoslowakei, paradoxe Folgen.

Anhänger Gomulkas und seines „polnischen Wegs zum Sozialismus" wurden zwar degradiert und erniedrigt, aber nicht gehängt. Sie träumten davon, den Kampf eines Tages wieder aufzunehmen. Bedeutsamer war das Entstehen nahezu unverrückbarer Machtcliquen, besonders auf dem Land, wo sich die örtliche Parteibürokratie verselbständigte und sich Anordnungen aus Warschau entzog oder sie erst einmal beiseite legte. Dieser „mittlere Apparat" blockierte erfolgreich einige der verrücktesten stalinistischen Anweisungen. Aber als die Partei ein paar Jahre später ihren Kurs änderte und die örtlichen Parteifunktionäre die Weisung erhielten, zukünftig ein wenig liberaler zu verfahren und Reformen durchzuführen, blockierten sie auch dieses. Das Unvermögen des Stalinismus, seine eigenen Ausführungsorgane zu Disziplin und Gehorsam zu zwingen, behindert in Polen die Arbeit der Partei bis heute.

Als Stalin im März 1953 starb, änderte sich dadurch in Polen wenig. Dennoch, Bierut war erleichtert. Zumindest war die Gefahr gebannt, doch noch zur Durchführung eines großen Schauprozesses gezwungen zu werden. Diese Prozesse hatten in anderen Staaten des Ostblocks inzwischen zusätzlich einen anti-zionistischen Charakter angenommen. Stalins Tod fiel mit dem Höhepunkt einer erneuten antijüdischen Hetzkampagne zusammen und bewahrte Bierut davor, möglicherweise einige seiner jüdischen Kollegen eliminieren zu müssen: Berman, Minc und fast die gesamte UB-Führung – so wie die tschechischen Kommunisten im November 1952 Rudolf Slánský hatten opfern müssen.

Nach Stalins Tod fanden in einigen Ländern Osteuropas erstmals seit 1948 wieder Protestaktionen der Bevölkerung statt. Im Mai 1953 kam es in Pilsen (Plzen), Tschechoslowakei, zu Streiks und Aufruhr, und im Juni in der DDR zu einem noch weit schwerwiegenderen Arbeiteraufstand. In Polen blieb vorerst alles ruhig. Von Stalins Nachfolger Malenkov ermutigt, begann Bierut gegen Ende des Jahres fast unbemerkt einen Kurswechsel vorzunehmen, der auch den Bauern einige Erleichterungen brachte. Aber die große Industrialisierungskampagne wurde fortgesetzt. Zehntausende junger Männer verließen das Land und lebten fortan in den überfüllten Barackenlagern oder den trostlosen neuen Städten, die man in der Nähe der neuen Stahlwerke und Werften errichtet hatte.

Langsam und vorsichtig faßten die polnischen Intellektuellen wieder Zutrauen. Obgleich die Zensur streng war, brachten die Zeitungen wieder kritische Artikel. Einige besonders fanatische stalinistische Schriftsteller schwenkten plötzlich um und begannen auf einen Wandel innerhalb der Partei hinzuarbeiten. Vor allem wollten sie eine Bresche in die Mauer erstickender Isolation schlagen, die Polen von der westlichen Kultur abgeschnitten hatte. Ihre Bemühungen erhielten Ende 1954 enorme Unterstützung, als Oberstleutnant Józef Swiatlo, einer der rangältesten Mitglieder des „10. Departements" der UB, der ein Jahr zuvor in den Westen übergelaufen war, über Radio Free Europe seine Memoiren verbreitete. Woche für Woche faszinierte und erschütterte Swiatlo die polnische Öffentlichkeit mit Berichten über Folterungen, Erpressungen und das wahre Ausmaß sowjetischer Einmischung in polnische Angelegenheiten. Er berichtete, wie sowjetische Beamte ganz selbstverständlich die Liste der Delegierten zu den PZPR-Kongressen überprüften und abänderten und die Aktionen des UB diktierten. Wirkungsvoll und mit Bedacht prangerte Swiatlo das Schicksal Gomulkas und seiner

Kollegen an und stellte sie als Patrioten dar, die geopfert worden waren, weil sie die Freiheit der Nation verteidigt hatten.

Gegen Jahresende zeigten sich Risse in der Regierung. Die Intellektuellen erhoben großes Geschrei, verdammten jeglichen Dogmatismus und steuerten eine Form des marxistischen Sozialismus an, in dem die Presse frei sein und die Regierung keine Lügen mehr verbreiten würde. Innerhalb der Partei – wenn auch hinter geschlossenen Türen – sah sich Bierut offener Kritik ausgesetzt. Er machte Konzessionen, ließ Gomulka frei und kassierte den Minister für öffentliche Sicherheit, Radkiewicz. Als nach der ersten Phase des Kalten Krieges Tauwetter einsetzte, wuchs die Ungeduld nach einem Wandel. Innerhalb der Partei bildeten sich widerstreitende Gruppen: die Neu-Stalinisten, die verlangten, Berman als jüdischen Sündenbock vor Gericht zu stellen, und andererseits eine einflußreichere, für mehr Liberalität eintretende Gruppe, in der alte Anhänger Gomulkas wieder auftauchten.

Im Sommer 1955 fand in Warschau ein Weltjugend-Festival statt. Eine Flut junger Menschen aus aller Welt überschwemmte Polen geradezu mit ihrer Musik, ihrer modischen Kleidung und ihren Berichten über das Leben im Westen. Das Treffen riß ein bleibendes Loch in die Isolation Polens und überzeugte die junge polnische Generation, daß der Alpdruck des Stalinismus zu Ende ging und nie wieder aufleben durfte.

In Polen brodelte es. Das Regime schwankte. Einerseits versuchte man, Disziplin und Konformität wieder herzustellen, und ließ andererseits eine Kritik zu, die ständig radikaler wurde. Die Auseinandersetzung um eine Reform innerhalb der PZPR-Führung war bereits in vollem Gange, als Chruschtschow im Februar 1956 seine geheimgehaltene Rede vor dem 20. Kongreß der Sowjetischen Kommunistischen Partei hielt, in der er die Verbrechen Stalins anprangerte. Bierut, der beim Kongreß in Moskau dabei war, verstand den Wink. Er starb kurz darauf – eines natürlichen Todes. Es war ein Zeichen der Zeit, daß die Reformkommunisten in Warschau nicht nur dafür sorgten, daß der Text der Rede Chruschtschows innerhalb der Partei zirkulierte, sondern ihn auch westlichen Journalisten aushändigten, die ihn auf die Frontseiten der Weltpresse brachten. In Polen begann ein Ringen um die Nachfolge Bieruts. Nikita Chruschtschow kam aus Moskau und empfahl, alle Juden aus der PZPR-Führung zu entfernen, um die Popularität der Partei wiederherzustellen – ein Vorschlag, der zahlreiche Kommunisten „jüdischer Abstammung" quer durch die Partei in Schrecken versetzte. Die PZPR wählte Edward Ochab zum Ersten Sekretär, einen soliden, anständigen und erfahrenen Politiker, der von der Notwendigkeit eines Wandels überzeugt war.

Im Juni 1956 rebellierten die Arbeiter in Posen. Am 28. Juni marschierten Arbeiter der Cegielski-Maschinenfabrik durch die Straßen und protestierten gegen die Weigerung der Regierung, ihre Arbeitsnormen herab- und ihre Löhne heraufzusetzen. Ihr Marsch wurde zu einer wütenden Demonstration von mehr als 100 000 Menschen, als sich ihnen die Einwohner der Stadt anschlossen. Als es zu Ausschreitungen kam, eröffneten Sicherheitspolizei und Militär das Feuer. Etwa 80 Demonstranten wurden getötet, ein Gefängnis angegriffen; Hunderte wurden verwundet.

Die Regierung in Warschau reagierte zunächst heftig. Józef Cyrankiewicz beschuldigte in einer Rundfunkansprache imperialistische Agenten, den Posener Aufstand angezettelt zu haben. Er drohte, daß „die Hand, die sich gegen die Macht des Volkes erhebe, abgeschlagen werde". Dann trat plötzlich ein Wandel ein. Die offiziellen Medien begannen von einer „gerechtfertigten" Klage der Arbeiter zu sprechen. Ungeachtet sowjetischer Proteste und Warnungen traf sich das Zentralkomitee der PZPR im Juli und einigte sich auf eine „Demokratisierung". Angemessene Löhne sollten gezahlt, dem Sejm mehr Verantwortung übertragen, die Industrie-Investitionen gekürzt werden, und die Arbeiter sollten ein Mitspracherecht bei der Leitung ihrer Fabriken erhalten.

In der Folge des Posener Aufstands setzte innerhalb der Partei ein Auflösungsprozeß ein, als Tausende – vor allem Industriearbeiter – ihre Parteibücher zurückgaben. Die Anführer des Reformflügels hatten inzwischen Verbindung zu Gomulka aufgenommen. Selbst einige Stalinisten unterstützten die Idee, ihn wieder als Mitglied in das Zentralkomitee aufzunehmen – in der Hoffnung, daß es ihm gelingen könnte, einen allgemeinen Aufstand gegen die Partei abzuwehren. Gomulka wollte die Macht. Als Preis für seine Rückkehr forderte er das Amt des Ersten Sekretärs und die Entfernung seiner Gegner aus dem PZPR-Politbüro.

Da sie im Zentralkomitee nicht die Mehrheit besaßen, gingen Gomulkas Anhänger in die Fabriken. In allen größeren Werken wurden Arbeiterräte gegründet, machtvolle Schauplätze revolutionärer Debatten, die öffentliche Massenkundgebungen organisierten, auf denen die Rückkehr Gomulkas gefordert wurde. Polen erreichte einen Punkt, an dem es kein Zurück mehr gab. Falls die alte stalinistische Clique an der Macht festhielt, würden die Differenzen innerhalb der Partei gewaltsam auf der Straße ausgetragen werden.

Anfang Oktober 1956 gab die Führungsspitze nach und berief eine Sitzung des Zentralkomitees ein, das berühmte „Achte Plenum". Es begann am 19. Oktober. In Polen

Juni 1956. Aufstand in Posen (Poznań).

gärte es. Die Bevölkerung saß am Radio. Den Verkäufern wurden die Zeitungen förmlich aus den Händen gerissen, kaum daß sie erschienen waren. Auch Gomulka nahm an der Sitzung teil, obgleich er noch nicht wieder Mitglied des Zentralkomitees war. Ebenso eine Gruppe ungeladener Gäste: Nikita Chruschtschow und die Spitze der sowjetischen Führung. Vyacheslav Molotow, Anastas Mikojan, Lazar Kaganovich und einige Dutzend Generäle waren am Morgen mit dem Flugzeug angekommen.

Die nächsten 24 Stunden brachten Polen an den Rand des Abgrunds. An der Grenze wurden sowjetische Truppen zusammengezogen. Die in Polen stationierten sowjetischen Panzer verließen ihre Basen und näherten sich Warschau. Die PZPR rief die Arbeiter auf, ihre Fabriken zu verteidigen. Die polnischen Internen Sicherheitscorps blockierten die Straßen von Posen und Warschau gegen ein sowjetisches Vorrücken.

Unterdessen stritten sich Chruschtschow und seine Leute wütend mit Gomulka und dem Politbüro. Er war in erster Linie gekommen, um zu protestieren; hier aber fand eine historische Umwandlung in der polnischen Führung statt, ohne daß er zuvor gefragt worden war. Er wütete vor allem gegen Gomulka. Dann gab er plötzlich nach. Sicherlich nicht zuletzt deshalb, weil ihm klar wurde, daß die Vernichtung Gomulkas einen polnisch-sowjetischen Krieg auslösen würde. Nun, nachdem sein Zorn verraucht war, sah er sich seinen Gegner etwas genauer an. Gomulka war ein halsstarriger Patriot, aber gewiß kein „bürgerlich polnischer Nationalist". Unter Gomulka würde Polen seinen eigenen Kurs innerhalb der sowjetischen Allianz steuern, aber er würde niemals zulassen, daß die

Bewaffnete sowjetische Einheiten beginnen im Oktober 1956 damit, Warschau einzuschließen. Die Aufnahme wurde von einem Polen heimlich aus einem Auto heraus gemacht.

Partei ihre „führende Rolle" verlor. Gomulka war nicht der Kommunist, den sich Chruschtschow für Polen ausgesucht hätte, aber ein Kommunist war er mit Sicherheit.

Die Auseinandersetzung dauerte die ganze Nacht. Die Polen versicherten Chruschtschow, daß die Angriffe gegen die Sowjetunion in der Presse aufhören würden und daß die sowjetischen Truppen in Polen stationiert bleiben könnten. Chruschtschow, der aus seiner Sicht gerettet hatte, was zu retten war, flog mit seinem erschöpften Team nach Moskau zurück. Für Wladislaw Gomulka war nach acht Jahren Schmach und Gefängnis der Weg zur neuerlichen Führung Polens offen.

Oktober 1956. Die Polnische Vereinigte Arbeiterpartei weist sowjetische Drohungen zurück und bringt Wladyslaw Gomulka an die Macht zurück. Er wird links von Cyrankiewicz flankiert. Rechts neben ihm stehen Adam Rapacki, der zukünftige Außenminister, und Arthur Starewicz, Gomulkas Propaganda- und Pressereferent.

7. Kapitel

Die Ära Gomulka:
1956–1970

Die Geschichte Nachkriegspolens verlief in Zyklen, die jeweils zwischen 10 und 14 Jahren dauerten. Jeder Zyklus beginnt mit der Wahl einer neuen Parteiführung, die mehr Demokratie, eine Änderung der Wirtschaftspolitik, mehr Wohlstand für jede Familie und mehr persönliche Freiheiten verspricht. Nach und nach weicht dann die neue Regierung von diesem Kurs ab. Die Macht wird zum Monopol einer Clique, die den Kontakt zu den Bedürfnissen und Hoffnungen der Bevölkerung verliert. Die Wirtschaft vernachlässigt in immer stärkerem Maße den Verbraucher und verliert sich in grandiosen, oft sinnlosen Investitionen. Die Industriearbeiter, die bei Regierungsantritt in den Himmel gelobt wurden, sehen, wie ihr Lebensstandard sinkt und ihre Rechte mit Füßen getreten werden, bis sie es nicht mehr ertragen. Sie rebellieren, und die Regierung bricht zusammen. Eine neue Mannschaft erscheint, verspricht wiederum Pressefreiheit, Respektierung der Menschenrechte und jedem sein „Huhn im Topf", und die Sache beginnt von vorn.

Wladislaw Gomulka kam ein weiteres Mal an die Macht, als der erste dieser Zyklen zu Ende gegangen war. Er präsidierte während des zweiten und endete als sein Opfer. Der Schriftsteller Andrzej Szczypiorski schrieb, daß „er sich, als er Parteiführer wurde, eines allgemeinen Respekts und Vertrauens erfreute und seine Autorität außer Frage stand. Bei seinem Abgang 14 Jahre später wurde er von allen Polen verflucht . . ." (Aus: Andrzej Szczypiorski, The Polish Ordeal, London 1982, S. 69)

Im Oktober 1956, als Chruschtschow und seine Delegation nach Moskau zurückflogen, war Gomulka der Held der Nation. Am Tag ihres Abfluges, noch bevor er zum Ersten Parteisekretär gewählt worden war, hielt er vor dem „Achten Plenum" eine Rede, die direkt über Radio übertragen wurde. Er ehrte die Posener Arbeiter, „die gegen das Übel protestiert haben, das sich in unserem sozialen System breitgemacht hat". Er verurteilte die Kollektivierung der Landwirtschaft. Er griff das Andenken Stalins an, verteufelte dessen „Personenkult" und versprach: „Wir haben mit diesem System ein für allemal aufgeräumt." Er betonte seine Loyalität gegenüber der Sowjetunion. Gleichzeitig aber erklärte er, es gäbe nicht nur einen Weg zum Sozialismus, der unbedingt imitiert und befolgt werden müsse – und wiederholte seine alte These von einem unabhängigen „polnischen Weg" zu einer kommunistischen Gesellschaft.

Gomulka, gefeierter Nationalheld, spricht am 24. Oktober 1956 zu einer gewaltigen Menschenmenge vor dem Kulturpalast in Warschau.

Ganz Polen reagierte mit Begeisterung und Jubel auf diese Rede. Hanka Bratkowska, Journalistin und Parteimitglied, war eine typische Vertreterin der jungen Generation, die daran glaubte, daß Gomulka für eine neue demokratische Form des Kommunismus stand. „Wir fühlten uns diesem Programm nahe, unglaublich nahe, denn verglichen mit den stalinistischen Jahren war dies eine Offenbarung. Dies war ein Sozialismus, der unseren eigenen Vorstellungen und unseren Träumen sehr nahe kam und folglich denen aller Menschen ... Ein älterer Kollege warnte uns: ‚Er ist ein Autokrat!' Aber wir nahmen das auf die leichte Schulter. Ganz einfach, wir unterstützten das Programm, seine Charakterzüge interessierten uns nicht."

Vier Tage später, am 24. Oktober, versammelten sich mehr als eine halbe Million Menschen, um ihn auf dem riesigen Platz vor dem Kulturpalast reden zu hören. Als er erschien, sangen sie nicht die offizielle Parteihymne, sondern stimmten spontan das alte polnische Volkslied an, das sonst zu Geburtstagen und Feiern gesungen wird: „Hundert Jahre, hundert Jahre soll er leben ...". Eine derartige Huldigung eines Volkes an seinen Führer hatte es seit Pilsudskis Beisetzung nicht mehr gegeben. Gomulkas politische Stellung war gesichert. Im Gegensatz zu 1947 stand er jetzt einem PZPR-Politbüro vor, in dem seine Anhänger die Mehrheit hatten. Seine „persönliche Union" mit der Bevölkerung schien unzerstörbar.

In Wahrheit war Gomulka durch die riesige Menschenansammlung in Warschau alarmiert. Während er auf diese wogenden, ekstatischen Massen hinabsah, die seinen Namen riefen, schreckte ihn zugleich die Spontaneität, der jeder orthodoxe Kommunist mißtraut. Er sah darin die ganze verwegene, kampfbereite Wildheit eines wiedererwachten und unkontrollierten Nationalismus. Am Schluß der Versammlung rannte ein Teil der Menge zur sowjetischen Botschaft und konnte nur knapp daran gehindert werden, sie zu stürmen.

Am Tag zuvor war eine riesige Menschenmenge in Budapest zum Denkmal von General Józef Bem marschiert, einem Polen, der 1848 für die Freiheit Ungarns gekämpft hatte. Das Regime ließ auf die Demonstranten feuern. Während Gomulka in Warschau seine Rede hielt, brach in Ungarn ein bewaffneter Volksaufstand aus. In Warschau brüllte die Menge vor der sowjetischen Botschaft „Katyń, Katyń!", wobei auch ungarische Fahnen geschwenkt wurden.

In den folgenden Tagen verwandte Gomulka seine ganze Autorität darauf, die polnischen Leidenschaften einzudämmen und einen anti-sowjetischen Aufstand zu verhindern, der ganz Osteuropa in ein Blutbad getaucht hätte. In jeder polnischen Stadt wurden Sammlungen durchgeführt, um Nahrungsmittel und Blutkonserven nach Budapest zu fliegen. Die polnische Führung sandte eine Solidaritätsadresse an die neue ungarische Regierung unter Imre Nagy und unterstützte ihre Forderung nach Abzug der sowjetischen Truppen.

Zunächst schien die Sowjetunion die neue Situation in Ungarn hinzunehmen. Aber am 4. November, als die Aufmerksamkeit der Welt auf dem Höhepunkt der „Suez-Krise"

PO PROSTU (Wahrheit), eine Studentenzeitung, die zum Sprachrohr einer radikalen demokratischen Reform wurde. Die Schlagzeile lautet: „Der polnische Oktober". Das Blatt wurde während des kurzen Triumphes des ungarischen Aufstandes gedruckt. Auf der rechten Seite Verse des ungarischen Dichters Attila Jozsef.

„Es ist schwerer für Polen zu leben, als zu sterben." Kardinal Stefan Wyszyński, Primas von Polen, wenige Tage nach seiner Rückkehr nach Warschau im Oktober 1956.

durch die englisch-französische Invasion in Ägypten abgelenkt war, kehrten die sowjetischen Panzer nach Budapest zurück. Der Todeskampf des Ungarn-Aufstandes begann. Plötzlich tat sich vor den Polen wieder der Abgrund eines Krieges auf, aus dem sie sich vor gerade 11 Jahren herausgerettet hatten. Kardinal Wyszyński, der einige Tage zuvor aus der Haft entlassen worden war, machte diese Stimmung zum Thema seiner ersten Predigt: „Der eine stirbt einen schnellen Tod und wird zum Helden; der andere aber nimmt viele Jahre Mühsal, Härte, Elend und Leid auf sich – für mich ist dies das größere Heldentum."

Langsam begann sich die Stimmung in Polen abzukühlen. Es kam zu Krawallen und Demonstrationen, sogar zu Angriffen auf sowjetische Gebäude. Aber die Gefahr eines neuerlichen Volksaufstandes war vorüber. Am 14. November flogen Gomulka und

Cyrankiewicz nach Moskau, wo sie die Bedingungen für ihr zukünftiges Verhältnis zur Sowjetunion aushandelten. Die nationale Souveränität Polens wurde respektiert. Alle in der UdSSR lebenden Polen, auch soweit sie im Gefängnis saßen, durften endlich nach Hause. Die sowjetischen Offiziere in der polnischen Armee, einschließlich Marschall Rokossowski, und die „Berater" in der Geheimpolizei sollten Polen verlassen.

Hanka Bratkowska hat damals folgendes beobachtet: „Neben dem Polytechnikum steht ein riesiges Gebäude, das in Warschau als „Pekin" bekannt ist. Hier wohnten ausschließlich sowjetische Berater. Am hellen Tag türmten sie emsig ihre Stühle, Bündel, Töpfe, Pfannen und was sonst noch alles auf einen großen Haufen und verluden dann alles auf Lastwagen. Wir standen dabei und beobachteten, was uns das sichtbare, theatralische Ergebnis von Gomulkas Bemühungen zu sein schien ..."

Chruschtschow stimmte zu, daß alle polnischen Schulden gestrichen und Polen dafür entschädigt werden sollte, daß man es jahrelang gezwungen hatte, seine Rohstoffe zu lächerlichen Preisen an die Sowjetunion zu liefern. Als der Zug zurückkam, begrüßten die Menschenmengen entlang der Strecke und in Warschau Gomulka mit Blumen und Liedern.

Es waren glückliche Monate; der „Polnische Oktober" dauerte etwa ein Jahr. Auf dem Land lösten sich die Kollektive einfach auf, ohne irgendwelche Anweisungen abzuwarten, und die Bauern bekamen ihr Land wieder zurück. In den Fabriken übernahmen die Arbeiter die Kontrolle und bauten eine demokratische Selbstverwaltung auf. Die Zensur wurde abgeschafft, und es entwickelte sich ein überströmender freier Journalismus. Es entstanden gute Bücher, eine Avantgarde-Malerei und Filme von einer Qualität, daß sie in der ganzen Welt Begeisterung hervorriefen; eine Flut westlicher Bücher, westlicher Kunst und Besucher kam ins Land. In den Studentenclubs und Kellercafés, die wie Pilze aus dem Boden schossen, nachdem private Kleinunternehmen wieder erlaubt waren, entdeckte man den Jazz. Aus den Wohnungen hörte man die Stimmen von Radio Free Europe, das seinen Sitz in München hatte. Die Sendungen wurden nicht mehr gestört. In Kollegs, Universitäten und Forschungseinrichtungen verschwanden die Klassiker des Marxismus-Leninismus hinter den Glastüren der Bücherschränke: ihr Studium war nicht mehr Pflicht. Die Werke Stalins landeten auf dem Flohmarkt, wo sie neben Bergen von alten UB-Uniformen lagen – der größte Teil der Geheimpolizei war entlassen worden.

Wieder in Freiheit, nahm Kardinal Wyszyński sofort Verhandlungen über neue Beziehungen zum kommunistischen Staat auf. Die Regierung lockerte ihre Kontrolle über die Besetzung kirchlicher Stellen. An den staatlichen Schulen wurde Religion wieder Unterrichtsfach. Katholische Kapläne wurden in Gefängnissen und Krankenhäusern angestellt. Neue, von der Kirche autorisierte katholische Laienorganisationen, die ihre eigenen Zeitungen herausgaben, wurden zugelassen, um das Monopol der von Boleslaw Piasecki herausgegebenen Zeitschrift „Pax" zu brechen. Als Gegenleistung versprach die Kirche, den Staat nicht zu unterminieren und nicht als Sponsor politischer Parteien aufzutreten. Dieses Abkommen, das seither die Grundlage für das Zusammenleben innerhalb der polnischen Gesellschaft bildet, war in Osteuropa einmalig. Der Vatikan, dem dieser Waffenstillstand gegenüber dem „atheistischen Bolschewismus" nicht behagte, bedachte Wyszyński zunächst mit frostigem Tadel.

Von Anfang an hatte es innerhalb des „Polnischen Oktobers" Widersprüche gegeben, die bald offen zutage traten. So bestand ein Zwiespalt zwischen der Intelligenz der Reformpartei und der Masse des Volkes. Viele Polen sahen in Stalins Tod die Chance, das Rad zurückzudrehen und wieder an die Vergangenheit anzuknüpfen. Die katholische Kirche hatte ihre ehemalige Machtstellung und viele ihrer alten Privilegien wiedererlangt. Nun, als größere und kleinere Organisationen ihre Vorstände entließen und neue Komitees wählten, öffneten sich überall in Polen die Gräber. Die offizielle Jugendorganisation der Partei wurde aufgelöst, und die Pfadfinder, die in Polen stets als Legion junger Patrioten gegolten hatten, tauchten wieder auf – in den alten, von ihren Vätern aufbewahrten Uniformen. Die marionettenhafte Vereinigte Bauernpartei (ZSL) erwachte zum Leben, als Veteranen der ehemaligen Partei Mikolajczyks die Leitung der örtlichen Komitees übernahmen. Ehemalige Mitglieder der AK und der Bauernbataillone traten der offiziellen Vereinigung „Kämpfer für Freiheit und Demokratie" (ZBoWiD) bei und verdrängten bald die Führungsspitze.

Die jungen Intellektuellen in der Partei hatten als Vorhut der „Polnischen Revolution", wie sie es nannten, andere Vorstellungen. Manche von ihnen, wie der 27jährige Philosoph Leszek Kolakowski, waren begeisterte Stalinisten gewesen. Jetzt traten sie mit der Leidenschaft von Konvertiten für eine offene, pluralistische Form des marxistischen Sozialismus ein. Sie wollten eine Arbeiterdemokratie schaffen, die sich völlig vom sowjetischen Modell lösen und irgendwo zwischen dem jugoslawischen Weg und der westlichen Sozialdemokratie angesiedelt sein sollte. Das neue Polen würde keine Wiederho-

Arbeiterräte in den Fabriken setzen ihr Vertrauen in Gomulka, der hier die Zerań-Autowerke in Warschau besucht. Rechts von ihm Lechoslaw Gozdzik, der Zerań-Arbeiterführer, dessen Beredsamkeit dazu beitrug, Gomulka wieder an die Macht zu bringen. Später, als er ihn nicht mehr brauchte, ließ Gomulka ihn fallen.

lung des traditionellen, „bourgeoisen" Polen sein, obgleich man dessen Traditionen respektierte, sondern einen absolut neuen Versuch linksgerichteter Politik verkörpern.

Westliche Sozialisten begrüßten diese Ideen voller Freude, weil sie hierin einen möglichen „Dritten Weg", einen Kompromiß zwischen Kapitalismus und dem verzerrten Kommunismus der Sowjetunion sahen. Aber Gomulka – und dies war ein weiterer Widerspruch des „Oktober" – begeisterten diese Ideen keineswegs. Die Mehrzahl der PZPR-Mitglieder war unsicher; die Aktivisten setzten alles daran, jeden ehemaligen Stalinisten zu entfernen und jede stalinistische Praxis auszumerzen. Gomulka, dem die intellektuellen „Revisionisten" zur Rückkehr an die Macht verholfen hatten, war seinerseits entschlossen, die Autorität der Partei wieder herzustellen.

Er wußte, daß die damalige Situation auf die Dauer unerträglich war, in der das Volk ihn zwar als Helden der Nation feierte, aber bei der Erwähnung der PZPR ausspuckte, deren Erster Sekretär er war. Die Partei mußte wieder ihre „führende Rolle" im Staat einnehmen, Monopolträger der politischen Macht sein. Kommunismus, wie er ihn verstand, war mit den ketzerischen, „liberalen" Ideen seiner jüngeren Anhänger nicht in Einklang zu bringen. Polen brauchte eine feste Ordnung, um konstruktive Arbeit leisten zu können, und keine zügellose Jagd auf Sündenböcke, die alle Disziplin untergraben würde.

Mit der Erfahrung der letzten 30 Jahre auf jene Monate zurückblickend, meint Leszek Kolakowski, heute Professor für Philosophie in Oxford, daß das Gefühl der Eintracht eine Illusion gewesen sei. „Das Gefühl, gemeinsam an einem Strang zu ziehen, das Partei und Volk vereinte, konnte nur von kurzer Dauer sein. Die Komödien nationaler Einigkeit sind kurzlebig, anders könnte es gar nicht sein."

Die erste Probe, die Gomulka zu bestehen hatte, waren die Parlamentswahlen im Januar 1957. Im Oktober versprach auch er – womit jeder neue Zyklus eingeleitet wird – die Trennung der Gewalten. Die Regierung werde in den Händen des Staates liegen, die Partei werde sich darauf beschränken, die generellen Richtlinien zu bestimmen. Dabei war allen klar, daß es neben der Koalition der vereinten „Front der Nationalen Einheit", die fest in der Hand der PZPR war, keine Oppositionspartei geben würde. Trotzdem setzte man große Hoffnungen darauf, daß der Sejm endlich wieder zu einem Zentrum echter Debatten und Initiativen werden würde. In jedem Wahlkreis gab es nur eine Kandidatenliste. Aber nach dem neuen Wahlsystem hatte der Wähler die Möglichkeit, zwischen diesen Kandidaten zu wählen, indem er einzelne Namen ausstrich – oder die gesamte Liste durchstrich. Je näher die Wahlen kamen, um so mehr befürchtete Gomulka, daß man zu viele Zugeständnisse gemacht habe. Theoretisch bestand die Möglichkeit, daß die Wähler ihre selektive Macht in einer Weise ausübten, daß nicht ein einziger Kommunist in den Sejm gewählt wurde. Seine Befürchtungen waren weit hergeholt. Bei einem so verwickelten Wahlsystem wäre eine ausgeklügelte anti-kommunistische Aktion notwendig gewesen, um den Wählern zu zeigen, welche Kandidaten sie ausstreichen mußten, um dies Ergebnis zu erzielen. Eine solche Kampagne gab es nicht. Im Gegenteil forderte die katholische Kirche von den Kanzeln herab die Polen auf, der Regierung ihr Vertrauen auszusprechen. Am Vorabend des Wahltages appellierte auch Gomulka noch einmal an die Wähler, ihr Vetorecht nicht gegen die Regierung auszunutzen: „Wer die Kandidaten unserer Partei ausstreicht, streicht damit die Freiheit unserer Nation und löscht Polen von der Landkarte der europäischen Staaten."

Das Ergebnis war ein gewaltiges Vertrauensvotum für Gomulka. Bis auf einen brachte er alle seine Kandidaten durch, wenn auch in den Listen aufgeführte Nichtparteimitglieder eindeutig mehr Stimmen bekamen als die Parteimitglieder. Aber die tiefere Bedeutung hinter Gomulkas Worten hatte die Polen beunruhigt. Er hatte nicht etwa mit großer Beredsamkeit hervorgehoben, was die Partei für Polen tun könne. Vielmehr hatte er davor gewarnt, daß eine sowjetische Okkupation drohe, wenn die Kommunisten nicht weiterhin in Polen die Macht ausübten. Diese ungeschminkte Auslegung polnischen Staatsverständnisses ließ ihnen keine Wahl. Welchen Kurs die Partei immer einschlug, wie schlecht sie regierte, sie konnte sich immer auf dieses letzte Argument zurückziehen: Entweder ihr haltet uns an der Macht oder Polen wird seine Freiheit verlieren!

Auf die Wahlen folgten fünf Jahre, in denen der Schwung des „Polnischen Oktober" immer mehr nachließ und schließlich ganz aufhörte. Die Wirtschaft hatte sich „leicht stabilisiert", was auf alles anwendbar zu sein schien, das in Polen geschah. Das am häufigsten gebrauchte Wort der frühen 60er Jahre war „rozczarowanie" – Ernüchterung.

Der Schriftsteller Tadeusz Konwicki meint: „Die zweite Ära Gomulka begann mit einem ‚Sich-schlafen-Legen', einem ‚Sich-zur-Ruhe-Begeben' von Gesellschaft und Kultur. Erinnern wir uns, daß dies in Polen eine Periode entsetzlicher Langeweile, erschreckender Ereignislosigkeit war, eine Zeit endloser Konferenzen, Plenarsitzungen und – ich weiß nicht – vier- oder sechsstündigen Reden von Gomulka, der monoton Berichte verlas."

Während des ganzen Jahres 1957 war Gomulka emsig damit beschäftigt, die jungen radikalen Kommunisten, die immer noch an eine „Polnische Revolution" glaubten, ins Abseits zu schieben. Ihre letzte Bastion war das Studentenmagazin Po Prostu (Wahrheit), eine Quelle brillanter, manchmal konstruktiver und manchmal unverschämter Kritik. Die Herausgeber der Parteizeitung „Trybuna Ludu", die ebenfalls zu einer radikalen, revolutionären Plattform geworden war, wurden Anfang des Jahres entlassen. Die Mitarbeiter von Po Prostu wurden verwarnt und ständig belästigt; der Herausgeber wurde entlassen, und im Oktober 1957 wurde der Betrieb stillgelegt. Die Studenten des Warschauer Polytechnikums protestierten, wurden aber von der Polizei niedergeknüppelt: Vier Nächte lang kam es zu heftigen, aber ziellosen Tumulten in der Innenstadt. Es gab wieder eine Unterdrückung, und in ihrem Kielwasser folgte eine systematische Pressezensur.

Die PZPR erholte sich langsam. Gomulka, der darauf bedacht war, sich als Mann der Mitte zu präsentieren, sagte zwei Extremen den Kampf an: dem „Dogmatismus" (den Stalinisten) und dem „Revisionismus" (den demokratischen Radikalen). Völlig unlogisch brachte er beides auf einen Nenner: „Revisionistische Tuberkulose kann die dogmatische Grippe nur verschlimmern." Ende 1957 begann eine Säuberungswelle innerhalb der Partei, der etwa ein Fünftel der Mitglieder, zumeist vom „revisionistischen" Flügel, zum Opfer fielen. 1959 wurde ein PZPR-Kongreß abgehalten, der Gomulkas mächtigste Reformhelfer des Jahres 1956 von der Führung ausschloß. Jerzy Morawski wurde aus dem Politbüro entfernt, und der originelle, natürliche Wladyslaw Bieńkowski verlor sein Amt als Erziehungsminister – beides Männer, die Gomulka seit den Tagen der Nazi-Besetzung treu unterstützt hatten.

Der „Kern", der übrigblieb, zeichnete sich nicht gerade durch politische Fähigkeiten aus. Gomulka stützte sich zunehmend auf Zenon Kliszko, einen arroganten Wichtigtuer, der seinem Chef nur das erzählte, was dieser hören wollte, und auf Marian Spychalski, heute ein melancholischer, zurückhaltender Mann, der „Staatsratsvorsitzender" (sprich Präsident) und Verteidigungsminister (mit dem Titel „Marschall") wurde. Aber keine dieser Säuberungen und Veränderungen brachte Einheit in die Reihen der polnischen Kommunisten. Es bildeten sich auch weiterhin Fraktionen, die sich um die Macht stritten, teils aus politischer Überzeugung, teils persönlicher Vorteile wegen.

Mit der Zeit verlor Gomulka immer mehr den Kontakt zum Volk und zu dem, was sich tatsächlich innerhalb der PZPR abspielte. Als fanatischer Arbeiter war er ein leichtes Opfer für jene, die die für ihn bestimmten Nachrichten zensierten oder zu ihren Gunsten schief darstellten. Sein aufbrausendes Temperament entmutigte seine Kollegen zudem, ihn zu kritisieren oder ihm unangenehme Nachrichten zu überbringen. Bei Politbüro-Treffen war Gomulka oft der einzige, der die umfangreichen Dokumente wirklich gelesen hatte, die jedem Mitglied vorlagen. Einwände oder Fragen fegte er mit einem scharfen Verweis vom Tisch, und lebenswichtige Entscheidungen wurden ohne Diskussion verabschiedet.

Unter Bierut waren Entscheidungen nur nach politischen Gesichtspunkten getroffen worden. Jetzt befaßte man sich fast ausschließlich mit Fragen der Industrie, Produktivität und mit Wirtschaftsstatistiken, obgleich in der Führungsspitze der Partei nur wenige Leute saßen, die wirklich etwas von Wirtschaft verstanden. Nach diesen Maßstäben waren die wirtschaftlichen Leistungen in der Tat deprimierend. Nach dem „Oktober" hatte man Gomulka gedrängt, eine drastische Wirtschaftsreform durchzuführen, ein sozialistisches „neues Modell", durch das das Management dezentralisiert und sich Produktion und Preise nach den Bedürfnissen des Marktes richten würden. Gomulka ignorierte diese Stimmen und nahm 1958 die alte Strategie rascher, forcierter Industrieinvestitionen wieder auf.

Einige dieser Langzeitentscheidungen, wie die Investitionen zur Erschließung neuer Bodenschätze – Kupfer, Schwefel und Braunkohle – zahlten sich später aus, nachdem Gomulka längst von der politischen Szene verschwunden war. Aber bei den mittelfristigen Planungen waren die Resultate verheerend. Produktivität wie Realeinkommen sanken in den folgenden fünf Jahren. Am schlimmsten war der Rückgang der landwirtschaftlichen Produktion, die eigentlich bis zum Jahr 1965 um 30 % hätte gesteigert werden sollen. Teilweise war dies einem übersteigerten, von den USA noch geförderten Selbstvertrauen zuzuschreiben. Erpicht darauf, Gomulkas unabhängigen Kurs zu unterstützen, boten sie den Polen riesige Kredite zum Ankauf amerikanischen Getreides an. Die Folge war, daß die Partei ihre Investitionen in die private Landwirtschaft fast völlig einstellte. Die Agrar-Produktion sank daraufhin erheblich, und die Nahrungsmittelknappheit wurde zu einem Dauerproblem. In den Fabriken wurden die Arbeiterräte von 1956 unterminiert. Die Leitung übernahmen wieder unqualifizierte Parteifunktionäre, die von einer Gewerkschaft gestützt wurden, die nur daran interessiert war, Disziplin und Gehorsam zu erzwingen.

Zwischen Staat und Kirche kam es nach dem trügerischen Beginn 1956 wieder zu Spannungen. Zwar kam eine Rückkehr zu der stalinistischen Politik einer Unterdrückung der Kirche nicht in Frage. Aber die Partei war entschlossen, ihre „Führungsrolle" in der Gesellschaft zu behaupten, und schlug dabei einen unglückseligen Weg ein, den Einfluß der Kirche zurückzudrängen. Im Juli 1959 umzingelte die Polizei das Kloster Jasna Góra in Czestochowa, das Nationalheiligtum Polens, wo die Ikone der „Schwarzen Madonna" aufbewahrt wird, und beschlagnahmte nicht lizenziertes Druckmaterial. Der Religionsunterricht wurde eingeschränkt und allmählich in den staatlichen Schulen wieder abgeschafft. Aber der verhängnisvollste Zwischenfall ereignete sich im April 1960 in Nowa Huta. Die Verweigerung der Genehmigung zum Bau einer Kirche löste eine Massendemonstration und heftige Unruhen aus. Dieser Vorfall in einer eindeutig „sozialistischen" Industriestadt machte zum ersten Mal deutlich, daß sich die Partei nicht auf die unbedingte Gefolgschaft der neuen Arbeiterklasse verlassen konnte, die die intakten religiösen und nationalen Gefühle ihrer bäuerlichen Heimat in die Städte getragen hatte.

Die Kirche ließ sich nicht einschüchtern. Im Gegenteil, Kardinal Wyszyński traf unbeeindruckt seine Vorbereitungen für die Tausendjahrfeier anläßlich der Christianisierung Polens und der Gründung des polnischen Staates im Jahre 966 – eine Feier zum Gedenken an die Taufe von Mieszko I. Man ging davon aus, daß Staat und Kirche die Feiern gemeinsam gestalten würden.

1965 beschlossen die polnischen Bischöfe, die am Zweiten Vatikanischen Konzil in Rom teilnahmen, die westdeutschen Bischöfe auf ihre Einladungsliste für die Tausendjahrfeier im folgenden Jahr zu setzen. Dies geschah zu einem Zeitpunkt, als die Beziehungen zwischen Polen und der Bonner Regierung nicht schlechter hätten sein können. Mit einem zynischen Mangel an Fingerspitzengefühl hatte es Westdeutschland – hierin von England und den USA unterstützt – nicht nur abgelehnt, die Existenz eines ostdeutschen Staates anzuerkennen. Man erhob darüber hinaus Anspruch auf die „Grenzen von 1937" – mit anderen Worten auf die Westgebiete Polens östlich der Oder-Neiße-Linie, die Deutschland 1945 eingebüßt hatte. Auf der Gegenseite ritt die offizielle polnische Propaganda unablässig auf den Greueltaten der Nazi-Besatzung herum. Sie behauptete, daß eine wiederbewaffnete westdeutsche Armee die NATO in einen Aggressionskrieg führen wolle, um neuen „Lebensraum" im Osten zu gewinnen. Sie beschimpfte die Bonner Regierung als Neonazi-Clique, die nichts im Kopf habe, als die Verbrechen der Deutschordensritter, Bismarcks und Adolf Hitlers zu wiederholen.

Das Einladungsschreiben der polnischen Bischöfe verband echte christliche Nächstenliebe mit erstaunlicher politischer Dummheit. Im Schlußsatz wurde der westdeutsche Episkopat gebeten, zu vergeben und Vergebung anzunehmen. Einen Moment lang waren die Polen – Katholiken wie Kommunisten – verblüfft. War es an Polen, die Verbrechen der Nazis zu vergeben und – völlig undenkbar – eine Nation um Verzeihung zu bitten, die ein Fünftel seiner Bevölkerung ermordet hatte? Wie konnte man die Vertreibung der Deutschen aus Gebieten, die die Polen als historisch polnisch ansahen, mit fünf Jahren systematisch betriebenen Völkermordes, Folter und Hunger gleichsetzen? Gomulka nutzte seine Chance und fiel in einer konzertierten Medien-Kampagne über die Kirche her. Wyszyński wurde der Paß für eine Reise nach Rom verweigert, und die Polen luden den Papst nicht zur Tausendjahrfeier ein.

Aber die Kampagne verfehlte ihr Ziel. Als die Regierung die polnischen Bischöfe angriff, schwenkte die öffentliche Meinung um, verdrängte ihre Vorbehalte und Zweifel und stellte sich demonstrativ auf die Seite der Kirche. Es kam zu weiteren Streitereien, und die Tausendjahrfeier im folgenden Jahr endete in Mißstimmung. Kirche und Staat feierten ihre Feste jeder für sich.

Das Verhältnis zu Deutschland beschäftigte Gomulka weiterhin und beherrschte die polnische Außenpolitik. In der Öffentlichkeit wurde nur ein Thema diskutiert: die Weigerung Westdeutschlands und der NATO-Staaten (mit Ausnahme von Frankreich), die Oder-Neiße-Linie anzuerkennen, und die „Bedrohung" des europäischen Friedens durch die Wiederbewaffnung der Bundesrepublik Deutschland. Aber es gab noch ein zweites, bedrohlicheres Problem: der Alptraum, die Sowjetunion könnte sich mit der Bonner Regierung über die Wiedervereinigung eines möglicherweise neutralen Deutschland einigen. Polen würde damit wieder zwischen die Sowjetunion und ein riesiges, feindseliges Deutschland geraten, das begierig darauf wartete, seine verlorenen Gebiete zurückzuerobern – die Konstellation, die zu den polnischen Teilungen und dem Nazi-Sowjet-Pakt von 1939 geführt hatte.

Im März 1952 hatte Stalin dem Westen in einer offiziellen „Note" angeboten, Deutschland nach Abzug aller fremden Truppen als neutralen Staat wieder zusammenzuführen. Nicht nur die USA, England und Frankreich, sondern auch der neue westdeutsche Staat lehnten dies entschieden ab. 1964 jedoch wurde Stalins Idee wieder aufgegriffen. Im Januar 1964 erklärte Chruschtschow Gomulka bei einem Treffen in Lańsk, im nordöstlichen Polen, daß er grundsätzliche Annäherung an Bonn suche. Obgleich Gomulka sich diesem Plan heftig widersetzte, besuchte Chruschtschows Schwiegersohn, Alexei Adschubej, noch im Sommer die Bundesrepublik und gab der westdeutschen Regierung zu verstehen, daß Stalins Angebot – Wiedervereinigung in Neutralität – noch einmal, in annehmbarerer Form, präsentiert werden könne. Diese Gefahr – falls es jemals eine war – endete plötzlich am 15. Oktober mit dem Sturz Chruschtschows.

Gomulkas Politik war doppelgleisig. Sein wichtigstes Ziel war es, die Teilung Deutschlands aufrechtzuerhalten. Hierzu bedurfte es eines allgemeinen europäischen Sicherheitsabkommens, das die Nachkriegsgrenzen auf dem Kontinent garantierte, einschließlich der Anerkennung der DDR durch Westdeutschland. Zur Vorbereitung eines solchen Abkommens legten die Polen im Oktober 1957 den „Rapacki-Plan" vor, benannt nach dem honorigen und allseits respektierten Adam Rapacki, Gomulkas Außenminister. Der Plan sah eine atomwaffenfreie Zone in Mitteleuropa vor, einschließlich Polens, der Tschechoslowakei und beider deutscher Staaten. Er fand im Westen einiges Interesse, scheiterte aber an der Weigerung der bundesrepublikanischen Politiker, die DDR anzuerkennen, was der Plan stillschweigend voraussetzte. Dennoch versuchte die polnische Politik weiterhin eine Brücke zwischen Ost und West zu schlagen. Die schließlich 1975 in Helsinki abgehaltene Europäische Friedenskonferenz ging zum großen Teil auf diese polnischen Initiativen zurück.

Das zweite Ziel seiner Deutschlandpolitik war es, Westdeutschland dazu zu bringen, die Oder-Neiße-Linie anzuerkennen. Das erforderte einigen Mut. Die Angst vor einem westdeutschen „Revanchismus" war das einzige Argument für die Bindung Polens an die Sowjetunion, das beim einfachen Volk wirklich Verständnis fand. Wenn das Grenzproblem gelöst war, entfiel damit zugleich die wichtigste Rechtfertigung einer Allianz mit den Sowjets. 1957 erklärte die polnische Regierung Bonn, daß die Aufnahme normaler diplomatischer Beziehungen auch ohne eine vorherige Anerkennung der Oder-Neiße-

Linie möglich sei. Als Bonn ablehnte, schlug Gomulka eine härtere Gangart ein und bestand nunmehr darauf, daß die Anerkennung der Grenze Voraussetzung für jedwede formelle Beziehung sei. In den neuen westlichen Provinzen lebten inzwischen fast ausschließlich Polen. Die Deutschen waren bis auf ganz wenige Ausnahmen in den ersten beiden Nachkriegsjahren vertrieben worden. Gomulka betonte nun immer stärker das geschichtliche Moment, daß dies „zurückgewonnene Gebiete" seien, Teile des ehemaligen Königreichs Polen, obgleich der größte Teil seit gut 600 Jahren deutsch gewesen war.

Man war auf einem toten Punkt angekommen. 1950 hatte die DDR die Oder-Neiße-Linie anerkannt, aber die Beziehungen zwischen dem unorthodoxen Polen unter Gomulka und dem sturen dogmatischen Regime unter Walter Ulbricht blieben kühl. Die Bundesrepublik blieb weiterhin Zielscheibe einer heftigen, feindseligen polnischen Propaganda. Aber unter der Hand entwickelten sich Kontakte – besonders auf wirtschaftlichem Gebiet –, die 1963 zum Austausch von Handelsmissionen zwischen beiden Staaten führten. In Wahrheit waren dies diskret bemäntelte diplomatische Missionen. In den späten 60er Jahren begann sich die starre Haltung Westdeutschlands etwas zu lockern, als der Vorsitzende der Sozialdemokratischen Partei Deutschlands, Willy Brandt, zunächst als Außenminister und dann als Kanzler, eine Ostpolitik entwickelte, die den Kontakt und die Aussöhnung mit den Staaten Mittel- und Osteuropas suchte. Klugerweise machte Gomulka keine vorzeitigen Zugeständnisse, sondern wartete ab, bis Bonn bereit war, seine Bedingungen zu akzeptieren.

In der Berlin-Krise 1958–61 erreichte der Kalte Krieg in Europa seinen endgültigen und gefährlichsten Höhepunkt. Nach dem Bau der Berliner Mauer 1961 und der Verständigung zwischen den USA und der UdSSR nach der dramatischen Kubakrise im Jahr 1962 ließ der Druck nach. Diese neuerliche Periode der Entspannung wurde von den Polen energisch genutzt, indem sie die kleineren Nationen im geteilten Europa zu gegenseitiger Kontaktaufnahme ermutigten. Sie versuchten sogar – wenn auch erfolglos – im Vietnamkrieg zu vermitteln, der die Ost-West-Beziehungen nach 1965 überschattete.

Im Land selbst kam es jedoch zu keiner Entspannung. Gomulkas Regierung wurde immer tyrannischer. 1962 wurden Warschaus beste Kulturzeitschriften verboten und unabhängige Debattierklubs geschlossen. 1964 organisierte der Dichter Antoni Slominski eine Petition gegen jede Zensur und das Abwürgen der Kultur, den „Brief der Vierunddreißig". Es war der Beginn eines langen Guerillakrieges zwischen Gomulka und den Intellektuellen. Weitere Petitionen und „offene Briefe" folgten, die mit Parteiausschlüssen und dem Verlust von Arbeitsplätzen beantwortet wurden. Unter denen, die damals aus der Partei ausgeschlossen wurden, war auch Leszek Kolakowski, heute Professor an der Warschauer Universität, der auf einer Versammlung zum 10jährigen Gedenken des Oktobers 1956 einen bissigen Angriff gegen die Stagnation in der Regierung geführt hatte. Gegen zwei weitere junge Akademiker, Jacek Kuroń und Karol Modzelewski, ging man sehr viel härter vor. Sie hatten 1965 in einem „offenen Brief" erklärt, daß der „staatliche Sozialismus" ebenso volksfeindlich und ausbeuterisch sei wie der Kapitalismus, und eine Arbeiterdemokratie entsprechend den Ideen Trotzkis gefordert. Sie bekamen dreieinhalb Jahre Gefängnis.

Zur gleichen Zeit begann sich innerhalb der Partei eine neue, nationalistische Opposition gegen Gomulka abzuzeichnen. Nicht nur die Erregung von 1956, sondern auch

1963. Gomulka mit seinem ergebensten Handlanger, Zenon Kliszko. Seine autokratische Regierungs-
weise hatte Gomulka bereits viele Sympathien gekostet.

Gomulkas andauernde Propagandakampagne gegen Westdeutschland hatte einen lei-
denschaftlichen Patriotismus gefördert. Man stöberte unablässig in der Geschichte her-
um, um weitere glänzende Beispiele polnischen Heldentums, mehr Geschichten über
Tapferkeit und Leiden zu Zeiten der Nazi-Besatzung und weitere – oftmals recht dubiose
– Beweise dafür zu finden, daß die westlichen Territorien eindeutig „zurückgewonnene
Gebiete" seien.

Aus wachsender Enttäuschung über Gomulkas grauen, nüchternen Stil kehrte sich
diese Strömung mit der Zeit gegen ihn. General Mieczylaw Moczar, ein ehemaliger kommunistischer Partisanenführer, war 1959 zum Chef der wiederbelebten Sicherheitspolizei (UB) ernannt worden. In einer Partei, in der fast keine echten marxistischen Diskussionen mehr stattfanden, weil ein zynischer, immer korrupterer Pragmatismus an ihre
Stelle getreten war, spielte Moczar nun die patriotische Karte aus. Er schuf sich im Kom-
battantenverband (ZBoWiD) eine Machtbasis und machte ein großes Geschrei um die
Verleihung von Orden und Pensionen an vernachlässigte Soldaten der AK und der polnischen Armee im Westen. Moczar konnte einen Großteil der Intellektuellen für sich
gewinnen, indem er eine Reihe von Büchern und Filmen förderte, die Polens militärische Vergangenheit und seine „Revolutionen" verherrlichten.

In den späten 60er Jahren war aus „Ernüchterung" „Stagnation" geworden. In diese
öde Landschaft schien Moczar wieder Farbe zu bringen, wieder Stolz und Begeisterung

zu wecken. Und er bot noch mehr. Sehr bald wurde klar, daß er und seine Anhänger die Macht im Staat anstrebten.

Die „Partisanen", wie man Moczars Gruppe nannte, präsentierten sich als treue polnische Patrioten, die sich dadurch empfahlen, daß sie in Polen aktiv gegen die Nazi-Besatzung gekämpft hatten, während andere Kommunisten sich einer sicheren Zuflucht in Moskau erfreuten. Ihre Plattform ruhte im wesentlichen auf drei Pfeilern: einem schrillen, traditionellen Chauvinismus, der die Wiedererrichtung einer starken Macht unter einem wirklichen „Führer" forderte. Einem diskret geäußerten Appell an anti-russische Ressentiments – Moczar ließ durchblicken, daß endlich die Wahrheit über Katyń ans Licht kommen müsse. Und schließlich einem Antisemitismus.

Moczars folgsame Journalisten waren äußerst bemüht, alte Vorurteile wieder zu beleben und Judentum mit russischem Kommunismus und Illoyalität im Kampf um Polens Unabhängigkeit gleichzusetzen. Damals lebten in Polen weniger als 30 000 Juden. Aber die „Partisanen" strebten einen neuen „nationalen" Kommunismus an, der von sowjetischer und jüdischer „Verschmutzung" gereinigt war. Sie wiesen immer wieder auf die jüdische Abstammung eines Teils der intellektuellen Reformer und Überlebenden der „Moskowiter" Gruppe hin, die während des Krieges in der Sowjetunion gelebt hatten. Im Juni 1967 brach der zweite arabisch-israelische Krieg aus, der mit einem Blitzsieg Israels endete. Als die Sowjetunion sich auf die Seite der Araber stellte, wurde dies von vielen Polen freudig begrüßt. Gomulka, der den „Partisanen" mißtraute, aber nicht recht wußte, wie er sich ihnen gegenüber verhalten sollte, ließ sich zu einem seiner unbeherrschten Wutanfälle hinreißen und beschuldigte eine „Fünfte Zionistische Kolonne" innerhalb Polens der Feier des israelischen Sieges. Sofort startete Moczar mit Unterstützung der Sicherheitspolizei eine heftige „anti-zionistische" Aktion mit Verleumdungen und Denunziationen. Bücher erschienen, in denen behauptet wurde, die polnischen Juden hätten mit den Nazis zusammengearbeitet und sich jetzt mit der Bundesrepublik Deutschland zum Kampf gegen die polnische Unabhängigkeit verschworen. Überall, wo Juden der Partei angehörten oder öffentliche Ämter bekleideten, wurden sie belästigt, bedroht und entlassen.

Ein Beispiel mag für viele stehen. Blima B., eine Jüdin, war Ingenieurin in Lódź. Eines Nachts erhielt sie einen Telefonanruf – mit pseudo-jiddischem Akzent –, sie solle gefälligst Polen verlassen und nach Israel gehen, „weil Moshe Dayan sie dort brauche". Ein paar Tage später verlor sie ihren Arbeitsplatz; ihr Chef empfahl ihr, nach Israel zu emigrieren. Dies wies sie zurück. Als sie nach Hause kam, fand sie in ihrem Briefkasten ein Flugblatt mit der Warnung „daß das Problem des Judentums in Polen endgültig gelöst werden muß ... Die Juden müssen davon überzeugt werden, daß ihre Anwesenheit in Polen ein Anachronismus ist und jeglicher Berechtigung entbehrt."

Am nächsten Tag räumte Blima B. ihren Schreibtisch. Dabei hörte sie, wie sich zwei Stenotypistinnen unterhielten. „Was ist das eigentlich, Zionismus?" fragte die eine. Die andere erwiderte: „Ich habe in der Zeitung gelesen, daß die Rabbis in Amerika und Israel die Polen verfluchen, weil sie angeblich die stalinistischen Juden verfolgen. Das ist Zionismus." Blima B.: „Nachdem ich das gehört hatte, war mir klar, daß für mich in Polen kein Platz mehr war." (Aus: Christian Jelen, La Purge, Paris 1972, S. 150.)

Die meisten Polen nahmen an dieser Hexenjagd nicht teil, sie sahen darin vielmehr einen selbstzerstörerischen Machtkampf ihrer Führungsspitze. Das Ausland war entsetzt: Man verfolgte die Überlebenden des Holocaust! Besonders in den USA wurde die Ansicht vertreten, daß hier abermals der primitive Antisemitismus zum Durchbruch komme, der dem polnischen Nationalcharakter immanent sei. Für Polens internationalen Ruf wirkte sich das Ganze katastrophal aus; die 1956 erworbenen Sympathien schwanden dahin.

In der Folge nahm Moczars Sicherheitspolizei die Nation sehr viel fester in den Griff. Besonders unter den jungen Intellektuellen wuchsen Furcht und Unmut. Zu Beginn des Jahres 1968 drohte sich die Spannung wieder einmal zu entladen.

Der Anlaß war die Warschauer Aufführung des Dramas „Forefathers' Eve" von Adam Mickiewicz. Dieses beliebte, im frühen 19. Jahrhundert geschriebene Mysterienspiel verherrlicht den nationalen Kampf gegen den Zaren. Es ist ein Stück über Moral, Religion und die Nation, bei dem jeder polnische Zuschauer das Gefühl hat, daß ihm hier der Schlüssel für die Gegenwart gereicht wird. Im Januar 1968 machten sich die aufgestauten Emotionen des Publikums in einem frenetischen Applaus an den Stellen Luft, wo die russische Macht geschmäht wird.

Gustav Holoubek, einer der berühmtesten Schauspieler Polens, spielte die Hauptrolle. „Die Leute nahmen diese Aufführung mit beispiellosem Enthusiasmus auf. Während meiner ganzen Theaterkarriere, immerhin waren es damals bereits 30 Jahre, habe ich keine solche Publikumsreaktion erlebt. Wie wir im Theater sagen – eine Bombe hatte eingeschlagen!" Panikartig verboten die Machthaber die Aufführung am 31. Januar.

Eine Studentendemonstration wurde von der Polizei zerstreut, aber in der Warschauer Universität gärte es weiter. Am 8. März wurde eine Massenversammlung abge-

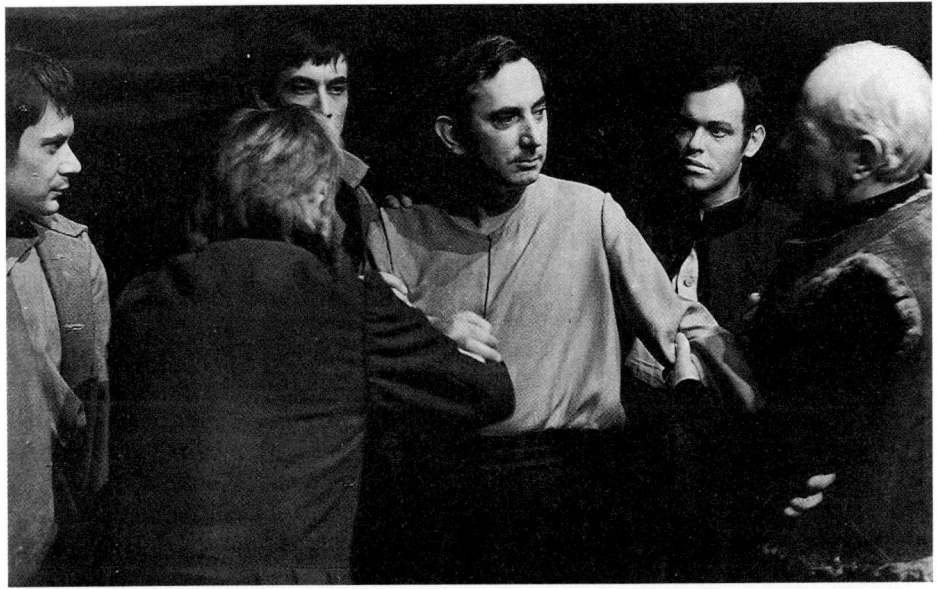

„Wie wir im Theater sagen – die Bombe ging hoch." Gustav Holoubek, Hauptdarsteller in dem Stück „Forefathers' Eve". Sein Auftrittsverbot vom 31. Januar 1968 löste eine Protestdemonstration aus.

halten; Busse voller Schläger und Polizeireservisten ergossen sich über den Campus und griffen die Studenten an. Es kam zu Straßenkämpfen, die mit Unterbrechung einige Wochen lang andauerten. Die Unruhen griffen auf fast alle polnischen Universitäten über. Die katholische Kirche wetterte gegen die Brutalität der Polizei und wurde darin tapfer von den unabhängigen katholischen Abgeordneten im Sejm unterstützt. Nur die Arbeiter lehnten es trotz aller Aufrufe der Studenten und Intellektuellen ab, sich in den Kampf hineinziehen zu lassen.

Polen verfiel dem Chaos. Die Moczar-Gruppe, die eine Chance witterte, verdoppelte ihre Übergriffe auf Juden, Liberale und angebliche Verräter. Bis Ende 1968 wurden zwei Drittel der in Polen am Leben gebliebenen Juden zur Auswanderung gezwungen. Mehr als tausend Studenten wurden verhaftet, und die Sicherheitspolizei sorgte für eine

März 1968. Studentendemonstration in Warschau.

gründliche Säuberung des gesamten höheren Schulwesens. Nur wenige der Machthaber fanden den Mut, ihre Stimme gegen diesen Terror zu erheben. Adam Rapacki weigerte sich, sein eigenes Ministerium zu betreten, wo die Beamten inzwischen die rassische Abstammung ihrer Großeltern nachweisen mußten, und wurde Ende des Jahres ausgewechselt. Mieczyslaw Rakowski, Herausgeber der wöchentlichen Parteizeitung „Polityka", gab der antisemitischen Verleumdung keinen Raum und schickte einige seiner bekannteren jüdischen Mitarbeiter zeitweilig ins Ausland.

Niemand schien die Sache unter Kontrolle zu haben; Gomulka ganz sicher nicht. In der benachbarten Tschechoslowakei begann 1968 der „Prager Frühling". Die Warschauer Studenten forderten auf Spruchbändern „Polen braucht einen Dubček". Wütend verurteilte Gomulka die „revisionistischen" Liberalen und Intellektuellen, während er die Angriffe auf das „Weltjudentum" (seine eigene Frau war Jüdin) einzudämmen versuchte. Niemand achtete auf ihn, und Mitte 1968 sah es so aus, als würde Gomulka in Kürze von seinem Rivalen gestürzt werden.

In der Sowjetunion war man über die Entwicklung in Polen alarmiert. Leonid Breschnew und seine Kollegen sahen ganz klar, was von Mieczyslaw Moczar zu halten war. Seine Manipulation mit anti-russischen Gefühlen hatte man wohl registriert. Man hatte absolut kein Interesse an einem Wiederaufleben eines militanten polnischen Nationalismus. In Rumänien verfolgte Präsident Nicolae Ceausescu bereits einen unabhängigen, chauvinistischen Kurs. Moczar oder einer seiner Freunde mochte also die Absicht haben, sein Modell einer ultrapatriotischen Polizeidiktatur nachzuahmen. Drückender aber war die Tatsache, daß sich die Dinge in der Tschechoslowakei zuspitzten.

Auf Gomulka konnte man sich wenigstens verlassen. Er, der 1956 für bürgerliche Freiheiten und einen demokratischen Sozialismus eingetreten war, zögerte keinen Moment, Alexander Dubčeks Politik als „Konterrevolution" zu verurteilen. Er, der im Namen der nationalen Freiheit den sowjetischen Armeen getrotzt hatte, drängte nun die eher zögernde Sowjetführung zu einer militärischen Aktion gegen die Tschechoslowakei. Und als die Interventionsarmee des Warschauer Paktes in der Nacht vom 20. zum 21. August 1968 die tschechische und slowakische Grenze überquerte, waren auch polnische Truppen und Panzer darunter. Angesichts dessen, daß polnische Soldaten hier ein befreundetes Land besetzten, zeigte nur eine Minderheit in Polen Scham und Schrecken. Die meisten kramten ihre Antipathie gegen die Tschechen hervor und benahmen sich seltsam gleichgültig.

Durch seine Loyalität in der tschechischen Frage machte sich Gomulka für Breschnew unentbehrlich. Im November, als in Warschau der 5. Kongreß der PZPR zusammentrat, wurde er belohnt. Ohne die sowjetische Unterstützung und ihren hinter den Kulissen ausgeübten Druck wäre Gomulka möglicherweise von den „Partisanen" gestürzt worden. Aber Breschnew erschien und hielt bis zum Ende des Kongresses seine Hand über ihn. Moczar wurde aus dem Politbüro ausgeschlossen, und viele seiner Anhänger verschwanden aus dem Zentralkomitee. Ein weiterer mächtiger Herausforderer, Exminister Edward Gierek, der sich eine starke Hausmacht als Parteisekretär im oberschlesischen Industriegebiet aufgebaut hatte, bot sich als Kompromißkandidat an, konnte aber nicht genügend Stimmen auf sich vereinen.

Gomulka wurde als Erster Sekretär wiedergewählt. Im Oktober 1956 war ihm die

Macht in Polen zugefallen, weil er sich geweigert hatte, sich der sowjetischen Einmischung zu unterwerfen. Im November 1968 konnte er seine Stellung nur halten, weil die Sowjets eingriffen und ihn retteten.

Die „Märzereignisse" von 1968 und die sich anschließenden Aufstände führten zu grundlegenden Veränderungen in Polen. Gomulka hatte sich, obgleich wieder fest im Sattel, innerhalb wie außerhalb der Partei fast alle Sympathien verscherzt. Bezeichnend war vor allem der Wandel in der Opposition. Bis 1968 hatte der Protest der Intellektuellen auf eine Erneuerung der Prinzipien von 1956 abgezielt. Man setzte auf die Fähigkeit der Partei, sich und ihr System aus sich selbst heraus zu reformieren und die Nation unter einer eigenständigen Regierung zur Demokratie zu führen. Die Opposition war hauptsächlich von den Liberalen ausgegangen, die nach einem kritischen, humanistischen Weg zwischen den dogmatischen Blöcken der Katholiken und der Kommunisten suchten. Viele ihrer glänzendsten Köpfe waren assimilierte Juden gewesen, häufig marxistisch beeinflußt.

Im März 1968 fand diese Tradition unter den Knüppeln der Polizei ihr Ende. Die Intellektuellen und Studenten sahen sich isoliert, da sie weder die aktive Unterstützung der Arbeiter noch die der katholischen Bevölkerung fanden. Damals endete eine Epoche, die bis in die romantische, revolutionäre Zeit des frühen 19. Jahrhunderts zurückging. Sie hatte den Intellektuellen die Aufgabe zugewiesen, den Protest der Nation in Zeiten der Gefahr zu formulieren und die Führungsrolle zu übernehmen. Jetzt gaben die Intellektuellen die Hoffnung auf, die Partei könne sich selbst regenerieren. Sie mußten sich nach etwas Neuem umsehen. Als die intellektuelle Opposition etwa zehn Jahre später wieder auflebte, hatte sie sich in ihrer Art völlig gewandelt: sie war konservativer und geschichtsbewußter geworden, aber vor allem erwartete sie die moralische Führung und Unterstützung von der katholischen Kirche. Indem sie alte Ansprüche aufgab, sah diese neue Opposition ihre Aufgabe nur noch darin, sich der Arbeiterklasse zur Unterstützung ihres Protestes zur Verfügung zu stellen, ohne jedoch selbst die Führung übernehmen zu wollen.

In den beiden letzten Jahren seiner Regierung unternahm Gomulka den verzweifelten Versuch, die polnische Wirtschaft aus ihrer Stagnation herauszubringen. Ein Reformprogramm wurde entwickelt, das die Wirtschaft modernisieren und ankurbeln sollte, ohne aber zugleich die entsprechenden politischen Reformen durchzuführen, die erforderlich gewesen wären, um bei der Bevölkerung Unterstützung zu finden. Boleslaw Jaszczuk, dem die Durchführung übertragen wurde, konzentrierte sich auf wenige Schlüsselindustrien – Elektronik, Werkzeugmaschinen und Chemie –, die den Westen zu Investitionen anregen und moderne Technologien nach Polen bringen sollten. Zur Finanzierung wurden die für andere Ressorts – Landwirtschaft, Wohnungsbau, Sozialdienste – vorgesehenen Mittel eingefroren bzw. reduziert. Als flankierende Maßnahme erhöhte Jaszczuk die Löhne in erfolgreich arbeitenden Unternehmen, während er unrentablen Betrieben mit der Schließung drohte.

Das Problem aller Modell-Versuche, in einer zentralisierten sozialistischen Wirtschaft Grundsätze einer „Marktwirtschaft" einzuführen, ist, daß zuallererst die Arbeiter den Preis zahlen müssen. Sie, die seit Generationen ihren sicheren Arbeitsplatz in Unternehmen haben, wo allein das Erreichen des Plansolls zählt, gleichgültig, ob irgend jemand ihre Produkte haben will oder nicht, sehen sich plötzlich der Tatsache gegenüber, daß ihre Löhne gekürzt werden und sie möglicherweise ihre Arbeit verlieren. Bei der polnischen „Reform von oben" wurde nie die Frage gestellt, ob man dies durch eine Beteiligung der Arbeiter an der Unternehmensleitung kompensieren oder ihnen zumindest die Möglichkeit geben solle, ihre Beschwerden frei vorzubringen.

Niemand unterzog sich der Mühe, den Arbeitern zu erklären, warum das alte System mit seinen staatlich gestützten Preisen und Löhnen nicht mehr funktionierte. Die Folge war, daß sie sich schlicht betrogen fühlten. Henryk Frankiewicz arbeitete damals in einer Danziger Werft und erinnert sich gut der Stimmung unter seinen Kameraden: „Gomulka trat immer häufiger in der Öffentlichkeit auf; stets mürrisch und auf die Kosten für den Wohnungsbau und die dafür erforderlichen staatlichen Subventionen schimpfend – es war immer dasselbe. Allmählich konnten wir es schon nicht mehr hören. Die Leute wurden richtig wütend. Was sollte dieses ständige Nörgeln? Wir taten unsere Arbeit wie immer, gaben unser Bestes und wurden dafür vom Staat bezahlt. Wir, die Arbeiter, konnten nicht akzeptieren, was er sagte ..."

Unter der Oberfläche begann sich die Erbitterung der Arbeiter gefährlich aufzustauen. Durch die Vernachlässigung der Bauern sorgte die Regierung selbst dafür, daß sich dies noch verstärkte. Die Fleischproduktion versagte völlig. Während der ganzen Nachkriegszeit hatte die Wirtschaft Polens in hohem Maße darunter gelitten, daß Kaufkraft und Warenangebot nicht ausgeglichen waren. Man hatte zu viel Geld und konnte zu wenig dafür kaufen, vor allem zu wenig Nahrungsmittel, die in den Geschäften kaum noch zu haben waren. Zu den besonderen Belastungen, denen die Arbeiter in den Jahren 1969/70 ausgesetzt waren, kam nun noch hinzu, daß ihre Frauen und Kinder wieder vor den Fleischerläden Schlange stehen mußten.

Früher hatten die Machthaber dieses Problem auf einfache Art gelöst: Ohne Vorwarnung hatten sie die Preise in den Geschäften gewaltig angehoben, worauf sich die Regale wieder mit Nahrungsmitteln und Waren füllten, schlicht deshalb, weil weniger Leute sie kaufen konnten. Jazczuk hatte die Absicht, ein weiteres Mal so zu verfahren.

Ein paar Wochen, bevor es dazu kam, besuchte Kanzler Willy Brandt Warschau. Am 10. Dezember 1970 unterzeichneten er und der polnische Premierminister Józef Cyrankiewicz einen Vertrag über die Anerkennung der Oder-Neiße-Linie. Der deutsche Anspruch auf die Grenzen von 1937 wurde fallengelassen und die Aufnahme voller diplomatischer Beziehungen vereinbart. Nachdem damit der letzte Grenzstreit in Europa beigelegt war, entspannte sich die politische Lage in den 70er Jahren. Diese Entwicklung machte es möglich, daß ein paar Jahre später die Europäische Sicherheitskonferenz stattfinden konnte. Die Folge war eine Reihe weiterer Verträge zwischen der Bonner Regierung und einigen Staaten Mittel- und Osteuropas, darunter der Grundlagenvertrag von 1972 zwischen den beiden deutschen Staaten. Indirekt gehörte auch das Viermächteabkommen über Berlin dazu. Für Polen öffnete sich damit das Tor zu der reichen Wirtschaft und dem Geldmarkt der Bundesrepublik.

Für Willy Brandt war es ein Moment moralischen Triumphes, als er vor dem Denkmal für die Gefallenen des Warschauer Ghettos niederkniete, für Wladislaw Gomulka war es ein politischer Triumph. Indem er starr an seinen Grundsätzen festgehalten hatte, trotz der Feindschaft Westdeutschlands, der Gleichgültigkeit der NATO und der

Unterzeichnung des Warschauer Vertrages am 7. Dezember 1970, in dem Deutschland Polens Westgrenze an der Oder-Neiße-Linie anerkannte. Kanzler Willy Brandt (links) schüttelt Premierminister Józef Cyrankiewicz die Hand. Dahinter Gomulka. Hinter Cyrankiewicz steht General Mieczyslaw Moczar, Chef der ultranationalen „Partisanen".

Angriffe und Verdächtigungen aus Ostdeutschland, hatte er ein Dogma der Bonner Regierung durchbrochen und die mächtigste Wirtschaftsmacht Westeuropas dazu gebracht, seine Bedingungen für ein Miteinander zu akzeptieren. Er hatte von seinem Land eine Bedrohung abgewandt und ihm neue Horizonte geöffnet.

Es war Gomulkas letzter Auftritt auf der internationalen Szene. Brandt flog nach Hause. Zwei Tage später, am 12. Dezember 1970, kündigte Radio Warschau plötzlich „gepfefferte" und unerwartete Preisänderungen an. Einige Waren, wie Fernseher und Kühlschränke, wurden billiger. Aber: Mehl wurde um 14 %, Zucker um 14 % und Fleisch sogar um 17 % teurer.

Die Preisanhebung war als solche vernünftig. Sie entsprach den Zielen der Reform, die Preise den Produktionskosten anzugleichen und die hohen staatlichen Subventionen abzubauen, die bisher die Nahrungsmittelpreise in den Läden niedrig gehalten hatten. Zweifellos mußte etwas geschehen, um Angebot und Nachfrage einander wieder anzunähern. Aber diesmal versagte die Methode, einfach über Nacht die Preise anzuheben. Die polnischen Arbeiter waren ohnehin aufgebracht und nervös. Die Preiserhöhungen kamen ausgerechnet zu Weihnachten, wo sich die Polen über die Entbehrungen des zurückliegenden Jahres bei üppigen Familienfesten mit reichlich Fleisch, Fisch und Alkohol hinwegzutrösten pflegen. Wie stand ein Mann da, wenn er es sich nicht einmal leisten konnte, Frau und Kindern eine richtige Weihnachtsfeier zu bescheren? Die Arroganz der Machthaber und die Wahl des Zeitpunkts brachten das Faß zum Überlaufen.

Die Preiserhöhung wurde an einem Sonnabend bekanntgegeben. Am darauffolgenden Montagmorgen marschierten Tausende von Arbeitern der Lenin-Werft in Danzig protestierend zum Hauptquartier der Partei. Die Polizei versuchte vergeblich, sie zurückzudrängen. Es kam zu Straßenkämpfen. Am nächsten Tag stellte die Werft „Pariser Kommune" in Gdingen die Arbeit ein. In Danzig, wo ein allgemeiner „Besetzungsstreik" begann, eröffnete die Polizei das Feuer auf Demonstranten. Auf beiden Seiten gab es Tote.

Henryk Frankiewicz, der mit den Werftarbeitern mitmarschierte, erlebte den Beginn der Schießerei. „Einer der Leutnants schoß einfach mit seiner Pistole in die Menge. Er war etwa eine Armlänge von mir entfernt, aber ich merkte erst, was passiert war, als ich Blut spritzen sah. Einer der Werftarbeiter war direkt in die Halsschlagader getroffen, und das Blut – wissen Sie – spritzte etwa einen Meter hoch. Es war, als habe jemand Öl ins Feuer gegossen, wie wir sagen. Die Leute sahen es und stürzten sich auf den Polizeikordon. Es gab ein Massaker ... Das Kreiskrankenhaus ist dort in der Nähe, und alle Mitarbeiter sahen, was geschah. Sie liefen zu dem Jungen, der getroffen worden war. Erst dachten wir, er sei nur verwundet, aber sie kamen, warfen einen Blick auf ihn und sagten, er sei tot. Irgendwer trieb eine polnische Fahne auf und tauchte sie in sein Blut: es war so viel, daß die ganze Fahne vor Blut triefte. Und dann, in diesem emotionsgeladenen Augenblick, schrie plötzlich alles wie bei einem Aufstand: ‚Wir marschieren zum Bezirkskomitee der Partei' ..." Das Parteigebäude wurde angegriffen und in Brand gesteckt.

Entlang der ganzen Ostseeküste legten Männer und Frauen die Arbeit nieder, als sich die Nachricht verbreitete, daß polnisches Blut in den Straßen vergossen wurde. Die Streikbewegung breitete sich bis Elbing (Elblag) und Stolp (Slupsk) und im Westen bis Stettin (Szczecin) aus.

Die ersten Nachrichten aus Danzig alarmierten Gomulka weniger, als daß sie ihn wütend machten. 1956 hatte er von einem „gerechtfertigten Protest" der Posener Arbeiter gesprochen; jetzt sprach er nur von „Konterrevolution". Sehr wahrscheinlich war es Gomulka, der am Dienstag die Anwendung von Gewalt befahl, wenngleich er möglicherweise damit nicht gemeint hat, daß die Polizei unbewaffnete Demonstranten niederschießen sollte. Sein Statthalter, Zenon Kliszko, eilte nach Danzig, wo er eine Reihe panikartiger, sich widersprechender Befehle gab. Begleitet wurde er von Stanislaw Kociolek, einem jungen Technokraten, der erst seit kurzem dem Politbüro angehörte. Andere waren klüger. Moczar, der eine Katastrophe voraussah, die sich zu seinem Vorteil auswirken könnte, ging in Deckung und hielt sich aus der Sache heraus. General Wojciech Jaruzelski, der Verteidigungsminister, sagte Gomulka ins Gesicht, daß er den Einsatz regulärer Truppen gegen die Arbeiter nicht zulassen werde.

Dezember 1970. Arbeiteraufstand in den Ostseehäfen. Arbeiter der Schiffswerft marschieren durch Szczecin (Stettin).

Am Mittwoch war es in der Danziger Region etwas ruhiger, aber der Streik wurde in allen Fabriken und Werften ausnahmslos fortgesetzt. Kociolek forderte die Arbeiter über den Rundfunk auf, an ihre Arbeitsplätze zurückzukehren. Noch in derselben Nacht, aber zu spät, um noch etwas unternehmen zu können, mußte er feststellen, daß Kliszko in der durch nichts begründeten Annahme, daß Sabotage geplant sei, die Sicherheitskräfte angewiesen hatte, die Werkstore zu verbarrikadieren, um den Arbeitern den Eintritt zu verwehren. Am 17. Dezember 1970, einem Donnerstagmorgen, wurde die Frühschicht der Gdinger Werft von einer Gewehrsalve empfangen, als sie den Zug verließ, um an die Arbeit zu gehen. 13 Arbeiter starben. Am gleichen Tag erhoben sich die Arbeiter in Stettin. Es kam zu blutigen Auseinandersetzungen, bei denen eine große Anzahl Menschen getötet wurde. Am Wochenende begannen in ganz Polen die Arbeitsniederlegungen in den Fabriken, obwohl nicht mehr geschossen wurde. Ein Generalstreik, der sich möglicherweise zu einem Volksaufstand ausweiten würde, schien unmittelbar bevorzustehen. An der Ostseeküste übernahmen die Arbeiter nicht nur die Kontrolle in ihren Fabriken, sondern durch gewählte Streikkomitees auch die Regierung in den Städten. Aus Stettin kam eine Liste mit 21 Forderungen, darunter zum ersten Mal der Ruf nach „unabhängigen Arbeitergewerkschaften unter eigener Leitung".

In Warschau sah die Parteiführung ihre einzige Chance, einer Katastrophe zu entgehen, darin, Gomulka zu stürzen. Vom sowjetischen Politbüro kam die Anweisung, die Angelegenheit „politisch" zu lösen; im Moskauer Sprachgebrauch war dies die Verurteilung von Gomulkas Versuch, die Krise durch Gewalt zu beenden. In diesem Moment erlitt der völlig überarbeitete Gomulka einen leichten Schlaganfall, der zu einer teilweisen Erblindung führte.

Am Sonntag, während Gomulka wutschnaubend im Krankenhaus lag, trat das Zentralkomitee zu einer Notsitzung zusammen. Die meisten Mitglieder waren entschlossen, Moczar nicht an die Macht kommen zu lassen. Statt dessen – wahrscheinlich auf Vorschlag der Sowjets – wandten sie sich an Edward Gierek: eine solide, beruhigend wirkende Erscheinung, der sich außerdem dadurch empfahl, daß er als Bergarbeiter in den Kohlegruben Belgiens und Frankreichs gearbeitet hatte. Gomulka, Kliszko, Jazszuk und Spycholski wurde abgelöst. Gierek wurde zum Ersten Sekretär gewählt.

Noch in derselben Nacht wandte sich Gierek über den Rundfunk an die Nation. Die Arbeiterklasse war über jedes erträgliche Maß hinaus provoziert worden. Er sagte, die Partei habe den Kontakt zur Nation verloren, und versprach durchgreifende Änderungen. Ein Zyklus hatte sich geschlossen. Es folgte ein weiterer, der in einer noch schwereren Krise enden sollte.

17. Dezember 1970. „Polen vergießt polnisches Blut": Arbeiter der Werft in Gdingen (Gdynia), tragen einen von der Polizei erschossenen Kameraden von der Straße.

8. Kapitel

Von Gierek bis Danzig:
1970–1980

Vor den Toren der Warski-Werft in Stettin stand ein großer, grauhaariger, auffallend gutgekleideter Mann und diskutierte mit den Streikposten. Hinter ihm stiegen eine Anzahl wichtig aussehende Herren, einer in Generalsuniform, aus mehreren Taxis. Der Mann stellte sich als Edward Gierek, Erster Sekretär der Polnischen Arbeiterpartei, vor. Zuerst hielten ihn die Streikposten für einen Witzbold. Ein Parteiführer, der höflich fragte, ob er zu den Arbeitern sprechen dürfte? Das gab es nicht alle Tage.

Aber es war tatsächlich Gierek. Seine Begleiter waren unter anderem Piotr Jaroszewicz, der neue Premierminister, und General Wojciech Jaruzelski, der Verteidigungsminister. Es war der Nachmittag des 24. Januar 1971. Die Streiks, die nach Gomulkas Sturz im Dezember abgeklungen waren, begannen erneut.

Das Versprechen, die Löhne in den niedrigen Einkommensklassen zu erhöhen und die Preise einzufrieren, war den Arbeitern nicht ausreichend gewesen. Seit fast einem Monat hatte es in den Fabriken lautstarke Debatten gegeben, die weit über die wirtschaftliche Notlage hinausgingen, die die Explosion im Dezember ausgelöst hatte. Die Arbeiter der Warski-Werft, in der seit zwei Tagen wieder gestreikt wurde, verlangten nicht nur die Zurücknahme der Preiserhöhungen vom Dezember, sondern darüber hinaus freie Gewerkschaftswahlen, eine „verläßliche Berichterstattung" in den Zeitungen und die Bestrafung derer, die vier Wochen zuvor auf sie geschossen hatten.

Die streikenden Arbeiter in Stettin hatten Gierek aufgefordert, zu kommen und sich ihnen zu stellen. Aber seine Entscheidung, hinzufliegen, war so spontan erfolgt, daß das Streikkomitee über Telefon von seiner Ankunft erst wenige Minuten bevor die Taxis vorfuhren unterrichtet wurde. Nach anfänglichem Zögern war Edward Gierek zu der Überzeugung gekommen, daß diese Geste seine letzte Chance war, eine neue Rebellion der Arbeiterklasse aufzuhalten.

Tausende von Männern und Frauen ließen auf die Nachricht von seinem Erscheinen hin ihre Arbeit liegen und strömten in die Haupthalle der Werft. Dann diskutierten Gierek und seine Begleiter neun geschlagene Stunden lang von Angesicht zu Angesicht mit jener Klasse, deren Repräsentanten sie waren. Er mußte sich heftige Anschuldigungen anhören und verzweifelte Appelle. Seine Antwort, die er am nächsten Tag in der Danziger Werft wiederholte, war zugleich unerwartet und entwaffnend. Er redete weder über Ideologie noch im Parteijargon. Er sprach davon, daß er auch nur ein einfacher Arbeiter sei, daß er jahrelang in den Kohlegruben Frankreichs und Belgiens unter Tage gearbeitet habe. Er bat die polnischen Arbeiter, ihm als patriotischem Polen und Parteiführer, der selbst erfahren habe, was Armut und Plackerei sei, zu vertrauen und zu helfen.

„Ich bitte euch, helft uns, helft mir . . . Ich bin ein Arbeiter wie ihr. In diesem Moment, und ich sage euch das in vollem Ernst als Pole und Kommunist, stehen das Schicksal unserer Nation und die Zukunft des Sozialismus auf des Messers Schneide." Seine Rede war demagogisch, aber die Arbeiter wollten trotz ihrer schlechten Erfahrungen an seine Aufrichtigkeit glauben. Gierek sprach unkompliziert, manchmal mit Verzweiflung in der Stimme. Die verblüffende Tatsache, daß er als Bittender zu ihnen gekommen war und nicht als arroganter Vertreter der Macht, nahm sie für ihn ein. Zum Schluß, als er in groben Zügen dargelegt hatte, was er zu tun beabsichtigte, und ihnen freie Wahlen zum Arbeiterrat der Werft zugesagt hatte, fragte er: „Werdet ihr mir helfen?" Und sie antworteten: „Wir helfen!"

Meinte er, was er sagte? Wahrscheinlich ja. Edward Gierek, der sein Land in eine wirtschaftliche und politische Katastrophe führte, wird heute geschmäht. Aber er war auf seine Weise ehrlich. Er war das genaue Gegenteil von Gomulka. Während Gomulka verschlossen, unnahbar und jähzornig war, erweckte Gierek den Eindruck, der gutherzigste Mann der Welt zu sein. Ausländische Staatsmänner und die Journalisten mochten ihn.

Januar 1971. „Helft mir . . . Ich bin auch nur ein Arbeiter wie ihr!" Edward Gierek appelliert an die streikenden Werftarbeiter in Danzig (Gdańsk).

Er war umgänglich, sprach französisch und liebte das gute Leben. Er vermittelte den Eindruck von Sachlichkeit und gesundem Menschenverstand.

Aber Gierek war weniger weltmännisch, als er glauben machte. Er „kannte den Westen", aber seine Kenntnis beruhte lediglich auf seinen Erfahrungen als Fremdarbeiter in den Kohlegruben während der Naziokkupation. Er hatte in der Tat hart mit seinen Händen gearbeitet, aber die letzten 25 Jahre hatte er als Parteibürokrat zugebracht. Die Jahre als Parteichef im Kohlebecken Oberschlesiens, mit Sitz in Kattowitz, waren erfolgreich gewesen. Der Lebensstandard war in diesem Gebiet wesentlich höher als im restlichen Polen, was Gierek den Ruf eines guten Organisators eingetragen hatte. Aber Kattowitz war keine ausreichende Vorbereitung auf Warschau. Dort hatte eine bequeme, häufig korrupte Partei-Mafia die Geschäfte nach eigenem Gutdünken geführt, ohne sich durch Rebellion oder Opposition stören zu lassen. In Oberschlesien mit seinen rußigen Häuserblocks und seinem Kopfsteinpflaster, seiner Provinzialität, seinen Kneipen und seinen riesigen rauchenden Fabrikschloten, herrschte eine fast deutsche Solidität. Warschau dagegen, die von Intrigen und doppelter Moral beherrschte Hauptstadt, die einer romantischen, antirussischen Tradition anhing, war für Edward Gierek Neuland. Um sich zurechtzufinden, brachte Gierek viele seiner alten Kampfgenossen aus Kattowitz nach Warschau. Es waren Pragmatiker, die für sich ein bequemes Leben anstrebten – und wenn möglich auch für andere. Aber weder sie noch Gierek waren Politiker.

Nachdem die Streikgefahr gebannt war, machte sich Gierek an die Arbeit. Es begann wie üblich. Die Partei verkündete, sie werde niemals wieder den Kontakt mit den Arbeitern verlieren, versprach zukünftig die „leninistischen Grundsätze" zu beachten, entließ die restlichen Anhänger Gomulkas aus der Führung und forderte alle Polen, ob Parteimitglied oder nicht, zu freimütiger Kritik und einer Reform der Gesellschaft auf. Gomulka hatte im Oktober 1956 ähnliches versprochen. Damals war die Bevölkerung begeistert gewesen, voller Ungeduld und Optimismus. 1971 waren die Polen mißtrauisch, verärgert und sehr müde.

Gierek ging daran, „ein zweites Polen" zu schaffen, wie er es nannte, eine Gesellschaft, die sich grundsätzlich von der verbissenen, festgefahrenen Situation unter Gomulka unterscheiden sollte. Wirtschaftswissenschaftler, die Gomulka zum Schweigen gebracht hatte, bombardierten jetzt Gierek mit Ratschlägen und aufregenden Zukunftsaussichten. Polen würde „einen riesigen Sprung vorwärts" machen. Der erbärmliche Lebensstandard mußte geändert werden. Westliche Technologie würde die Industrie revolutionieren. Das Ganze war ein gewaltiges, kalkuliertes Risiko. Polen würde im Westen Kredite aufnehmen, um Maschinen und das Know-how für den Aufbau einer Exportindustrie einzukaufen, mit deren Erträgen die Auslandsschulden bald beglichen sein würden. Am Anfang klappte dies erstaunlich gut. Die Reallöhne stiegen in den ersten fünf Jahren unter Gierek um rund 40 %. 1972 stieg das Nationaleinkommen um 10 %, zweimal soviel wie geplant, und 1973 war es noch besser. Unter Gomulka hatte man etwa 100 Millionen Dollar im Jahr für den Import westlicher Maschinen ausgegeben. 1974 waren es 1900 Millionen. Polen erlebte den steilsten und rasantesten wirtschaftlichen Aufschwung aller Zeiten.

Für die Bevölkerung waren die frühen 70er Jahre gute Jahre. Polen hatte von Italien die Lizenz für den Bau von Fiat-Automobilen der Modelle 125 und 126 gekauft. Innerhalb weniger Jahre waren die schmalen Straßen vom Lärm privater Autos und stinkenden Benzinschwaden erfüllt. Lieferzeiten waren lang, aber man konnte sie verkürzen, wenn man mit „schwarzen" Dollars bezahlte. Die Machthaber fragten nicht länger, wo diese Dollars herkamen. Man gab wieder Geld aus: für Camping-Artikel, Fernsehapparate, billige ausländische Kleidung und Schuhe, die man importierte, da die eigene Produktion die Nachfrage nicht decken konnte, und vor allem für einen Urlaub im Ausland. In ihrem neuen Fiat, mit ein paar gesparten Dollar oder D-Mark, den Kofferraum voller Konserven, um das Geld für Nahrungsmittel zu sparen, kamen die polnischen Touristen nach Westeuropa. Im Gegenzug besuchte der Westen die Polen. Viele Besucher waren Amerikaner polnischer Abstammung, die von der polnischen Regierung ermutigt wurden, ihren Lebensabend im Land ihrer Vorfahren zu verbringen. Man sagte ihnen Priorität bei der Beschaffung von Baumaterial zu, damit sie sich in den Ausläufern der Karpaten ihre Altersruhesitze bauen konnten, und bot ihnen für ihre US-Pensionen einen hervorragenden Umrechnungskurs an. Wenn man die enorme Kaufkraft des Dollars auf dem polnischen schwarzen Markt in Rechnung stellte, war dies ein verführerisches Angebot.

Dies alles war Teil von Giereks „Polonia". „Polonia" umfaßte alle Polen der Welt, ob sie nun in Warschau, Chikago oder Buenos Aires lebten, ob als australische Farmer oder Pensionäre in den westlichen Vororten Londons. Für Gierek war dies ein aufrichtiger Appell an das polnische Nationalgefühl, der besagte: Laßt uns die politischen Differenzen begraben. Wir verlangen nicht von euch, daß ihr Kommunisten werdet. Wir meinen, daß Patriotismus ein höheres Gut ist als jeder Glaube. Uns eint der Stolz auf eine gemeinsame Geschichte. Kommt nach Polen, als Touristen, Historiker, um euren Lebensabend hier zu verbringen oder ein kleines Geschäft zu eröffnen. Falls ihr nicht selbst kommen könnt, dann helft mit eurem Geld beim Wiederaufbau unserer historischen Gebäude und Denkmäler.

Aus der Sicht der polnischen Emigranten in London und Paris war sein Angebot gleichzeitig berechnend und großzügig. In gewisser Weise folgte Gierek dem Beispiel Moczars, der in den 60er Jahren große Popularität dadurch erlangt hatte, daß er für die polnischen Veteranen im Exil Orden und Pensionen forderte. Gierek versuchte, dem Westen ein neues Bild von Polen zu vermitteln: ein Regime, für das eine bestimmte Ideologie nicht mehr die alleinige Grundlage des Handelns war, sondern das mit sehr viel allgemeineren Werten warb, wie Wohlstand und Patriotismus. Und „Polonia" reagierte. Polen, die im Ausland lebten, gaben dem polnischen Export eine wertvolle Unterstützung. Polen in Amerika finanzierten weitgehend den Wiederaufbau der von den Deutschen zerstörten Warschauer Burg.

Gierek entschloß sich – was für einen Kommunisten nicht leicht war –, die privaten Bauern durch staatliche Subventionen zu unterstützen. Mit den Löhnen war auch der Konsum gestiegen. Die traditionellen polnischen Gerichte, die nur noch Erinnerung gewesen waren, kamen nun wieder auf den Tisch: herrliche kalte Sommersuppen, reiche Stews und Platten mit Bergen panierter Schweineschnitzel und passierter Rote Beete. Um der Nachfrage entsprechen zu können, importierte die Regierung große Mengen Nahrungsmittel aus dem Westen und der Sowjetunion. Der Schuldenberg wuchs. Das Problem ließ sich nur lösen, wenn man Polen in die Lage versetzte, sich selbst zu ernäh-

Jahre des Aufschwungs unter Gierek. Der kleine, in Polen gebaute Fiat war bald überall zu sehen.

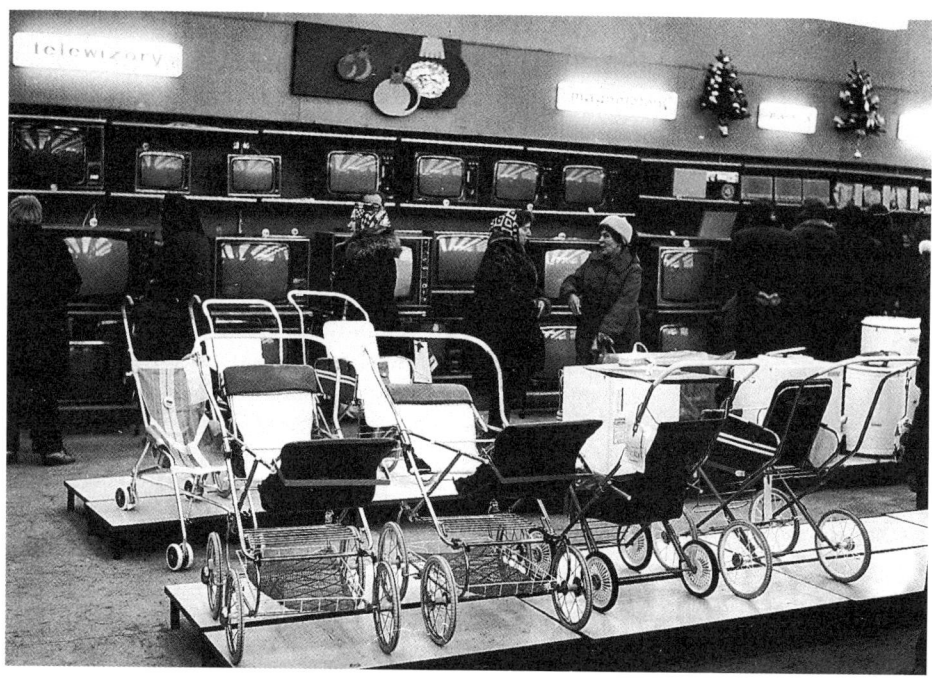

Die Löhne steigen, und die Industrie beginnt sich an den Wünschen der Verbraucher zu orientieren. Ein polnischer Laden in der Mitte der 70er Jahre.

Strom für die Industrie. Das mit Braunkohle betriebene Elektrizitätswerk in Turów nimmt die Arbeit auf.

ren. Man mußte den Bauern helfen, wieder mehr Getreide anzubauen und mehr Schweine zu mästen.

In den Notzeiten hatten sich die Städter niederfüllt vorgestellt, wie ihre Brüder auf dem Land sich mit Fleisch und Schinken vollstopften und ihre Matratzen mit Zlotys füllten. Die Wahrheit sah anders aus. Das Leben der Bauern war hart: Mühsal von früh bis spät auf schmalen Streifen Land, die manchmal Meilen auseinander lagen. Traktoren gab es generell nur auf den Staatsgütern. Der Privatbauer hatte seinen blondmähnigen, dunklen Fuchs, der den Pflug zog und die Familie am Sonntag im Wagen zur Messe brachte. Der Staat zahlte für landwirtschaftliche Erzeugnisse miserable Preise, was die Bauern nicht gerade anspornte, die Produktion zu steigern, so daß die Produktivität außerordentlich niedrig war. Hinzu kam, daß die meisten Höfe von alten Leuten bewirtschaftet wurden. Ihre Kinder waren entweder in die Städte gegangen oder waren sogenannte „Bauern-Arbeiter", die zwar auf dem Hof lebten, aber mit dem Motorrad oder in wackeligen Bussen zur Arbeit in die entfernten Fabriken fuhren.

Als erstes schaffte die Regierung den Zwangsverkauf der Erzeugnisse ab, zahlte angemessene Preise und begann – unter der Hand, falls die Sowjetunion Einspruch erheben sollte – kleinere Traktoren und landwirtschaftliche Maschinen an die Bauern zu verkaufen. Schließlich bezog man die privaten Bauern mit in die staatliche Sozial- und Gesundheitsfürsorge ein und zahlte ihnen Alterspensionen. Einige gute Ernten genügten, um die landwirtschaftliche Produktion rasch ansteigen zu lassen. Und zu Geld gekommen, rissen die Bauern überall ihre strohgedeckten Hütten ein und bauten sich häßliche, aber bequeme Backsteinhäuser.

Aber Gierek kam in Schwierigkeiten. Sein Pech war, daß 1973 im Mittleren Osten ein neuer Krieg ausbrach, der eine enorme Steigerung der Ölpreise auf dem Weltmarkt zur Folge hatte. Polen war zwar nicht direkt betroffen, da es sein Öl zu festen Preisen aus der Sowjetunion bezog. Aber die Industriewirtschaft des Westens geriet in Schwierigkeiten. Die Inflation vervielfachte die Kosten für den Import moderner Technologien, während der polnische Export in den Westen auf Grund der Rezession zurückging. Polens ausländische Schulden, die 1971 noch 100 Millionen Dollar betragen hatten, betrugen 1975 bereits 6 Milliarden und stiegen rasant weiter.

Mit jeder Werkzeugmaschine, jeder Anlage zur Düngemittelproduktion, die Polen im Westen kaufte, holte es sich die Inflation ins Land. Hinzu kam eine hausgemachte Inflation. Das stets wiederkehrende Problem, das durch Arbeiterunruhen im Dezember 1970 noch gesteigert wurde: es gab zuviel Geld und zu wenig Ware. Inzwischen waren die Arbeiter jedoch gemeinsam mit der Kirche und den privaten Bauern zu einer dritten halbautonomen Macht im Staat geworden. Sie verlangten höhere Löhne, opponierten aber gleichzeitig gegen jegliche Preiserhöhung. Im Dezember 1971 legten die Textilarbeiterinnen in Lódź die Arbeit nieder. Die Regierung sah sich gezwungen, die eben ausgesprochenen Preiserhöhungen zurückzunehmen.

Unter diesen Umständen war eine Warenverknappung vorprogrammiert. Aber Edward Gierek hatte zuviel Angst vor der Macht der Arbeiter, um zu unpopulären Maßnahmen zu greifen. Die Folge war ein langsames, schrittweises Ansteigen der Preise – vor allem für Fleisch. Die Regierung griff jedoch nicht ein, sondern hielt die Nahrungsmittelpreise in den Läden weiterhin durch Subventionen niedrig, bis diese Zuschüsse schließlich nicht weniger als 40 % der gesamten Staatsausgaben ausmachten. Inzwischen erlaubten Reformen in der Struktur der staatlichen Industrie einigen Fabrikationszweigen, die Höhe der Löhne frei zu bestimmen – und diese machten es sich leicht und zahlten ihren Arbeitern Jahr für Jahr mehr.

Die Regale in den Geschäften waren folglich immer häufiger leer. Menschenschlangen waren wieder ein alltäglicher Anblick. In Warschau konnte man in den Treppenhäusern der Wohnblocks oft frische Blutspuren finden. Hier war nicht etwa ein Mord geschehen. Die Spuren stammten von einer Bäuerin, die mit einem riesigen Sack voller „Schwarzmarkt"-Fleisch von Tür zu Tür gegangen und ihre Ware weit über dem staatlich festgesetzten Ladenpreis verkauft hatte. Unterdessen exportierte die Regierung immer mehr landwirtschaftliche Produkte in den Westen – ein ebenso verzweifeltes wie vergebliches Bemühen, die sinkenden Exportraten aufzufangen.

In dem fieberhaften Versuch, die Kaufkraft in andere Bahnen zu lenken, überredete die Regierung die relativ wohlhabende DDR, den Visumzwang abzuschaffen und ihre Geschäfte den polnischen Besuchern zu öffnen. Die Folge war ein Massenansturm. Allein 1974 besuchten mehr als 7 Millionen Polen die DDR. Die Straßen Ostberlins waren voller polnischer Autobusse. Die großen Kaufhäuser zeichneten ihre Waren in polnischer und deutscher Sprache aus. Die polnischen Tagesbesucher kauften alles leer, sehr zum Ärger der Ostberliner. Schließlich wurde das Ganze abgebrochen und der Visumzwang wieder eingeführt.

Die Diskrepanz zwischen Kaufkraft und Warenangebot wurde zum Alptraum. Ausgerechnet in einer Zeit des Aufschwungs (1973 hatte Polen die dritthöchste Zuwachsrate in der Welt) konnten die Polen für ihr Geld immer weniger kaufen. So trugen sie ihr Geld auf die Sparkassen: Die durchschnittliche Sparrate war 1976 fünfmal so hoch wie 1970. Ein eingefrorener Berg nicht ausgegebenen Geldes begann die Wirtschaft zu erdrücken.

In der Mitte der 70er Jahre waren Giereks Versprechen, ein liberales, offeneres und demokratischeres Polen zu schaffen, bereits zur Utopie geworden. Teils deshalb, weil seine gesamte Politik doppelgesichtig war. Um die Öffnung nach Westen zu verschleiern, glaubte er der Sowjetunion beweisen zu müssen, daß Polen ein streng orthodoxer kommunistischer Staat war. Wieder einmal griffen eifrige Zensoren zu Rotstift und Schere. Die Zeitungen und Fernsehsendungen wurden langweilig und nichtssagend. Sowjetische Reden und Errungenschaften wurden besonders herausgestellt. Kommissionen, die die Gründe für die Dezemberunruhen klären und „bessere Regierungsmethoden" erarbeiten sollten, lösten sich auf. In der Agrarpolitik gab es eine neuerliche Wende. Diesmal zugunsten der Staatsgüter: Für die privaten Bauern wurde es zunehmend schwieriger, zusätzlich Ackerland zu erwerben, ihren Kleinbesitz an ihre Kinder weiterzugeben und an knappe, aber lebenswichtige Waren, wie z. B. Kunstdünger, heranzukommen.

Es war keine Rede mehr davon, daß Nicht-Parteimitglieder verantwortliche Posten übernehmen oder im Sejm mehr Einfluß bekommen sollten. Im Gegenteil, die Partei mischte sich in alles ein und diktierte das Geschehen. Die Arbeiter an der Ostseeküste verloren das Recht, ihre Arbeiterräte frei zu wählen. Die Anführer der 1970er- und 71er-Streiks in Stettin wurden entlassen – mehrere von ihnen starben unter mysteriösen, bisweilen verdächtigen Umständen.

Für die Intellektuellen in Warschau und Krakau waren dies trübselige Zeiten. Zwar hatte sich an ihrem Lebensstil nichts geändert. Sie trafen sich weiterhin am Sonntag nach der Messe in ihren Stammcafés, saßen kettenrauchend an ihren Stammtischen in der Kantine des Czytelnik-Verlagshauses oder genossen Klatsch und Wodka im Schauspieler-Club Spatif. Außer ausländischen Büchern und Zeitungen gab es nichts zu lesen. Die Intellektuellen beschlich das dunkle Gefühl, daß sie überflüssig geworden waren. Die Arbeiter hatten sie im März 1968 übergangen. Sie wiederum hatten untätig zugesehen, als die Arbeiter im Dezember 1970 kämpften und starben. Als nicht gedruckte Autoren, mit Arbeitsverbot belegte Filmemacher, gegängelte Professoren und unbeschäftigte Verleger fühlten sie sich wie die „überflüssige Klasse" der russischen Romane des 19. Jahrhunderts.

1975 erhielten sie plötzlich eine Chance, aktiv zu werden. Gierek brachte den Entwurf einer neuen Verfassung ein, die, getreu seiner Politik der Unterwürfigkeit gegenüber der UdSSR, Klauseln über eine „unerschütterliche brüderliche Verbundenheit mit der Sowjetunion" und die „führende Rolle der PZPR im Staat" enthielt. Sofort erhob sich intellektueller Protest, der diesmal von der katholischen Kirche offen unterstützt wurde. Die Regierung machte einen Rückzieher; die Anstoß erregenden Phrasen wurden bis zur Bedeutungslosigkeit abgeschwächt. Dieser Erfolg stärkte die Position der Intellektuellen erheblich und offenbarte, daß die Regierung Gierek trotz ihres lautstark vorgetragenen Selbstvertrauens Angst vor einer Auseinandersetzung hatte. Aus Furcht vor der Reaktion der Arbeiter hatte die Parteiführung die Entscheidung über eine Preisausgleichung für Nahrungsmittel immer wieder ausgesetzt und die Preise fünf Jahre lang auf dem Stand von 1971 gehalten. Dann plötzlich entschlossen sich Gierek und seine Genossen, das Problem in selbstmörderischer Weise auf einen Schlag zu lösen. Am 24. Juni 1976 informierte Premierminister Piotr Jaroszewicz den Sejm, daß die Preise für Fleisch um etwa 70 %, für Zucker um 100 % sowie für Butter und Käse um wenigstens 30 % heraufgesetzt würden.

Am nächsten Tag stellten die Fabriken im ganzen Land die Arbeit ein. In vielen Städten bildeten sich Streikkomitees nach dem Muster von 1970. In Plock an der Weichsel, dem Zentrum der Petrochemie, kam es zu einer heftigen Demonstration. In Warschau blockierten Arbeiter der Ursus-Traktorenfabrik die Haupteisenbahnlinie von Ost nach West, auf der die Sowjets ihren militärischen Nachschub in die DDR transportierten. Am schlimmsten war es in Radom, wo eine riesige Arbeitermenge in die Stadt marschierte und das Parteihauptquartier besetzte.

Ein junger Dissident, Miroslaw Chojecki, war wenig später dort und ließ sich von Augenzeugen berichten: „Steine flogen und Fenster gingen zu Bruch ... Einige Leute gelangten in den Erfrischungsraum des Gebäudes ... Sie trugen kaltes Fleisch, Wurst und Schinken nach draußen, zeigten sie den Demonstranten und brüllten: ‚Seht euch an, wie diese Freßsäcke leben! Und was ist mit uns?' Die Menge begann das Gebäude zu stürmen. Etwa um 1 Uhr mittags setzte eine regelrechte Plünderung ein. Fernsehapparate, Tische und Stühle wurden durch die zerbrochenen Fenster nach draußen geworfen. Etwa um 3 Uhr brach im Erdgeschoß ein Brand aus ... Eine Handvoll Leute erschien plötzlich in der Zeromski-Straße, wo sie von Geschäft zu Geschäft rannten und mit langen Stöcken die Scheiben einschlugen ... Etwa um 5 Uhr begann die Menge, die Waren

Radom, 25. Juni 1976. Arbeiter, die gegen die Preiserhöhung protestieren, besetzen das Hauptquartier der Partei.

aus den verwüsteten Geschäften auf die Straße zu werfen. Plünderungen und Zerstörung dauerten an." Der Kampf mit der Polizei dauerte einen ganzen Tag und forderte vier Todesopfer. Die gesamte Innenstadt war anschließend mit Steinen und Glasscherben übersät.

Gierek gab so schnell nach, daß sich eine nationale Streikbewegung gar nicht mehr organisieren konnte. Jaroszewicz wurde noch in derselben Nacht vor die Fernsehkameras gezerrt, wo er die Erklärung abgab, daß die Preiserhöhungen zurückgenommen würden. Es war eine unerhörte Schlappe, für die die Regierung auf ihre Weise Rache nahm. Tausende von Streikenden wurden entlassen. Viele wurden systematisch zusammengeschlagen, indem man sie zwischen zwei Reihen Polizisten Spießruten laufen ließ. Radom wurde auf mittelalterliche Weise bestraft. Man strich der Stadt die staatlichen Zuschüsse für Erziehung, Gesundheitsdienst und Wohnungsbau. Das Fernsehen zeigte Bilder von riesigen Loyalitätskundgebungen, bei denen Tausende von Parteimitgliedern Gierek ihre Treue versicherten. Aber nur wenige Polen ließen sich für dumm verkaufen. Wie Szczypiorski später schrieb: „1976 zeigte sich, daß Gierek dumm war und sein Stab aus noch größeren Idioten bestand."

Als Antwort auf Radom und Ursus gründete eine kleine Gruppe Männer und Frauen eine private Hilfsorganisation zur Unterstützung der Opfer staatlicher Rache. Sie sammelten Geld für die Familien der Arbeiter und bezahlten die Anwälte, die die Inhaftierten verteidigten. Dieses Komitee zur Verteidigung der Arbeiter (KOR) wurde mit der Zeit das bekannteste und einflußreichste Oppositionszentrum in Osteuropa. Anfangs bestand es nur aus einer Handvoll Intellektueller, die keine besondere Ideologie vertraten. Zu ihnen gehörte der alte Edward Lipiński, ein Anwalt, der an der Revolution 1905 teilgenommen hatte, Jerzy Andrzejewski, der Autor von „Asche und Diamant", die Schauspielerin Halina Mikolajska, zwei weitere Anwälte und ein Priester. Außerdem mehrere Veteranen der AK-Widerständler aus dem Zweiten Weltkrieg, unter ihnen Józef Rybicki, ein hochdekorierter Offizier, der die legendäre Kedyw-Einheit gegen die Nazibesatzer kommandiert und während der Stalin-Ära viele Jahre im Gefängnis gesessen hatte.

Aber den eigentlichen Kern der KOR bildete eine Gruppe von sechs jungen Männern, die an den Studentenunruhen 1968 teilgenommen hatten. Ihr Begründer war der junge Historiker Antoni Macierewicz. Außer ihm gehörten dazu: Jacek Kuroń, ein unbezähmbarer „Gefängnis-Student", einer der Autoren des „offenen Briefes" an die Partei während der Ära Gomulka, und Adam Michnik, ein Mann, hinter dessen engelsgleichem Äußeren – Lockenkopf und leichtes Stottern – sich der hervorragendste, mutigste und produktivste revolutionäre Geist verbarg, wie es ihn in Polen seit den frühen Jahren Pilsudskis nicht mehr gegeben hatte. Die Ideen und die unbeirrbare Entschlossenheit dieser beiden Männer sollten die polnische Geschichte in den nächsten 10 Jahren beeinflussen und sie weit über Polens Grenzen hinaus berühmt werden lassen.

Das KOR verfolgte humanitäre und keine politischen Ziele. Aber es wurde unvermeidlich gezwungen, einen politischen Standpunkt einzunehmen. Die Gruppe forderte eine Amnestie der inhaftierten Arbeiter und eine Untersuchung der polizeilichen Übergriffe. Im September 1977 änderte KOR seinen Namen in „Komitee für gesellschaftliche Selbstverteidigung" (KSS KOR) und begann für frei gewählte Arbeiterkomitees in den

Fabriken einzutreten. Um seine Ideen zu verbreiten, gab das Komitee eine einseitige Untergrundzeitung heraus mit dem – bezeichnenden – Namen ROBOTNIK (Arbeiter), unter dem schon Pilsudskis sozialistisches Untergrundblatt 70 Jahre zuvor erschienen war.

Robotnik erschien zum ersten Mal im September 1977 und danach alle zwei Wochen. Genau ein Jahr später hatte die Zeitung eine Auflage von 20 000 Stück und einen Umfang von 12 Seiten erreicht. Sie wurde im Untergrund im Offsetdruck mit fotografisch verkleinerten Seiten hergestellt. Arbeiter aus allen Teilen Polens wurden zur Mitarbeit herangezogen und schufen Lesezirkel in ihren Betrieben und Städten. Robotnik veröffentlichte die Fakten über Unterdrückung und Mißstände in den Fabriken und gab Tips für die Organisation von Streiks und die Formulierung von Forderungen nach besserer Bezahlung und besseren Arbeitsbedingungen. 1979 brachte Robotnik eine „Charta der Arbeiterrechte" und forderte seine Leser auf, „Gründungskomitees für freie Gewerkschaften" an ihren Arbeitsplätzen zu schaffen: „Überall, wo starke, organisierte Arbeitergruppen in der Lage sind, ihre Vertreter zu verteidigen, falls sie entlassen oder inhaftiert werden, sollten freie Gewerkschaftskomitees gegründet werden … Nur unabhängige Gewerkschaften … können zu einer Macht werden, mit der die Machthaber zu rechnen haben und mit der sie auf der Basis der Gleichberechtigung verhandeln werden."

Die Opposition war wieder lebendig. 1977 entstanden weitere Gruppen. Einige verfolgten offen einen antikommunistischen, nationalistischen Kurs, andere – wie das Studentische Solidaritätskomitee – bildeten parallele Vereinigungen zu vorhandenen offiziellen Organisationen. KSS KOR konzentrierte sich indessen auf die Industriearbeiter und lehrte sie durch Robotnik, daß sie ruhig, aber bestimmt ihre eigenen „unabhängigen gesellschaftlichen Organisationen" aufbauen müßten. 1978 trafen sich zum ersten Mal kleine „freie Gewerkschaftsgruppen" in verschiedenen Städten, und im April 1978 gab ein Komitee aus Arbeitern und jungen Intellektuellen, die sich „Die Freie Gewerkschaft der Küste" nannte, in Danzig ihr erstes Bulletin heraus. KSS KOR war es auf großartige Weise gelungen, allmählich die Kluft zwischen intellektueller Opposition gegen das Regime und der Arbeiterklasse zu überwinden.

1978 gab es ungefähr 19 verschiedene inoffizielle Zeitungen, die von Hand zu Hand weitergereicht wurden. In einem Land, in dem Privatpersonen der Besitz von Druckmaschinen oder Vervielfältigungsapparaten verboten war, in dem die Zuteilung von Papier und Druckfarbe streng kontrolliert wurde, konnten diese Untergrundzeitungen nur in kleinen Auflagen und in unregelmäßigen Abständen erscheinen. Manche waren verschmiert und kaum zu lesen. Die eng beschriebenen Seiten wurden, da sie durch Dutzende von Händen gingen, weich wie Stoff. Andere waren von Qualität und Inhalt her hervorragend. „Zapis" war eine literaturhistorische Rundschau, die für jeden Studenten polnischer Kultur unentbehrlich war. „Nowa" war ein vollständiger „Untergrundverlag", der bis 1980 etwa 50 unzensierte Bücher herausgab, darunter Übersetzungen von George Orwell, Osip Mandelstam und Günter Grass. Gleichzeitig mit dieser Flut von Publikationen entstand die „Fliegende Universität" (UL), die ihre Vorlesungen und Kurse in Privatwohnungen abhielt.

Halb im Scherz verglichen die Menschen in Warschau damals die Atmosphäre mit der deutschen Besatzungszeit: blühender Schwarzmarkt, Untergrundpresse und gehei-

Die neue Opposition: Heimlich werden Bulletins gedruckt. Der Drucker trägt ein T-Shirt der „nova", eines Untergrundverlages.

Die Herausgeber der „nova" (von links nach rechts): Miroslaw Chojecki, der Leiter des Unternehmens, Grzegorz Boguta und Konrad Bieliński.

mes Bildungssystem. Aber die Strafen waren unvergleichlich weniger hart. Dennoch, die KSS KOR-Mitglieder, die Drucker und die Lehrer und Studenten der „Fliegenden Universität" machten eine schwere Zeit durch. Sie waren ständig Razzien durch die Polizei ausgesetzt, wurden häufig zusammengeschlagen und oft für kurze Zeit eingesperrt.

Bei den Razzien setzte die Polizei meist speziell zusammengestellte Trupps aus Schlägern und Gangstern ein, weniger ihre eigenen Leute. Ein Beispiel unter vielen war die Flut von Angriffen auf die Zusammenkünfte der „Fliegenden Universität", die 1979 gegründet worden war. Dreimal wurden Jacek Kuroń Vorlesungen von Schlägern gestürmt und abgebrochen, die die Tür eintraten und die Studenten verprügelten. Ein paar Wochen später wurde Kuroń bei einer weiteren Vorlesung die Treppe hinuntergeworfen, und Adam Michnik wurde zusammengeschlagen, bevor er überhaupt mit seiner Vorlesung beginnen konnte. Ihren Höhepunkt erreichten diese Übergriffe, als eine Gruppe Kuroń Wohnung stürmte, einen Besucher bewußtlos schlug und seine Familie angriff. Die Angreifer, die schwarze Lederhandschuhe trugen, attackierten seine Frau mit Karateschlägen, strangulierten sie halbwegs und brachten seinem Sohn eine Gehirnerschütterung bei.

So erschreckend diese Gewaltakte waren, sie konnten die Vorlesungen und Debatten nicht stoppen, noch die Flut der Veröffentlichungen eindämmen. Möglicherweise hätte man dies erreichen können, wenn man die gleichen zügellosen staatlichen Terrormaßnahmen wie in der Sowjetunion angewandt hätte: die Inhaftierung Tausender mit anschließenden Schauprozessen und hohen Gefängnisstrafen. Aber zum Erstaunen und sehr zum Ärger der Sicherheitspolizei machte Gierek keinen solchen Versuch, die Opposition ein für allemal zu zerschlagen.

Warum er dies nicht tat, bleibt sein Geheimnis. Möglicherweise wollte er seine Kreditgeber im Westen nicht durch derartige Maßnahmen vor den Kopf stoßen. Was immer seine Motive waren, auf jeden Fall hat Gierek die von den Oppositionsgruppen ausgehende Gefahr völlig unterschätzt.

In gewisser Weise war das Ganze absurd. Ein paar hundert Leute, zumeist Jungen und Mädchen in abgetragenen Jeans und Pullovern, konnten wohl kaum die Macht des Staates gefährden. Robotnik wurde zwar von Tausenden gelesen, aber was konnte ein müder Bergarbeiter, ein Mechaniker oder Werftarbeiter mit in winzigen Lettern gedruckten Artikeln über Dmowskis Politik oder die Schönheit von Slowackis Gedichten anfangen? In diesem Punkt irrte sich Gierek gründlich. Gerade Robotnik richtete sich gezielt an eine geistig sehr lebendige Gruppe innerhalb der Arbeiterklasse. Zumeist waren dies intelligente, gebildete Männer und Frauen, die man als Arbeiter in die Betriebe gesteckt hatte, weil sie politisch Anstoß erregt hatten oder denen der Weg zur Promotion durch untalentierte Parteimitglieder blockiert war. Sie lasen die Artikel, dachten darüber nach, trafen sich mit den Verteilern und diskutierten mit ihnen.

Die neue Opposition unterschied sich sehr von den skeptischen, linksgerichteten Intellektuellen, die sich bis 1968 in den Randbereichen der Partei über diese lustig gemacht und sie kritisiert hatten. Die neuen Oppositionsgruppen, besonders die rechts von der KSS KOR, hingen zumeist einem traditionellen Nationalismus an und waren stark von der Kirche beeinflußt. 1977 begann die Kirche, informelle Beziehungen zu diesen Abtrünnigen aufzunehmen, indem sie Hungerstreikenden Schutz bot und mehrere

Oppositionelle einlud, an einer „Woche der christlichen Kultur" teilzunehmen. Adam Michnik, der wie Kuroń bei den Studentenunruhen 1968 verhaftet worden war, schrieb zu diesem Anlaß einen vielgelesenen Artikel. Er legte dar, daß die mangelnde Zusammenarbeit der Intellektuellen mit der katholischen Kirche eine fatale Schwäche jeder Opposition seit 1944 gewesen sei. Die Bauern hatten dieses Problem nicht. In den späten 70er Jahren waren häufig Gemeindepfarrer die Rädelsführer kleiner bäuerlicher „Selbstverteidigungs-Komitees", die sich in den Dörfern Ostpolens zu bilden begannen.

Die Gewalttaten von 1976 erschreckten die polnische Regierung dermaßen, daß sie ihren Kurs änderte. Die Industrieproduktion wurde gedrosselt, indem Investitionen gestrichen und die freiwerdenden Mittel in die Konsumgüterproduktion gesteckt wurden. Wieder einmal wurde den privaten Bauern der Erwerb von Düngemitteln, Traktoren und zusätzlichen Ackerlandes erleichtert, in der Hoffnung, daß die Lebensmittelproduktion bald der Nachfrage entsprechen würde. Keine dieser Hilfsmaßnahmen brachte den erwünschten Erfolg. Der wirtschaftliche Aufschwung verlangsamte sich, kam zum Stillstand und schlug ins Gegenteil um. Ab 1980 gingen Nationaleinkommen und Industrieproduktion zurück.

Inzwischen wurden die riesigen Auslandsschulden fällig. Alles, was Polen tun konnte, war, noch mehr Geld im Westen zu borgen, um Güter für den Export zu produzieren, um wenigstens einen Teil der Zinsen zahlen zu können. 1980 waren die Schulden auf 23 Milliarden Dollar angewachsen. Lange, verdrossene Schlangen standen in Hagel und Schnee nach Nahrungsmitteln wie Butter und Zucker an – von Fleisch ganz zu schweigen. Überall in Polen lagen Maschinen still, weil die Devisen für den Import von Ersatzteilen fehlten. Unklugerweise hatte Polen seine pharmazeutische Industrie vernachlässigt, weil man davon ausging, daß man diese Produkte überall im Ausland kaufen könne. Jetzt, da von Antibiotika bis Seife alles fehlte, wirkte sich dies katastrophal auf die Volksgesundheit aus. Die Säuglingssterblichkeit stieg erheblich, und Krankheiten wie die infektiöse Gelbsucht breiteten sich aus. Im Winter 1979 fehlte es den Elektrizitätswerken an Kohle, und die Städter saßen frierend in dunklen, ungeheizten Wohnungen. Es gab keine Zigaretten, die Maschinen waren kaputt. Selbst Streichhölzer fehlten. Ich erinnere mich noch, wie ich mein letztes Streichholz mit einer Rasierklinge teilte. Durch die völlige Inkompetenz der Machthaber war Polen in die schlimmste wirtschaftliche Katastrophe hineingeschlittert, wie sie seit mehr als 30 Jahren kein europäisches Land erlebt hatte.

Die Regierung wackelte. Aber mit einer unverständlichen, nahezu verrückten Arroganz weigerte sich die Partei, die Tatsachen wahrzunehmen. Statt dessen betrieb sie eine „Erfolgspropaganda", besonders im streng überwachten staatlichen Fernsehen, und prahlte mit phantastischen Leistungen, trat die sozialen Probleme des Westens breit und ignorierte das wachsende Elend im eigenen Land. Es war ein makabres Spiel. Die Polen brauchten nur „Radio Free Europe" oder die BBC zu hören, um detailliert zu erfahren, wie die Situation in ihrem Land wirklich war. 1976 jedoch verkündete der Direktor des polnischen Fernsehens, daß sein Programm „80 % aller geistigen Bedürfnisse der Polen befriedige" – was immer das heißen sollte.

Dieses Zumauern der Realität nahm physische Formen an. Überall in Polen bauten sich die Parteiführer teure Privathäuser und -villen, häufig mit „abgezweigten" Staatsgeldern. In den frühen 70er Jahren hatte der Parteijournalist Mieczyslaw Rakowski in einem hoffnungsvollen Artikel die Meinung vertreten, daß Partei und Volk endlich zu einer Einheit würden. Der örtliche PZPR-Sekretär war nicht länger ein entrückter Ideologe, sondern ein Pole, mit denselben Wünschen wie jeder andere auch: ein Auto, ein bequemes Leben und Ferien im Ausland. Das Gegenteil geschah. Die Partei-Apparatschiks erwarben sich den Ruf enormer Korruption, und das Volk haßte und verachtete sie mehr als je zuvor. Edward Gierek lebte auf großem Fuß, während andere sich von Brot, Kartoffeln und dünnem Tee ernährten. Aber selbst er reichte nicht an Maciej Szczepański, den neuen Direktor des polnischen Fernsehens, heran, der sich ein eigenes korruptes Reich mit Segelyachten, Schweizer Bankkonten und Callgirls geschaffen hatte.

Wo immer die Polen ihren geistigen Bedarf deckten, es geschah nicht durch Szczepańskis Fernsehen. Gierek hatte sich wirklich intensiv um eine erneute Verständigung mit der Kirche bemüht. Sein Ziel waren ein formelles Abkommen und diplomatische Beziehungen zum Vatikan. Kardinal Wyszyński behandelte ihn reserviert und verlangte beharrlich politische Zugeständnisse, vor allem die Aufhebung der Zensur. Es war ein fruchtloses Unternehmen, das am 16. Oktober 1978 jegliche Bedeutung verlor.

An diesem Tag wurde zum Erstaunen der ganzen Welt Kardinal Karol Wojtyla zum Papst gewählt. Die Polen jubelten. Sie strömten auf die Straßen, weinten, ließen die Korken knallen und lagen sich in den Armen. Katholiken wie Nichtgläubige nahmen seine Wahl als ein besonderes Zeichen. Polen hatte endlich den Lohn für all seine Leiden, für Verrat und Enttäuschungen erhalten – ob durch Gott oder eine Gruppe alter Kardinäle spielte keine Rolle.

Der Schriftsteller Andrzej Szczypiorski war damals gerade in New York. „Plötzlich klingelte in meinem kleinen, stickigen Hotelzimmer das Telefon. Ich nahm ab. Am anderen Ende der Leitung meldete sich ein jüdischer Schriftsteller, Bürger der USA, der seine polnische Heimat vor 40 Jahren verlassen hatte. Und dieser Jude rief, vor Aufregung völlig aus dem Häuschen, gleichzeitig lachend und schluchzend: ‚Wir haben einen eigenen Papst! Einen eigenen Papst!‘ . . . Wir verbrachten die ganze Nacht gemeinsam in seiner Wohnung, redeten über Polen und seine Zukunft und daß die Wahl eines polnischen Papstes sich für die ganze Nation als Glücksfall erweisen werde. Wenn uns jemand zugehört hätte, er hätte unsere Überlegungen und Vorhersagen für das Gebrabbel von Idioten gehalten. Aber jeder Pole fühlte wie wir . . .“ (Aus: Andrzej Szczypiorski, The Polish Ordeal, London 1982, S. 109).

Eine großartige neue Zuversicht war geboren. Gierek tat das einzig Vernünftige. Seine Regierung schickte einen herzlichen Glückwunsch nach Rom und feierte die Wahl „eines Sohnes der polnischen Nation“ auf den Stuhl Petri, „die im Begriff stehe, ihr sozialistisches Vaterland zu Größe und Wohlstand zu führen“. Intern empfand das Regime das Ganze als einen Schlag. Optimisten wie Gierek glaubten, daß man mit einem polnischen Papst leichter verhandeln könne als mit dem unbeugsamen Kardinal Wyszyński. Pessimisten befürchteten eine Verlagerung der geistigen und moralischen Führung Polens von Warschau in den Westen, ähnlich wie bei der Großen Emigration von 1830. Es war ein beunruhigender Vergleich.

Sieben Monate später überragte ein Holzkreuz, groß wie ein Haus, den Siegesplatz in Warschau. Darunter stand in seinem weißen, in der heißen Junisonne leuchtenden

Ornat Papst Johannes Paul II. und predigte zu etwa einer halben Million Polen. Er sprach über ihr Heimatland, über das um der Freiheit willen in jeder Generation vergossene Blut auf den Schlachtfeldern und 1944 hier in Warschau, „in einem Kampf, bei dem Polen von den Alliierten im Stich gelassen wurde". Er sagte: „Die Streichung Christi aus der menschlichen Geschichte richtet sich gegen den Menschen selbst. Ohne Christus kann man die Geschichte Polens nicht verstehen …", und er endete mit den Worten: „Ich flehe dich an – als ein Sohn Polens und zugleich als Papst Johannes Paul II. –, ich flehe dich aus dem Abgrund dieses Jahrhunderts an, ich flehe dich an am Vorabend des Pfingstfestes: Laß deinen Geist über uns kommen, damit er das Angesicht dieser Erde erneuere – und das Angesicht dieses Landes. Amen."

Es war der erste Tag einer neuntägigen Pilgerfahrt durch Polen. Etwa ein Viertel der gesamten Bevölkerung kam und hörte zu. Als er abreiste und sich von der Stadt Krakau verabschiedete, „in der mir jeder Stein und jedes Haus lieb ist", weinten die Menschen in den Straßen.

Irgend etwas stieg tatsächlich herab und wandelte das Antlitz Polens. Es war wie ein Erwachen. Ein Junge meinte schlicht: „Jetzt merke ich, daß nie jemand mit mir geredet hat." Der Papst griff das Regime nicht offen an, noch riet er den Polen, sich aufzulehnen. Statt dessen appellierte er – als gäbe es die Regierung nicht – unmittelbar an die wahren Gefühle und Erinnerungen der Polen. Er beschwor eine seit alters her christliche Nation,

Juni 1979. Der polnische Papst besucht seine Heimat. Johannes Paul II. betet vor der Erschießungsmauer in Auschwitz.

199

als sei der Kommunismus eine flüchtige Erscheinung von untergeordneter Bedeutung. Er segnete das Streben einer jeden Familie nach Glück und Gerechtigkeit und versicherte den Polen, daß ihre Forderungen rechtmäßig seien und sie am Ende siegen würden.

Die Regierung hielt sich diskret im Hintergrund. Junge Katholiken organisierten die Treffen und sorgten für Ordnung. Während sie dem Papst zuhörten und seinen freiwilligen Helfern zusahen, erfaßte die Polen ein tiefes Selbstvertrauen. Gab man ihnen nur die Freiheit, so konnten sie ihr Leben durchaus selbst gestalten nach ihren eigenen Vorstellungen von dem, was gerecht und richtig war. Der Besuch bewirkte eine moralische Befreiung; Johannes Paul II. erlöste die Menschen von einem individuellen wie allgemeinen Gefühl der Erniedrigung und des Versagens. Der Haß auf die Machthaber schlug in verächtliche Gleichgültigkeit um. Der Besuch des Papstes unterstützte die Botschaft der KSS KOR und der übrigen Opposition, daß die polnische Nation reif und stark genug sei, ihr Geschick selbst zu bestimmen. Man würde die kommunistischen Machthaber dulden, solange sie diese innere Freiheit nicht antasteten, aber es gab keinen Grund, ihre Weisheit zu respektieren oder ihre Macht zu fürchten.

Der Papst flog nach Rom zurück; für die Polen begann wieder der Alltag. Jedem denkenden Menschen war klar, daß es zu einer neuen Krise oder sogar einer neuen Explosion kommen mußte. Im Oktober gab NOWA den Sammelband „Erfahrungen und Zukunft" heraus, der Beiträge von über hundert bekannten Persönlichkeiten enthielt, die sich mit der Zukunft Polens beschäftigten.

Obgleich das Vorhaben von offizieller Seite bis zu einem gewissen Grad unterstützt wurde, hatte die Regierung es abgelehnt, den Band selbst zu veröffentlichen. Das war nicht weiter überraschend. Die Autoren waren sich einig, daß es in der gesamten Nachkriegszeit nicht gelungen sei, zwischen Regierenden und Regierten zu einer grundlegenden Übereinstimmung zu kommen, daß die Bürokratie und die Parteispitze Gefahr liefen, infolge ihres Monopols auf Wohlstand und Macht, eine neue erbliche Gesellschaftsklasse zu begründen, und daß das Gestrüpp offizieller Lügen inzwischen so undurchdringlich sei, daß selbst die Regierung oft nicht mehr zwischen Wahrheit und Propaganda unterscheiden könne.

Die 70er Jahre endeten ungut – nicht nur in Polen. Die Ost-West-Beziehungen verschlechterten sich wieder. Das optimistische Klima der Entspannung – für Polen, das inzwischen stark vom Westen abhängig war, ungeheuer wichtig – wurde frostig. Im Dezember 1979 faßte die NATO den Beschluß, einen neuen Typ von Atomraketen mittlerer Reichweite, Cruise Missiles und Pershing II, in Westeuropa zu stationieren. Am Jahresende marschierten sowjetische Truppen in Afghanistan ein.

In Polen endete das Jahrzehnt mit einer sich abzeichnenden Katastrophe. Der Mangel an Lebensmitteln und Verbrauchsgütern wurde immer schlimmer. Die Industrie war am Ende. Viele Fabriken nutzten ihre Kapazität nur zu einem Bruchteil. Es kam zu Unruhen und Arbeitsniederlegungen. Die „Von-der-Hand-in-den-Mund"-Antwort der Regierung bestand in einer Sonderzuteilung von Fleisch an die Unternehmen, in denen protestiert wurde.

Besonders auf der Fabrikebene begann die Parteimoral wegzubröckeln. Auf den örtlichen Parteiversammlungen zur Vorbereitung des Achten Kongresses der PZPR im Februar 1980 protestierten die Mitglieder wütend gegen die allgemeine Verknappung, gegen die Privilegien der bezahlten Parteifunktionäre (der „Apparatschiks") und gegen die alles erstickende Zensur. Als der Kongreß zusammentrat, versuchte Gierek den Angriff dadurch von sich abzulenken, daß er die Schuld an den Mißerfolgen der Regierung zuschob, nicht etwa der Partei, obgleich jeder wußte, daß die PZPR die Regierung stellte und ihre Politik bestimmte. Premierminister Piotr Jaroszewicz wurde zum Rücktritt gezwungen.

Dieses Manöver verärgerte die Parteigenossen nur. Sie hatten auf eine umfassende demokratische Reform des Verhaltens und der Struktur der Partei gehofft. Statt dessen hatte Gierek gegen besseres Wissen erklärt, daß die Politik der Partei keiner Korrektur bedürfe und daß sie nur von der Regierung verfälscht worden sei. Dieser Brocken war zu groß, um geschluckt zu werden. Zu Tausenden schickten PZPR-Mitglieder, besonders die Fabrikarbeiter, ihre Parteibücher zurück.

Edward Babiuch, der neue Premierminister, verkündete eine neuerliche Kürzung der Staatsausgaben und ein langsameres Ansteigen der Löhne. Unterdessen versuchte man, die Opposition zu unterdrücken. Jacek Kuroń und einige seiner Kollegen wurden vorübergehend festgenommen, ein Untersuchungsverfahren gegen Mirosław Chojecki, den Chef des inoffiziellen NOWA-Verlages, wurde eingeleitet. Am 1. Juli 1980 schließlich führte die Regierung ein kompliziertes, in sich abgestuftes System zur Anhebung der Ladenpreise für die besseren Fleischqualitäten ein.

Dies war eine an sich vernünftige Maßnahme, die man schon vor Jahren hätte durchführen sollen. Jetzt kam sie zu spät. Die Arbeiter prüften die neue Preisregelung sehr sorgfältig. Als ihnen klar wurde, welche Folgen sich daraus ergäben, kam es wieder zu spontanen Streiks. Sie waren friedlich und nicht koordiniert. Aber sie waren wirksam. Die Arbeit wurde niedergelegt, Streikkomitees gebildet, eine Lohnforderung wurde gestellt – und von der Regierung sofort akzeptiert. Danach wurde die Arbeit wieder aufgenommen. Anfangs versuchte man diese Vorgänge in der Öffentlichkeit zu vertuschen. Aber im Juli wandten immer mehr Unternehmen diese Praxis an. Manche streikten ein zweites Mal, um weitere Lohnerhöhungen durchzusetzen. Am Monatsende wurden mehr als 150 Betriebe bestreikt, und die Rate für eine Lohnerhöhung war von etwa 5 % auf durchschnittlich 10 % gestiegen – in manchen Fällen auf das Doppelte. Die Zeitungen begannen von einer „Unterbrechung der Produktion" zu sprechen.

In der Wohnung seines Vaters in der Mickiewicza-Straße in Warschau saßen Jacek Kuroń und seine Assistentin Tag und Nacht am Telefon. KSS KOR wurde zum Zentrum, in dem alle Meldungen über neue Streiks und jede Lohnzusage gesammelt und über ausländische Journalisten an die Radiostationen des Westens weitergegeben wurden; diese Radiosendungen wurden in ganz Polen verfolgt und bewirkten, daß allmählich aus dem Flickenteppich isolierter Vorgänge eine nationale Bewegung wurde. Neben den Lohnforderungen wurden nun auch politische Forderungen laut. In Lublin verlangten die Streikenden in vielen Betrieben, unter anderem die Eisenbahner, die Abschaffung der Pressezensur, gleiche Rationen für ihre Familien wie für die Polizei und die Zulassung freier Gewerkschaften.

Die Regierung begann auseinanderzubrechen. Aber Gierek machte keinen Versuch, die Dinge in den Griff zu bekommen – er hätte dem „Informationsaustausch" des KSS KOR leicht ein Ende bereiten können. Statt dessen fuhr er am 27. Juli auf Urlaub in die

Sowjetunion. Die Flut der Kurzstreiks hielt an; die Forderungen eskalierten und häuften sich immer mehr. Am 14. August weigerte sich die erste Schicht der Lenin-Werft in Danzig, die Arbeit aufzunehmen. Die Arbeiter waren von drei jungen Leuten auf dem Werksgelände empfangen worden, die von der „Freien Gewerkschaft der Küste" kamen und Flugblätter verteilten, auf denen die Wiedereinstellung der Kranführerin Anna Walentinowicz gefordert wurde, die wegen militanter Opposition gegen die Betriebsleitung entlassen worden war. Man formierte sich zu einem spontanen Marsch über das Werksgelände, aus dem eine unkontrollierte Massenversammlung im Freien wurde. Ein Appell des Direktors, der von einem Bulldozer herab sprach, wieder an die Arbeit zu gehen, schien Erfolg zu haben. Plötzlich wurde ein arbeitsloser Elektriker namens Lech Walesa von seinen Freunden über den Zaun der Schiffswerft gehoben. Er kletterte neben den Direktor auf den Bulldozer und stellte ihn zur Rede: „Erinnerst du dich an mich? Zehn Jahre lang habe ich hier auf der Werft gearbeitet. Vor vier Jahren hast du mich rausgeschmissen!" Dann drehte er sich um und wandte sich an die verblüffte, in graue Overalls gekleidete Menge zu seinen Füßen, von denen ihn viele gut kannten. Er forderte sie zu einem sofortigen Besetzungsstreik auf. Beifall wurde laut. Immer mehr Arbeiter strömten herbei. Schließlich ging man nach drinnen, in die Kantine des Gesundheits- und Sicherheitszentrums der Werft. Hier setzte man sich zusammen, um ein Streikkomitee zu wählen und eine Liste mit Forderungen aufzustellen. Man verlangte nicht nur höhere Löhne und bessere Arbeitsbedingungen, sondern auch die Abschaffung der Zensur und die Zulassung freier Gewerkschaften.

Am nächsten Tag schlossen sich dem Streik weitere Danziger Werften, die Werft „Pariser Kommune" im nahen Gdingen sowie die Dockarbeiter in beiden Städten an. Allen Polen war bewußt, daß hier etwas Außergewöhnliches geschah. Ein zweites Mal waren die Ostseehäfen in Aufruhr. In Anbetracht des Verlaufs der Werftrebellionen vom Dezember 1970 konnte dies keiner der üblichen Kurzstreiks sein, der mit einer Lohnerhöhung erledigt war. Dies war der Beginn einer endgültigen Abrechnung mit Polens Partei und Staatsgewalt. Hier fand die lange vorausgesagte Explosion statt.

Zwei Wochen später ging aus dieser Konfrontation die „unabhängige, selbständige Gewerkschaft" Solidarität hervor. Bis zum Ende des Jahres hatte sich die staatliche Gewerkschaft aufgelöst. Solidarität verfügte über eine Mitgliederzahl von etwa 10 Millionen. In den folgenden 15 Monaten ihrer legalen Existenz beherrschte sie die turbulente und revolutionäre Szene in Polen und faszinierte über eine umfassende Berichterstattung im Fernsehen die ganze Welt.

Dafür, daß Solidarität ohne Blutvergießen gegründet werden konnte, gab es zwei naheliegende Gründe. Zum einen stellten Gierek und die meisten seiner Genossen in den Verhandlungen der Regierung mit Walesa und dem Inter-Fabrik-Streikkomitee von Danzig schnell fest, daß es zu einem Volksaufstand kommen würde, wenn sie nicht wenigstens annähernd auf die 21 Punkte der Forderung eingingen oder wenn sie versuchen würden, den Streik mit Gewalt zu unterdrücken. Dies aber würde wahrscheinlich eine militärische Intervention der UdSSR auslösen. Zum zweiten lag es an der Geduld und Selbstkontrolle der Arbeiter und ihrer Anführer in Danzig und Stettin wie im oberschlesischen Jastrzebie, wo eigenständige, aber parallele Verhandlungen mit den dortigen Streikkomitees in Gang kamen.

Die Geburt der „Solidarität" im August 1980. Arbeiter der Lenin-Werft in Danzig folgen den über Lautsprecher übertragenen Verhandlungen zwischen den Streikführern und der Regierung. Die Notiz des Arbeiterrates ist durchgestrichen worden.

August 1980. Streikende Werftarbeiter in Danzig schlafen auf dem Fußboden der Werft.

Lech Walesa kniet während des Streiks in der Menge. Neben ihm die Kranführerin Anna Walentynowicz, deren Entlassung den Streik in Danzig ausgelöst hat.

In Danzig saßen sich die Minister der Regierung und die Streikführer in einem schmalen Raum gegenüber. Arbeiter und Journalisten beobachteten sie durch ein großes Fenster, während die Diskussionen für die Delegationen der Streikkomitees, die sich nebenan im Hauptraum versammelt hatten, und die Werftarbeiter, die draußen auf dem staubigen Rasen standen, saßen oder lagen, über Lautsprecher übertragen wurden. Die Werfttore verschwanden unter Blumen, Plakaten und Bildern der Schwarzen Madonna und des Papstes. Davor warteten Tag für Tag die Familien der Arbeiter und Sympathisanten darauf, daß man Lech Walesa bis zur Oberkante der Tore hochhob und er ihnen – nachdem Hochrufe und Gesänge schwiegen – die neuesten Nachrichten über Stillstand oder Fortschritt der Verhandlungen berichtete. Nur einmal am Tag wurden die Tore geöffnet, um einen Priester hindurchzulassen, der den Arbeitern die Beichte abnahm und die Absolution erteilte, während sie auf den asphaltierten Wegen knieten.

Die Rolle, die einzelne Personen in diesem Streik gespielt haben, ist immer zu sehr betont worden, so die Tätigkeit des KSS KOR und die Rolle Lech Walesas. Unter den gegebenen Umständen – wirtschaftliche Krise und Untätigkeit der Regierung – hätte die polnische Arbeiterklasse in jedem Fall rebelliert. Ebenso sicher hätte sie in diesem Fall die Zulassung der Gewerkschaften gefordert. Die Bedeutung von KSS KOR und jener Gruppe unabhängiger Intellektueller, die zur Unterstützung der Streikenden zu den Verhandlungen hinzugezogen wurden, lag darin, daß sie bei der Formulierung der politischen Forderungen halfen und – vor allem – das Talent zum Kompromiß besaßen. Die Intellektuellen und die Unterhändler der Regierung entstammten demselben Warschauer Milieu und sprachen dieselbe Sprache, auch wenn sie politisch verschiedener Meinung waren.

Walesa sprach eine andere Sprache. Er kam aus einer armen Bauernfamilie. Aber er besaß den untrüglichen Instinkt, die Gefühle seiner Arbeitskameraden nachzuempfinden und ihnen Ausdruck zu verleihen. Seine Reden waren improvisiert, mischten Aggressivität und Clownerie und verbanden katholischen Patriotismus mit einer trotzigen Loyalität zu seiner Klasse. Vielleicht waren Wut und Scham über die Vorgänge beim Dezemberaufstand von 1970, an dem auch er teilgenommen hatte, die Triebkraft für sein Handeln. Walesa hatte ständig Schwierigkeiten mit der Polizei gehabt, weil er an jedem Jahrestag wieder illegale Feierlichkeiten abzuhalten versuchte. Er war aus einer Danziger Fabrik nach der anderen entlassen worden, weil er immer wieder zugunsten seiner Arbeitskameraden Proteste organisiert hatte. Obgleich die Danziger Arbeiter ihn als Unruhestifter kannten, vertrauten sie ihm als loyalem Freund, gutem Katholiken und unermüdlichem Kämpfer.

Am Morgen des 31. August 1980 wurde das Danziger Abkommen schließlich unterschrieben. Mieczyslaw Jagielski unterzeichnete als Mitglied des Politbüros. Walesa benutzte hierfür einen übergroßen Andenken-Kugelschreiber mit dem Bild des Papstes. Danach verkündete er das Ende des Streiks. Von Walesas unmelodischer Stimme angeführt, sangen die Verhandlungspartner, die erschöpften Delegierten der Streikkomitees nebenan und die Arbeiter draußen spontan die Nationalhymne: „Noch ist Polen nicht verloren ...“

Insgesamt gab es drei Abkommen. Die Stettiner Vereinbarung war am Tag zuvor unterschrieben worden. Die Verhandlungen in Jastrzebie, die die Bergwerksregion Oberschlesiens abdeckten, zogen sich noch bis zum 3. September hin. Zusammengenommen verpflichteten sie die polnische Regierung zu einer erstaunlichen Fülle von Reformen, die Gerechtigkeit, Gleichheit und Demokratie in nahezu jeden Winkel des polnischen Lebens bringen sollten.

Punkt 1 des Danziger Abkommens räumte den Arbeitern das Recht ein, eigene unabhängige Gewerkschaften parallel zu den staatlichen Organisationen zu gründen. Das Streikrecht wurde anerkannt. Eine Zensur sollte nur noch zur Wahrung staatlicher und wirtschaftlicher Geheimnisse ausgeübt werden. Der staatliche Rundfunk sollte zukünftig jeden Sonntag eine Messe übertragen – das Sühneopfer einer katholischen Arbeiterklasse an ihre Kirche.

Die Regierung versprach eine Anhebung der Mindestlöhne und eine umfassende Reform der Sozialfürsorge und der Altersrenten. Der Danziger Text enthielt eine lange, detaillierte Liste zur Verbesserung des Gesundheitswesens. Die Frauen erhielten die Zusicherung, daß mehr Vorschulen eingerichtet und sie mehr Mutterschaftsurlaub erhalten sollten. Das Jastrzebie-Abkommen schaffte für alle Bergarbeiter die Sonnabends- und Sonntagsarbeit ab – ein Zugeständnis, das sich äußerst negativ auf den polnischen Export auswirken sollte. Außerdem wurde der Regierung eine grundlegende und schnelle Reform der gesamten Wirtschaftsführung abgerungen, wobei die Gewerkschaf-

Nach dem Vertragsschluß. Lech Walesa wird in Krakau (Kraków) als Anführer der ‚Unabhängigen, selbständigen Gewerkschaft Solidarität' willkommen geheißen.

ten neue Regeln für eine Selbstverwaltung durch die Arbeiter ausarbeiten sollten. Dann folgte ein ganz wesentlicher Punkt. Man einigte sich, daß die Unternehmensleitung in allen staatlichen Betrieben ab sofort ausschließlich nach fachlichen Gesichtspunkten auszuwählen sei. Mit einem Schlag verlor die Partei damit eines ihrer wirksamsten Machtinstrumente: die „Nomenklatura", das Recht der Partei, sämtliche Spitzenpositionen quer durch die gesamte polnische Gesellschaft mit ihr genehmen Leuten zu besetzen.

Es waren erstaunliche Dokumente. Seit den Revolutionen des 19. Jahrhunderts hatte kein europäisches Volk der eigenen Regierung derartige Verträge abgerungen. In einem kommunistischen Staat, einem Land, das Teil der sowjetischen Allianz war, waren solche Übereinkommen ganz einfach eine Sensation. Sie waren möglich geworden, weil der Kommunismus in Polen nur noch in der Ideologie totalitär war. Besonders seit Polen sich 1956 erfolgreich gegen die sowjetische Einmischung zur Wehr gesetzt hatte, übte die Partei die „Führungsrolle" in der Gesellschaft nur noch scheinbar aus. Tatsächlich bestand eine Art plumper Pluralismus, ein stillschweigendes Übereinkommen, wonach die kommunistischen Machthaber die Gewalt ausüben durften, solange sie nicht die fundamentalen Interessen der katholischen Kirche, der privaten Bauern und der Arbeiterklasse verletzten. Seit Jahren war es eine Tatsache, daß die Regierung nachgeben mußte, sobald sie entschlossen und gezielt von einer oder mehreren dieser Gruppen angegriffen wurde, weil sie im Fall der Ablehnung Revolution und Bürgerkrieg riskiert hätte.

Bald darauf wurde klar, daß die Vereinbarungen nur einen Anfang darstellten. Zehn Tage nach Unterzeichnung errichteten Lech Walesa und sein Komitee in einem schäbigen Danziger Hotel das Hauptquartier der Solidarität. Anfangs sah es so aus, als sei auch Solidarität nur eine von vielen unabhängigen, über ganz Polen verstreuten Gewerkschaften. Aber als ein Streikkomitee nach dem anderen die Danziger Vereinbarung – unter Hinzufügung eigener, lokaler Punkte – übernahm, erlangte Solidarität die Stellung einer nationalen Organisation.

Die meisten Gewerkschaftsverbände sind „vertikal" organisiert. Es sind Zusammenschlüsse von Einzelgewerkschaften innerhalb desselben Industriezweiges, wobei jeder seine eigene nationale Struktur besitzt. Solidarität unterschied sich auch hierin. Sie bildete „horizontale" Körperschaften. In jeder Region gehörten die Arbeiter aller Arbeitsbereiche derselben Gewerkschaft an. Insoweit entsprach sie eher einer politischen Partei als einer normalen Gewerkschaft. Dies erlaubte es den höher bezahlten und besser organisierten Arbeitern, ihren niedrig bezahlten Kollegen in anderen Industriezweigen zu helfen, und gab Solidarität die Macht, kurzfristig bei allen örtlichen Disputen einen enormen Druck auszuüben.

Außerhalb Polens rangen ausländische Staatsmänner und Sympathisanten die Hände und erwarteten jeden Augenblick eine sowjetische Invasion. Die Polen selbst reagierten zunächst verblüfft und später gereizt, wenn man sie auf diese Gefahr hin ansprach. In ihrer Begeisterung schien ihre Umwelt nicht für sie zu existieren. Sie waren völlig davon in Anspruch genommen, Gewerkschaften zu bilden, Forderungen aufzustellen, ihre Repräsentanten zu wählen, Zeitungen und Magazine zu lesen, die plötzlich die Wahrheit berichteten, und – während sie von einer überfüllten Versammlung zur nächsten eilten – unterwegs eine Tasse Tee, ein Stück Brot oder eine Zigarette zu ergattern.

Ihre Verärgerung war verständlich. Hysterische Panikmache über eine „nationale Tragödie" (das Codewort für sowjetische Intervention) war seit jeher von der Regierung dazu benutzt worden, die Polen von jedem Versuch abzuschrecken, etwas Neues zu beginnen. Aber die Gefahr hatte durchaus bestanden, wenn dies auch erst einige Monate später deutlich wurde. Der alt gewordene Leonid Breschnew zögerte, gegen Polen vorzugehen. Er sah einen langwierigen, blutigen Konflikt voraus, der zerstören mußte, was an Entspannung noch übrig war, und den Ruf der UdSSR in aller Welt für ein Jahrzehnt ruinieren würde. Nicht zuletzt würde er die UdSSR auch noch mit den gesamten Kosten für Polens zerrüttete Wirtschaft und seinen Auslandsschulden belasten. Dennoch wäre eine sowjetische Intervention unvermeidlich gewesen, hätte sich die polnische Krise zu einem innenpolitischen Machtkampf ausgeweitet – zu einer „Konterrevolution".

Die polnische Parteiführung hatte einen gründlichen Schock erlitten. Edward Gierek, dessen Appelle an die Streikenden total ignoriert worden waren, zog sich aus der Öffentlichkeit zurück. Seine Genossen hatten zumindest erwartet, daß er nach Abschluß der Vereinbarung im Fernsehen auftreten und zur nationalen Selbsterneuerung aufrufen würde. Statt dessen führte er sich auf, als sei Polen ein sinkendes Schiff. Das übrige Politbüro beschloß, daß er zu gehen habe.

Inzwischen traten Zehntausende einfacher Parteimitglieder der Solidarität bei und wurden in die Komitees gewählt. Viele zerrissen ihre Parteibücher. Aber die meisten sahen dazu keine Veranlassung. Wenn der Platz eines Kommunisten nicht innerhalb der Arbeiterschaft war, wo dann? Mehrere von Walesas Kollegen im ersten Danziger Streikkomitee, wie der junge Ingenieur Bogdan Lis, waren Mitglied der PZPR.

Der Sitz des Sejm in Warschau ist ein sonderbares, aber reizvolles weißes Gebäude mit einem Spitzdach wie ein Zelt. Am 5. September erlebte es einen seiner glänzendsten und spektakulärsten Tage. Die Abgeordneten hatten sich versammelt, um über die Krise und die August-Abkommen zu diskutieren, und zum ersten Mal, soweit sich die meisten erinnern konnten, fand wieder eine echte Parlamentsdebatte statt. Die Reden waren anklagend und voller Selbstvorwürfe, aber auch von prophetischer Wucht und von Zukunftsvisionen getragen. Edward Gierek war nicht erschienen. Am späten Nachmittag kam die Nachricht, daß er auf dem Weg zum Sejm einen Herzanfall erlitten und daß sein Chauffeur ihn sofort ins Krankenhaus gebracht habe.

Die Polen sind hinsichtlich solcher Vorfälle mißtrauisch, insbesondere in der Politik. Aber es war ein echter Zufall, daß nacheinander drei polnische Führer am Ende ihrer politischen Karriere erkrankten: Bierut, Gomulka und nun Gierek. Das Zentralkomitee der PZPR trat zu einer Dringlichkeitssitzung zusammen. In den frühen Morgenstunden des nächsten Tages wurde Edward Gierek abgesetzt und Stanislaw Kania zum Ersten Sekretär der Partei gewählt.

Er war der Sohn eines Bauern, ein robuster, gutmütiger Mann des „Apparats", der seit Jahren das Ressort für internationale Sicherheit geleitet hatte. Am Morgen drängten sich aufgeregte Menschenmengen vor den Zeitungskiosken, um das Neueste zu erfahren. Viele Polen schüttelten den Kopf und lachten nur, als sie Kanias erste Rede als Parteiführer lasen. Es war wieder genau wie 1956 und 1970. Die Proteste der Arbeiterklasse waren „berechtigt". Eine Minorität von „antisozialistischen Agitatoren" hatte versucht, den Protest zu ihrem Vorteil auszunutzen. Die Partei würde zu „leninistischen Grundsätzen" zurückkehren. Niemals wieder würde sie den Kontakt zum Volk verlieren. Und so weiter. Man hatte das schon einmal gehört.

Anfangs war Kania optimistisch. Er kündigte ein großes „Erneuerungsprogramm" an, um Partei und Staat einer Überholung zu unterziehen. Zur Solidarität meinte er, daß der Höhepunkt der Krise überstanden sei; mit der Zeit würden sich die Arbeiter – wie immer – wieder beruhigen, und die „soziale Einheit" (eine beschönigende Bezeichnung für das Machtmonopol der Partei) würde sich von selbst wieder herstellen. Er irrte sich gewaltig. In den nächsten Monaten bewegte sich Polen ständig am Rand einer Katastrophe, als Solidarität und Parteiführung immer wieder aneinander gerieten.

Auch nach Abschluß der Vereinbarungen hörten die Streiks in ganz Polen nicht auf. Die meisten hatten zweierlei gemeinsam: die Forderung nach höheren Löhnen und nach Entlassung der örtlichen Regierung oder der örtlichen Parteifunktionäre. Das Zögern der Regierung, höhere Löhne zuzugestehen, erweckte den Zorn aller Solidaritätsmitglieder und veranlaßte Walesa und die provisorische Führung der Gewerkschaft schließlich, für den 3. Oktober einen einstündigen Generalstreik auszurufen. Am 23. Oktober verlangte der für die gesetzliche Eintragung von Solidarität zuständige Richter, daß die Gewerkschaft in ihre Statuten zusätzlich das Zugeständnis aufnehmen müsse, daß „der Polnischen Vereinigten Arbeiterpartei die führende Rolle im Staat zufalle".

Im Grunde hatte dies wenig zu bedeuten. Hätte die Klausel gelautet, daß der Partei die führende Rolle innerhalb der „Gesellschaft" zukomme, hätte dies das Recht beinhaltet, auch Solidarität zu leiten und zu kontrollieren. Dagegen wurde mit der Formulierung, daß ihr die Führungsrolle „im Staat" gebühre, nur wiederholt, was offensichtlich war. Im übrigen war diese Phrase, wenn auch widerwillig, längst in das Danziger Abkommen aufgenommen worden. Wut und Angst, die sich nach der richterlichen Entscheidung in der Gewerkschaft ausbreiteten, bezogen sich nicht auf den Wortlaut, sondern auf die Art des Verfahrens. Die Machthaber verletzten die Unabhängigkeit von Solidarität und die in Danzig geweckten Hoffnungen. Sie handelten, als würden die Statuten und die Politik der Gewerkschaft von ihnen bestimmt.

Es kam zu einer sehr ernsthaften Konfrontation. Solidarität gewann die Überzeugung, daß das Regime die Vereinbarungen insgesamt widerrufen wollte und bereitete alles für einen – diesmal zeitlich unbegrenzten – Generalstreik vor. Die Danziger Gruppe drohte, in die Lenin-Werft zurückzukehren und sich zu verteidigen; andere bereiteten sich darauf vor, in den Untergrund zu gehen, falls die Regierung den Notstand ausrufe. Im Gegenzug drohte die Regierung damit, die Arbeiter dem Militärrecht zu unterstellen. Kania flog nach Moskau, um sich Rat zu holen.

Schließlich gab die Regierung nach; hinsichtlich der Statuten einigte man sich auf einen Kompromiß, und am 10. November 1980 wurde Solidarität registriert. Man war erleichtert und froh; Walesa war am nächsten Abend Ehrengast bei einer Veranstaltung in der Warschauer Oper, wo patriotische Lieder und Gedichte vorgetragen wurden. Aber es war nur ein kurzes Atemholen. Wenige Tage später bereits drang die Polizei in die Räume der Mazowsze ein, der Warschauer Gruppe der Solidarität, beschlagnahmte Papiere und verhaftete den Gewerkschafter Jan Narozniak.

Bei der Regierungskrise war es für die Gewerkschaft um Leben und Tod gegangen. Dies dagegen war ein mehr symbolischer Akt. Narozniak arbeitete neben anderen am Vervielfältigungsapparat der Mazowsze, und die Polizei suchte ein Dokument, das aus dem Büro des Staatsanwalts verschwunden war. Aber so geringfügig der Vorfall war, er zerrte an den ohnehin angespannten Nerven. Zbigniew Bujak, ein junger Arbeiter der Ursus-Traktorenfabrik und jetzt Vorsitzender der Mazowsze, drohte mit einem Streik in Warschau, falls Narozniak und Piotr Sapidlo, Angestellter im Büro des Staatsanwalts, dem man vorwarf, das Dokument entwendet zu haben, nicht freigelassen würden. Die Polizei weigerte sich. Darauf streikte die gesamte Belegschaft der Ursus-Fabrik. Bujak präsentierte den Machthabern eine Liste mit Forderungen, die weit über die unmittelbare Ursache des Streiks hinausgingen. Unter anderem wurde eine umfassende öffentliche Untersuchung der Arbeit der Sicherheitspolizei gefordert.

Wieder einmal machte sich Solidarität bereit, auf die Barrikaden zu gehen. Redner forderten die Arbeiter auf, „lieber aufrecht zu sterben als auf den Knien zu leben". Nach hektischen Verhandlungen kamen die beiden inhaftierten Männer frei. Dennoch weigerten sich die großen Warschauer Stahlwerke, Huta Warszawa, die Arbeit wieder aufzunehmen. Nach viele Tage und Nächte dauernden Debatten mit Walesa und seinen Beratern gaben sich die Streikenden schließlich mit einem Versprechen der Regierung zufrieden (das später nicht gehalten wurde), daß man über eine Überprüfung der Polizei verhandeln werde.

Inzwischen war es Ende November. Drei nervenaufreibende Monate waren seit der Unterzeichnung des Danziger Abkommens vergangen, und Polen war in sich mehr zerstritten als je zuvor. Beide Seiten zogen daraus ihre Folgerungen. Ursprünglich wollte Solidarität nichts weiter sein als eine unabhängige Gewerkschaft. Die Politik überließ sie dem bestehenden Regime. Es war seine Sache, die Bestimmungen der Vereinbarungen in die Tat umzusetzen, während sie selbst ihre kollektive Macht nur dazu benutzen wollte, die Regierung an diese Pflicht zu erinnern. Demgegenüber schien das Regime die Gewerkschaft zu bekämpfen, wann immer sich eine Gelegenheit dazu bot, und erweckte den Eindruck, es wolle die Vereinbarung rückgängig machen, und Solidarität – wenn irgend möglich – zerschlagen.

Inzwischen war aus der Gewerkschaft eine riesige Volksbewegung für Demokratie geworden. Durch Streiks oder die Drohung mit Streik hatte sie es erreicht, daß ein Drittel der regionalen Parteisekretäre und Gouverneure abgelöst wurden. Ihr Ehrgeiz wuchs. Bedenklicher war, daß die meisten Mitglieder sehr jung und sehr viel militanter waren als Walesa und die provisorische Führungsgruppe der Solidarität, die viel Zeit dafür opferten, im Land herumzureisen und Mäßigung zu predigen. Dabei war es bereits zu sehr unerfreulichen Szenen gekommen, als Solidaritätsmitglieder Walesa Schwäche und sogar Verrat vorwarfen.

Die Partei war in sich völlig zerstritten. Ein paar „Liberale" wie der Danziger Parteisekretär Tadeusz Fiszbach traten für eine ehrliche Partnerschaft mit Solidarität ein, eine Partnerschaft, die die Grundlage für eine wirkliche Umwandlung Polens – politisch, wirtschaftlich und sozial – abgeben konnte. Aber nach der Registrierungskrise gab die Mehrheit der Parteifunktionäre – „der Apparat" – diese Hoffnung auf. Für sie ging es um die Macht. Wenn es der Partei nicht gelang, Solidarität zu vernichten, würde Solidarität die Partei vernichten. Auf der lokalen Ebene tat die Regierung daher alles, um der Gewerkschaft Knüppel zwischen die Beine zu werfen.

Aber es gab noch eine dritte Gruppe innerhalb der Partei, mit der man fertig werden mußte. Viele Arbeiter in den Fabriken waren Parteimitglieder und zugleich begeisterte Anhänger der Solidarität. Sie begannen jetzt, mit PZPR-Gruppen anderer Betriebe zu debattieren und Zusammenschlüsse zu bilden, die es sich zum Ziel setzten, einen kompletten demokratischen Umbruch innerhalb der Partei herbeizuführen. Dies war „Horizontalismus", eine Todsünde gegen die Grundsätze einer leninistischen Partei, wonach sich Parteigruppen zwar mit einer übergeordneten Organisation desselben Distrikts aber niemals mit einer Gruppe auf derselben Ebene verbinden dürfen. Man ließ die Arbeiter wissen, sie sollten sich „vertikal" orientieren. Die „Horizontalisten", die die Macht des „Apparates" ein für allemal brechen wollten und dafür eintraten, daß alle Posten nur auf Zeit besetzt und alle Parteiwahlen geheim sein sollten, unterminierten die gesamte Autoritätsstruktur der PZPR.

Über diesem Streit stehend – aber nicht so weit darüber, wie man es sich gewünscht hätte –, sah die katholische Kirche auf dieses Gewirr herab. Vieles war geschehen, das die Herzen Kardinal Wyszyńskis und seiner Bischöfe und des großen Polen in Rom erwärmt hatte. Die Arbeiter hatten von der ersten Stunde ihrer „selbstbeschränkten Revolution" an bewiesen, daß sie treue Söhne und Töchter der Kirche waren. Solidarität hatte erreicht, daß die Messe über das Radio zelebriert werden durfte. Das Kruzifix hing in jedem Solidaritätsbüro, in jeder Schule und jedem Lehrsaal und sogar in staatlichen Institutionen wie der Post. Führer der katholischen Laiengemeinschaften nahmen an allen Streikverhandlungen teil.

Im Ausland sahen viele Solidarität als eine katholische Bewegung. Sir Harold Macmil-

Wirtschaftskrise. Die Versorgung der Bevölkerung wurde während dieser Zeit immer schlechter. Schlangen vor den Lebensmittelgeschäften in Danzig.

lan, der konservative Ex-Premierminister Englands, meinte, es sei wundervoll, Arbeiter auf den Knien zu sehen. Viele englische Gewerkschaften hielten Solidarität dagegen für eine rechtsgerichtete, reaktionäre, vom Aberglauben beherrschte Gruppe. Die polnischen Bischöfe wußten es besser. Tatsächlich war auch die Kirche in den Sog einer revolutionären Woge geraten. Die Arbeiter, für die Patriotismus und katholischer Glaube zumeist untrennbar waren, gingen davon aus, daß die Kirche in ihrem Kampf um Polen hinter ihnen stehe.

Ganz so weit war es nicht. Die Kirche war gleichzeitig begeistert und alarmiert von dem, was geschah. Ihr fundamentales Interesse war eine Harmonie zwischen Kirche und Staat, die es ihr erlaubte, ihren Glauben ungehindert zu verkünden. Ihre schlimmste Furcht war ein Bürgerkrieg, der – mit oder ohne sowjetische Intervention – die abermalige Unterdrückung ihrer so schwer erkämpften Rechte mit sich bringen könnte.

Während des Danziger Streiks hatte Kardinal Wyszyński den Standpunkt vertreten, daß die Forderungen der Arbeiter zwar gerecht seien, daß aber Fehler auf beiden Seiten gemacht worden seien, und er hatte davor gewarnt, daß ein langer Produktionsstopp der Nation schaden würde. Dies verunsicherte die Arbeiter, die mit seiner rückhaltlosen Unterstützung gerechnet hatten. Sie nahmen an, seine Rede sei zensiert worden. Aber Wyszyński, dessen Lieblingswort „prudentia" (Klugheit, Umsicht) war, benutzte seine ganze Autorität, um einen persönlichen Kontakt zu Walesa herzustellen, und drängte in den folgenden, so chaotischen onaten immer wieder zum Kompromiß anstatt zum Angriff. Nicht die gesamte Hierarchie war so vorsichtig. Erzbischof Gulbinowicz von Breslau (Wroclaw) und Bischof Tokarczuk von Przemyśl unterstützten Solidarität sehr energisch – hinter der Szene, aber auch offen in ihren Predigten. Viele der Gemeindepfarrer, die sich als „polnische Soldaten in schwarzer Uniform" sahen, waren noch radikaler.

Polens kommunistische Nachbarn verfolgten die Entwicklung mit wachsendem Entsetzen. Ende Oktober schlossen die Tschechoslowakei und Ostdeutschland ihre Grenzen für nahezu alle polnischen Besucher und eröffneten lautstarke Presse- und Rundfunkkampagnen gegen die „Konterrevolutionäre" der Solidarität. Die Bulgaren sprachen davon, daß die Mitglieder der „sozialistischen Gemeinschaft" die Pflicht hätten, einander in der Gefahr beizustehen. Einige tschechoslowakische Zeitungen verglichen die polnische Krise offen mit dem Prager Frühling von 1968 und warnten, daß man sie unter Umständen auf die gleiche Weise beenden müsse. Selbst in Ungarn, einer bequem gewordenen Nation, die bereits ein gutes Stück auf dem Weg zu wirtschaftlichen Reformen zurückgelegt hatte, warnten die Vorsitzenden der Gewerkschaften, „Streik sei kein Mittel des sozialen Aufbaus".

Im Gegensatz hierzu waren die sowjetischen Kommentare anfangs vorsichtig und zurückhaltend. Breschnew schien geneigt, Kania die Lösung seiner Probleme selbst zu überlassen. Aber Anfang Dezember, als das Alarmgeschrei der übrigen Ostblockstaaten seinen Höhepunkt erreichte, begannen sich die sowjetischen Streitkräfte in Bewegung zu setzen. Am 2. Dezember sperrte die DDR ihr Grenzgebiet nach Polen für westliche Militärattachés. Der schwedische und amerikanische Geheimdienst berichteten, daß sowjetische Truppen sich von der DDR, der Tschechoslowakei und der westlichen UdSSR her den polnischen Grenzen näherten. In der Ukraine und den Ostseerepubliken wurde teilweise mobil gemacht.

Der Westen hatte wegen 1968 ein schlechtes Gewissen. Damals war die NATO unvorbereitet von der Invasion der Warschauer-Pakt-Staaten in die Tschechoslowakei überrascht worden. Jetzt erhob sich ein Sturm des Protestes und offizieller Warnungen an die Sowjetunion, während die westlichen Medien die bevorstehende bewaffnete Intervention der Sowjets anprangerten.

Zuerst wollten es die Polen nicht glauben. Anfang Dezember war nach zwölf Wochen Sturm endlich Ruhe eingekehrt; zum ersten Mal seit drei Monaten konnte Walesa verkünden, daß in Polen nirgends mehr gestreikt werde. Gemeinsam sprachen Solidarität und Partei hoffnungsvoll von „nationaler Einheit". Aber die Nachrichten über sowjetische Truppenbewegungen ließen sich nicht länger ignorieren. Am 4. Dezember veröffentlichte die Partei einen „Appell" an die Nation und verkündete, daß „das Schicksal unserer Nation und dieses Landes auf des Messers Schneide steht. Die beharrliche Unruhe bringt unser Vaterland an den Rand wirtschaftlicher und moralischer Vernichtung..." Am folgenden Tag fand in Moskau eine außerordentliche Gipfelkonferenz des Warschauer Paktes statt. Breschnew und seine Kollegen traten als stille Beobachter auf, während die Ostdeutschen eine endlose Attacke gegen Kania und die PZPR abließen, in der die polnische Regierung des „objektiven" Antikommunismus beschuldigt wurde, weil sie offene Kritik und die Agitation der Solidarität geduldet habe. Unterdessen wurden ungewöhnliche sowjetische Marinemanöver in der Ostsee beobachtet. Mehrere sowjetische Armeedivisionen kampierten bei klirrendem Frost in Zelten an der polnischen Ostgrenze. Am 7. Dezember verkündeten die USA, daß die sowjetischen Vorbereitungen für eine militärische Invasion gegen Polen nunmehr abgeschlossen seien.

Aber die befürchtete Invasion fand nicht statt. Möglicherweise wurde Breschnew durch die Fülle und die Heftigkeit westlicher Warnungen davon abgehalten. Wahrscheinlicher ist, daß er wieder einmal eine typisch sowjetische Doppelpolitik betrieb, indem er die Drohung mit einer Invasion dazu benutzte, seine politischen Argumente auf dem Moskauer Gipfeltreffen zu untermauern und gleichzeitig Erich Honecker und Gustav Husak, die beiden überängstlichen Parteiführer der DDR und der Tschechoslowakei, zu beruhigen.

Langsam legte sich die internationale Aufregung wieder. Breschnew fuhr zum Staatsbesuch nach Indien, während sowjetische Diplomaten im Westen erklärten, daß „die Polen erwachsen genug sind, um mit ihren Problemen selbst fertig zu werden". Die Polen selbst sahen der „Woche der Erinnerung", die an der Ostseeküste zum 10jährigen Gedenken des Massakers vom Dezember 1970 gefeiert werden sollte, mit gemischten Gefühlen entgegen.

Alle Verantwortlichen, die Führer der Solidarität, die katholischen Bischöfe, die Partei und die Regierung, sogar die Chefs der polnischen Streitkräfte, sprachen jetzt von der Notwendigkeit zur „Einheit", eines „nationalen Zusammenschlusses" der widerstreitenden Kräfte zur Rettung der Freiheit Polens. Die Feierlichkeiten im Dezember wurden sorgfältig geplant, um diese Geschlossenheit zu dokumentieren. Andrzej Wajda, der berühmte Filmregisseur, wurde eingeladen, die Hauptfeierlichkeiten am 16. Dezember in Danzig vorzubereiten und zu inszenieren.

Es war ein unvergeßlicher, traumhafter Augenblick. Vor den Toren der Lenin-Werft hatten die Arbeiter zum Gedenken der Toten ein Stahlmonument von fast 47 m Höhe

Danzig, 16. Dezember 1980. Bei einer großen Feier der „Nationalen Einheit" vor den Toren der Lenin-Werft wird das Mahnmal zum Gedenken der Toten vom Dezember 1970 geweiht.

errichtet. Die Spitze bildeten drei Kreuze. Sein Sockel bestand aus Metallreliefs, die aussahen, als seien sie im Feuer des Aufstands zusammengeschmolzen. Sie zeigten Frauen und Männer bei der Arbeit auf der Werft. Um dieses Denkmal hatten sich in jener Winternacht alle versammelt, die im neuen Polen Rang und Namen hatten: Staatspräsident Prof. Jablonski, Minister und Mitglieder des Politbüros der PZPR, Generäle und Admiräle, der Kardinalerzbischof von Krakau und zwischen ihnen in bunter Reihe Männer und Frauen, die noch kurz zuvor ihre Gegner gewesen waren: die offiziellen Vertreter von Solidarität. Hinter ihnen standen in der frostigen Dunkelheit Hunderttausende einfacher Polen, die aus dem ganzen Land hergekommen waren, um den historischen Moment mitzuerleben.

Die Fabriksirenen klangen, als trauerten sie um die Toten. Sie wurden vom Pfeifen der Lokomotiven, Autobushupen und den Sirenen der Schiffe begleitet, die eingedockt waren oder in der Weichselmündung vor Anker lagen. Chor und Orchester führten Krzystof Pendereckis „Lacrimosa" auf. Der Schauspieler Daniel Olbrychski verlas die Namen der 27 1970 in Danzig erschossenen Männer. Und nach jedem Namen sang der Chor: „Er lebt in uns fort!" Dann löste sich ein Mann mit buschigem Schnurrbart in einem braunen Anorak aus der Reihe der Uniformen und schwarzen Anzüge: Lech Walesa ergriff einen Schweißbrenner und entzündete die ewige Flamme.

In mancher Hinsicht blieb die großartige Zeremonie mit Flutlicht, Ritualen und Musik unwirklich, ein gewaltiges Theater. Die einfachen Leute, die dies alles durch ihren festen Entschluß zustande gebracht hatten, ein Leben in Würde und Rechtschaffenheit zu führen, blieben als Zuschauer im dunkeln. Unterdessen umgaben die Redner vor dem Denkmal die Märtyrer von 1970 mit ihrem eigenen Mythos. Folgte man ihren Worten, so hatten diese ihr Leben nicht für billigere Nahrungsmittel oder höhere Löhne geopfert, sie waren nicht gestorben, weil sie versucht hatten, die Hauptquartiere der Partei anzuzünden oder weil sie für ihre Kinder ein Leben ohne Lüge und Angst wünschten. Sie hatten sich für die Einheit der Nation geopfert. So die offizielle Version.

Für das polnische Establishment – Parteisekretäre, Minister, Bischöfe und sogar die Führer der Solidarität – war der Dezember 1970 zu wichtig, als daß man ihn dem Volk überlassen konnte. Tatsächlich gab man damit zu verstehen, daß auch der August 1980 zu bedeutsam war, um ihn den Massen zu überlassen. Nicht nur Solidarität, auch die Polnische Vereinigte Arbeiterpartei mußte überleben. Hierzu bedurfte es eines nationalen Kompromisses. Den Revanchisten auf beiden Seiten mußten Zügel angelegt werden.

Trotzdem hörte es sich seltsam an, wenn insbesondere die Sprecher der Regierung für nationale Einheit plädierten. Unter den Menschen, die ihnen zuhörten, existierte diese Einheit bereits. In gewisser Weise war es das moralische Hauptanliegen von Solidarität gewesen, alle künstlichen Barrieren zwischen den Polen einzureißen: Barrieren des Besitzes, der Klasse oder Kaste, der Region, der Bildung und des Berufes. Der Sommeraufstand hatte den Polen das Gefühl zurückgegeben, zusammenzugehören und für gemeinsame Interessen einzutreten. Die Existenz einer freien, selbständigen Gewerkschaft unter dem Namen „Solidarität" war eine der Folgen. Wenn es innerhalb Polens noch eine Kluft zu überwinden gab, dann die zwischen dem Volk und jenen, die so viele Jahre lang versucht hatten, es auseinanderzubringen: der Führung der Polnischen Vereinigten Arbeiterpartei.

Aber neben dieser ironischen Ungereimtheit hatte die Danziger Zeremonie auch einen echten Realitätsbezug. Man war zusammengekommen, um sich zu erinnern, daß zehn Jahre zuvor Polen Polen getötet hatten. Eine tausendjährige Geschichte und besonders die der letzten 200 Jahre hatten gezeigt, daß andere Staaten jederzeit bereit gewesen waren, die polnische Nation auszulöschen. Am Ende waren alle gescheitert, weil die Polen trotz interner Streitereien nach außen zusammengestanden und im Ringen um ihr Vaterland nicht nachgegeben hatten.

„Noch ist Polen nicht verloren", lautet der Anfang der Nationalhymne. Niemand sonst, nur die Polen selbst hätten sich in einem gnadenlosen internen Konflikt vernichten können. In diesem Bewußtsein waren Auseinandersetzungen zwischen Volk und Regierung nie bis zur allerletzten Konsequenz ausgetragen worden. Diese innere Toleranz, die die Polen im Vergleich zu Deutschland und Rußland zu einer reifen Nation gemacht hatten, hat andererseits im Verlauf der Geschichte zu einer Fülle halbherziger Maßnahmen geführt. Die Nation hat darunter gelitten, konnte aber nur so überleben.

In der Dezembernacht in Danzig waren viele dabei, die befürchteten, daß auch Solidarität ein gewaltsames Ende finden könnte. Vielleicht haben es einige sogar gehofft. Aber alle akzeptierten das ungeschriebene Gesetz, dem jede polnische Haltung und Aktion verpflichtet ist: Was immer geschieht, muß dem Fortbestand der Nation dienen! Dieses Gesetz hatte immer gegolten, und daran würde sich auch in Zukunft nichts ändern.

Bei seinem Besuch hatte Papst Johannes Paul II. ein kleines Mädchen aufgehoben und sie gefragt: „Wo ist Polen?" Als sie ihn verständnislos anstarrte, legte er ihr behutsam die Hand aufs Herz und sagte: „Hier ist Polen."

9. Kapitel

Solidarität,
Ausnahmezustand und danach:
1980–1986

Am 13. Dezember 1981 verschlief ein junger Pole, der in einem Hochhaus nahe dem Warschauer Zentrum wohnte, die Zeit. „Als ich aufwachte, versuchte ich gleich, im Büro anzurufen, aber die Leitung war tot. Ich dachte, das sei wieder so ein Stromausfall. Dann blickte ich aus dem Fenster und sah überall im Schnee Militärlastwagen stehen. Ich glaubte an irgendein Manöver. Dann drehte ich das Radio an. Aber es gab weder Nachrichten noch andere Wortsendungen: nichts als Chopin, Chopin und noch mehr Chopin. Und plötzlich wußte ich, was passiert war."

Ein paar Stunden später kam die Polizei, um die Wohnung zu durchsuchen. Der Frau des jungen Polen gelang es, das letzte Bulletin von Solidarität aufzuessen. Die anderen warf sie aus dem Küchenfenster. General Wojciech Jaruzelski, der jetzt Premierminister, Verteidigungsminister und Erster Sekretär der Partei war, hatte den „Ausnahmezustand" verhängt und das Land unter Kriegsrecht gestellt.

Seit der Danziger Feier der „nationalen Einheit" war nicht einmal ein Jahr vergangen. Die hoffnungsfrohe Stimmung hatte sich im neuen Jahr bereits nach wenigen Wochen verflüchtigt. Wechselseitiges Mißtrauen vereitelte alle Versuche, einen dauernden Kompromiß zwischen Solidarität und dem Regime zu finden. Ende 1981 war die Wirtschaft fast völlig zusammengebrochen. Im Herbst hatten beide Seiten die Hoffnung aufgegeben, noch zu einer Einigung zu kommen. Solidarität bereitete sich offen auf politische Aktionen vor. General Jaruzelski ließ Geheimpläne ausarbeiten, um die Krise mit Gewalt zu lösen.

Im Januar 1981 endete der Waffenstillstand, als die Regierung verkündete, sie könne die im Danziger Abkommen zugesagte Aufhebung der Samstagsarbeit nicht einhalten. In mehreren Städten brachen daraufhin Streiks aus. Am Ende des Monats schloß man einen Kompromiß, wonach drei von vier Samstagen frei sein sollten. Zur gleichen Zeit begann in Rzeszów im südöstlichen Polen ein langer Streik für eine „Bauern-Solidarität" privater Bauern, der von der Kirche offen unterstützt wurde.

Am 19. März stürmte die Sicherheitspolizei die Präfektur in Bromberg (Bydgoszcz) und verprügelte eine Gruppe Solidaritätsmitglieder, die sich dort zur Beratung versammelt hatten. Ob dies ein Akt lokaler Dummheit oder eine gezielte, von den Parteiführern

217

in Warschau angezettelte Provokation war, ist bis heute nicht geklärt. Jedenfalls löste er die heftigste Protestwelle seit August 1980 aus. Solidarität betrachtete den Vorfall von Bromberg als gezielten Angriff auf ihre Existenz. Der Countdown für einen General-streik begann, als Gewerkschaftsmitglieder und ihre Helfer in den Fabriken Vorbereitungen für eine Belagerung trafen.

Wieder einmal setzten sich die sowjetischen Truppen in Bewegung. Der Westen er-neuerte seine Warnungen. Am 9. Februar war General Jaruzelski zum Premierminister ernannt worden. Zu seinem Stellvertreter hatte er Mieczyslaw Rakowski, den Herausge-ber der Polityka, ernannt, der innerhalb der Partei als „liberal" galt. Ihm fiel die Aufgabe zu, mit Solidarität zu verhandeln. Der Papst und Präsident Reagan mahnten zu Zurück-haltung und gegenseitigem Nachgeben. Einen Tag bevor der Streik beginnen sollte, schlossen Rakowski und Walesa einen wackeligen Kompromiß.

Die Polizeiaktion von Bromberg sollte untersucht werden. Die Gründung einer „Bau-ern-Solidarität" wurde erlaubt, was ein enormes Zugeständnis war, noch dazu nicht un-gefährlich. Die Sowjetunion mochte freie Arbeitergewerkschaften dulden, aber die Bau-ern waren in ihren Augen ein reaktionäres und antisozialistisches Element der Gesell-schaft. Die „Bauern-Solidarität" breitete sich rasch überall auf dem Land aus und ähnelte immer mehr Mikolajczyks ehemaliger Bauernpartei, nur unter anderem Namen.

Mit der Absage des Streiks löste Walesa einen heftigen Angriff innerhalb der Gewerk-schaft gegen seine eigene Autorität aus. Die breite Masse war zu einer endgültigen Kraft-

Im Jahr der „Solidarität", April 1981: General Wojciech Jaruzelski, Premier- und Verteidigungsminister, und Stanislaw Kania, Erster Sekretär der Polnischen Vereinigten Arbeiterpartei.

218

probe entschlossen gewesen. Viele glaubten, Walesa habe sie verraten. Und rückblik-
kend, nach dem Verbot der Gewerkschaft, verfestigte sich ihre Ansicht, daß im März
1981 der richtige Moment zum Losschlagen gewesen wäre, als die Initiative noch bei der
Solidarität lag und die Regierung für einen Kampf noch nicht hinreichend vorbereitet
war. Nach Bromberg formierte sich innerhalb der Solidarität eine radikale Opposition
gegen Walesa.

Am 13. Mai schoß der fanatische Türke Ali Agca auf dem St.-Peters-Platz in Rom auf
den Papst und verwundete ihn schwer. Zwei Wochen später, als der Papst noch immer
schwer krank war, starb Kardinal Stefan Wyszyński im Alter von 79 Jahren. Etwa eine
Viertelmillion Menschen, unter ihnen die Führer der Partei, des Staates und der Solidarität, versammelten sich zu seiner Beisetzung in Warschau. Ein Gefühl von Verlassenheit
und Angst vor der Zukunft machte sich breit. Von Rom aus ordnete der Papst eine
30tägige stille Trauer an. Anfang Juli, nach langem Zögern, ernannte Papst Johannes
Paul II. dann Erzbischof Józef Glemp zum neuen Primas von Polen, einen bescheide-
nen, vorsichtigen Mann, der nichts von dem fürstlichen Flair und Charisma seines Vorgängers hatte.

Fast der ganze Juni verging mit Vorbereitungen der Partei für einen außerordentlichen
Kongreß. Dieses Mal trugen die Mitglieder dafür Sorge, daß die Wahl der Delegierten
und Komitees wirklich frei und demokratisch verlief. Die Folge war ein großes
„Abschlachten" innerhalb der alten Garde. Als der Kongreß im Juli zusammentrat,
waren sieben Achtel der alten Zentralkomiteemitglieder nicht mehr dabei, darunter 7
der 11 Mitglieder des Politbüros und 40 von 49 örtlichen Parteisekretären.

Dies sah nach einer wirklichen „Erneuerung" aus. Aber das neue Zentralkomitee und
Politbüro erwiesen sich – völlig unerwartet – als noch passiver und desorganisierter als
ihre Vorgänger. Dies war eine Folge des ultra-demokratischen Wahlsystems, das es leicht
machte, mißliebige Kandidaten auszuschalten, aber schwer, fähige Leute zu wählen. So
kam es, daß sich die kampferprobten Parteiveteranen und die prominentesten Reformer
gegenseitig aus den Wahllisten strichen. Diejenigen, die übrigblieben, waren „Nullen",
die sich leicht von den restlichen Partei-„Apparatschiks" manipulieren ließen.

Die neue Parteiführung und die Regierung blieben gelähmt. Jaruzelskis Ernennung
zum Regierungschef hatte die Hoffnung auf frische, militärische Energie in der Führungsspitze geweckt. Aber auch jetzt geschah nichts, um das beständige Abgleiten der
Wirtschaft in eine Katastrophe aufzuhalten. Die Folge war, daß Solidarität die Geduld
verlor und von der von ihr selbst propagierten Idee eines „Dualismus" in Polen abrückte,
wonach Politik und Verwirklichung der Danziger Reformbeschlüsse Sache der Regierung seien, während sie sich allein um Gewerkschaftsangelegenheiten kümmerte. Falls
die Regierung es ablehnte, tätig zu werden, dann – so immer deutlicher die Tendenz – war
Solidarität aufgerufen, die Sache selbst in die Hand zu nehmen und die Nation zu retten.

Der erste Solidaritäts-Kongreß fand im September und Oktober in Danzig statt. Etwa
900 Delegierte aus ganz Polen versammelten sich in der nüchternen, modernen Olivia-
Sporthalle, die zur lebendigen Bühne der Nation wurde. Reden, leerer Pomp, verzweifelte Argumente, Begrüßungszeremonien für Veteranen, das Verlesen von Grußbotschaf-
ten durch ausländische Gäste, Rezitationen von Gedichten und Prosa, Debatten und
eine geheime Wahl nach der anderen füllten die Tage. Vor der Olivia hörten kleine

Gruppen den über Lautsprecher übertragenen Reden zu und kauften auf dem Floh-markt Abzeichen und Flugblätter. Drinnen rangen die Delegierten um eine dauerhafte Struktur der Solidarität und eine gemeinsame Plattform zur Rettung der Nation.

Das Ganze war eine langatmige, verworrene, von edlen Absichten getragene Angele-genheit. Die Wahlen litten unter demselben Problem, mit dem sich der PZPR-Kongreß im Sommer herumgeschlagen hatte. Hinzu kam, daß die einfachen Arbeiter und Arbei-terinnen wenig Neigung zeigten, sich für ein Amt in der Gewerkschaft aufstellen zu las-sen und es vorzogen, ihre Stimme den Intellektuellen und Angestellten zu geben. Am Ende setzten sich die gewählten Vertretungen von Solidarität zu einem hohen Prozent-satz aus Schriftstellern, Professoren und arbeitslosen jungen Akademikern zusammen, die wesentlich politischer und radikaler eingestellt waren als die Arbeiter selbst.

Auf dem Kongreß entschied sich Solidarität, einen neuen Kurs einzuschlagen. Man würde nicht länger auf die Regierung warten, sondern selbst die Initiative ergreifen. Man verlangte freie Wahlen zum Sejm. Man beschloß, eine Wirtschaftsreform auf Fabrik-ebene in Angriff zu nehmen und sich nicht länger von der Regierung hinhalten zu las-sen: „Wir sind der einzige Garant der Gesellschaft; deshalb sieht es die Gewerkschaft als eine ihrer Hauptaufgaben an, alles zu unternehmen, um Polen kurzfristig und auf lange Sicht vor Ruin, Armut, Mutlosigkeit und Selbstzerstörung zu bewahren." Spontan rich-tete der Kongreß einen Appell an die Arbeiter der Sowjetunion und der DDR, ihrem Bei-spiel zu folgen und ebenfalls freie Gewerkschaften zu gründen.

Die sowjetische Nachrichtenagentur TASS wies den Aufruf scharf als einen „bösarti-gen Appell" einer Gruppe „von Konterrevolutionären und Agenten des imperialisti-schen Geheimdienstes" zurück. Die Regierung war entsetzt. Sie verdammte den Appell an die Arbeiter anderer sozialistischer Länder als eine „Tat von Geisteskranken" und beschuldigte den Kongreß, „Haß auszusäen" und „der eigenen Regierung den Krieg zu erklären". Eine Woche später legte man dem verzweifelten Stanislaw Kania nahe, zu-rückzutreten, und ersetzte ihn durch General Jaruzelski.

Polen befand sich auf Kollisionskurs. Es stand zu befürchten, daß Jaruzelski, nachdem alle Macht in seiner Hand lag, detaillierte Pläne für den Ausnahmezustand ausarbeiten werde. Von allen Seiten wurden Rufe nach einer neuen Regierung laut. Man forderte eine starke, nahezu diktatorische Koalition aus Kommunisten, Katholiken, Führern der Solidarität und den Kommandeuren der Streitkräfte zu einer „Regierung zur Nationalen Rettung". Selbst in der Solidarität gab es Stimmen, die eine Machtübernahme durch das Militär für die beste Lösung hielten. Dies beruhte auf dem blinden Glauben, der eher einem polnischen Wunschdenken als geschichtlicher Erfahrung entsprach, daß die Armee eine unpolitische, patriotische Macht sei, die die Interessen der Nation über jede Ideologie stellen werde.

Inzwischen stand die Wirtschaft vor ihrem endgültigen Zusammenbruch. Die Fabri-ken stellten aus Mangel an Ersatzteilen, Rohmaterial und Energie die Arbeit ein. Das Geld verlor jeden Wert. Unaufschiebbare Geschäfte wurden in Dollar oder im Tausch abgewickelt. Die Leute schliefen nachts auf der Straße, um ihren Platz in der Schlange vor den Lebensmittelgeschäften nicht zu verlieren.

Im Herbst 1981 kehrte der Schriftsteller Kazimierz Brandys nach langem Auslands-aufenthalt nach Warschau zurück. Er betrat eine „Geisterstadt ... Entlang der Häuserwände standen die Leute wie ein Fries aus irgendeinem erstarrten Material. Von fern sah eine solche Reihe aus wie eine krankhafte Wucherung, die an den Grundmauern klebte wie Schmarotzerpflanzen am Stamm eines Baumes; Menschenschlangen, die an den Wänden klebten, sich aufblähten, sich verdrei- und vervierfachten und deren Enden sich berührten." (Aus: Kazimierz Brandys, A Warsaw Diary 1978–81, London 1984, S. 203.)

Für ihn waren die Schlangen „lebende, allegorische Bilder" der polnischen Vergangenheit. In der Schlange für Käse erkannte er entlassene Kabinettsminister, ein ehemaliges Politbüromitglied mit einer zum Bersten vollen schwarzen Aktentasche und einen der AK-Chefs, der nach Moskau entführt und dort 1945 abgeurteilt worden war. In der Schlange für Hühner sah er eine Frau, deren Vorfahren von den Warschauer Jakobinern 1794 als Verräter gehängt worden waren, und hinter ihr die Ehefrauen von Maurern, die für ihren Einsatz beim Wiederaufbau der Altstadt nach dem Krieg einen Orden erhalten hatten.

Im Spätherbst 1981 wurde General Jaruzelski auf zwei Ebenen gleichzeitig aktiv. Nach außen hin ergingen Aufrufe zu einer neuen „nationalen Zusammenarbeit" und zur Bildung einer „Einheitsfront", der auch Vertreter von Solidarität und der Kirche angehören sollten. Insgeheim arbeitete er weiter an seinem Plan, den Ausnahmezustand zu verhängen. Die Führung der Solidarität, die feststellen mußte, daß ihr die Kontrolle über ihre eigenen Mitglieder zu entgleiten begann, zeigte sofort Interesse. Am 4. November trafen sich Walesa, Jaruzelski und Erzbischof Glemp in Warschau zu einem zweistündigen Gespräch.

Ein paar Tage lang bestand Hoffnung, daß es zu einer echten „nationalen Zusammenarbeit" kommen könne. Dann brachen wieder Streiks aus, und das Regime beschuldigte Solidarität, sie wolle mit diesen Aktionen in ganz Polen die Zellen der Partei von ihren Posten in den Fabriken vertreiben.

Die Regierung startete eine Reihe scharfer Angriffe gegen Solidarität, ganz offensichtlich mit dem Ziel, die Gewerkschaft zu Taten oder Äußerungen zu verleiten, die die Verhängung des Kriegsrechts rechtfertigen würden. Ein Überfallkommando der Polizei stürmte am 25. November die Feuerwehr-Akademie in Warschau, wo gestreikt wurde. Als Antwort drohte Solidarität mit einem Generalstreik und wiederholte ihre Forderung nach freien Wahlen zum Sejm. Es hieß, Walesa habe auf einem Treffen der Gewerkschaftsexekutive in Radom gesagt, daß eine Auseinandersetzung nun unvermeidlich sei, während andere – wie die Medien berichteten – zum Sturz der Regierung und zur Bildung einer Arbeiterarmee aufgerufen hätten.

Am 11. Dezember trat dann in Danzig das „Nationale Komitee" der Solidarität zusammen. Es begann eine aufgeregte, zwei Tage dauernde Debatte. Einige der Anwesenden plädierten für einen Waffenstillstand mit der Regierung, andere schlugen vor, ein Referendum abzuhalten, um der Regierung das Mißtrauen auszusprechen. Der 17. Dezember sollte zum Tag des nationalen Protestes erklärt werden.

In der Nacht vom 12. auf den 13. Dezember schlug Jaruzelski zu. Der „Kriegszustand" wurde ausgerufen. Alle Gebäude der Solidarität wurden besetzt und die meisten ihrer Anführer von Überfallkommandos der Polizei nach Warschau gebracht. In ganz Polen fanden Massenverhaftungen statt. Panzer und bewaffnete Fahrzeuge besetzten die Stra-

Am 1. August 1981, dem Jahrestag des Beginns des Warschauer Aufstands, ehrt die Stadt ihre Märtyrer und deren Kampf um die Freiheit.

ßen. Alle Telefonleitungen und Verbindungskabel zum Ausland wurden abgeschnitten. Das gesamte private Telefonnetz wurde lahmgelegt und ein Ausgehverbot verhängt.

Am Morgen teilte Jaruzelski der Nation mit, daß er einen „Militärrat der nationalen Errettung" (WRON) gebildet habe. Die „Extremisten" der Solidarität waren interniert worden, aber zugleich auch eine Gruppe polnischer Parteiführer der Jahre vor 1980, unter ihnen Edward Gierek. Jaruzelski erklärte, er habe so handeln müssen, um eine „nationale Katastrophe" abzuwenden. Die Bemühungen um Reform und Erneuerung würden fortgesetzt.

Kurz, der Staatsstreich war erfolgreich. Solidarität war völlig überrascht worden. Es kam zu keinem wirklichen Widerstand oder Generalstreik. Dennoch ging es nicht ohne Blutvergießen ab. An vielen Orten verteidigten die Arbeiter ihre Fabriken und

Kriegsrecht. Am 13. Dezember 1981 verkündet General Jaruzelski im Fernsehen den Ausnahmezustand.

Bergwerke gegen die ZOMO-Schlägertrupps der Polizei. Beim Sturm auf die Lenin-Werft in Danzig wurden Panzer eingesetzt. In der Kohlegrube Wujek bei Kattowitz wurden sieben Bergleute getötet. In mehreren anderen Zechen begannen Besetzerstreiks unter Tage, die bis zum 28. Dezember dauerten. Insgesamt gab es in diesen ersten Wochen und bei den Auseinandersetzungen der nächsten 12 Monate 50 bis 100 Tote. Mehr als zehntausend wurden in Internierungslager und Gefängnisse gesperrt, unter ihnen auch Lech Walesa. Auf lange Sicht gesehen, war die Verhängung des Kriegsrechts ein Fehler, ein weiterer typisch polnischer Kompromiß. Einerseits ging man mit einer solchen Brutalität vor, daß es die Nation abstieß und Widerstand erzeugte. Andererseits war man nicht brutal genug, um den Kampfgeist der Polen wirklich zu brechen. Innerhalb kürzester Zeit gründete Solidarität ein heimliches, provisorisches Komitee unter Führung von Zbigniew Bujak, der im Dezember 1981 aus der Haft entflohen war und der der Polizei nicht weniger als 4½ Jahre lang ein Schnippchen schlug.

Vor sich selbst rechtfertigte Jaruzelski sein Handeln damit, daß er – was er öffentlich nicht zugeben konnte – mit der Zerschlagung der Solidarität einen Machtkampf verhindert hatte, der zu einem Bürgerkrieg ausarten und eine sowjetische Intervention hätte auslösen können. Wahrscheinlich hat er das wirklich geglaubt. In den folgenden Jahren ist er immer wieder als „Russe in polnischer Uniform" dargestellt worden. Jaruzelski, ein steifer, reservierter Soldat hinter dunklen Brillengläsern, der jahrelang als Zwangsarbeiter in der Sowjetunion gelebt hat, nachdem seine Familie 1940 aus Ostpolen deportiert worden war, hat diese Beschuldigung stets heftig zurückgewiesen und immer wieder erklärt, er habe als Patriot gehandelt, um sein Land zu retten.

Sommer 1982. Jacek Kuroń, einer der Hauptberater der Solidarität, im Hof des Bialoleka-Gefängnisses.

Internierte der „Solidarität" beim Essen.

Aus seinem Versprechen, die „Erneuerung" weiter voranzutreiben, wurde nicht viel. Am verhängnisvollsten war, daß die Militärregierung ihre Chance versäumte, sofort eine umfassende Reform der überzentralisierten Wirtschaft durchzuführen, solange die Nation noch durch den ersten Schock gelähmt war. Einige Preise wurden angehoben und ein kleiner Fortschritt beim Ausgleich von Angebot und Nachfrage erzielt. Aber als die Polen aus ihrer Erstarrung erwachten, erwiesen sie sich als wenig kooperativ. Die kreativen Intellektuellen und ein großer Teil der technischen Intelligenz verweigerten die Mitarbeit. Die Arbeiterklasse meuterte. Das alte Interesse an der Schwerindustrie trat wieder in den Vordergrund, und die Reformen wurden belanglos.

Der Westen war über die Verhängung des Kriegsrechts und das Verbot der Solidarität empört und verhängte weitreichende wirtschaftliche und politische Sanktionen gegen Polen. Viele Polen begrüßten diese Maßnahmen zunächst als ein Zeichen dafür, daß sie nicht vergessen waren. Aber die Sanktionen verschlechterten Polens ohnehin kritische wirtschaftliche Situation erheblich. In den folgenden Jahren halfen Spenden von Nahrungsmitteln, Kleidung und medizinischen Versorgungsgütern, die von westlichen Freiwilligen-Organisationen ins Land gebracht und zumeist von der katholischen Kirche verteilt wurden, die schlimmsten Mängel zu überbrücken und Epidemien in Schach zu halten. Polen fühlte sich degradiert und erniedrigt. Ich habe während dieser Zeit polnische Krankenhäuser besucht. Der Anblick von todkranken Kindern, die in den Fluren schliefen, weil die Krankenzimmer hoffnungslos überfüllt waren, oder von Ärzten, die wieder und wieder Schutzmasken, Einweg-Nadeln und -Katheter auskochten, oder die Verwendung alter Rasierklingen bei Hauttransplantationen, weil die Mikrotome aus Mangel an Ersatzteilen nicht benutzt werden konnten, gehörte zum medizinischen Alltag.

Durch strikte Rationierung und eine jähe Preisanhebung konnte die Wirtschaft schließlich auf einem niedrigen Stand stabilisiert werden. Stufenweise wurde der Versuch unternommen, Polens enormen Schuldenberg im Ausland abzutragen.

Formell wurde der Kriegszustand im Juli 1983 nach einem zweiten Papstbesuch in Polen beendet, er wurde jedoch sofort durch eine Serie nicht weniger einschneidender Notverordnungen ersetzt. Es folgte eine Amnestie für politische und sonstige Gefangene, die den Weg für eine Wiederaufnahme politischer Kontakte mit dem Westen eröffnete. Aber Jaruzelski konnte sein politisches Hauptziel einer „nationalen Aussöhnung", das ehemalige Solidaritätsmitglieder und die Opposition ausschloß, nicht verwirklichen.

Sein Problem bestand darin, die Regierung auf eine breitere Basis zu stellen als die bloße Macht des Militärs. Eine Militärregierung unter Führung einer Armee-Junta entsprach auf ganzer Linie kommunistischer Tradition. Jaruzelski war der Empfehlung, gleichzeitig mit der Solidarität auch die PZPR zu verbieten, nicht gefolgt. Aber die Partei hatte ihre Macht verloren und war zu einer demoralisierten und grollenden Gruppe von Apparatschiks zusammengeschrumpft, die völlig ungeeignet waren, die „führende Rolle" in der Gesellschaft zu spielen. 1982 gründete Jaruzelski die „Patriotische Bewegung der Nationalen Wiedergeburt" (PRON), die als großes Sammelbecken für alle unabhängigen Meinungen quer durch alle polnischen Gesellschaftsschichten gedacht war. Da aber die meisten gebildeten Polen ihren Boykott offizieller Organisationen aufrechthielten, kümmerte PRON vor sich hin. Nach 1983 zog sich die Armee formell aus der Politik zurück. Jaruzelski regierte weiterhin zusammen mit einer kuriosen Junta, die niemand gewählt hatte und die aus Generälen, Journalisten und Professoren bestand. Ohne Partei oder Armee konnte er sich nur auf den Staat stützen – was häufig bedeutete: Sicherheitspolizei.

Kriegsrecht und was danach kam hatten den Pluralismus innerhalb der polnischen Gesellschaft nicht wirklich zerstört. Die durch die Solidarität geschaffene Atmosphäre blieb bestehen. Zwar unterlag die Presse einer starken Zensur, aber die Polen sprachen weiterhin ohne Hemmung aus, was sie dachten, und es wurde wenig getan, um sie zum Schweigen zu bringen. Nachdem Solidarität nur noch als illegale Opposition existierte, wuchs der Einfluß der katholischen Kirche. Erzbischof – heute Kardinal – Glemp war wegen seiner Ängstlichkeit persönlich nicht sehr populär. Aber die Kirche hatte wiederholt die Wiederherstellung der Solidarität und die Wiedereinführung des zivilen Rechts gefordert. Sie trug die größte Last bei der Unterstützung der Internierten und ihrer Familien, verteilte mit Hilfe ihrer Organisationen die ausländischen Hilfsgüter an die Armen und unterstützte insgeheim die Untergrundopposition.

Bei seinem Besuch in Polen 1983 rief Papst Johannes Paul II. die Opposition auf, etwas für den Schutz der Kirche – und ihre ausgleichende Kontrollfunktion – zu unternehmen. Zu diesem Zeitpunkt zeichneten sich die Möglichkeiten und Grenzen der Opposi-

Die Opposition lebt wieder auf. Demonstranten und Schlägertrupps der Polizei am 2. Jahrestag der Unterzeichnung des Danziger Abkommens in Warschau. Der Fotograf hat das Gesicht des Mannes rechts im Bild unkenntlich gemacht, um eine Identifizierung unmöglich zu machen.

tion bereits klar ab. Nach einer langen Reihe von Demonstrationen, die gewöhnlich unter den Knüppeln der ZOMO endeten, ließ die Bereitschaft der Leute zu Massenaktionen in der Öffentlichkeit erheblich nach. Statt dessen war wieder ein noch umfangreicheres Untergrund-Verlagswesen als in den 70er Jahren entstanden. Gruppen von Arbeitern, die insgeheim der Solidarität angehörten, unterstützten Arbeitskollegen, die politisch in Schwierigkeiten geraten waren, verteilten die Oppositionsliteratur und trugen so zum Überleben der Gewerkschaft bei.

Man erwog, eine Untergrund-„Alternativgesellschaft" nach Art der Widerstandsbewegung im Zweiten Weltkrieg oder den Verschwörungen des 19. Jahrhunderts zu gründen. Bis zu einem gewissen Grad wurde dieser Plan verwirklicht. Aber die Opposition litt unter dem Mangel einer klaren Perspektive. Ihre Aktivisten konnten weder einen Aufstand vorbereiten noch auf eine Befreiung durch das Ausland hoffen. Das höchste, was sie tun konnten, war, die Bildung einer unabhängigen Meinung und Diskussionen zu fördern, soviel Tatsachen und Zahlen über Vergangenheit und Gegenwart wie nur möglich zu veröffentlichen und geduldig darauf zu warten, daß sich etwas ändern würde.

Man war an einem toten Punkt angekommen. Unterdessen versuchten Jaruzelski und seine Gruppe ängstlich, die kompromißlose Unterdrückung der „Extremisten" mit dem Anschein großzügigster Toleranz gegenüber der Mehrheit in Einklang zu bringen. Die Widersprüche in ihrem Verhalten wurden im Oktober 1984 erschreckend deutlich, als ein Schlägertrupp der Geheimpolizei, der der Abteilung für kirchliche Angelegenheiten im Innenministerium angehörte, Pater Jerzy Popieluszko entführte und grausam ermordete.

„Pater Jerzy", ein bescheidener, ruhiger junger Mann, war der bekannteste einer Gruppe von radikalen Priestern, die in der Periode der Nach-Solidarität von sich reden gemacht hatten. Seine „Messen für das Vaterland" zogen Mengen von Solidaritätsanhängern in die Kirche im Norden Warschaus, wo er tätig war – sehr zur Beunruhigung Kardinal Glemps. Seit mehr als einem Jahr war er die Zielscheibe von Presseangriffen und Belästigungen durch die Polizei gewesen.

Seine Ermordung empörte die gesamte Nation. Jaruzelski, der verzweifelt zu beweisen suchte, daß er hierfür nicht verantwortlich war, ordnete ein umfassendes öffentliches Verfahren gegen seine Mörder an und ließ darüber in der Presse berichten. Das Verfahren ergab, daß die Mörder von einigen langjährigen Funktionären im Ministerium zu dieser Tat ermutigt worden waren. Obgleich sich indessen starke Verdachtsmomente ergaben, daß einflußreiche, kompromißlose Parteimitglieder den Mord inszeniert hatten, um Jaruzelski und seine Politik eines nationalen Kompromisses scheitern zu lassen, wurden die Angeklagten für alleinschuldig erklärt.

Pater Popieluszko wurde zum Märtyrer; Lech Walesa und viele andere ehemalige Führer der Solidarität wohnten seiner Beisetzung in Warschau inmitten eines Meers von Blumen und patriotischen Spruchbändern bei. Vor ungefähr einer halben Million Trauernder sprach Lech Walesa die Abschiedsworte: „Ruhe in Frieden. Solidarität lebt, weil du dein Leben für sie geopfert hast."

Dies stimmte, wenn auch nicht ganz. Durch den Mord gewann die aktive Opposition neue moralische Stärkung. Aber der Tod Pater Jerzys enthüllte auch die Grenzen dessen, was in Polen machbar war. Auf der einen Seite gab es innerhalb des Regimes Elemente,

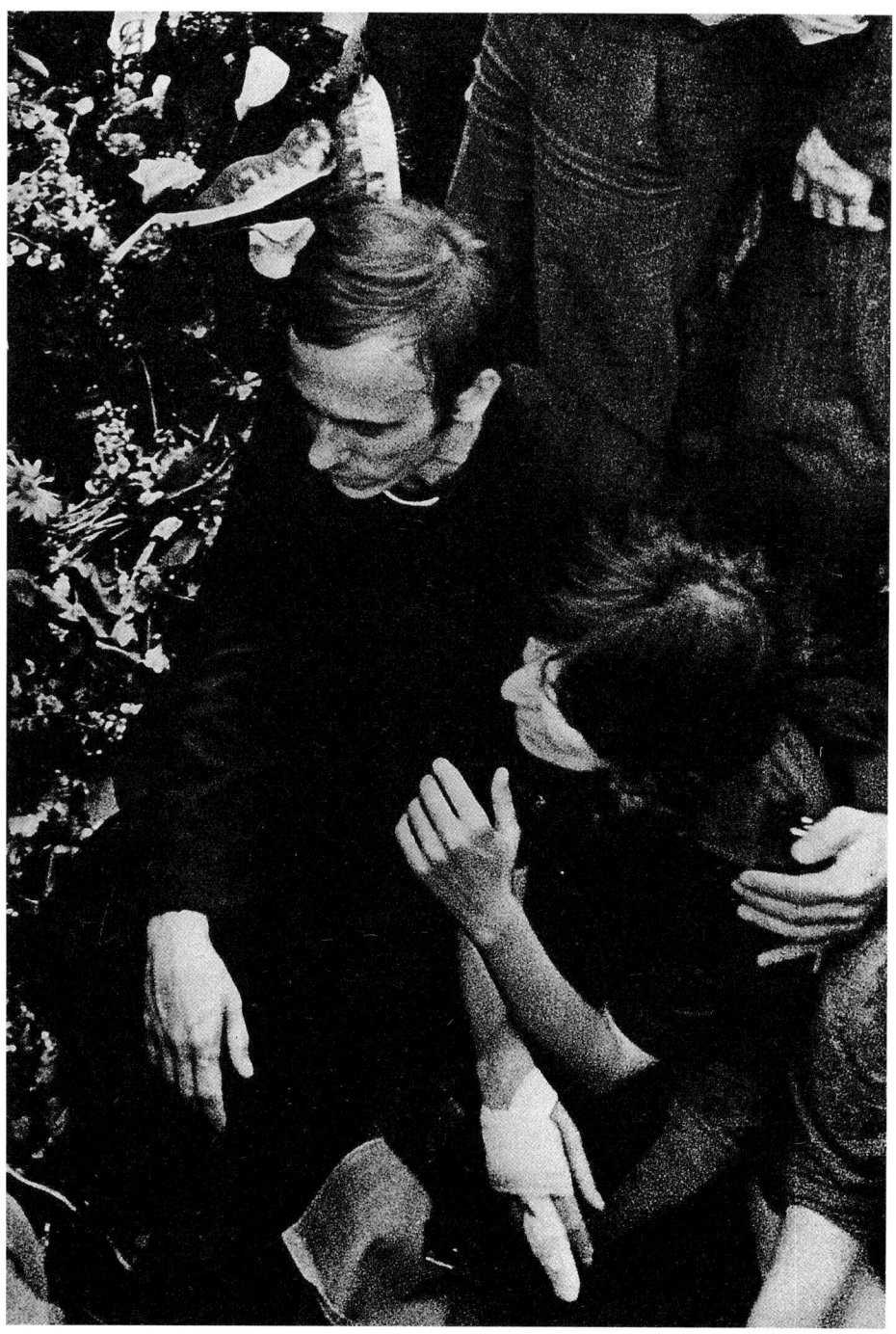

Pater Jerzy Popieluszko, der am 19. Oktober 1984 von Geheimpolizisten ermordet wurde. Hier tröstet er die Mutter des Studenten Grzegorz Przemyk, der an den in Polizeihaft 1983 erlittenen Verletzungen starb.

die um der Macht willen bereit waren, zu morden. Und diese Tatsache zeigte der Opposition – verstärkt durch die Lehren vom Dezember 1981 –, daß der Preis für eine „Alles-oder-nichts“-Position zu hoch war. Auf der anderen Seite räumte das Regime stillschweigend ein, daß der Preis, die Polen zur Konformität und Gehorsam zu zwingen, ebenfalls zu hoch war. Die Rechnung würde in Blut zu zahlen sein und wahrscheinlich mit dem Verlust von Polens Unabhängigkeit.

Mit anderen Worten, weder Solidarität noch die Verhängung des Kriegsrechts hatten in Polen wirklich etwas verändern können. Sie hatten dem Land weder die volle Unabhängigkeit und Demokratie gebracht, noch den Einfluß des Kommunismus auf die polnische Gesellschaft verstärken können. Statt dessen hatte sich gezeigt, daß man mit einem informellen, instabilen, reizbaren „nationalen Kompromiß“ leben mußte – und in der Tat immer getan hatte.

Pilsudski hatte seine Feinde nicht getötet, und Bierut hatte der Nation das Schlimmste an stalinistischer Tyrannei erspart. Solidarität hatte versucht, eine „Revolution in selbstgesteckten Grenzen“ durchzuführen und eine Regierung toleriert, die sie instinktiv verabscheute. Selbst Jaruzelskis „Kriegszustand“ konnte nicht mit den Jahren eines staatlichen Terrors verglichen werden, dem die Ungarn 1956 unterworfen wurden, oder mit der unbeugsamen Diktatur, die die Tschechen und Slowaken nach 1968 für mehr als ein Jahrzehnt zu erdulden hatten.

Das Ringen um Polen wird weitergehen. Der Kampf um seine bloße Existenz ist ausgestanden: Polens Nachbarn haben ihre Jahrhunderte dauernden Bemühungen, den polnischen Staat von der Landkarte zu löschen, aufgegeben. Jetzt geht es um die Wahrheit: Dieses mutige und an Erfahrungen reiche Volk im Herzen Europas wird niemals zur Ruhe kommen, solange man ihm nicht erlaubt seine Probleme auf eine Weise zu lösen, die seinem eigenen – sehr genauen – Gefühl von Moral und Fairneß entspricht.

Die Polen werden von Ausländern oft als „romantisch“ oder „donquichotisch“ kritisiert, als von ihrer eigenen Geschichte fasziniert und immer das Unmögliche fordernd. Aber Appelle aus dem Raum zwischen Deutschland und Rußland verhallen ungehört, wenn sie nicht laut und dramatisch vorgetragen werden. Was wollen die Polen denn nun eigentlich: einen Staat, der nicht von außen bedroht wird, dessen politische Währung die Wahrheit ist und dessen Bürger sich nach eigenem Gutdünken zur Verbesserung ihrer Lebensbedingungen frei zusammenschließen können. Nicht viel. Und dennoch, bisher zu viel. Es ist mehr als 100 Jahre her, daß der Dichter Cyprian Kamil Norwid die Frage gestellt hat, warum so viele „riesige Armeen und mutige Generäle“ gegen Polen ins Feld geführt würden, „nur um ein paar Ideen zu unterdrücken, die nicht einmal neu seien“.

Register

Kursiv gesetzte Zahlen beziehen sich auf Abbildungen

OSTSEE

Kaliningrad

ZUV

DEUTS

GEB

Gdynia
Gdańsk
Olsztyn •

Koszalin •

DEUTSCHE

Szczecin •
Oder

Weichsel

BUNDESREPUBLIK
DEUTSCHLAND

ZUVOR

Bydgoszcz •
Toruń •

DEMOKRATISCHE

Warthe

DEUTSCHE

POLE

• Berlin

Poznań •

REPUBLIK

GEBIETE

Oder

P

O

• Łódź

Warscha

Wroclaw •

Warthe

Kielc

Neiße

Opole •

Częstochowa

Gliwice •

Katowice •

Kraków

• Prag

Auschwitz
(Oświęcim)

TSCHECHOSLOWAKEI

Cieszyn •

BUNDES-

REPUBLIK

DEUTSCHLAND

ÖSTERREICH

U

POLEN nach 1945